Vom Betreuer zum Begleiter

Eine Neuorientierung unter dem Paradigma der Selbstbestimmung

Lebenshilfe-Verlag Marburg

Ulrich Hähner, Ulrich Niehoff, Rudi Sack, Helmut Walther

Vom Betreuer zum Begleiter

Eine Neuorientierung unter dem Paradigma der Selbstbestimmung

Mit einem Gastbeitrag von Georg Theunissen

Herausgegeben von der
Bundesvereinigung Lebenshilfe
für Menschen mit geistiger Behinderung e. V.

Lebenshilfe-Verlag Marburg

Die Deutsche Bibliothek – CIP-Einheitsaufnahme

Vom Betreuer zum Begleiter : eine Neuorientierung unter dem Paradigma der Selbstbestimmung / hrsg. von der Bundesvereinigung Lebenshilfe für Menschen mit Geistiger Behinderung e.V. Ulrich Hähner ... Mit einem Gastbeitr. von Georg Theunissen. – 2. Aufl. – Marburg : Lebenshilfe-Verl., 1998

ISBN 3-88617-300-3

Herausgeber: Bundesvereinigung Lebenshilfe für Menschen mit geistiger Behinderung e. V.
Raiffeisenstraße 18
35043 Marburg
Telefon: (0 64 21) 4 91-0
Telefax: (0 64 21) 4 91-1 67
e-mail: bvlh-bz@t-online.de
Internet: http://www.lebenshilfe.de

Lektorat und redaktionelle Bearbeitung: Hans-Volker Wagner

Titelbild: Partiturauszug aus „Die Moldau" von Bedrich Smetana

Fotos: Patrick Werner, 75203 Königsbach/Pforzheim (S. 14, 152, 206)
Rudi Sack, Stuttgart (S. 52, 65, 240)
Club 82, Haslach (S. 120, 168, 176, 192)

Satz und Druck:
Völker&Ritter Druck, Satz & Verlagsgesellschaft mbH
Schwanallee 27–31
35037 Marburg
Telefon: (0 64 21) 2 32 17
Telefax: (0 64 21) 2 18 89

2. durchgesehene Auflage, April 1998

Inhalt

Exemplarische Handlungsansätze

Vorwort

Ist es legitim, als Fachleute, als Professionelle ein Buch zu schreiben zum Thema Selbstbestimmung für Menschen mit geistiger Behinderung? Wenn in diesem Buch vor den Gefahren der »Ver-Objektivierung« behinderter Menschen durch Medizin, Therapie und Pädagogik gewarnt wird, verlieren die Autoren dann nicht an Glaubwürdigkeit, da sie ja *über* ihre Erfahrungen mit Menschen schreiben, anstatt das Buch *mit* Betroffenen zu gestalten?

Eine berechtigte Frage!

Nachdem durch den Kongreß der Bundesvereinigung Lebenshilfe »Ich weiß doch selbst, was ich will! Menschen mit geistiger Behinderung auf dem Weg zu mehr Selbstbestimmung« im Herbst 1994 in Duisburg das Thema in großer Breite angegangen worden war, stehen jetzt Fragen im Raum, welche Konsequenzen denn dies neue Paradigma nach sich zieht, insbesondere im Blick auf fachliches Handeln.

Deshalb richtet sich unser Buch nicht an Menschen mit geistiger Behinderung, sondern es ist *von* Fachleuten *für* Fachleute geschrieben. Und unabwendbar ist richtig: Wenn das Leitbild der Selbstbestimmung in den nächsten Jahren mehr zum Tragen kommen soll, wird sich die Rolle der Professionellen fundamental verändern müssen.

In diesem Sinne möchten wir mit diesem Buch Gedanken und Diskussionen zur Neuprofilierung beruflicher Identität anstoßen.

Wir Autoren haben bei vielen Gelegenheiten versucht, mit behinderten Menschen ins Gespräch zu kommen, haben versucht, zu erfahren, welche Vorstellungen sie haben zu den Formen der Hilfestellungen, die sie wünschen und wie Betreuer/Begleiter sich einstellen sollen. Aussagen dazu sind fragmentarisch in den Text des Buches eingestreut. Sie können uns deshalb nicht voll befriedigen, weil wir offensichtlich noch nicht die richtigen Wege gefunden haben, von Menschen mit Behinderungen eindeutige Voten zu erhalten, aus denen sich die richtigen Folgen für unser Begleitungshandeln ableiten ließen. Diesbezügliche Versuche müssen fortgesetzt werden.

Weder wir Professionellen, noch Menschen mit geistiger Behinderung sind es bisher gewohnt, Konzeptionen gemeinsam zu entwickeln. Noch viel weniger Erfahrungen liegen vor, wenn es darum geht, Nutzer von Dienstleistungen so zu unterstützen, daß sie ihre Meinungen und Wünsche gleich selbst in ein Konzept einfließen lassen können.

Zur Frage der Bezeichnung der Menschen, die als geistig behindert gelten, haben wir Autoren lange Diskussionen geführt. »Geistig Behinderte gibt es nicht!«, lautet die Überschrift eines Aufsatzes von Georg Feuser aus dem Jahre 1996, in dem er weiter ausführt »Es gibt Menschen, die wir aufgrund unserer Wahrnehmung ihrer menschlichen Tätigkeit, im Spiegel der Normen, in dem wir sie sehen, einem Personenkreis zuordnen, den wir als ›geistig behindert‹ bezeichnen. Geistige Behinderung kennzeichnet für mich einen phänomenologisch-klassifikatorischen Prozeß ...«.

Wir möchten der die großen Unterschiede, zum Beispiel in der sozialen Situation, verwischenden Aussage »Wir sind doch alle behindert!« nicht das Wort reden, wenn wir auf die allseits bekannte Problematik hinweisen, eine Gruppe von Menschen ab einem bestimmten Punkt der Kategorie »geistig behindert« zuzurechnen und die größere Gruppe – nämlich wir alle – nicht. Denise W. – sie kann nicht sprechen – berichtet in einem Magazin 1996 über ein per Computer vermitteltes Gespräch mit ihrer Mutter. Auf deren Frage: »Was hast Du gedacht, als wir Dich für geistig behindert hielten?« antwortet die Tochter unter starkem Weinen: »DACHTE ZERTRETE GERNE DIE GEDANKEN VON EUCH WEIL SEHR GEFAEHRLICH FÜR DAS LEBEN IST FAST TOT JA GEISTIG BEHINDERT IST DAS SCHLIMMSTE WAS MAN SAGT DAS STIMMT«.

In dieser Ratlosigkeit erscheint es uns am treffendsten, von Menschen zu sprechen, die als geistig behindert bezeichnet werden – manchmal schon allein aufgrund der Tatsache, daß sie in einer Werkstatt für Behinderte arbeiten oder in einem Wohnheim der Lebenshilfe leben. Wir würden uns freuen, wenn Sie, liebe Leserin, lieber Leser, uns einen Begriff nennen könnten, der diese Menschen nicht so stark diskriminiert.

Wir haben uns entschlossen, dieses Mehrautorenbuch als Autoren gemeinsam zu verantworten, dennoch aber die einzelnen Beiträge mit dem Namen des jeweiligen Verfassers zu kennzeichnen; dies insbesondere deshalb, weil auch wir Autoren durchaus nicht bei allen Aspekten des Begleitens – schon – einer Meinung waren. Das Thema ist einfach noch zu neu!

Das Buch stellt in gewisser Weise einen Steinbruch dar, aus dem die Leser sich die Steine herausklauben müssen, die ihnen jeweils wichtig erscheinen.

Die Unterschiedlichkeit der Beiträge im Herangehen an das Thema kann einen Eindruck vermitteln von unseren fruchtbaren, anregenden, oft bis in die frühen Morgenstunden hineinreichenden Diskussionen über einzelne Aspekte dieses Buches.

Welche Bedeutung haben nun Begriffe wie »Begleitung« oder »Begleiter«? Die Vorsilbe »be« ist besitzergreifend. So drückt zum Beispiel das Wort behandeln ein hierarchisches Verhältnis zwischen handelndem Subjekt und behandelten Objekt aus (u. a. Niehoff, S. 129f., S. 133f.). Gerät damit das von uns gewählte Wort »Be-gleitung« in Mißkredit? Wir fanden es passend – auch besser, als den Begriff »Assistenz«, der zum Beispiel den Beziehungsalltag zwischen behinderten Menschen und Helfern nicht wiedergibt.

Ein Blick in die Wörterbücher verunsichert zunächst, reizt manchmal zum Lachen, trifft aber doch das von uns Gemeinte. Hier einige Beispiele:

- Begleiten: geleiten, beschirmen, behüten, beschützen, sichern, bewahren, nach Hause bringen, heimbringen, heimgeleiten, mitgehen, heimfahren, wegbringen, unter seine Fittiche nehmen ... (Textor);
- Begleiter, der; – s, -, Begleiterin, männliche bzw. weibliche Person, die jmdn., etwas begleitet; begleitende Person ... sinnv.: Begleitung, Schatten, Trabant; Aufpasser, Anstandswauwau; Betreuer, Führer ... (Duden);
- Begleiten: In diesem im 17. Jahrhundert zuerst bezeugten Verb sind zwei ältere Verbformen zusammengeflossen: 1. mhd. begleiten, ahd. bileiten »leiten, führen« (im 17. Jh. aussterbend); 2. geleiten, mhd. geleiten, ahd. gileiten (vgl. leiten). Die niederl. Form begeleiden läßt auf eine (allerdings nicht bezeugte) Vorform begeleiten schließen. Die alte Bedeutung »führen« ist abgeschwächt zu »mitgehen« (vielfach übertr.), in der Musik zu »ergänzend mitspielen« (entspr. dem frz. accompagner u. accompagnare) (Duden, Herkunftswörterbuch);
- Begleitung (Akkompagnement, frz. accompagnement) in der Musik das unterstützende und harmonisch ergänzende Mitgehen eines Tasteninstrumentes oder einer Instrumentalgruppe mit einer solistischen Vokal- und Instrumentalstimme. Das mit dem Aufkommen der Monodie um 1600 verbundene Hervortreten einer melodietragenden Einzelstimme machte eine rangmäßig nachgeordnete B. notwendig .... (Meyers Enzykl. Lexikon).

Hier finden wir uns wieder: Aus dem Objekt der Pädagogik ist das Subjekt »melodietragende Einzelstimme« geworden, welches Unterstützung erhält in Form von »rangmäßig nachgeordneter Begleitung«.

Die Autoren

Zur Einführung in das neue Paradigma

Ein guter Helfer, ein schlechter Helfer

Ein guter Helfer

Jemand, der Dir wirklich zuhört.

Jemand, der nicht gleich alles für Dich macht.

Jemand, der daran glaubt, was du tust.

Jemand, der Dich als Erwachsenen behandelt.

Jemand, der Dir und der Gruppe hilft, Dinge für Euch selbst zu tun.

Jemand, der Euch nicht die Entscheidungen abnimmt.

Ein schlechter Helfer

Jemand, der die Entscheidungen für Dich trifft.

Jemand, der Dich wie ein Kind oder ein Baby behandelt.

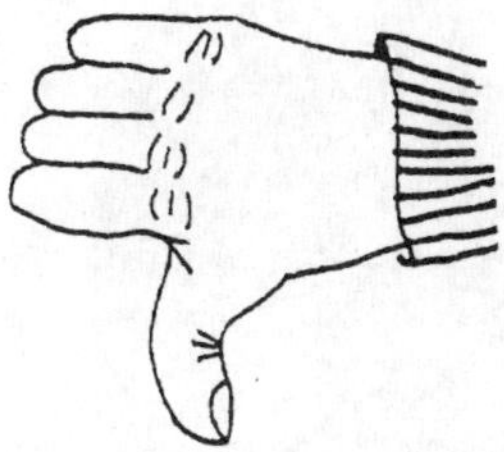

Jemand, der Dir nicht zuhört.

Jemand, der Dir sagt, was Du machen mußt.

Jemand, der alles für Dich tut.

Jemand, der Dir nicht beibringt, wie Du etwas für Dich selbst tun kannst.

Leute, die entscheiden, worüber bei den Treffen gesprochen wird.

(Aus »Wie man eine People-First-Gruppe aufbaut und unterstützt«, Fachzeitschrift »Geistige Behinderung«, Heft 1/1995, Rubrik »Für die Praxis«, Seiten 15 und 16)

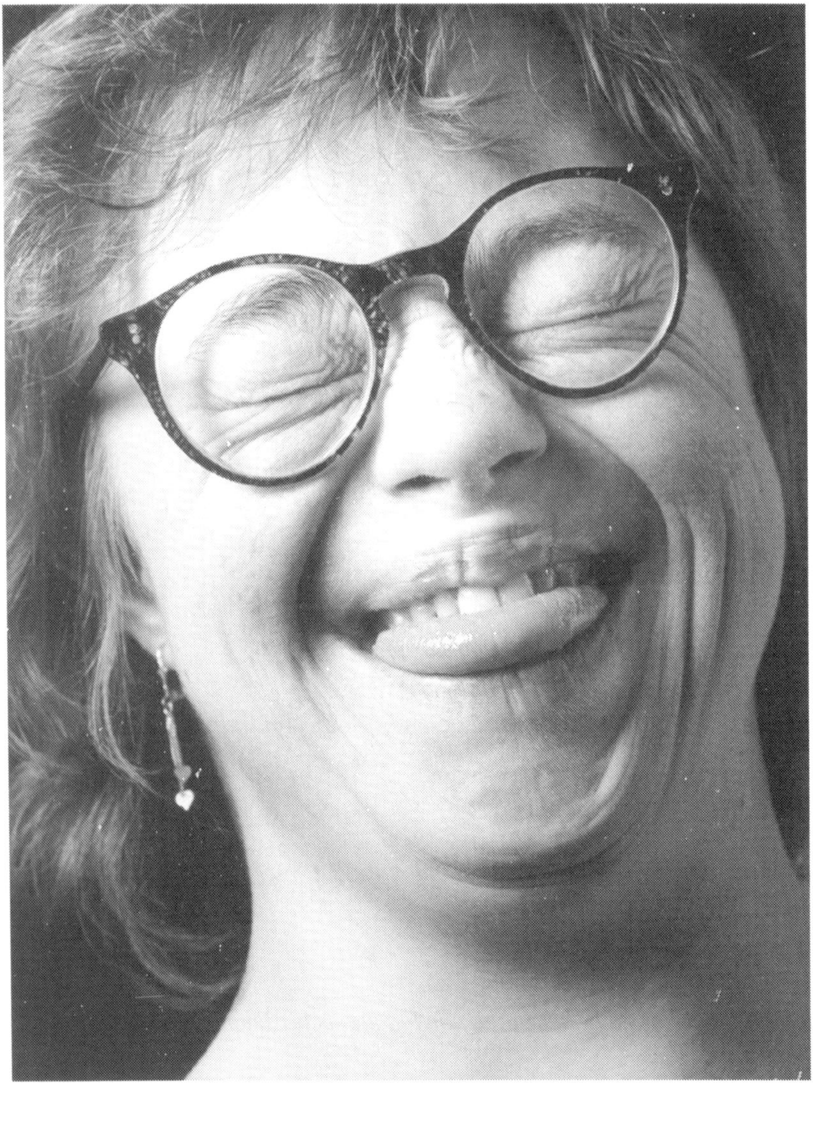

»Ich bin unheilbar«

Rudi Sack

I.

Wenn mir eines auf den Wecker geht, dann ist das mein Wecker. Wenn er mich unbarmherzig aus meinen Träumen reißt. Um sechs Uhr. Und zwar täglich. Ich bin nun mal kein Frühaufsteher, noch nie gewesen. Aber was hilft's? Schwerfällig drehe ich mich zur Seite, bringe meinen Peiniger mit einer ungelenken Handbewegung zum Schweigen und erhebe mich widerwillig aus dem geliebten Bett. Ich zwinge mich dazu, denn alles andere wäre unfair gegenüber Monika. Monika ist die mutigste Frau der Welt. Ich weiß wohl, wie dankbar ich sein muß, daß sie mich geheiratet hat, trotz aller Warnungen. Und ich kann es nicht ausstehen, wenn Monika leiden muß, wegen mir. Es macht mich traurig, wenn sie leidet.

So wie damals, in der ersten Zeit nach unserer Heirat, als ich morgens meinen Wecker so manches Mal hinter den Kleiderschrank schleuderte und dann schnell vergaß. Ich finde, man muß es verstehen, wenn ein Mensch um sechs Uhr einfach nicht in der Lage ist, aufzustehen. Mein Chef hatte kein Verständnis. So richtig wurde mir das aber erst klar, als ich eines Tages von der Arbeit nach Hause kam und unsere Küche betrat. Auf der einen Seite unseres Küchentisches saß Monika, und sie sah mich an mit diesem Hundeblick, der mich erstarren läßt. Dieser Blick bedeutet »ich leide, wegen dir«. Auf der anderen Seite befand sich ein mir völlig unbekannter Mann mit Rollkragenpullover und leicht ergrautem Vollbart. Auf seiner langen, spitzen Nase thronte eine viel zu klein geratene und blau umrandete Brille, durch die er meiner Frau eindringlich in die Augen schaute. »Ist er das?«, fragte er mit einer leichten Kopfbewegung in meine Richtung. Monika nickte.

Ich war schon immer sehr eifersüchtig. Und ich kann es überhaupt nicht leiden, wenn ein fremder Mann mit Rollkragenpullover meiner Frau in ihre Kuhaugen sieht und solche Fragen stellt. »Wer ist *das*?«, presste ich hervor. Mein fleischiger Zeigefinger war zitternd auf den Rollkragen gerichtet. »Das ist Herr Pommé«, sagte Monika tonlos, »von der psychologischen Angehörigenberatung.« Der Rollkragen hatte in der Zwischenzeit seinen überaus behaarten Kopf in meine Richtung gedreht und sah mich etwas amüsiert an. »Nana«, sagte er in einem Tonfall, der wohl gutmütig klingen sollte. »Keine Angst, Herr Sack. Ich unterhalte mich nur ein bißchen mit Ihrer Frau.« – »Und worüber, wenn ich fragen darf?« – »Über Ihr kleines Problemchen. Aber das können Sie vielleicht selbst herausfinden, Herr Sack. Es hat etwas mit Ihrer Arbeit ...« Weiter kam er nicht. »Raus!«, zischte ich den Rollkragen an und machte mich daran, ihn an selbigem zu packen. Da geschah das Unbegreifliche. Monika verlor die Fassung und schrie mich an: »Nun mach doch nicht alles noch komplizierter, als es ohnehin schon ist!« Wie gelähmt sah ich sie an. »Bitte, aber was ist denn so kompliziert?«, stammelte ich. Es folgte ein Redeschwall meiner Frau, von dem ich in etwa so viel verstanden habe: Während ich selbst in der Firma auf mein regelmäßiges morgendliches Zuspätkommen noch nie angesprochen worden war, erhielt Monika wohl schon seit langem Anrufe von Herrn Müller. Herr Müller ist Leiter der Abteilung, in der ich arbeite. In zunächst freundlichem, später immer ungeduldigerem Ton forderte er sie auf, sie möge doch bitte dafür Sorge tragen, daß ich pünktlich zur Arbeit erscheine. Zum Schluß hatte er ihr sogar unverblümt die Frage gestellt, ob sie sich eigentlich überhaupt in der Lage sähe, mit so einem Mann wie mir fertig zu werden, und er sei ohnehin schon immer der Meinung gewesen, solche Ehen könnten nicht gutgehen. In ihrer großen Not hatte Monika sich an die psychologische Angehörigenberatung gewandt und einen Hausbesuchstermin mit Herrn Pommé vereinbart.

Beim Rollkragen hatte seit meinem kleinen Angriff das Interesse an unserem Fall offensichtlich nachgelassen. Während ich vollkommen erschöpft auf die Küchenbank sank, stand er bereits im Flur und richtete noch einige eindringliche Worte an Monika, von denen ich nur einzelne Fetzen wie »Therapie«, »stationär« und »Denken Sie auch mal an sich« aufschnappte. Später nahm ich Monika in die Arme und weinte. Wie ein Dreijähriger. Es macht mich traurig, wenn sie wegen mir leiden muß. Ich schwor, fortan jeden Morgen ohne Murren aufzustehen, und daran habe ich mich bis heute gehalten.

Als ich die Küche betrete, sitzt Monika bereits am Frühstückstisch. »Du hast Post«, verkündet sie und wedelt mit einem Schriftstück, das sie gerade aufmerksam liest. »Oh schön, was ist es denn«, frage ich, »darf ich mal sehen?« – »Moment, ich bin gleich soweit. Der Info-Brief für die Ferienfreizeit, auf die ich dich angemeldet habe.« Sie reicht mir ein Blatt und behält die restlichen. »Was ist das andere?« – »Ach, das ist für mich. Einige Mitteilungen und eine Einladung zum Informationsabend für die Angehörigen.« – »Gehst du hin?« – »Ich muß wohl. Hier steht ›Ein intensiver Austausch mit den Angehörigen ist uns sehr wichtig und unbedingte Voraussetzung für einen reibungslosen Ablauf der Maßnahme‹.« – »Soso, ja natürlich«, sage ich und vertiefe mich in das Blatt, das für *mich* bestimmt ist.

Ich mag meinen Freizeitclub sehr, und ich bin auch immer gerne auf die Urlaubsfahrten mitgegangen. In den letzten Jahren habe ich viele interessante Länder bereist, die ich sonst wohl niemals kennengelernt hätte: Italien, Griechenland, Holland. In diesem Jahr ist das Angebot allerdings leider etwas reduziert, aus Kostengründen. Ich hatte die Wahl zwischen »Reiten auf dem Ponyhof«, »Urlaubsparadies Bayerischer Wald« und »Städtereise: Heilbronn«. Monika hat mir zum »Urlaubsparadies« geraten, weil sie Pferden grundsätzlich mißtraut und weil bei der Städtereise eine Übernachtung in der Jugendherberge geplant ist, was sie für mein Alter (ich gehe auf die 40 zu) wirklich nicht mehr angemessen findet. Ich habe ihr, wie jedes Jahr, zugestimmt und mich für das »Urlaubsparadies« entschieden.

Ich betrachte den Brief. Oben der vertraute Kopf: ein kleines Bild zeigt zwei Strichmännchen, die sich an der Hand halten. Bei dem einen Männchen ist der Oberkörper mit einem Strich gezeichnet, bei dem anderen befindet sich an dieser Stelle ein großer, runder Kreis. Daneben steht in geschwungener Schrift der Name unseres Freizeitclubs – »Wir helfen Dicken«. Ich habe mich schon oft geärgert über diesen Namen. Ich weiß ja, daß ich dick bin, aber muß mir das wirklich immer wieder vor Augen gehalten werden? Wenn die Leute sagen »Der da ist ein Dicker!«, dann meinen sie nicht nur meinen Bauch. Jeder weiß, ein »Dicker«, der ist irgendwie was anderes. »Dicker« ist ein Schimpfwort. Wenn Kinder sich streiten und sich gegenseitig ganz besonders spöttisch betiteln wollen, dann sagen sie: »Oh Mann, du bist ja *dick.*« – Ich kann das Wort nicht mehr hören. Ich ertappe mich bei dem Gedanken, die anderen, die, die noch mehr Pfunde auf die Waage bringen, das seien doch eigentlich die Dikken, aber ich? Nee, ich doch nicht!

Es hat im übrigen schon mehrere Anträge gegeben, den Namen unseres Vereins zu ändern, aber wenn Sie mich fragen, alle diese Versuche, uns vom Etikett »Dicke« zu befreien, endeten in einem sprachlichen Fiasko. Der letzte Vorschlag lautete »Freizeitangebote für Menschen mit sogenannten Unförmigkeiten«. Ich habe von dieser Gruppe in Amerika gehört, in der die Dicken sich selbst zusammenschließen, um für ihre Rechte einzutreten. Sie nennt sich »B. I. B.«, und ausgesprochen heißt das »Big Is Beautiful«. Ich streiche zärtlich über meinen Bauch. Vielleicht haben sie recht, diese US-Dicken.

Ja, nun ist es also raus, ich bin dick. Verzeihen Sie, daß ich mich Ihnen nicht gleich richtig vorgestellt habe. Meine Mutter sagte immer, es sei eine so bedeutende Sache, wenn ein Mensch dick sei, da solle man lieber gar nicht erst um den heißen Brei herumreden. Sie wußte, was sie sagte. Denn als ich zur Welt kam, redeten die Ärzte nämlich ausgesprochen intensiv um den heißen Brei herum. Zwar hatte meine Mutter diesen Blick kurz bemerkt, den die Hebamme, nachdem sie mich mit viel Mühe herausgezerrt hatte, dem Stationsarzt zuwarf. Sie wunderte sich auch ein bißchen, als Dr. Schnieder sich, nachdem er mich genauer in Augenschein genommen hatte, umständlich räusperte und ihr dann sehr hastig gratulierte. Aber Mama war einfach viel zu glücklich, um zu bemerken, daß das, was sie da in ihren Armen hielt, unverkennbar ein zukünftiger Dicker war. Und als dann am Telefon die Oma, die sich im Leben nichts mehr als eine Enkelin gewünscht hatte, nach kurzer Enttäuschung über mein falsches Geschlecht sagte: »Ach, das ist doch ganz gleich, Hauptsache es ist *dünn*!«, da war sich meine Mutter der Bedeutung dieses Ausspruchs zunächst gar nicht bewußt.

Das ging gut bis zu dem Tag, an dem wir aus dem Krankenhaus entlassen wurden. Mama sollte noch zu einem letzten Gespräch in Dr. Schnieders Zimmer kommen, und da ich bereits fertig eingepackt in meinem Körbchen lag, nahm sie mich einfach mit und stellte mich direkt neben den Stuhl, auf den sich zu setzen Dr. Schnieder ihr bedeutete. Der sagte lange Zeit gar nichts, dann sah er meine Mutter aufmunternd an und sagte: »Glauben Sie mir, Sie werden Ihren Kleinen noch einmal sehr lieb haben, wahrscheinlich mehr als die anderen Kinder.« Mama starrte ihn verständnislos an. »Wie bitte?« Dr. Schnieder schwieg wieder, dann schluckte er. »Hören Sie, Ihr Rudi wird nie so sein wie andere Kinder. Es besteht aus medizinischer Sicht überhaupt kein Zweifel daran, daß er dick ist – unheilbar.« Meine Mutter sagte nichts. Meine Mutter schrie. Sie ballte die Fäuste und schrie, was das Zeug hielt. Ich schwöre, daß ich dieses Schreien noch heute in den Ohren habe. Aber das glaubt mir ja keiner.

Der Freizeitbrief ist so abgefaßt wie immer. Die üblichen Informationen über das, was wir mitbringen sollen, Vorschläge zur Höhe des Taschengelds, Anzahl der Unterhosen und zum Lichtschutzfaktor der Sonnencreme. Daneben, wie jedes Jahr, der Hinweis, daß wir uns auf viele tolle Überraschungen freuen könnten. Ich freue mich wirklich, denn unsere »Freizeitfreunde« geben sich immer große Mühe, ein Programm ganz nach unseren Bedürfnissen zu gestalten. Dabei kommt es vor allem darauf an, uns nicht zu überfordern. Das hat unser Vereinsleiter den ehrenamtlichen »Freizeitfreunden« eingeschärft. Ich hörte es, weil ich während der letzten Freizeit eine »Teamsitzung« am Schlüsselloch belauschte. Das ist, wenn die »Freizeitfreunde« am Abend, nachdem sie uns ins Bett geschickt haben, den Wein und die Schokolade auspacken und sich über uns unterhalten.

Monika ist inzwischen zum morgendlichen Duschen gegangen. Ich kann der Versuchung nicht widerstehen und ziehe hastig die Blätter zu mir herüber, die an ihrem Platz liegen. Ich lese: »Fragebogen zur Sommerfreizeit – Bitte unbedingt sorgfältig ausfüllen! Wir können sonst keine Verantwortung übernehmen –. 1) Name des Freizeitteilnehmers, 2) Name und Adresse der Erziehungsberechtigten, 3) Körpergewicht, 4) Taillenumfang, 5) Besonderheiten (z. B. Magenknurren, extreme Achselschweißbildung), 6) Was ißt er/sie gerne? 7) Darf er/sie bei entsprechendem Anlaß ein Gläschen Alkohol trinken? 8) Auffälligkeiten im Sozialverhalten, 9) Sind Sie einverstanden mit evtl. sexuellen Kontakten zu einem/r anderen Freizeitteilnehmer/in?« (An dieser Stelle hat Monika bereits ein dreifach unterstrichenes »Nein« eingetragen.) »10) Wurde eine Sterilisation durchgeführt …?«

Als Monika vom Duschen zurückkehrt, habe ich die Blätter längst unauffällig an ihren Platz zurückgelegt. Besorgt blickt sie auf die Uhr. »Weißt du eigentlich, wie spät es schon ist? Bitte beeile dich doch!« Sie hat Recht, wie immer. Ich kann meinen neuen Arbeitsplatz nicht schon wieder auf's Spiel setzen.

Es ist etwas Besonderes, daß ich jetzt »draußen« arbeite. Früher war ich in der WfD, wie alle Dicken. Und es gibt einen Grund, warum ich dort um alles in der Welt nicht mehr hin will – die Fußgängerampel an der Schillerstraße. Das ist so: Um in die WfD zu kommen, mußte ich den Dickenfahrdienst in Anspruch nehmen. Einen Führerschein können wir Dicke ja nicht machen, denn wir passen nicht hinter's Lenkrad. Und auch die Benutzung öffentlicher Verkehrsmittel kommt ab einem gewissen Dickheitsgrad nicht in Frage. Sie wissen schon: Wegen der zu schmalen Eingangstüren. Dafür wurde ein Dickenfahrdienst eingerichtet, eigentlich eine praktische Sache. Aber nichts haßte ich so sehr wie die Fußgängerampel an der Schillerstraße. Sie befindet sich direkt bei einer großen Grund- und Hauptschule und jeden Morgen, wenn unser Fahrzeug vor der Ampel zum Stehen kam, drückte sich eine Horde feixender Schüler an unseren Fensterscheiben die Nasen platt. Im Winter war es anfangs meist erträglich, denn wenn die Scheiben angelaufen waren, konnten sie uns in der Regel nicht erkennen. Bis unser Fahrdienst auf die großartige Idee kam, sich einen Slogan zu geben und diesen in großen Lettern auf den Bussen anzubringen. »Wir halten Dicke mobil!« stand nun weithin sichtbar auf all unseren Dickentransport-Fahrzeugen und somit war der allmorgendliche Spaß der Schüler in der Schillerstraße auch während der Wintermonate gesichert.

Ich erinnere mich noch gut an meinen ersten Tag in der WfD. Gleich zu Beginn wurde ich in das Büro von Herrn Weiß geführt, dem Werkstattleiter. Herr Weiß schien ein freundlicher Mensch zu sein, denn er strahlte mich an, schüttelte kräftig meine Hand und sagte: »So, Du bist also der Rudi Sack. Na dann herzlich willkommen in der Dicken-Werkstatt, Du wirst Dich bei uns sicher sehr wohl fühlen.« Ich war außerordentlich überwältigt von einem so herzlichen, offenen Empfang, denn ich hatte wirklich nicht erwartet, daß man sich in einem so großen Betrieb gleich am ersten Tag mit dem Chef duzt. Meine Eltern haben in meiner Erziehung immer sehr darauf geachtet, mir Höflichkeit und Freundlichkeit beizubringen, und so hätte ich gerne geantwortet: »Ich danke Dir sehr für die überaus freundliche Begrüßung, lieber ...«, aber ich kannte ja leider seinen Vornamen noch nicht. So murmelte ich nur verlegen »Guten Morgen« und setzte mich auf den Stuhl vor Herrn Weiß' gigantischem Schreibtisch. Sofort begann ich, all die Schriftstücke, die dort umherlagen, möglichst unauffällig zu überfliegen in der Hoffnung, irgendwo den Vornamen des Werkstattleiters geschrieben zu sehen. Und tatsächlich, schon nach wenigen Minuten, während derer Herr Weiß beständig auf mich einredete, entdeckte ich einen Umschlag, auf dessen Adressfeld sein vollständiger Name gut lesbar zu erkennen war: Theodor Weiß. Theodor fragte mich gerade, ob ich denn gerne zur Arbeit ginge, und mit einem Strahlen antwortete ich: »Ja, sehr gerne, obgleich es mir, ehrlich gesagt, manchmal ein bißchen schwerfällt, so früh aufzustehen. Geht's dir auch manchmal so, Theo?«

Wenige Augenblicke später befand ich mich auf dem Flur. Mit einem Wutanfall, der losbrach wie ein Orkan, hatte Theo mich hinausgeworfen. Ich habe damals lange Zeit gebraucht, bis ich mir sein Verhalten erklären konnte. Schließlich kam ich zu dem Schluß, daß ich mit dem Thema »Frühaufstehen« wohl seinen wunden Punkt getroffen haben mußte.

Ich verbrachte einige interessante Jahre in der WfD. Da ich nie wieder irgendeinen unserer Betreuer auf das Thema »Frühaufstehen« ansprach und auch sehr fleißig arbeitete, hatte ich in der ganzen Werkstatt einen ausgezeichneten Ruf. Schließlich wurde ich sogar zum Dicken-Sprecher bestimmt. Das hatte vor allem den Vorteil, daß ich fortan den Jubiläumsfeiern oder ähnlichen festlichen Anlässen, bei denen die Dünnen sonst unter sich blieben, als Vertreter der Dicken beiwohnen durfte. Diese Feiern waren wirklich ein großartiges Erlebnis für mich. Man sah dort Landräte, Bankdirektoren, Bischöfe und manchmal sogar Minister. All diese feinen Leute redeten viel und tranken und aßen noch mehr. Besonders gerne erinnere ich mich an jenen Tag, als unser Chef für seine 20jährige Tätigkeit als Werkstattleiter ausgezeichnet wurde. Die Sozialministerin kam höchstpersönlich, um ihm einen richtigen Orden umzuhängen. Ich war mächtig stolz auf meinen Theo, und als die Ministerin ihm während ihrer Ansprache immer und immer wieder für seinen unermüdlichen und aufopferungsvollen Einsatz in dieser so schwierigen Aufgabe dankte, da wurde mir erst richtig klar, was für ein schweres Schicksal unseren Theo eigentlich getroffen hatte, weil er jeden Tag mit all uns Dicken verbringen mußte. Theo bedankte sich bei der Ministerin mit Tränen in den Augen und er versicherte, daß ihm das Zusammensein mit uns unwahrscheinlich viel geben würde. »Frau Minister«, so sagte er mit zitternder Stimme, »die heutige Auszeichnung wird mir ein Ansporn sein, mich weiterhin unbeirrbar für eine Gesellschaft einzusetzen, die unsere dicken Freunde eines Tages selbstverständlich als vollwertige Menschen anerkennt.« Die Festgäste waren ergriffen von dieser Kurzansprache, und als sie Beifall klatschten, sprang ich auf und rief voller Begeisterung »Bravo, Theo!«. Theo erblickte mich, winkte mich an sein Rednerpult und fiel mir um den Hals. Danach umarmte mich sogar die Ministerin, was sie dreimal wiederholen mußte, bis alle Photographen der anwesenden Zeitungen diese gute Tat der Ministerin für ihre Leserschaft auf Zelluloid gebannt hatten.

Fortan hatte ich bei Theo einen Stein im Brett. Er versprach sogar, sich den von mir vorgebrachten Antrag der Dicken-Vertretung auf Einrichtung einer Raucherecke für Dicke ernsthaft durch den Kopf gehen zu lassen. Eines Tages wurde ich in sein Büro gerufen. Neben unserem Chef saß Herr Fahl, der Sozialarbeiter der WfD. Theo kam gleich zur Sache. In wenigen Monaten sei es soweit, daß das seit langem geplante Wohnheim für Dicke eröffnet werden könne. Er sei sich mit Herrn Fahl einig, daß ich ganz besonders geeignet sei, mit in das neue Haus einzuziehen. Herr Fahl erklärte mir, wie das Leben in so einem Wohnheim abliefe, daß ich dort richtig selbständig werden könne und daß es in meinem Alter (ich war damals 25) wirklich Zeit würde, endlich erwachsen zu werden und aus dem Elternhaus auszuziehen. Dann zeigten sie mir die Pläne des Hauses und einen Prospekt mit den Möbeln, die in meinem Zimmer stehen würden. Die Möbel gefielen mir nicht so sehr, aber das mit dem Erwachsenwerden reizte mich schon. Mama war wirklich etwas zickig geworden, seit meine Geschwister ausgezogen waren. Fast jeden Morgen hatten wir Streit, weil es ihr nicht gefiel, welchen Pulli ich zu welcher Hose anzog.

Außerdem mochte sie es gar nicht, wenn ich zur Disco unseres Freizeitclubs ging, weil sie der Meinung war, daß die laute Musik dort mir sehr schade. Ich willigte also ein. Theo beauftragte Herrn Fahl, so schnell wie möglich einen Hausbesuch bei meinen Eltern zu machen.

Drei Monate später zog ich in das neue Wohnheim ein. Mama heulte Rotz und Wasser, doch Papa bemühte sich, sie zu beruhigen. »Versprich mir, uns keine Schande zu machen, mein Junge«, sagte er betont sachlich, als sie mich samt meiner Siebensachen im neuen Zimmer abgeliefert hatten. Dann hustete er, nahm Mama am Arm, und sie verließen mich. An jenem Abend fühlte ich mich doch sehr einsam in diesem fremden Zimmer mit all seinen neuen Möbeln, und ich war froh, daß ich wenigstens meinen Fernseher von zu Hause mitgebracht hatte. Ich wußte, daß er mich über den ersten Abend trösten würde, zumal heute um 21.15 Uhr meine Lieblingssendung laufen sollte – »Liebling Kreuzberg« mit Manfred Krug.

Zunächst verlief alles planmäßig. Ich rückte den Fernseher zurecht, stöpselte Antennen- und Stromkabel ein, lümmelte mich in meinen neuen Ikea-Sessel und drückte auf die Fernbedienung. Wie gewünscht lief Manfred Krug mit Schlapphut und Dreitagsbart in seine Kanzlei ein, und ich fühlte mich schon wesentlich wohler. Doch als Rechtsanwalt Liebling gerade zum Telefon griff, um mit seiner neuen Flamme von der Staatsanwaltschaft zu flirten, da war auf dem Bildschirm mit einem Schlag nur noch ein Flimmern zu sehen. Im ersten Moment blieb ich noch ruhig, denn ich glaubte einfach an eine Sendestörung bei der ARD. Als jedoch nach drei Minuten immer noch keine Veränderung eintrat, versuchte ich die übrigen Fernsehsender einen nach dem anderen durch und fand auch dort überall nur Schneegestöber vor. Langsam beschlich mich der Verdacht, mein Fernseher könnte beim Umzug Schaden genommen haben, und meine anfängliche Wut, die sich in fünf Faustschlägen und drei Fußtritten gegen diesen unzuverlässigen Kasten entlud, wich allmählich einer echten Verzweiflung, mit der ich dann schließlich resigniert in mein neues Bett stieg.

Am nächsten Morgen erschien ich mit geröteten Augen und tiefen schwarzen Ringen darunter zur ersten gemeinsamen Frühstücksrunde. Unsere Heimleiterin, Frau Schmolz, sah mich besorgt an und fragte: »Rudi, was ist denn mit Dir los?« Doch bevor ich antworten konnte, fügte sie hinzu: »Nein, sag nichts, ich weiß schon. Du hast Heimweh, nicht wahr?« Wieder holte ich Luft, um zu antworten, doch wieder kam sie mir zuvor: »Hast du denn kein Kuscheltier oder sowas mitgebracht, um den Abschied von zu Hause zu erleichtern?« Diesmal holte ich schneller Luft als Frau Schmolz, und so erfuhr sie von mir, daß ich seit etwa 20 Jahren kein Kuscheltier mehr habe. Dann wandte ich mich lieber meinem Müsli zu, denn es erschien mir wenig wahrscheinlich, daß es mir gelingen könnte, Frau Schmolz die ganze Geschichte mit dem Fernseher zu erklären.

Als ich am Abend aus der WfD zurückkehrte und mich gerade in die Dusche begeben wollte, wurde ich im Gang von Joe aufgehalten. Joe war unser Zivildienstleistender. Er klopfte mir väterlich auf die Schulter und erklärte, daß ich heute gar nicht zum Duschen gehen brauche, da ich laut Badeplan erst am Donnerstag dran wäre. Ich war darüber zunächst ein bißchen verwundert, denn ich hatte wirklich das Bedürfnis, mich zu waschen, doch dann fiel mir Herr Fahl mit seiner Bemerkung ein, daß ich im Wohnheim erst so richtig erwachsen werden würde. »Natürlich«, dachte ich mir, »zum Erwachsenwerden gehört sicher auch die Selbstdisziplin, sich nur dann zu duschen, wenn man laut Badeplan an der Reihe ist!« Ich ging zurück in mein Zimmer, und da mir irgendwie langweilig war, drückte ich ein bißchen traurig auf den Knöpfen meines Fernsehers herum. Und siehe da, auf einmal gab die Flimmerkiste wieder richtige Bilder zum besten, und selbst der Ton war zu hören. Ich verbrachte einen vergnüglichen Abend vor meiner Glotze und hatte schon fast vergessen, daß sie jemals kaputt gewesen war, da passierte auf einmal dasselbe wie am Vorabend: Schneegestöber auf allen Kanälen.

Das wiederholte sich fortan Abend für Abend. Ich glaubte lange Zeit an einen Spuk, doch eines Tages entdeckte ich ein gewisses System in der Geschichte: Erstens fiel das Schneegestöber Abend für Abend um punkt 21.30 Uhr ein, zweitens waren alle Fernseher im Haus davon betroffen.

Es stellte sich schließlich heraus, daß die ganze Geschichte auch etwas mit meinem Erwachsenwerden zu tun hatte. Frau Schmolz hatte sich viele Gedanken gemacht, wie wir alle am besten erwachsen werden sollten. Es gab Dinge, die sie sich ganz speziell für einzelne Bewohner ausdachte, das waren die »Förderpläne«. Und dann gab es Dinge, die sie uns allen verbot. Das nannte Frau Schmolz die »Konzeption«. Eine der wesentlichen Aussagen dieser Konzeption bestand darin, daß zu viel Fernsehen schädlich sei – insbesondere für Dicke. Da Frau Schmolz aber eine sehr moderne Dickenpädagogin sein und uns daher keineswegs grundsätzlich einen Fernseher auf dem Zimmer verbieten wollte, fand sie eine geniale Lösung. Sie ließ einfach den Antennenverstärker des Hauses mit einer Zeitschaltuhr versehen, und die sorgte allabendlich ab 21.30 Uhr für das Schneegestöber auf den Bildschirmen.

Unser Wohnheim war offensichtlich sehr berühmt. Denn wir bekamen viel Besuch von Menschen, die in größeren Gruppen durch unsere Zimmer geführt wurden. Besonders groß war der Andrang am »Tag der offenen Tür«, den Frau Schmolz alljährlich organisierte. Einmal machte ich mir einen Spaß daraus, die ganze Zeit in meinem Zimmer zu bleiben und den Tag statistisch auszuwerten: Es waren genau 216 Besucher, die mein Zimmer betraten, 52, die sich auf meine Bettkante setzten, 17 öffneten den Kleiderschrank, fünf die Schubladen meines Schreibtischs und einer sogar mein Necessaire, welches sich auf der Ablage über dem Waschbecken befand.

Unter den 216 Besuchern meines Zimmers an diesem Tag war auch Monika. Doch Monika machte sofort einen ganz anderen Eindruck auf mich. Sie blieb lange vor der Tür stehen und fragte dann schüchtern, ob sie hereinkommen dürfe. Ich verstand zuerst gar nicht den Sinn ihrer Frage. Als sie sie wiederholte, wurde ich rot und bat sie herein. Es war Liebe auf den ersten Blick. Monika blieb drei Stunden, und wir erzählten uns gegenseitig aus unserem Leben. Es stellte sich heraus, daß sie nur wenige Häuser weiter in unserer Straße wohnte, 27 Jahre alt war und in der städtischen Bücherei arbeitete.

Ich berichtete Monika, daß ich in der vergangenen Woche auf einem großen Kongreß gewesen war. Auf diesem Kongreß, den die deutsche Dickenhilfe alle zwei Jahre veranstaltet, treffen sich die namhaftesten Dickenpädagogen aus ganz Europa. Auch die deutsche Dickenpädagogik hat übrigens einige glanzvolle Vertreter hervorgebracht, z. B. Professor Speckschwarte, um nur einen zu nennen. In diesem Jahr waren nun zum ersten Mal auch einige Dicke selbst zur Teilnahme an dem Kongreß eingeladen, und es war eine große Ehre für mich, daß ich zu den Auserwählten gehörte. Ich sah viele kluge Menschen und hörte einige interessante Vorträge, wobei ich auch vieles über uns Dicke erfuhr. Ich vernahm einiges Philosophische über unsere Andersartigkeit und unser archaisches Wesen.

Plötzlich wurde mir bewußt, daß Monika gar nicht dick war und daß es insofern überhaupt keinen Sinn ergab, wenn ich mich in sie verliebte. Das wußte ich auch aus der Konzeption von Frau Schmolz. Ich verstummte. Monika sah mich an und fragte: »Was haben Sie auf einmal?« Was sollte ich ihr sagen? Ich sah sie einfach mit großen Augen an und schwieg. Monika begriff offenbar sofort, daß es jetzt besser war, wenn sie ginge, aber bevor sie mich verließ, sagte sie noch: »Besuchen Sie mich mal! Ich würde mich wirklich sehr freuen.«

Natürlich habe ich sie besucht. Wir haben uns dann sehr oft gesehen, und wir waren wirklich sehr ineinander verliebt. Anfangs kam Monika auch hin und wieder zu mir. Nach anfänglichem Zögern erlaubte Frau Schmolz, daß wir dann auf mein Zimmer gehen durften, aber sie bestand absolut darauf, daß wir die Zimmertüre offenstehen ließen. Ich war das gewohnt, aber Monika fand es eine Zumutung, und als sie Frau Schmolz zur Rede stellte und verlangte, daß sie mit mir allein sein dürfe, da platzte unsere Wohnheimleiterin heraus über die Triebhaftigkeit der Dicken, und daß sie schließlich die Aufsichtspflicht hätte und was Monika denn überhaupt von mir wolle. Von diesem Tag an weigerte sich Monika, das Wohnheim noch einmal zu betreten. Ich verbrachte so viel Zeit wie möglich in ihrem Ein-Zimmer-Appartement, oder wir gingen gemeinsam im Park spazieren, und schließlich fragte mich Monika, ob ich nicht bei ihr einziehen wolle. Ich sagte: »Ja, Monika.«. Und sie fragte mich, ob ich sie heiraten wolle, und ich sagte wieder »Ja, Monika«.

Es folgte ein wahres Spießrutenlaufen. Frau Schmolz ließ drei dickenpädagogische Gutachten erstellen, um meinen Auszug aus dem Wohnheim zu verhindern. Dennoch gewannen wir den Prozeß vor dem Vormundschaftsgericht. Der Standesbeamte zögerte lange, ob in meinem Fall die Ehefähigkeit gegeben sei. Gänzlich aussichtslos war es jedoch, uns den Traum von einer kirchlichen Trauung zu erfüllen, denn der Pfarrer bezweifelte angesichts meiner Leibesfülle, ob ich überhaupt in der Lage sei, die Ehe zu vollziehen.

Als wir schließlich überglücklich unseren Trauschein in Händen hielten und das Treppchen vor dem Standesamt hinuntergingen – allein, denn unsere Familien waren nicht gekommen –, da sagte die mutigste aller Ehefrauen: »Und nun laß uns Kinder haben, ja?« Ich zuckte zusammen. Das war der Augenblick, vor dem ich monatelang Angst gehabt hatte. Ich sagte nur knapp: »Laß uns jetzt erstmal feiern und ein anderes Mal darüber reden, ja?« Ich weiß wirklich nicht, wie ich es ihr sagen soll, daß ich überhaupt keine Kinder kriegen kann. Meine Eltern hatten mich, als ich siebzehn Jahre alt war, ins Krankenhaus geschickt, um mir »den Blinddarm herausnehmen zu lassen«. Als ich nach der Operation erwacht war, hatte ich Schmerzen im Unterleib und entdeckte dann eine Narbe an einer Stelle, wo ich den Blinddarm gar nicht vermutet hatte. Der Stationsarzt hatte mich aufgeklärt: ich war sterilisiert worden. Meine Mama hatte geweint, als ich sie zur Rede stellte und sagte: »Mein lieber Sohn. Dicksein ist erblich und selbst, wenn du ein dünnes Kind kriegen würdest: Wie sollte es denn später mal seinen Klassenkameraden erklären, was für einen Vater es hat ...?« Ich sah Monika traurig in die Augen, als ich auf einmal ein Summen vernahm, zuerst ganz leise und entfernt, dann immer lauter und bedrohlicher. Es wurde so laut, daß ich mir schließlich die Ohren zuhielt und einen gellenden Schrei ausstieß.

II.

Sechs Uhr. Der Wecker hat kein Erbarmen, wie jeden Morgen. Schwerfällig drehe ich mich zur Seite, bringe meinen Peiniger mit einer ungelenken Handbewegung zum Schweigen und erhebe mich widerwillig aus dem geliebten Bett. Ich bin schweißgebadet. Was für ein schrecklicher, absurder Traum. Lange betrachte ich mich im Badezimmerspiegel und überlege, wie sehr mich mein Dicksein wirklich beeinträchtigt. Natürlich, es fällt mir zuweilen schwer, nach dem Mittagessen in der Kantine die steilen Treppen zum Büro wieder hinaufzusteigen. Mein Kollege hat mich auch schon mal als Hängebauchschwein bezeichnet. Aber davon abgesehen, führe ich doch ein verdammt normales Leben. Außerdem ist das Dicksein nicht mal unheilbar.

Oder vielleicht doch?

Von der Verwahrung über die Förderung zur Selbstbestimmung

Fragmente zur geschichtlichen Entwicklung der Arbeit mit »geistig behinderten Menschen« seit 1945[1]

Ulrich Hähner

Die in der Arbeit mit Menschen mit Behinderungen dominierenden Handlungsansätze lassen sich mit den Begriffen »Verwahren« und »Fördern« beschreiben. Die »Selbstbestimmt-leben-Forderung« behinderter Menschen stellt das bisherige Verständnis von Behinderung in Frage. Professionelle Helfer müssen umdenken, das differenzierte System der Behindertenhilfe verliert an vielen Stellen seine Selbstverständlichkeit. Zu welchen Veränderungen es führt, wenn der Gedanke der Selbstbestimmung von Menschen mit einer geistigen Behinderung konsequent umgesetzt wird, ist noch kaum abzusehen. Diese Selbstbestimmt-leben-Forderung behinderter Menschen und ihrer Begleiter ist weder eine Revolution, noch eine Modeerscheinung, die schnell wieder vorübergehen wird. Sie ist vielmehr Folge der bisherigen Entwicklung. Um das nachzuweisen, scheint ein Blick in die Geschichte der Behindertenhilfe notwendig.

»Lebensunwert« – ein Begriff und die Folgen

»Im Jahre 1933 haben die Nationalsozialisten das ›Gesetz zur Verhütung erbkranken Nachwuchses‹ verabschiedet. Das war das erste Massenvernichtungsgesetz des Dritten Reiches. Durch ärztliche Diagnosen, Willkür- und Gewaltmaßnahmen wurden bis 1945 zwischen 350.000 und 400.000 Menschen in Deutschland zwangssterilisiert.« ... »Mit dem Datum des Kriegsbeginns am 1. September 1939 hat Adolf Hitler durch einen Geheimerlaß den ›Gnadentod‹ für ›unheilbar Kranke‹ angeordnet. Bis Mitte 1941 wurden 70.000 Menschen in den Tötungsanstalten der ›Euthanasie‹ durch Gas ums Leben gebracht. Danach wurden bis Kriegsende einige hunderttausend Menschen in einer großen Anzahl psychiatrischer Einrichtungen durch Hunger, Überdosierung von Medikamenten und die Nichtbehandlung von Krankheiten getötet« (NOWAK 1994, S. 21). »Die ›Euthanasie‹-Aktionen, die Liquidierung von KZ-Insassen und die ›Endlösung der Judenfrage‹ standen in einem engen personellen und technisch-organisatorischen Zusammenhang. Die Ermordung von Behinderten und psychisch Kranken unter dem Deckmantel des ›Gnadentodes‹ ging

---

1) Es handelt sich hier um den Versuch, die Geschichte der Behindertenhilfe in Westdeutschland zu skizzieren. Die Entwicklung in der ehemaligen DDR ist nicht berücksichtigt. Ebenso wird die Entwicklung in anthroposophisch geprägten Einrichtungen nicht dargestellt.

somit der Massentötung europäischer Juden voran« (SÜSSMUTH 1994, S. 16). Das Euthanasie-Programm war lange Zeit das am wenigsten erforschte Kapitel der nationalsozialistischen Geschichte.

Der Wiederbeginn der Behindertenarbeit nach 1945 hätte mit der Aufarbeitung der Schuld und des Versagens denen gegenüber beginnen können, die Opfer des unmenschlichen Systems geworden waren. Diese Trauerarbeit wurde nicht geleistet. Statt dessen konnte auch ein Teil von »Hitlers willigen Vollstreckern« nach 1945 zur Tagesordnung übergehen: Personal und Ärzte, die in den Jahren zuvor in dieses Programm eingebunden waren, wurden auch weiter mit der Versorgung von Menschen mit geistigen Behinderungen betraut, und diese fand in den gleichen psychiatrischen Krankenhäusern und Anstalten statt. Träger dieser Einrichtungen von zum Teil mehr als 1000 Betten waren freie Wohlfahrtsverbände (insbesondere kirchliche Träger, also Diakonie und Caritas) und die Bundesländer als Träger psychiatrischer Krankenhäuser.

Psychiatrische Kliniken und Anstalten – Orte der Verwahrung von Menschen mit Behinderungen

Diese waren nach 1945 in ihrer Struktur gleichgeblieben. Es galten »Konzepte einer karitativ motivierten pflegerischen Versorgung, die nach damaliger Auffassung nur von ›Anstalten‹ und ›Oligophrenenabteilungen‹ zu leisten war« (KREBS 1988, S. 170). Viele geistig und mehrfach behinderte Kinder und Jugendliche wurden auch nach dem Krieg mit der Diagnose »Pflegefall« in diese Einrichtungen eingewiesen. Behinderung und Anstaltsunterbringung waren Synonyme, andere Formen des Umgangs mit Menschen mit einer Behinderung schienen nicht denkbar. Die Medikalisierung von Behinderung und die daran anknüpfende Wertung und Verobjektivierung menschlichen Lebens war nicht überwunden. Menschen, die in die Oligophrenenabteilungen der Psychiatrien eingewiesen wurden, »hatten den Status von Patienten, waren ›Fälle‹ und mußten sich aufgrund dieser Etikettierung weitgehend im Bett aufhalten« (a. a. O.).

Die Entwicklung in den Anstalten der freien Wohlfahrtspflege erscheint für die weitere Geschichte weniger von Bedeutung. Sie passen sich, als Großeinrichtungen oft unflexibel geworden, zum Teil sehr langsam den allgemein üblichen Standards an. Wichtige Impulse gehen selten von ihnen aus.

Die Unterbringung von Menschen mit geistiger Behinderung in der Psychiatrie bleibt zunächst eine Variante der Normalität. Diese Form der Unterbringung basiert nach THEUNISSEN (1982, S. 150) auf einem »biologistisch-nihilistischen« Bild vom Menschen. Aussagen wie »bildungsunfähig«, »total spielunfähig« oder »lernunfähig« weisen auf einen als unveränderbar angesehenen feststehenden Defekt hin, der den betroffenen Personen jede Möglichkeit nimmt, ein normales menschliches Leben zu durchlaufen und sich selbst zu verwirklichen. Entsprechend dieser Einstellung war die Versorgung der »Patienten«

rein pflegerisch ausgerichtet. »Die Mehrdimensionalität der Gesamtpersönlichkeit eines Menschen mit den Sinnbereichen des Körperlichen, Psychischen und Sozialen und unter Berücksichtigung der Dimension ›Zeit‹, d. h., seiner lebenslangen Entwicklung und Veränderung hat keine Bedeutung mehr« (KREBS 1988, S. 171).

Die Folgen der Depersonalisierung in solchen, von der Außenwelt isolierten Einrichtungen, beschreibt JERVIS (1978, S.129): » Der Patient verschließt sich langsam immer mehr in sich selbst, wird energielos, abhängig, gleichgültig, träge, schmutzig, oft widerspenstig, regrediert auf infantile Verhaltensweisen, entwikkelt starre Haltungen und stereotype Ticks, paßt sich einer extrem beschränkten und armseligen Lebensroutine an, aus der er nicht einmal mehr ausbrechen möchte, ...«. »... wenn man einem Insassen seine menschliche Würde nimmt, wird sein Verhalten unwürdig und unmenschlich, wenn er dauernder Bewachung, brutalen Freiheitsbeschränkungen, Mißbrauchshaltungen und psychischen Gewalttätigkeiten ausgesetzt ist, wird sein Verhalten um so ärmer, würdeloser, feindseliger, verzweifelter und gewalttätiger« (S. 127). Der Autor macht in sehr drastischer Form darauf aufmerksam, daß viele der vermeintlichen Defekte und Auffälligkeiten bei Menschen mit geistiger Behinderung durch die Anstaltsunterbringung begründete auffällige Verhaltensweisen waren.

Der Beginn der Entpsychiatrisierung

In der Psychiatrie-Enquête, in ihrer Endfassung vorgelegt von einer Sachverständigen-Kommission im Jahre 1975, steht zu lesen »daß, von einer Minderzahl eindeutig krankenhausbedürftiger geistig Behinderter abgesehen, das psychiatrische Krankenhaus für die Behandlung und Betreuung dieser Personengruppe nicht geeignet ist. Geistig Behinderte bedürfen in erster Linie heilpädagogisch-sozialtherapeutischer Betreuung, die ihnen in der Regel in hierfür geeigneten Einrichtungen außerhalb des Krankenhauses angeboten werden sollte«. Die Lebensbedingungen der »langzeithospitalisierten Menschen« wurden erstmals auch öffentlich als »elend« und als »zum Teil menschenunwürdig« beschrieben.

»Nach Schätzungen von Experten lebten damals ca. 18.000 Menschen mit geistiger Behinderung in psychiatrischen Krankenhäusern« (THEUNISSEN 1995, S. 96). Das waren 18,5% aller in psychiatrischen Einrichtungen Untergebrachten. Die Empfehlung, Behinderteneinrichtungen außerhalb der psychiatrischen Krankenhäuser aufzubauen, wurde zuerst im Rheinland aufgegriffen. Der Landschaftsverband Rheinland, als Träger der psychiatrischen Kliniken, faßte den Entschluß, eigenständige Heime neben den größeren Psychiatrien in seinem Bereich zu schaffen. Um zu verhindern, daß neue Behindertengettos entstehen, wurde die Forderung nach Dezentralisierung und dem Aufbau kleiner, gemeinwesenorientierter Hilfeangebote gestellt (BRADL, SCHÄDLER 1984, S. 243; NIEHOFF, PICKEL 1987, S.75 ff.).

In den 80er Jahren wurde in Bremen beschlossen, das Kloster Blankenburg als eine psychiatrische Einrichtung aufzulösen. Hier lebten ca. 300 geistig und psychisch behinderte Menschen. »Die Arbeit der Entpsychiatrisierung umfaßte solche Dinge wie:

- Individualisierung der Betreuung der Bewohner;
- Rehistorisierung der Biographie der einzelnen durch Gespräche über Kindheit und Jugend, Besuche in der Heimat und der Angehörigen, Aufstöbern alter Photographien usw.;
- Strukturierung des Alltags mit Ruhe und Entspannungsphasen;
- Anregung zur Eigentätigkeit;
- Erweiterung des Lebensraums;
- Reisen und Besuche in Bremen;
- Wohnungs- und Möbelsuche« (NIEHOFF 1993, S. 193)[2].

Dieses Beispiel macht deutlich, daß Entpsychiatrisierung nicht bedeutet, alte Gebäude zu verlassen und in andere, vielleicht dezentrale Kleinheime umzuziehen. Vielmehr stecken dahinter enorme Anstrengungen und viel Engagement derjenigen, die, auf welcher Ebene auch immer, diese Prozesse begleitet haben. Daß dennoch nicht alle »Patienten« über den Verlust ihres Klosters glücklich waren, macht deutlich, wie sehr sich behinderte Menschen auch in einer Umgebung verwurzeln, die sich von »normalen« Lebensbedingungen stark unterscheidet.

Da, unabhängig von Belangen der Menschen mit Behinderungen, auch Interessen von Berufsgruppen, administrative Überlegungen und anderes bei einem solchen Wandel eine sehr große Rolle spielen, wird verständlich, daß dieser Prozeß noch andauert. Die in der Verteilung der vorhandenen finanziellen Mittel zum Ausdruck kommende »gesellschaftliche Moral« (FEUSER 1996, S. 29) hat sich nicht im Sinne der Menschen mit Behinderungen gewandelt. Der Anteil der Finanzmittel für Menschen mit Behinderungen hat sich zwischenzeitlich nicht erhöht, und dadurch verliert, unter sich verschlechternden ökonomischen Bedingungen, zwischenzeitlich auch die Umgestaltung der Bedingungen erheblich an Tempo.

Die Enthospitalisierung stellt einen ganz wesentlichen Schritt zur Humanisierung der Arbeit mit Menschen mit Behinderung dar. Nur das gemeinsame Vorgehen von Politik und Wissenschaft mit den Praktikern hat diese Veränderung ermöglicht. Parallel dazu kam es zu einem grundlegenden Wandel auf den verschiedenen Ebenen, die Menschen mit Behinderungen betreffen.

Die 60er Jahre - Dekade des Aufbruchs

»Nach 1945 galt es zunächst, die riesige Zahl der Kriegsbeschädigten wieder in Arbeit und Beruf einzugliedern« (GLOMBIG 1989, S. 498). Im Vordergrund

---

2) Zur Auflösung von Kloster Blankenburg vgl. auch: Kruckenberg, P.; Gromann, P. 1987. Schiller, B. 1996.

stand die Rehabilitation der Kriegsinvaliden, die »Schwererwerbsbeschränkten« blieben im »Gesetz über die Beschäftigung Schwerbehinderter« unberücksichtigt. Zum ersten Mal wurden eine Ausgleichsabgabe für nichteingestellte Schwerbeschädigte erhoben und ein sechstägiger Zusatzurlaub gewährt.

Die 60er Jahre werden als die Dekade des Aufbruchs bezeichnet. Sozialpolitisch wichtige Entscheidungen werden getroffen, wichtige Gesetze verabschiedet, wie das Körperbehindertengesetz, das Rentenversicherungsgesetz, 1961 das Bundessozialhilfegesetz, in dem der Vorrang der freien Wohlfahrtspflege beim Ausbau und der Errichtung von Einrichtungen der Behindertenfürsorge festgesetzt ist, die sogenannte Subsidiarität.

Ende der 50er Jahre waren die »Lebenshilfe für das geistig behinderte Kind« (1958) gegründet worden und der »Verband für spastisch Gelähmte und andere Körperbehinderte«. Es handelte sich dabei um Elternverbände.

Da es in den 50er Jahren noch keine Kindergärten und Schulen für behinderte Kinder gab, versuchten Eltern über die Gründung von Vereinen, eine Entlastung zu erreichen. Der Name »Lebenshilfe für das geistig behinderte Kind« beschreibt deutlich die Zielgruppe Kinder, um die es sich zunächst schwerpunktmäßig handelte.

Begünstigt wurden diese Elterninitiativen und die Gründung von Einrichtungen für behinderte Kinder durch das Subsidiaritätsprinzip. Die Gelder flossen in dieser Zeit beginnender wirtschaftlicher Prosperität meist reichlich. Die 60er und auch noch die 70er Jahre waren geprägt von einem großen Engagement und der Gründung vieler Förder-, Rehabilitations- und Sondereinrichtungen. 1964 wurde die erste Sendung von »Aktion Sorgenkind« ausgestrahlt. Das ZDF hatte, zusammen mit Behindertenorganisationen und Wohlfahrtsverbänden, eine publikumswirksame Mixtur entworfen, die Show, Quiz und Lotterie mit dem karitativen Gedanken verbindet. Nicht unerhebliche Gelder flossen über diese Aktion in die Einrichtungen und Dienste, sie leistete vor allem Investitionshilfen. Auch heute noch ist sie ein Faktor, ohne dessen Unterstützung manche Hilfe nicht stattfinden könnte. »Zementiert wurde dabei allerdings die gesellschaftliche Tendenz, den Umgang mit (und das heißt immer häufiger die Therapie von) behinderten Menschen außerhalb von Regeleinrichtungen zu realisieren und speziellen Fachleuten zu übertragen. Aktion Sorgenkind gab damit dem gesellschaftlichen Umgang mit Behinderten keine eigenen neuen Impulse, sondern griff Entwicklungen und Tendenzen auf und verstärkte bzw. verbreitete sie unterm Publikum« (HEILER 1984, S. 83).

Das zunehmende öffentliche Interesse mag die Gesamtentwicklung positiv unterstützt haben, es war aber vor allem das Verdienst der Elternvereinigungen, daß auch das Recht auf Schulbesuch für geistig behinderte Kinder durchgesetzt werden konnte, wobei ein flächendeckender Ausbau in den westdeutschen Bundesländern in den 60ern, teilweise erst in den 70er Jahren, gelang (BIEWER 1995).

Pädagogischer Optimismus

Es verbesserten sich nicht nur die äußeren Bedingungen für Menschen mit Behinderungen, auch für die Wissenschaft wurde die »geistige Behinderung« interessant. Die Dominanz der Medizin in diesem Bereich wurde zurückgedrängt, die Pädagogik gewann deutlich an Raum. Ab 1962 erschien die Vierteljahresschrift »Lebenshilfe«, die mit der Ausgabe 3/1980 in die Fachzeitschrift »Geistige Behinderung« umgewandelt wurde. Die Anzahl der Publikationen zur »geistigen Behinderung« in den Fachgebieten Pädagogik und Psychologie stieg sprunghaft an. In diesem Zusammenhang entwickelte sich eine zunehmend ausdifferenzierende Fachdisziplin. Mitte der 60er Jahre wurde Prof. Heinz BACH auf einen Lehrstuhl für Sonderpädagogik nach Mainz berufen, den er zum ersten Lehrstuhl mit dem Schwerpunkt Geistigbehindertenpädagogik ausbaute und dem in den 70er Jahren weitere folgten. Das »biologistisch-nihilistische Menschenbild« (THEUNISSEN) wurde ersetzt durch ein »pädagogisch optimistisches Menschenbild« (NIEHOFF 1996, S. 7). Der Pessimismus um die Entwicklungsmöglichkeiten von Menschen mit Behinderungen wich einer insgesamt optimistischen Auffassung. Menschen mit Behinderungen wurden nicht mehr verwahrt und gepflegt, *man begann sie zu behandeln, zu fördern*. Förderung wurde zum zentralen Begriff in der Behindertenpädagogik. Das Fördersystem entwickelte sich nicht linear, von der Frühförderung bis zu Hilfen für altwerdende und alte Menschen, sondern in Sprüngen, meist je nach den drängendsten Nöten der Familien und ihrer Kinder: Tagesbildungsstätten, Anlern- und Beschützende Werkstätten (später: Werkstatt für Behinderte, WfB), Sonderschulen für geistig Behinderte, Sonderkindergärten, Frühförderstellen, Wohnheime (später: Wohnstätten) für Behinderte, Freizeit und Sportangebote. In jüngerer Zeit kamen dann differenzierte Wohnformen, Erwachsenenbildungsangebote, Familienentlastende Dienste (FED) und Hilfen für alternde und alte Menschen mit geistiger Behinderung hinzu. Der Mensch mit Behinderung wird von z. T. hochqualifizierten Fachleuten betreut, die die Aufgabe haben, in einem immerwährenden Prozeß des Förderns Menschen mit Behinderung an die Welt der »Normalen« heranzuführen, beziehungsweise anzupassen.

Die 70er Jahre nennt GLOMBIG die »Dekade der Rehabilitation«. Das Schwerbehindertengesetz ersetzt 1974 das Schwerbeschädigtengesetz. Damit wird dieses Gesetz auf alle Menschen mit Behinderungen anwendbar, bleibt nicht nur auf »Kriegsversehrte« beschränkt. Unabhängig von der Ursache der Behinderung sollten Hilfen gewährt werden (GLOMBIG 1989, S. 500 f.). Eine einheitliche Pflichtquote zur Einstellung von Menschen mit Behinderungen, die Ausgleichsabgabe, wurde festgesetzt. Die Abgabe bei Nichterfüllung dieser Pflichtquote wurde erhöht. »Bis zum Ende der 70er Jahre wurden 21 Berufsförderungswerke mit 14.000 Plätzen, 38 Berufsbildungswerke mit 10.000 Plätzen für jugendliche Behinderte eingerichtet. Etwa 390 Werkstätten für Behinderte mit ca. 90.000 Plätzen wurden geschaffen, zum größten Teil durch die Ausgleichsabgabe finanziert. Eine Fülle von auf die verschiedenen Behinderungsarten spezialisierten Sonderschulen wurde gegründet, in denen eine wachsende Anzahl Sonderpädagogen verschiedener Sparten sowie Fachdienste von Psychologen, Erziehern, Ergotherapeuten, Krankengymnasten, Bewegungstherapeuten arbeitete« (SCHUBERT 1995, S. 44).

Mit diesem enormen Aufschwung in Rehabilitation, Sonderpädagogik, Förderung und Therapie entwickelte sich ein stark expertengeprägtes Bild von Behinderung und zeigte allmählich Ausprägungen, die auf eine Entfremdung vom Menschen hinweisen. »Die praktische Hilfe wird zur lebenspraktischen Förderung, die Kontaktaufnahme zur basalen Förderung, das Einkaufengehen zur sozialtherapeutischen Maßnahme. Der Begriff der ›Förderkette‹, also das Durchlaufen bestimmter Förderstufen, symbolisiert in besonderer Weise dieses Denkmodell: die Aufnahme und Akzeptanz in die ›normale‹ Gesellschaft erfolgt erst, wenn ein bestimmtes Maß an Hilfebedarf abgebaut und ein gesellschaftlich akzeptierter Grad an Selbständigkeit erreicht ist (Selbständigkeitsförderung)« (BRADL 1996, S. 369).

Die Problematik des Rehabilitationsdenkens wurde nach Schubert (a. a. O., S. 47) bereits in den 70er Jahren deutlich. Man sprach von »Isolationskarrieren«, die mit dem Eintritt in die Frühförderung beginnen und über Sonderkindergärten und Sonderschulen in Werkstätten für Behinderte münden. Der Isolationscharakter, der zu einer weitgehenden Trennung von der »normalen« Bevölkerung führt, wurde zunehmend deutlicher.

Sozialpolitische Destabilisierung und inhaltliche Weiterentwicklung

Die Dekade der 80er Jahre war eher bestimmt durch die Rücknahme von Leistungen und durch Einschränkungen. Die Kassen leerten sich. Mit sogenannten Haushaltsstrukturgesetzen wurden erhebliche Leistungskürzungen für den einzelnen Behinderten und erschwerte Voraussetzungen für die berufliche Rehabilitation geschaffen. Für das *Internationale Jahr der Behinderten* 1981 war von der UNO das Motto »Full Participation and Equality« genannt, in Deutschland wurde daraus: »Einander Verstehen – Miteinander Leben«. Um die Erkenntnisse aus dem Jahr der Behinderten auch zu nutzen, rief die UNO die *Dekade der Behinderten von 1983 bis 1993* aus.

Das sich wandelnde Selbstbewußtsein, vor allem körperbehinderter Menschen, führt zu Demonstrationen gegen das »Frankfurter Reiseurteil«, zu Aktionen während der »Reha '81« (Christoph Franz schlägt den Bundespräsidenten aus Verärgerung über »Schönredner« und die Selbstdarstellung der Funktionäre mit einer Krücke) und zu einem »Krüppeltribunal« 1981 in Dortmund. 1982 gibt es das erste bundesweite Treffen der »Eltern gegen Aussonderung«, einer Vereinigung, die ihre Kritik gegen die bestehenden Sondereinrichtungen artikuliert. Sie strebt die Integration ihrer Kinder in allgemeine Kindergärten und Schulen an.

Vielleicht ist die Dekade behindertenpolitisch weniger wichtig. Wesentlich scheinen die Umorientierungen im Denken. Neben dem Begriff der *Normalisierung* wird der Begriff *Lebensqualität* bedeutsam. Es ist nicht mehr der behinderte Mensch allein, der im Mittelpunkt der Betrachtungen steht, sondern »der behinderte Mensch in unserer Lebenswelt« (SPECK 1987, S. 15). In der Wahrnehmung der Experten verändert sich der Mensch mit Behinderung »Vom Defizitwesen zum Dialogpartner« (GOLL 1993, S. 282). Die *American Association on Mental Deficiency* ändert ihren Namen in *American Association on Mental Retardation*. Der Geistigbehinderte wird zum Menschen mit geistiger Behinderung. Das sind mehr als nur sprachliche Veränderungen, es ist der Ausdruck für eine neue Sichtweise. Der Mensch, das Individuum wird entdeckt mit seinen Fähigkeiten und seinen Bedürfnissen. Je weiter sich die Behindertenhilfe entwickelt und ausdifferenziert, je weniger es gilt, Grundsätzliches neu zu installieren, desto mehr kann sich der Blick öffnen für das Subjekt. Nachdem Normalisierung zunächst eher verstanden wurde als das Schaffen von Rahmenbedingungen für Menschen mit Behinderungen, die denen nichtbehinderter Menschen ähnlich sein sollten, nimmt die Entwicklung jetzt deutliche Tendenzen an in Richtung auf die Normalisierung der Beziehungen und des Dialogs. FEUSER (1996) spricht von Artefakten und Projektionen in der Geistigbehindertenpädagogik und macht deutlich, wie das Phänomen »geistige Behinderung« auch durch die ihr zugedachte Wissenschaft produziert wird. »Der ›Geistigbehinderte‹ darf nur so (und nicht anders) sein, wie wir ihn uns zu denken vermögen, wie wir annehmen, daß er sei« (a. a. O., S. 20). Wo die eigenen Standpunkte so hinterfragt werden, beginnt die Dialogfähigkeit der Experten.

Die wichtigen Einrichtungen für Menschen mit geistiger Behinderung sind etabliert. Der Begriff »Offene Hilfen« wird bedeutsam. Dahinter verbergen sich alle die mobil-ambulanten Angebote und Hilfen, die von Menschen mit Behinderungen oder Familien mit einem behinderten Familienmitglied in Anspruch genommen werden können. Es entstehen *Familienentlastende Dienste* (FED), die sich, zur Entlastung der Eltern, an die Angehörigen mit Behinderung selbst wenden. 1994 gab es etwa 300 solcher ambulanten Dienste in der Bundesrepublik (HUPASCH-LABOHM 1996, S. 266).

Freizeitclubs erweitern die Möglichkeiten von Menschen mit einer geistigen Behinderung zur eigenen Lebensgestaltung ganz wesentlich. Die Isolation, vor allem von Menschen mit Behinderungen, die in ihrer Familie leben, kann durch dieses Angebot im Freizeitbereich unterbrochen werden (vgl. dazu WALTHER, S. 225 bis 239 in diesem Buch).

Im Bereich der *Erwachsenenbildung* werden Fortbildungen für behinderte Menschen angeboten, die Angebote reichen von der Vermittlung von Kompetenzen als Werkstattrat bis zu Fragen von Partnerschaft und Sexualität.

Wesentliche Grundlage für diese Entwicklungen sind Ideen und Leitbilder gewesen, die, z. T. schon früh formuliert, vor allem von den Elternverbänden zur Grundlage ihres Handelns gemacht wurden.

Leitbilder in der Arbeit mit Menschen mit Behinderungen

Das Normalisierungsprinzip

BANK-MIKKELSEN formuliert 1969: »Normalisierung ist die Gesamtheit der Mittel, durch die ein geistig Behinderter dahin gelangt, ein Leben zu führen, das dem normalen so nahe wie möglich kommt«. Und Bengt NIRJE, einer der Väter dieses Prinzips, fordert 1970 »dem geistig Behinderten Errungenschaften und Bedingungen des täglichen Lebens zu verschaffen, so wie sie der Masse der übrigen Bevölkerung zur Verfügung stehen« (zitiert nach LABRÉGÈRE 1986). »... Unter Normalisierung wird zunächst einmal verstanden, daß auch Behinderte einen normalen Tagesablauf haben. Das bedeutet: Er wird aus dem Bett genommen und angezogen, selbst, wenn er schwerst geistig behindert und auch körperlich geschädigt ist ...« (NIRJE 1974, S. 35 ff.). Nirje führt weiter aus, daß sich Normalisierung auch auf die übrigen Verrichtungen des Tages bezieht. »Die meisten Menschen leben an einem bestimmten Ort, sie gehen an einem anderen zur Arbeit oder auch zur Schule, und ihre Freizeit wiederum verbringen Sie an noch anderen Plätzen«. Normalisierung bezieht sich weiter darauf, einen normalen Jahresrhythmus erleben zu können. »Normalisierung heißt auch, die Möglichkeiten sicherzustellen, daß sich der gesamte Lebenslauf so normal wie möglich vollziehen kann«, und er erläutert, daß die Umwelt für Kinder, Schulkinder und Erwachsene unterschiedlich gestaltet sein muß, damit sie sich entwickeln können, und daß man ihnen unterschiedlich begegnet. »Für die alt gewordenen geistig Behinderten sollte man ... entsprechende Heime einrichten, die sich nicht weit von ihren früheren Wohn- und Arbeitsorten befinden, es sei denn, sie können dort auch weiterhin verbleiben. ... Das Normalisierungsprinzip bedeutet auch, daß Willensäußerungen, Wünsche und Bitten der geistig Behinderten so weit wie irgend möglich in Betracht gezogen werden und respektiert werden sollen. ... Normalisierung heißt aber auch, in einer bisexuellen Welt leben zu dürfen. Deswegen sollten Einrichtungen stets für beide Geschlechter zusammen geschaffen werden.«

Normalisierung wurde auch mißverstanden als die »Normalisierung des Behinderten«. Hintergrund dieses Gedankens ist die Vorstellung, daß der Mensch mit Behinderung selbst durch Verhalten und Erscheinung zur eigenen Stigmatisierung beiträgt (vgl. dazu THIMM 1994): »Das Training von Basisfunktionen, die Förderung lebenspraktischer Fähigkeiten, das Erlernen einfacher Umgangsformen« (S. 30) sollte zur »Normalisierung des Behinderten« beitragen, wobei auch über den sinnvollen Einsatz kosmetischer Behandlungen und plastisch-chirurgischer Eingriffe nachgedacht wurde.

Die Erziehung zur Unauffälligkeit, zur Angleichung an die »Normalen« nimmt innerhalb der Diskussionen einen breiten Raum ein. Die Frage der Normalisierung der Beziehung der Gesellschaft gegenüber den Menschen mit Behinderungen spielt eher im Hintergrund eine Rolle. Sie klingt an, wenn Thimm schreibt, daß »Normalisierung« ein »anthropologisches Verständnis von Behinderung als normaler Ausprägung menschlicher Existenz (beinhaltet), die keine Aussonderung duldet ...« und »Normalisierung bedeutet also auch: über die Anormalität vieler unserer Lebensgewohnheiten und -bedingungen bis hin zu politischen Strukturen unseres Zusammen- (oder besser: Gegeneinander-)Lebens nachzudenken« (S. 45).

Integration

Neben dem skandinavischen Normalisierungsmodell gewinnt vor allem in der Wissenschaft das Integrationsmodell, wie es die italienische Gesetzgebung konsequent fordert, zunehmend an Einfluß.

»Mit der Integrierung sind alle Maßnahmen gemeint, die eine möglichst unkomplizierte Teilnahme der Behinderten am Leben in der Gemeinschaft zum Ziel haben« (DYBWAD 1974).

In der überaus vitalen Aufbauphase Anfang der 60er Jahre war eine Reihe von Sonder-, Rehabilitations- und Fördereinrichtungen entstanden. Die Sonderschule für Geistigbehinderte wurde eingerichtet. Damit waren die Chancen für eine Integration gleichzeitig auch gemindert. Es galt also, in einem langen und mühsamen Prozeß, die konsequente Öffnung der allgemeinen Einrichtungen, wie Kindergärten und Schulen, auch für Kinder mit geistigen Behinderungen zu erstreiten. Dieser Prozeß ist, abhängig von der Bereitschaft der jeweiligen Kultusbürokratie in den einzelnen Bundesländern, unterschiedlich weit fortgeschritten (vgl. MÜHL, 1997).

Auch in anderen Bereichen gibt es interessante Projekte. SACK (1995) berichtet z. B. über eine Wohngemeinschaft für behinderte und nichtbehinderte Erwachsene. Es sind jedoch eher isolierte Einzelereignisse. Integration in Betrieben und in Vereinen scheitert sehr häufig daran, daß die Leistungsanforderungen in unserer Gesellschaft für Menschen mit Behinderungen zu hoch sind. Das gilt auch für das Freizeitverhalten. Die oft zu beobachtenden, fast zwanghaften Ängste von Menschen, die nicht den Kontakt zu Menschen mit Behinderungen gewöhnt sind, werden sich durch ein gemeinsames, von Pädagogen begleitetes Erleben in Schulen langfristig eher verändern lassen, als durch einzelne Projekte, obwohl gerade an ihnen wertvolle Erfahrungen gesammelt werden und sie für die Betroffenen ein wichtiger Schritt in Richtung auf die Normalisierung der Bedingungen und Beziehungen darstellen.

Selbstbestimmung

Selbstbestimmung ist eine Forderung, die sich herleitet aus der Independent-Living-Bewegung in den USA der späten 60er Jahre. Diese Bewegung wurde zunächst vorwiegend von körperbehinderten Personen getragen und sah sich als Bestandteil der gesamten Bürgerbewegung in den USA, die für mehr Demokratie, für die Emanzipation der Frauen und gegen den Rassismus kämpfte.

Ausgehend von der Independent-Living-Bewegung entwickelte sich im Bereich geistiger Behinderung die »People-First«-Bewegung (People first = Zuerst sind wir Menschen) in Kanada, und aus diesen People-First-Gruppen entstand die Internationale Self-Advocacy-Konferenz, zum ersten Mal tagend in London 1988. Self-Advocacy ist eine sehr schnell wachsende Bewegung, die einen besonderen Stellenwert in den USA, in Schweden, Dänemark, den Niederlanden und in Großbritannien erlangt hat (KNUST-POTTER 1994, NIEHOFF 1994).

Was ist Self-Advocacy?

»Advocacy heißt, aus dem Englischen ins Deutsche übersetzt: Anwaltschaft, das Sprechen für jemanden, oder Vertreten von jemandem. Self-Advocacy kann mit „für sich selbst sprechen" ... übersetzt werden. Self-Advocacy bedeutet, mehr Kontrolle über das eigene Leben zu gewinnen. Jede Aktivität, die Selbstbestimmung/Selbstvertretung einschließt, kann Self-Advocacy genannt werden« (KNUST-POTTER 1996, S. 519).

In Deutschland beginnen sich diese Gruppen erst jetzt zu entwickeln. »Selbstbestimmt-Leben« wird dann zunehmende Bedeutung erlangen, wenn professionell im Bereich Behindertenhilfe Tätige versuchen, diese Anliegen zur Grundlage ihres Handelns zu machen.[3]

Eine Bevölkerungsgruppe, nämlich die Menschen, die wir als geistig behindert bezeichnen, bisher mehr oder minder gut versorgt und von Experten dominiert, macht sich also auf, fordert Selbstbestimmung und das Recht, das eigene Leben entsprechend den eigenen Wünschen und Bedürfnissen zu gestalten, bleibt jedoch in dieser Gesellschaft abhängig von Hilfe und Unterstützung.

Der Anspruch auf Selbstbestimmung beginnt nun, ein ganzes Hilfesystem umzukrempeln und rüttelt am Selbstverständnis der professionellen Helfer. Eigentlich verlangen Menschen mit Behinderungen nichts anderes, als daß die allgemeinen Menschenrechte auch auf sie Anwendung finden, so wie auf uns alle.

Institutionen für Menschen mit Behinderungen in ihrer Entwicklung

Die »Förderstufen«, die ein Mensch mit geistiger Behinderung in der Regel Zeit seines Lebens durchläuft, beginnen (nach der Diagnose der Behinderung) mit der Frühförderung, setzen sich fort im (Sonder-)Kindergarten, gehen über Schule und Werkstatt zum Wohnheim, begleitet von medizinischen und sozialen Diensten. Wir wollen deshalb vor Augen stellen, wie sich die Einrichtungen der Behindertenhilfe entwickelt und welchen Einfluß die Leitbilder darauf haben.

3) In Deutschland werden diese Gruppen unterstützt und beraten durch: Interessenvertretung Selbstbestimmt Leben (ISL) e. V., Jordanstr. 5, 34117 Kassel und durch Bundesvereinigung Lebenshilfe für Menschen mit geistiger Behinderung e. V., Raiffeisenstr. 18, 35043 Marburg.

Frühförderung

Das Recht der Familie auf Unterstützung

»Versäumte Frühdiagnose – und damit versäumte Frühtherapie – kann endgültiges Behindertenschicksal bedeuten« (KREBS, zitiert nach THOMAE 1979, S. 79). Diese Aussage verdeutlicht die in den Anfangsjahren der Frühförderung gültige Einstellung. Die ersten Ansätze Früher Hilfen waren zwischen 1965 und 1970 entstanden. 1973 empfahl der Deutsche Bildungsrat die Einrichtung von Zentren für pädagogische Frühförderung und von klinischen Einrichtungen für Frühdiagnostik und Frühtherapie. »In dieser Zeit nahmen ... Ideen konkretere Formen an, die der alten Vorstellung von der Schicksalhaftigkeit der Entwicklung behinderter Kinder eine Absage erteilten: Entwicklung schien, auch bei behinderten Kindern, beeinflußbar, Bemühungen um Förderung, um Verbesserung der Lebensmöglichkeiten, um Eingliederung in die Gesellschaft hatten Sinn, und sie hatten auch Wirkung« (THURMAIR 1988, S. 190).

Frühförderung und Frühtherapie waren stark expertengeprägte Felder. Mediziner hatten die Plastizität des Zentralnervensystems in der frühkindlichen Entwicklung und damit seine besondere Prägbarkeit, Pädagogen und Psychologen hatten die Bedeutung der frühen Jahre für die Entwicklung des Kindes »entdeckt«. Man folgte einem funktionalistischen Modell kindlicher Entwicklung mit der Folge schematischer Therapiekonzepte und meist auf körperliche Reifungsprozesse reduzierter pädagogisch-therapeutischer Interventionen (FRÜHAUF 1996, S. 306).

Aufgrund der so angenommenen Bedeutsamkeit der frühen Kindheit wurden alle Energien in die Förderung des Kindes gesteckt. Fachleute und Eltern gerieten unter einen erheblichen, nicht nur zeitlichen, Druck. »Unabdingbar ist das sinnvolle Aufeinanderabstimmen aller Fördermaßnahmen. Dies gelingt wohl am gründlichsten in einem »Wochenstundenplan« (!) (»Lebenshilfe«, Heft IV/1976, S. 213).

Nur folgerichtig war es, Eltern unter dieser Sichtweise zu Ko-Therapeuten heranbilden zu wollen, die unter Anleitung der Experten ihr Kind weiter fördern. Und damit sie ihre Aufgaben möglichst optimal erledigten, wurden sie entsprechend geschult und trainiert, z. B. nach dem Münchner Trainingsmodell (INNERHOFER 1977). Es galt, die Behinderung zu bekämpfen, und alles wird diesem Ziel untergeordnet, auch die Eltern-Kind-Beziehung.

Eine kritische Hinterfragung dieser Einstellungen findet Ende der 70er/Anfang der 80er Jahre statt. In bezug auf die Eltern schreibt SPECK 1980 (S. 202): »Eltern als Partner bedeuten professionell eine klare Abkehr von einer bloßen Orientierung an Beratung, Programmen, Behandlung, Eltern sind weder Schüler noch Patienten. Sie haben sich nicht einfach belehren oder therapieren zu lassen.« MICHAELIS (1982/1983) sorgt sich um »Die Belastung der Eltern-Kind-Beziehung durch therapeutische Maßnahmen«. »Elternrolle und Therapeutenrolle sind tunlichst auseinanderzuhalten« schreibt SCHLACK (1989, S. 17). Die intuitiven Fähigkeiten von Eltern rücken in den Mittelpunkt wissenschaftlichen Interesses, mit dem Ziel, diese zu unterstützen (PAPOUSEK 1990). Die systemische Sichtweise setzt sich durch. Familie wird zunehmend als ein sensibles Ganzes gesehen, nicht das einzelne Individuum, sondern die Familie insgesamt soll Unterstützung erhalten.

Von der Elternschule, der Elternanleitung hin zur einfühlsamen Begleitung, dieser Weg ist symptomatisch für eine Entwicklung, die weggeht von der Defizitorientierung und der daraus resultierenden technokratischen Einstellung der Machbarkeit hin zur Akzeptierung der Behinderung als eine erweiterte Normalität menschlichen Lebens (»Es ist normal, verschieden zu sein.«).

Auch im Bereich der Förderung des behinderten oder von Behinderung bedrohten Kindes ist eine Umorientierung feststellbar. Man rückt davon ab, daß die normale Entwicklung des Kindes die Richtschnur für die Zielsetzungen bei Behandlungs- und Fördermaßnahmen ist. Die Entwicklungslogik bei einem Kind mit einer Behinderung kann sich unterscheiden von der normalen. »Ziel kann … nicht der Versuch sein, die Normalentwicklung mehr oder weniger unvollständig nachzuvollziehen, sondern die Bemühung, die Kompetenz des Kindes zu fördern« (SCHLACK 1989). Insgesamt findet man eine deutliche Abkehr von der Defektorientierung und der damit verbundenen Notwendigkeit der »Bekämpfung der Behinderung« (vgl. dazu auch Bundesvereinigung Lebenshilfe 1996).

Recht auf Erziehung und Bildung

Die Entwicklung in Kindergarten und Schule

Es waren zunächst Tagesbildungstätten bzw. Schulen für geistig Behinderte, die gegründet wurden. 1962 gab es bereits 50 Schulen in der Bundesrepublik, während erst 10 Sonderkindergärten entstanden waren. Dieser Trend setzte sich fort. 1982 gab es 410 Kindergärten, aber bereits 550 Schulen (geschätzte Zahlen der Bundesvereinigung Lebenshilfe 1982). Die Frühförderung war nach Etablierung der »Förderkette« die konsequente Fortsetzung. »Schwerpunkte der Bildungsarbeit« (SPECK 1980, S. 223) lagen in der elementaren Selbstversorgung, bei der Hygiene, im Erlernen der Umgangsformen, der Bewegungsschulung, der rhythmisch-musikalischen Erziehung, der elementaren Sprachbildung und im Erlernen einfachster kognitiver Fähigkeiten. Schwerbehinderte Kinder waren zunächst einmal ausgegrenzt. I. THOMAE nennt Eingangskriterien, die nach Möglichkeit erfüllt sein sollten. Dazu gehörte, daß die Kinder für die »Bildungsaufgaben ansprechbar und reaktions- und lernfähig« sein sollten (zitiert nach Speck 1980, S. 224).

Was auch den Kindergarten maßgeblich verändert hat, sind die Integrationsdiskussion und die Umorientierung in bezug auf die Anerkennung der Persönlichkeit des Kindes. Kindorientierte Konzepte haben die ausschließlich lernzielorientierten Konzepte der frühen Jahre abgelöst (vgl. dazu DICHANS 1990).

Die Schule für Geistigbehinderte

»Mit der Praktizierung des Rechtsbegriffs der ›*Bildungsunfähigkeit*‹ wurde den geistigbehinderten Kindern jahrzehntelang das Recht auf schulische Bildung verwehrt. Sie wurden ›schulbefreit‹. Ihnen wurde jeglicher ›Beitrag zum Wohl und Nutzen der Volksgemeinschaft‹ abgesprochen. Sie galten als ›sozial unbrauchbar‹ und deshalb als schulunwürdig« (SPECK 1980, S. 226). Diese aus dem Nationalsozialismus stammende Auffassung wurde vielleicht nicht mehr geteilt, wurde aber in ihren Auswirkungen nicht revidiert. »Als unüberwindbar erscheinende Barriere wird in der schulpädagogischen Richtung der tradierte Begriff der Bildungsfähigkeit in seinem Bezug auf die Kulturtechniken gesehen« (HÖSS 1979, S. 88). Es bedurfte erst der Ausweitung des Bildungsbegriffs auf die »lebenspraktische Bildung«, bevor die Kultusministerien der Länder die ersten privaten Sonderschulen für geistig Behinderte anerkennen konnten. »Angesichts der Struktur des zu jener Zeit bestehenden Bildungssystems und des Mangels an vorliegenden Erfahrungen auf dem Gebiet der Förderung behinderter Kinder hätte die Forderung, diese Kinder in Regelkindergärten und -schulen einzugliedern, keine Chance gehabt. Die Forderung nach *besonderen* Kindergärten, Schulen und Werkstätten für geistig Behinderte war politisch jedoch durchsetzbar« (Bundesvereinigung Lebenshilfe, Rückblick – Ausblick, S. 27).

Die Frage der Integration hat im Bereich der Schule die Fachleute in zwei Lager gespalten, die Diskussion über das Für und Wider setzt sich heute noch fort. Vor allem gilt es zu vermeiden, daß es eine »bessere« Klasse integrationsfähiger behinderter Kinder gibt, während die »schwerer behinderten« weiterhin die Sonderschule besuchen. »Die Schule für geistig Behinderte darf keine Schwerstbehindertenschule werden«, fordert Speck (1988, S. 98).

Der heutige Stand: An 70% der Berliner Grundschulen gibt es Integrationsklassen. In Bremen heißt es: »Sonderschulen sollen schrittweise organisatorisch und räumlich den zugehörigen Stufen der allgemeinen Schulen angegliedert werden. Im niedersächsischen Schulgesetz ist geregelt, daß Schülerinnen und Schüler, die wegen ihrer Behinderung einer sonderpädagogischen Förderung bedürfen, einen vorrangigen Anspruch auf gemeinsame Beschulung mit Schülerinnen und Schülern ohne sonderpädagogischen Förderbedarf in allgemeinen Schulen haben (Bundesvereinigung Lebenshilfe 1996). Diese Vorrangregelung gibt es auch in Brandenburg. Lernzielgleicher gemeinsamer Unterricht wird in allen Bundesländern bejaht, überall gibt es Integrationsbemühungen und Projekte, die allerdings mit unterschiedlicher Intensität betrieben werden.

»Die Zahl der behinderten Kinder mit sonderpädagogischem Förderbedarf, die als ›Integrationskinder‹ eine Regelschule besuchen, wird heute bundesweit auf etwa 15.000 geschätzt«(Bundesvereinigung Lebenshilfe, a. a. O.). Das sind etwa vier Prozent der Zielgruppe. Daß es nach jahrhundertelangen Separationsbemühungen überhaupt schon so viele Integrationsmodelle gibt, hängt, neben dem sich verändernden Bewußtsein und den daraus sich ergebenden veränderten Einstellungen Menschen mit Behinderungen gegenüber, auch von dem

1994 in Art. 3 des Grundgesetzes der Bundesrepublik Deutschland festgelegten Verfassungsgebot ab, wonach niemand wegen seiner Behinderung benachteiligt werden darf.

Gegenwärtig laufen in einigen Bundesländern (Modell-)Versuche zur Kooperation von Klassen und Schulen für Geistigbehinderte mit allgemeinen Schulen, z. B. in Baden-Württemberg, Bayern, Brandenburg und Bremen (Mühl u. a., 1997).

Recht auf Arbeit

Die Entwicklung der Werkstatt für Behinderte (WfB)

»... Die später großgewordenen Komplexeinrichtungen für Behinderte hielten bereits in den Gründerjahren nach der Devise ›frohes Schaffen, erfülltes Leben‹ unter den verschiedensten Bezeichnungen (›Werkstätten‹, ›Beschäftigungsstätten‹, ›Bastelstuben‹) ein reichhaltiges Angebot an Beschäftigungen vor« (Verband Ev. Einrichtungen 1990, S. 9).

Das Angebot in den psychiatrischen Krankenhäusern war die »Arbeitstherapie«. Die Ursprünge dieser »Therapie« reichen zurück in die Anfänge des 20. Jahrhunderts, als man versuchte, die Insassen psychiatrischer Anstalten mittels Arbeit zu brauchbaren und nützlichen Menschen in unserer Gesellschaft heranzubilden (Theunissen 1986, S. 32). Sie hatte einen disziplinierenden Charakter. Die in den 20er Jahren für die Großindustrie entwickelten Fließbandverfahren wurden übernommen, so »daß unter Berücksichtigung der gestörten bzw. herabgesetzten Einzelfunktionen jeder Behinderte zu einer Serienherstellung von Werkstücken gelangen sollte« (a. a. O.). Dieses Arbeitsprinzip beherrscht auch heute noch weite Teile der Fertigung in den WfB.

Menschen mit leichteren Behinderungen konnten bereits Ende der 50er, Anfang der 60er Jahre die in den Regionen entstehenden Werkstätten besuchen. 1962 erfolgte die Legalisierung dieser Arbeitsstätten mit dem Bundessozialhilfegesetz, und sie wurden zunächst als »Beschützende Werkstatt« oder »Geschützte Werkstatt« bezeichnet. 1967 wurde der Begriff »Werkstatt für Behinderte« eingeführt und 1974 mit der Verabschiedung des Schwerbehindertengesetzes legalisiert. Der Anspruch auf eine angemessene Arbeit wurde im Sozialgesetzbuch 1975 (§ 10 des allgemeinen Teils) festgelegt: »Wer körperlich, geistig oder seelisch behindert ist, oder wem eine solche Behinderung droht, hat ein Recht auf die Hilfe, die notwendig ist, um

1. die Behinderung abzuwenden, zu beseitigen, zu verbessern, ihre Verschlimmerung zu verhüten oder ihre Folgen zu mindern;
2. ihm einen seinen Neigungen und Fähigkeiten entsprechenden Platz in der Gemeinschaft, insbesondere im Arbeitsleben zu sichern.«

In der Werkstättenverordnung von 1980 wird weiter festgelegt, daß ein »möglichst breites Angebot an Arbeitsplätzen und Plätzen zur Ausübung einer geeigneten Tätigkeit« zur Verfügung sein soll, die »in ihrer Ausstattung so weit wie möglich denjenigen auf dem freien Arbeitsmarkt entsprechen« sollen, und daß »zur Erhaltung und Erhöhung der im Arbeitstrainingsbereich erworbenen Leistungsfähigkeit und zur Weiterentwicklung der Persönlichkeit des Behinderten ... arbeitsbegleitend geeignete Maßnahmen durchzuführen« sind.

Mit der ganzheitlichen Förderung behinderter Menschen durch »arbeitsbegleitend geeignete Maßnahmen« ist ein Spezifikum der WfB gegenüber allen anderen beruflichen Einrichtungen oder Produktionsstätten geschaffen. Das wird unterstrichen durch die Anordnung, daß die WfB über einen begleitenden Dienst zur pädagogischen, sozialen und medizinischen Betreuung verfügen muß. »Die Werkstatt ist nicht ausschließlich eine berufliche Einrichtung ..., nicht ausschließlich auf Arbeit und Beruf, auf Leistung und Produktion ausgerichtet, sondern hat zugleich eine soziale Aufgabe« (Verband Ev. Einrichtungen 1990, S. 12).

Da Rehabilitation und Eingliederung die wesentlichen, auch vom Gesetzgeber benannten, Aufgaben sind, steht, betrachtet man die Literatur zu diesem Bereich, der Gedanke des Förderns im Vordergrund, Fördern durch die Arbeit und in der Auseinandersetzung mit ihr. In den umfassenden Erörterungen und Vorschlägen, die Dieterich (1983, 1991) dazu liefert, wird von den manuellen über die geistigen bis hin zu sozialen Fähigkeiten sehr differenziert analysiert, was eine Tätigkeit an Lern- und Fördermöglichkeiten bietet. Was diesen sehr durchdachten Programmen anhaftet, ist die Tatsache, daß der Mensch mit geistiger Behinderung Objekt der arbeitspädagogischen Bemühungen bleibt. Er wird gefördert, hat aber wenig Einfluß auf seinen Arbeitsplatz, seine Tätigkeit, die Kollegen, mit denen er zusammenarbeitet usw.

Die berufliche Eingliederung auf den allgemeinen Arbeitsmarkt wird als eines der wichtigen Ziele der Arbeit der WfB dargestellt, hat allerdings bisher nur wenig Erfolg. Nach wie vor ist die Werkstatt für Behinderte *der* Ort beruflicher Tätigkeit für Menschen mit Behinderungen. Um diesem Ziel der Integration mehr Nachdruck zu geben, bildete sich die Bundesarbeitsgemeinschaft Unterstützte Beschäftigung (BAG UB). Ziel ist es, zunehmend mehr behinderte Menschen auf dem allgemeinen Arbeitsmarkt einzugliedern »unabhängig von der Schwere der Behinderung«. Das soll erreicht werden durch »Fachdienste für Arbeitsassistenz« (BEHNCKE u. a., 1993). Dabei wird gesehen, daß diese Forderungen den »Gesetzmäßigkeiten der Leistungsgesellschaft« entgegenstehen und zu deren Durchsetzung weitreichende gesellschaftspolitische Änderungen notwendig sind.

»Selbstbestimmung und berufliche Integration« (JAKOBS 1996, S. 462 ff.) und »Mehr Selbstbestimmung durch Qualifizierung« (LUTZ 1996, S. 471 ff.), Titel wie diese heben sehr stark auf eine Verbindung von beruflicher Eingliederung und Selbstbestimmung ab. Eingliederung erweitert die Möglichkeit der Selbstbestimmung, ist zur Zeit jedoch noch denen vorbehalten, die sich von der gesellschaftlichen Normalität in bezug auf Leistungsfähigkeit und Verwertbarkeit innerhalb der Produktion nur wenig unterscheiden. Selbstbestimmung im

Bereich der Arbeit zu ermöglichen, bedeutet aber, zunächst innerhalb der WfB Strukturen zu schaffen, die zu einem höheren Maß an effizienter und echter Beteiligung an Entscheidungsprozessen verhelfen.

Anfänge einer Mitbestimmung

Die Bildung von Werkstatt*räten* in Werkstätten für Behinderte ist seit August 1996 vorgeschrieben. Art, Umfang und Inhalte der Beteiligung der Vertretung der behinderten Mitarbeiter sind nicht festgelegt. Sie sind abhängig von den jeweiligen Vereinbarungen, die in den einzelnen Werkstätten ausgehandelt werden. Nach THEUNISSEN (1995, S. 161) haben Umfragen ergeben, daß Angestellte der WfB geistig behinderten Menschen wenig zutrauen, und er meint, »daß eine Umsetzung von demokratischen Strukturen für geistig behinderte Menschen nur dann sinnvoll geschehen kann, wenn auch die Betreuungskräfte unter selbstbestimmten und demokratischen Bedingungen leben und arbeiten können« (Zur Wirkung von Strukturen von Einrichtungen auf Menschen mit Behinderung und ihre Entwicklungsmöglichkeiten vgl. auch BRADL: Selbstbestimmung. Strukturelle Grenzen im Heim). – In einer der großen Gewerkschaften, der ÖTV, können seit 1987 auch behinderte Mitarbeiter aus WfB Mitglied werden.

Über Arbeitsverträge und abgesicherte Löhne wird zur Zeit vertieft nachgedacht, in einigen WfB sind sie schon umgesetzt, wie in der Gemeinnützigen Wohn- und Werkstatt Sindelfingen (GWW).

Trotz aller positiv zu bewertenden Entwicklungen: Selbstbestimmung in Arbeitsverhältnissen ist begrenzt. Zeit und Ort sind festgelegt, an der die Arbeitsleistungen zu erbringen sind. Über die Art der Arbeit entscheiden im wesentlichen der Markt und die Leistungsfähigkeit der behinderten Mitarbeiter.

Innerhalb dieser, durch die Strukturen der WfB gesetzten Grenzen gibt es Möglichkeiten der Selbstbestimmung. Fortbildungskurse für behinderte Mitarbeiter als arbeitsbegleitende Maßnahmen, sowohl die berufliche Qualifikation betreffend, als auch im kreativen und sportlichen Bereich, deuten den Weg zu mehr Selbstbestimmung an. Eine offene Werkstatt, mit weniger formalisierten Möglichkeiten, sich für Arbeitsgruppen und bestimmte Tätigkeiten entscheiden oder diese wechseln zu können, Praktika in anderen Arbeitsbereichen machen zu können, hieße, die Selbstbestimmung durch Strukturveränderungen zu fördern.

Grundrecht Wohnen

Die Entwicklung der Wohnstätten

»Dabei sieht der Direktor eines psychiatrischen Krankenhauses gewöhnlich einen gewissen Prozentsatz, etwa fünf bis zehn Prozent Oligophrene ganz gern in seinem Hause, weil sie, ohne viel Federlesens zu machen, die groben Arbeiten verrichten. Werden es mehr, so gegen 20 Prozent, so werden sie ein Ärgernis, weil sie durch ihr meist auffälliges, ungeschlachtes und dysplastisches Äußeres und Gehabe den Aspekt des Krankengutes stören« (PANSE 1964, zitiert nach STÖCKMANN 1982, S. 264). Trotz solcher Ansichten und berufsständischer Interessen war die Ausgliederung aus den Psychiatrien nicht aufzuhalten.

Die Lebenshilfe hatte zunächst ein familienorientiertes Verständnis. Wohnen im Heim wurde als Ausnahme, beziehungsweise als Ergänzungsmaßnahme angesehen. Der Verbleib des erwachsenen behinderten Menschen in der Familie oder die traditionelle Form der Anstalten waren zunächst die einzigen Alternativen. Erst langsam setzte sich die Forderung nach gemeindenahem Wohnen für Menschen mit Behinderungen durch.

Vor allem in den 70er und 80er Jahren entstand eine Reihe von Wohnheimen, die diesem Anspruch gerecht wurden. Daß diese immer noch sehr groß waren, teilweise 20 und mehr Bewohner in einem Haus, daß immer noch Doppelzimmer vorhanden waren, oder daß diese Heime unmittelbar neben einer Werkstatt im Industriegebiet errichtet wurden, spiegelt die gesellschaftliche Einstellung gegenüber dieser Bevölkerungsgruppe ebenso wider, wie das in dieser Zeit gültige Bild von Menschen mit geistiger Behinderung. Die Grundeinstellung war vorwiegend von karitativen und rehabilitativen Elementen geprägt, und die inhaltliche Orientierung hieß »Pflegen, Bewahren, Beschützen« (HARTMANN-KREIS 1994) und Fördern.

Das Normalisierungsprinzip wurde als Leitidee allgemein anerkannt, jedoch noch sehr verhalten in die Realität umgesetzt. Von LÜPKE (1979, S. 128) schränkt die Personengruppe derer ein, für die »kleine, regionale, sozial integrierte Wohnstätten« in Frage kommen. Menschen mit schweren Anfallsleiden, mit zusätzlichen Sinnesschädigungen und Verhaltensstörungen hält er nicht für solche Wohnformen geeignet. Sie benötigen nach seiner Meinung weiterhin Wohnmöglichkeiten in Sondereinrichtungen. Hierzu ist anzumerken, daß diese Einstellung keinesfalls überwunden ist. Großeinrichtungen mit deutlicher medizinischer Orientierung legitimieren sich gerade mit der Argumentation, daß ein großer Teil der Population von Menschen mit geistiger Behinderung psychisch krank sei und daher besonderer Betreuung bedürfe (vergleiche dazu GAEDT, BOTHE, MICHELS 1993 und THEUNISSEN 1996).

Normalisierung wurde offensichtlich überwiegend verstanden als die Planung und Erstellung von Wohnheimen, mit Einzelzimmern ausgestattet. Die Gruppen wurden verkleinert und boten somit eine eher familiäre Atmosphäre. Lebensqualität wurde zu einem wichtigen Begriff.

In den 80er Jahren setzte man zunehmend auf Dezentralisierung. Es entstanden kleine Wohnheime, integriert in Wohngebiete. Die Betreuung wurde den Fähigkeiten der Bewohner angepaßt, sich selbst zu versorgen. Es entstand ein differenziertes System intensiv betreuten Wohnens bis hin zu angemieteten Wohnungen, in denen Menschen mit Behinderungen alleine oder als Paare, in kleinen Wohngemeinschaften leben und ambulant betreut werden (Bundesvereinigung Lebenshilfe 1997).

Insgesamt rückt die Bedeutung des Wohnens für die Entwicklung der Persönlichkeit stark in den Mittelpunkt der Betrachtung. Es entsteht so ein gestaffeltes System des Wohnens. Je selbständiger der Mensch mit Behinderung ist, desto unabhängiger ist er von Hilfen durch Betreuer, desto mehr Möglichkeiten des Wohnens stehen ihm offen. Um diese Selbständigkeit zu fördern, werden »Wohnschulen« bzw. Wohntrainings eingerichtet. Es entstehen mannigfaltige, sehr differenzierte Konzeptionen für den Bereich des Wohnens (vgl. dazu Bundesvereinigung Lebenshilfe 1995). Daß normalisierte Wohnbedingungen nicht nur zu mehr Zufriedenheit bei den Bewohnern führen, weist KIEF (1995) nach. Mehr Entscheidungsfreiheiten führen zu einem höheren Maß an Bewältigung komplexer Lebenssituationen, was aber auch belastend erlebt werden kann.

Nach wie vor bleibt die Frage aktuell, inwieweit Menschen mit Behinderungen durch die Strukturen der Einrichtungen in ihren Möglichkeiten der Selbstbestimmung eingeschränkt werden (vergleiche auch BRADL, 1996). Vor allem diejenigen Menschen mit Behinderungen, die einen höheren Bedarf an Unterstützung haben, bleiben nach den herkömmlichen Modellen in den intensivbetreuten Bereichen der Wohnstätten und haben in der Regel keine Wahlmöglichkeiten. Interessant sind hier die Konzeptionen der SELAM gGmbH in Oldenburg und des Vereins zur Förderung der Integration Behinderter (fib) e.V. in Marburg (Bundesvereinigung Lebenshilfe 1995, S. 183–194). Diese Institutionen bieten ambulant betreutes Wohnen an, wobei nicht primär nach dem Grad der Selbständigkeit entschieden wird, sondern sich das Angebot nach den Wünschen und Bedürfnissen der Menschen mit Behinderungen richtet.

Zusammenfassung

Was die gesellschaftliche Integration betrifft, kann man der Ansicht sein, daß sich seit der Untersuchung von H. von BRACKEN (1976) über die »Vorurteile gegen behinderte Kinder, ihre Familien und Schulen« wenig verändert habe. Eine gute Übersicht über die Ergebnisse der Einstellungsforschung in bezug auf Menschen mit geistigen Behinderungen gibt Theo KLAUSS in »Geistige Behinderung«, Heft 1 (1996). Es gibt genügend und schwerwiegende Beispiele von Behindertenfeindlichkeit. Vor allem in der Einstellung der Bevölkerung gegenüber Menschen mit Behinderungen ist eine Normalisierung noch lange nicht erreicht. Normalisierung kann nicht heißen, Menschen mit Behinderungen an die Gesellschaft anzupassen. Die erschwerte Lebenslage dieser Menschen muß zum Bestandteil sozialer Verantwortung der Öffentlichkeit werden, das heißt, Gesellschaft muß die erschwerten Lebensbedingungen von Menschen mit Behinderungen stärker als bisher zur Kenntnis nehmen und sich diesen anpassen. Zyklisch auftretende Diskussionen um den Wert behinderten Lebens und damit um das Lebensrecht machen immer wieder deutlich, daß ein hohes Maß an Wachsamkeit nötig ist, soll sich Geschichte nicht wiederholen. Wirkliche Fortschritte und Veränderungen haben sich »intern« ergeben. Welche Auswirkungen die paradigmatischen Veränderungen haben, ist in der gegenüberliegenden Abbildung zusammengefaßt.

Die Entwicklung innerhalb des Bereichs »Geistige Behinderung« ist konsequent und folgt einer inneren Logik. Die Verwahrung, zum Teil unter menschenunwürdigen Bedingungen, wurde überwunden. Mit den Projekten der Enthospitalisierung werden erste Schritte getan, Menschen mit geistiger Behinderung ihre Würde zurückzugeben (vgl. auch STOLK, 1990). Die zunehmende Beachtung der behinderten Menschen wurde wesentlich unterstützt durch die Elternverbände, vor allem durch die Lebenshilfe, die ihre Forderungen nach einer besseren Versorgung (zunächst) der behinderten Kinder durchsetzen konnte.

Das wachsende wissenschaftliche Interesse allgemein und der einsetzende pädagogische Optimismus führten auf allen Ebenen und in allen Institutionen der Behindertenhilfe zu immer neuen Entwicklungen. Menschen mit geistiger Behinderung wurden gefördert. Tragend blieb das Bild vom defizitären Wesen, das einer intensiven »Behandlung« bedurfte, um sich entwickeln zu können. Dazu war ein differenziertes Fördersystem nötig, das von hochspezialisierten Experten im Sinne der Menschen mit Behinderung betrieben wurde.

Der sich durchsetzende Gedanke der Normalisierung impliziert jedoch mehr als eine annehmbare Gruppensituation und Arbeit. Er bedeutet Selbstbestimmung und Kontrolle über die eigenen Lebensumstände. Das wurde zunächst von den Wissenschaftlern anerkannt. Parallel dazu entwickelten sich im angloamerikanischen Bereich und in den nordeuropäischen Ländern erste Formen der Selbstvertretung von Menschen mit Behinderungen. Emanzipative Ansätze in der Behindertenpädagogik und das Bedürfnis nach Selbstkontrolle, nach eigenbestimmter Lebensentfaltung entsprechen sich. Sie werden zu mehr Beteiligung und Gleichberechtigung behinderter Menschen führen, bezogen auf alle ihre Lebensbereiche, mit dem Effekt einer sich verändernden Beziehung zwischen Menschen mit Behinderungen, ihren Angehörigen und den in diesem Bereich tätigen Fachleuten.

Leitbild	**Zeit**	**gängiges Menschenbild**	**professionelle Orientierung**	**methodische Ausrichtung**	**zugehörige Institutionen**
Verwahrung	1945 bis in die 70er Jahre	»Biologistisch-nihilistisches« Menschenbild; Gleichsetzen von geistiger Behinderung und Krankheit; der behinderte Mensch ist Patient.	Primat der Medizin.	Pflegen, Schützen, Bewahren.	Anstalten und psychiatrische Kliniken.
Förderung	ab den 60er Jahren	Der Mensch mit Behinderung als defektes Wesen – Defizitorientierung; der Mensch wird gesehen als Summe der motorischen, kognitiven, sozialen (und emotionalen) Fähigkeiten.	Medizinisch-(funktions-)therapeutische Richtungen, wie Krankengymnastik, Ergotherapie u. a. **Heilpädagigik**, Geistigbehindertenpädagogik.	Förderung, Therapie.	Sondereinrichtungen.
Selbstbestimmung	ab Mitte der 80er Jahre	Der Mensch ist ausgestattet mit der Fähigkeit zur Selbstregulation (humanistische Sichtweise); der Mensch in seiner sozialen und Umweltbezogenheit (ökosystemische Sicht).	»Entpädagogisierung« Eine über neue Curricularerweiterte sozialpädagogische Ausrichtung.	Empowerment, dialogische Begleitung, Erwachsenenen-Bildung.	Integrative Kindergärten und Schulen, ambulante Hilfen (betreute Wohnformen), offene Hilfen.

Abb.: Von der Verwahrung über die Förderung zur Selbstbestimmung

Sie leben im Heim seit ... – »Seit 1935.« – *Da haben Sie eine ganze Menge an Mitarbeitern erlebt.* – »Ja!« – *Haben Sie mal überschlagen, wieviele das wohl gewesen sein mögen?* – »Oh, ich glaube, die kann man nicht mehr zählen.« – *Und da gab's gute dabei?* – »Ja, da gab's gute und auch nicht so gute, die nicht mit unseren Vorschlägen, die wir gebracht haben, einig waren. Meine schönste Zeit war eigentlich, obwohl es streng war, meine Schulzeit. Denn da hat man gewußt, man macht das, weil man eigentlich was lernen wollte. Und als ich dann älter geworden bin, habe ich mir gedacht: ›Eigentlich sollte man jetzt die Freiheit haben, seine Meinung zu sagen.‹« – *Und haben Sie die sagen können?* – »Nein, die kann ich oft auch heute noch nicht sagen. Da gibt's heute auch oft noch Schwierigkeiten, wenn ich sage ›Das gefällt mir nicht!‹« – *Was passiert dann?* – »Entweder heißt es ›Sei ruhig! Das ist sowieso überflüssig, was du da sagst.‹ oder ›Wir machen das sowieso so, wie wir das für richtig finden.‹« – *Wie alt sind Sie?* – »73 werde ich im Sommer.« – *Und da sagt man Ihnen immer noch, was Sie denken sollen und was nicht.* – »Ja, das sagt man mir heute noch. Wie gesagt, wo ich das Angebot gekriegt habe, daß ich da mit kann zu der Fortbildung, da hat es geheißen: ›Sag' mal, bist du eigentlich noch g'scheid, was mutest du anderen Leuten zu? Du weißt doch, daß du Hilfe brauchst und bilde dir bloß nicht ein, daß da von der Gruppe noch jemand mitgeht.‹ Dann habe ich gesagt: ›Ja, das wird schon geregelt werden, wenn ich das Angebot gekriegt habe.‹« – *Wie möchten Sie gerne behandelt werden?* – »Ja, ich möchte eigentlich behandelt werden, wie mich meine Eltern behandelt haben. Denn eigentlich haben mich meine Eltern trotz meiner Behinderung behandelt als normales Kind.« – *Die haben Sie ernst genommen.* – »Ja, und ich habe oft das Gefühl, man wird dort, wo wir leben, von den Betreuern oft einfach nicht ernst genommen.« – *Wie würde denn Ihr »Traumbetreuer« aussehen?* – »Also – wie gesagt: daß er mich behandelt, wie ich von zu Hause behandelt worden bin als Kind und auch, wo ich älter wurde.« – *Das heißt, Sie sind auch liebevoll behandelt worden von Ihren Eltern.* – »Ja, doch, obwohl wir eigentlich eine große Familie waren. Ich habe zwölf Geschwister gehabt. Und das vermisse ich eigentlich oft. Daß man einfach über uns bestimmt ›Du hast das zu machen!‹ und wenn du dann Widerspruch hast, dann heißt es ›Wir tun doch nicht, was du willst, gell. Wir tun nicht, was du willst, sondern du mußt von uns behandelt werden oder von uns betreut werden. Dann hast du eigentlich zu machen, was wir sagen.‹ Obwohl ich in meinem ganzen Leben trotz meiner Behinderung gearbeitet habe, bis ich nicht mehr arbeiten konnte und es mir auch heute noch schwerfällt, jetzt im Rollstuhl zu sitzen und zu warten, bis eigentlich jemand mit mir dahin geht, wo ich hin will oder wo ich Möglichkeiten hätte hinzugehen. Das ist für mich nicht so einfach.« – *Wie sieht denn augenblicklich Ihr Alltag aus?* – »Ja, man hat mir zum Beispiel gesagt, daß ich in den Ruhestand soll und daß ich in den Seniorenclub ... – Da habe ich gesagt ›Da gehe ich nicht hin. Ich möchte also im Betrieb noch bleiben und möchte, wenn ich auch Arbeiten, die es gibt, nicht mehr so machen kann, weil ich einfach durch meine rechte Hand jetzt noch mehr behindert bin.‹ Da hat's geheißen ›Ja bist du dir jetzt zu schön, in den Seniorenclub zu gehen?‹ Da habe ich gesagt ›Nee, nicht deshalb. Aber ich möchte bei den Leuten, bei denen ich jahrelang geschafft habe, bei denen möchte ich noch eine Weile bleiben.‹ Ja … Und wenn ich heimkomme, dann heißt es oft ›Du, heute ist keine Nachtwache da, könntest du nicht ins Bett gehen?‹ Oftmals tät' ich gern was im Fernsehen angucken, es ist aber nicht möglich. Um halb sieben oder spätestens um sieben heißt's ›Jetzt gehst du ins Bett, um halb acht haben wir Feierabend.‹« – *Sie würden auch gerne einen Betreuer haben, der nicht nach der Uhr guckt, wenn es um Sie geht?* – »Ja, denn das ist nicht immer so einfach. Einfach da im Bett zu liegen. Und wenn ich um halb sieben im Bett liege, passiert mir's oft, daß ich um halb zwölf schon wieder wach bin.« – *Sie hatten viele Mitarbeiter, die Sie erziehen wollten. Meinen Sie, das hat irgendwas genützt?* – »Nee, denn irgendwann hat man doch das Gefühl, also meine Mutter hat glaube ich mich genug erzogen und ich bin ja auch in der Anstalt in die Schule gegangen und hab' da Betreuer gehabt, die versucht haben, mich zu erziehen und irgendwann habe ich gesagt ›Und jetzt laß ich mich nicht mehr bevormunden!' Denn wir haben jetzt gerade Mitarbeiter, die etliche Jahre jünger sind und ich bin dann gerne bereit, denen ihre Vorschläge anzuhören, aber wenn's dann immer heißt ›Du machst das so wie wir wollen!‹, das widerspricht mir einfach.« – *Also Sie lassen sich gerne mal beraten, aber nicht bevormunden.* – »Ja, weil die Mitarbeiter nehmen ja von mir eigentlich auch keinen Rat an. Das nächste Wort heißt ›Du mußt froh sein, daß man dir überhaupt hilft.‹ Wissen Sie, das tut einen irgendwo … das erniedrigt einen, weil man hat doch in seinem Leben so lang geschafft hat, wie man hat können und wenn man jetzt mehr Hilfe braucht, dann verletzt einen das einfach, das verletzt das Selbstwertgefühl. Und ich denke, auch wenn wir behindert sind, wir haben doch auch ein Gefühl und haben doch auch ein Empfinden. Wir können doch auch nicht zu den Mitarbeitern sagen ›Du bist nicht fähig, daß du mit uns umgehst.‹ Obwohl ich manchmal das Gefühl habe, es sind Mitarbeiter da, die machen's nicht mit Gefühl, sondern die machen's, um uns zu beherrschen. Ich habe neulich gesagt, in meiner Gruppe gibt es Leute: die einen machen's um's Geld, die anderen machen's mit Gefühl und die dritten machen's, um uns zu beherrschen. Mich stört es einfach, wenn man jemand, der sich nicht äußern kann, einfach abfertigt: ›Die versteht's ja doch nicht!‹ Das stört mich einfach! Das möchte ich nicht behaupten, daß derjenige, der sich nicht äußern kann, kein Empfinden hat. Das widerspricht mir, das kann ich nicht akzeptieren. deshalb sage ich, wer mich nicht für ernst nimmt, den kann ich auch nicht akzeptieren, dem sein Rat kann ich auch nicht annehmen. Da sträubt sich in mir was.«

Aus den Interviews der Autoren mit behinderten Menschen zu der Frage: »Wie stellen wir uns unsere Begleiter vor?«

Literatur

Behncke, R; Ciolek, A.; Körner, I.: Arbeiten außerhalb der Werkstatt. Die Hamburger Arbeitsassistenz, ein Modellprojekt zur beruflichen Integration für Menschen mit geistiger Behinderung. In: Geistige Behinderung 4/1993.

Biewer, G.: Die Schule für geistig Behinderte und die Diskussion über Integration. In: Geistige Behinderung 4/1995.

Bradl, Ch.; Schädler, B.: Zur Situation geistig Behinderter in psychiatrischen Krankenhäusern. In: Geistige Behinderung 4/1986.

Bradl, Ch. Das Bild Geistigbehinderter in der Geschichte. In: Dreher, W. (Hrsg.), Geistigbehinderte zwischen Pädagogik und Psychiatrie, Bonn 1987.

Bradl, Ch.: Selbstbestimmung – Strukturelle Grenzen im Heim 1996. In: Bundesvereinigung Lebenshilfe für geistig Behinderte e. V. (Hrsg.): Selbstbestimmung – Kongreßbeiträge.

Bundesvereinigung Lebenshilfe: Organisation und Finanzierung früher Hilfen, »Lebenshilfe«, Heft IV/1976.

Bundesvereinigung Lebenshilfe: Rückblick – Ausblick. 25 Jahre Bundesvereinigung Lebenshilfe für geistig Behinderte e. V.

Bundesvereinigung Lebenshilfe: Wohnen heißt zu Hause sein. Handbuch für die Praxis gemeindenahen Wohnens von Menschen mit geistiger Behinderung, Marburg 1995.

Bundesvereinigung Lebenshilfe: Frühe Hilfen. Frühförderung aus Sicht der Lebenshilfe. Marburg 1996.

Bundesvereinigung Lebenshilfe: Leistungsvereinbarungen für das Ambulant betreute Wohnen (ABW). Marburg 1997.

Bundesvereinigung Lebenshilfe: Fachdienst der Lebenshilfe 4/1996.

Crämer, S.: Wohnen geistig behinderter Erwachsener. In: Geistige Behinderung 3/1990.

Cramer, H. H.: Die neue Werkstättenverordnung, München 1981.

Dichans, W.: Der Kindergarten als Lebensraum für behinderte und nichtbehinderte Kinder. Köln 1990.

Dieterich, M.: Humane Werkstatt für Behinderte. In: Geistige Behinderung 4/1983.

Dieterich, M.: Vom Gruppenleiter zum Arbeitspädagogen. In: Geistige Behinderung 4/1991.

Dybwad, G.: Notwendige Konsequenzen (für die USA von heute). In: Kugel, R. B.; Wolfensberger, W.: Geistig Behinderte – Eingliederung oder Bewahrung, Stuttgart 1974.

Feuser, G.: Parteilichkeit für behinderte Menschen in Zeiten von Sozialabbau und Behindertenfeindlichkeit. In: Bradl, Ch.; Steinhart, I.: Mehr Selbstbestimmung durch Enthospitalisierung, Bonn 1996.

Feuser, G.: »Geistigbehinderte gibt es nicht«. Projektionen und Artefakte in der Geistigbehindertenpädagogik. In: Geistige Behinderung 1/1996.

Frühauf, Th.: Förderung von Selbständigkeit und Autonomie im Vorschulalter. In: Bundesvereinigung Lebenshilfe für geistig Behinderte e. V. (Hrsg.): Selbstbestimmung – Kongreßbeiträge, Marburg 1996.

Gaedt, Ch.; Bothe, S.; Michels, H. (Hrsg.): Psychisch krank und geistig behindert. Dortmund 1993.

Glombig, E.: Behinderte und Rehabilitation. In: Blüm, N.; Zacher, H. F. (Hrsg.): 40 Jahre Sozialstaat Bundesrepublik Deutschland, Baden-Baden 1989.

Goll, H.: Aktuelle Tendenzen in der Pädagogik. In: Geistige Behinderung 4/1993.

Heiler, H.: Behinderteninitiativen (BI); Behindertenverbände (BV). In: Reichmann, E. (Hrsg.): Handbuch der kritischen und materialistischen Behindertenpädagogik und ihrer Nebenwissenschaften, Solms, Lahn 1984.

Höss, H.: Primar- und Sekundarbereich I. In: Bach, H.: Pädagogik der Geistigbehinderten. Berlin 1979.

Hupasch-Labohm, M.: Familien entlasten – Selbstbestimmung ermöglichen. In: Bundesvereinigung Lebenshilfe für geistig Behinderte e. V. (Hrsg.): Selbstbestimmung – Kongreßbeiträge. Marburg 1996.

Innerhofer, P.: Das Münchner Trainingsmodell. Beobachtungen, Interaktionen, Verhaltensänderungen. Berlin 1977.

Jakobs, K.: Selbstbestimmung und berufliche Integration am Beispiel Hessen. In: Bundesvereinigung Lebenshilfe für geistig Behinderte e. V. (Hrsg.): Selbstbestimmung – Kongreßbeiträge. Marburg 1996

Jervis, G.: Kritisches Handbuch der Psychiatrie, Frankfurt 1978.

Kief, M.: Normalisierte Wohnformen für Menschen mit geistiger Behinderung. In: Wohnen heißt zu Hause sein, Handbuch für die Praxis gemeindenahen Wohnens von Menschen mit geistiger Behinderung, Marburg 1995.

Klauß, Th.: Ist Integration leichter geworden? In: Geistige Behinderung 1/1996.

Knust-Potter, E.: We can change the future. Self-Advocacy-Gruppen in Großbritannien. In: Geistige Behinderung 4/94.

Knust-Potter, E.: Self-Advocacy – oder: Wir sprechen für uns selbst. In: Bundesvereinigung Lebenshilfe für geistig Behinderte e. V. (Hrsg.): Selbstbestimmung – Kongreßbeiträge, Marburg 1996

Krebs, H.: Aktuelle sozialmedizinische und sozialpsychiatrische Aspekte zur geistigen Behinderung. In: Geistige Behinderung 3/1988.

Kruckenberg, P.; Gromann, P.: Aus der Langzeitpsychiatrie in den Stadtteil. Gemeindeorientierte Perspektiven am Beispiel Bremens. In: Dreher, W. (Hrsg.), Geistigbehinderte zwischen Pädagogik und Psychiatrie, Bonn 1987

Labrégère, Aimé: Die Entwicklung des Normalisierungsgedankens in Europa. In: Normalisierung – eine Chance für Menschen mit geistiger Behinderung, Marburg 1986.

Lüpke, K. v.: Wohnstätten. In: Bach, H. (Hrsg.): Pädagogik der Geistigbehinderten, Berlin 1979.

Lutz, H.: Mehr Selbstbestimmung durch Qualifizierung. In: Bundesvereinigung Lebenshilfe für geistig Behinderte e. V. (Hrsg.): Selbstbestimmung – Kongreßbeiträge. Marburg 1996.

Michaelis, R.: Die Belastung der Eltern-Kind-Beziehung durch therapeutische Maßnahmen. In: pädiatr. prax. 27, 629 – 634 (1982/83).

Mühl, H. (Hrsg.): Lernen unter einem Dach. Schulische Integration durch Kooperation. Lebenshilfe-Verlag Marburg, 1997.

Niehoff, U.; Pickel, H.: Situation geistig Behinderter in psychiatrischen Einrichtungen. In: Geistige Behinderung 2/1987.

Niehoff, U.: Wege zur Selbstbestimmung. In: Geistige Behinderung 3/94.

Niehoff, U.: Zum Selbstverständnis von Freizeit, Erwachsenenbildung und Selbstbestimmung, Fachdienst der Lebenshilfe 2/1996.

Nowak, Klara: »Viele nehmen ihren Gram und Kummer mit ins Grab«. In: Daub, U.; Wunder, M.: Lebens Wert – Zur Diskussion über Euthanasie und Menschenwürde, Freiburg 1994.

Nirje, B.: Das Normalisierungsprinzip und seine Auswirkungen in der fürsorgerischen Betreuung. In: Kugel, R. B.; Wolfensberger, W.: Geistig Behinderte. Eingliederung oder Bewahrung, Stuttgart 1974.

Papoušek, M.; Papoušek, H.: Intuitive elterliche Früherziehung in der vorsprachlichen Kommunikation. In: Sozialpädiatrie 12. Jg. (1990) Nr. 7 und Nr. 8.

Sack, R.: Eine Wohngemeinschaft wie jede andere. In: Wohnen heißt zu Hause sein. Handbuch für die Praxis gemeindenahen Wohnens von Menschen mit geistiger Behinderung, Marburg 1995.

Schiller, B.: Enthospitalisierung in Bremen. In: Bradl, Ch.; Steinhart, I. (Hrsg.): Mehr Selbstbestimmung durch Enthospitalisierung. Bonn 1996.

Schlack, H. G.: Paradigmenwechsel in der Frühförderung. In: Frühförderung interdisziplinär, 8. Jg. S. 13 – 18, 1989.

Schmeichel, W.: Der behinderte Mensch. In: Rudolph, G. (Hrsg.): Medizin und Menschenbild, Tübingen 1994.

Schubert, B. v.: Behinderung und selbstbestimmtes Leben. Das HELIOS-Programm der Europäischen Gemeinschaft. Neue Aufgaben diakonisch-sozialer Arbeit in Europa, Heidelberg 1995.

Speck. O.: Geistige Behinderung und Erziehung, Basel 1980.

Speck, O.: System Heilpädagogik. Eine ökologisch reflexive Grundlegung, München 1987.

Speck, O.: Das strukturelle Dilemma schulischer Integration geistig behinderter Kinder. In: Geistige Behinderung 2/1988.

Stöckmann, F.: Ausgliederung geistig Behinderter aus der Psychiatrie. In: Geistige Behinderung 4/1982.

Stolk, J.; Egberts, M. J. A. (Hrsg.): Über die Würde geistig behinderter Menschen. Marburg 1990.

Süssmuth, R.: »Wir können nicht so tun, als hätte es unsere Geschichte nicht gegeben«. In: Daub, U.; Wunder, M.: Lebens Wert – Zur Diskussion über Euthanasie und Menschenwürde, Freiburg 1994.

Thesing, Th.: Betreute Wohngruppen und Wohneigenschaften für Menschen mit einer geistigen Behinderung, Freiburg im Breisgau, 1990.

Thimm, W.: Das Normalisierungsprinzip. Eine Einführung, Marburg 1984.

Theunissen, G.: Schwerstbehinderung und psychiatrisches Modell. In: Geistige Behinderung 3/1982.

Theunissen, G.: Abgeschoben, isoliert, vergessen. Schwerstgeistigbehinderte und mehrfachbehinderte Erwachsene in Anstalten. Frankfurt 1986.

Theunissen, G.: Ausgliederung geistig behinderter Menschen aus der Psychiatrie. In: Wohnen heißt zu Hause sein. Handbuch für die Praxis gemeindenahen Wohnens von Menschen mit geistiger Behinderung, Marburg 1995.

Theunissen, G.; Plaute, W.: Empowerment und Heilpädagogik. Freiburg 1995.

Theunissen, G.: Wider die Psychiatrisierung geistiger Behinderung. In: Geistige Behinderung 4/1996.

Thomae, I.: Früh- und Elementarbereich. In: Bach, H. (Hrsg.): Pädagogik der Geistigbehinderten, Berlin 1979.

Thurmair, M.: Behinderung in der Frühförderung. Bemerkungen zu einem Problem und seiner Geschichte. In: Geistige Behinderung 3/1988.

Verband Evangelischer Einrichtungen für geistig und seelisch Behinderte: Materialien zur Werkstatt für Behinderte. Arbeitshilfen 1990, Band 1, Verlagswerk der Diakonie, Stuttgart.

Grundbegriffe selbstbestimmten Lebens

Ulrich Niehoff

Das Assistenzkonzept

In zahlreichen neueren Veröffentlichungen wird die Aufgabe und Rolle der bezahlten und nichtbezahlten Helfer in der Behindertenhilfe mit dem Begriff der »Assistenz« umschrieben. Damit verbindet sich der Anspruch einer professionellen Umorientierung, insbesondere einer Abkehr von einem therapie- und förderzentrierten Modell der Betreuung behinderter Menschen.

Ausgangspunkt von Assistenzleistungen ist demnach nicht mehr eine durch Dritte definierte Therapie- bzw. Fördernotwendigkeit, sondern die von dem behinderten Menschen gewünschte Form der Alltagsbewältigung, die sich in einem individuellen Lebensstil ausdrückt. Assistenz bedeutet für die helfende Beziehung, daß der Helfende den Hilfebedürftigen dabei unterstützt, seine selbstgewählten Ziele zu verwirklichen. Im Assistenzverhältnis wird also vom Grundsatz her die Regiekompetenz über die Hilfe dem Menschen mit Behinderung übertragen. Assistenzleistung setzt auf seiten der Assistenten »Dolmetscher-Kompetenzen« voraus: Zuhören, Interpretieren, Entschlüsseln nonverbaler Willensäußerungen sowie die Bereitschaft und Fähigkeit zur Förderung eines individuellen Lebensstils des Menschen mit Behinderung. Damit beinhaltet das Assistenzkonzept eine eindeutig individuelle Ausrichtung der Arbeit auf *einen* behinderten Menschen hin.

Das Assistenzkonzept stammt aus den Diskussionen der »Selbstbestimmt-leben-Bewegung«, zu der sich vor allem körperbehinderte Menschen zusammengeschlossen haben (vgl. MILES-PAUL 1992). Dort wird häufig auch von *»persönlicher Assistenz«* gesprochen. Darunter wird jede Form der persönlichen Hilfe verstanden, die einen »Assistenznehmer« in die Lage versetzt, sein Leben möglichst selbstbestimmt zu gestalten. Persönliche Assistenz umfaßt sowohl die Bereiche der Körperpflege, der Haushalts- oder der medizinischen Krankenpflege, als auch kommunikative Hilfen durch z. B. Gebärdendolmetscher für Hörgeschädigte oder Vorlesedienste für Blinde. Sie ist in verschiedenen Feldern der Unterstützung auf hohe fachliche Kenntnisse als Voraussetzung angewiesen (z. B. beim Gebärdendolmetscher oder bei der Krankenpflege), in anderen Teilbereichen sind keine besonderen fachlichen Qualifikationen vorausgesetzt. Grundsätzlich wird die »persönliche Assistenz« von den Assistenznehmern angeleitet; Zeit, Ort und Ablauf sollen von ihnen bestimmt und die Assistenzleistenden von ihnen ausgesucht werden. Mit »persönlicher Assistenz« verbindet sich in diesem Verständnis die Rolle des behinderten Menschen als Arbeitgeber seiner Assistenten. Schätzungsweise etwa 800 solcher Arbeitsverhältnisse bestehen gegenwärtig in Deutschland.

Da die mit persönlicher Assistenz verbundenen Arbeitgeberaufgaben formal und inhaltlich aufwendig sind und hohe Ansprüche an Selbständigkeit und organisatorische Fähigkeiten stellen, wird aus der Körperbehindertenbewegung heraus auch die Gründung von Assistenzgenossenschaften vorgeschlagen (KÖBSELL/FREHE 1993). Eine solche Assistenzgenossenschaft hat die Aufgabe, für ihre Mitglieder bedarfsgerechte Assistenzleistungen zu beschaffen und sicherzustellen.

Es hat sich gezeigt, daß der Begriff der Assistenz auch bei helfenden Beziehungen zu Menschen mit geistiger Behinderung grundsätzlich von Bedeutung ist (BRADL 1996, 200 ff.). Allerdings bedarf das Assistenzkonzept in bezug auf geistig behinderte Menschen der Erweiterung. Sie haben oft Schwierigkeiten, Anleitungsfunktionen auszuüben und einzuschätzen, wieviel und welche Hilfe sie benötigen. Das aufrichtige Bemühen um ihre größtmögliche Autonomie kann auch dazu führen, daß an geistig behinderte Menschen unerfüllbare Forderungen gerichtet werden. Das Assistenzkonzept muß daher bei ihnen um Inhalte der Begleitung ergänzt werden.

Literatur

Ministerium für Arbeit, Gesundheit und Soziales des Landes NRW: Behinderte Menschen in Nordrhein-Westfalen. Wissenschaftliches Gutachten zur Lebenssituation von behinderten Menschen und zur Behindertenpolitik in NRW. Düsseldorf 1993 (insbes. S. 298–306).

Verein zur Förderung der Integration Behinderter: Leben auf eigene Gefahr. In: ders.: Ende der Verwahrung. Marburg 1991.

Köbsell, S.; Frehe, H.: Assistenzgenossenschaft Bremen. In: Die Randschau 1/1993.

Mayer, A.; Rütter, J.: Abschied vom Heim. Erfahrungsberichte aus Ambulanten Diensten und Zentren für selbstbestimmtes Leben. München 1988.

Das Kundenmodell

Für das Erreichen und Sicherstellen von Qualität der Hilfen für Menschen mit Behinderung ist es wesentlich, zu einer Klärung der Beziehung von Hilfegebendem und Hilfenehmendem zu kommen. Bei vielen Diensten für körperbehinderte Menschen hat sich in den vergangenen Jahren das sogenannte »Kundenmodell« herausgebildet und bewährt. Es versteht und organisiert professionelle Hilfe für behinderte Menschen als Dienstleistungen, die auf einer vertraglichen Regelung zwischen den Beteiligten beruhen.

Das Kundenmodell soll die helfende Beziehung von einer einseitigen Abhängigkeit befreien. Die vertragliche Grundlage der Arbeit verändert die »Machtverhältnisse« zugunsten der Nutzer/-innen der jeweiligen Dienstleistung. Die Möglichkeit, eine »Kundenrolle« einzunehmen, bedeutet für behinderte Menschen eine Emanzipation vom Hilfeempfänger hin zum Käufer sozialer Dienstleistungen, »der unter freier Verwendung der ihm zufließenden Geldmittel die gewünschten Dienstleistungen zukauft« (OPPL 1992).

Der hilfebedürftige Mensch kommt so in die Lage eines »kritischen Konsumenten« mit Qualitätsansprüchen und entsprechenden Verbraucherschutzrechten, der sich auf dem Markt der Dienstleistungen zurechtfinden muß (vgl. THIMM 1985, 9 ff.). Er wird in diesem Modell »Kunde« bzw. »Kundin« eines Dienstes und bestimmt letztendlich über die Inanspruchnahme des Angebots und seine Ausgestaltung, weil er dafür bezahlt.

Es besteht ein enger Zusammenhang zwischen der Kundenrolle und Ansätzen des Verbraucherschutzes (LINK, 1993; EIGNER, 1992). Die Ansprüche der Kunden auf gute Qualität von Dienstleistungen erfordern ein verändertes Bewußtsein bei Anbietern (»Kundenorientierung«). Notwendig werden gleichzeitig Instrumentarien zur Qualitätsbeurteilung, um Verbraucherentscheidungen zu erleichtern und um die Qualität des Dienstleistungsangebots weiterzuentwickeln.

Für Menschen mit geistiger Behinderung liegt die Problematik des Kundenmodells sicher darin, daß souveränes Kundenverhalten zum einen an intellektuelle und psychische Fähigkeiten gebunden ist und zum anderen an »wirtschaftliche Marktfähigkeit«. Auch sozialrechtlich gesehen ist das Kundenmodell im Bereich sozialer Dienstleistungen problematisch, weil der Hilfebedürftige jeweils Antragsteller für sozialstaatliche Leistungen ist, über deren Inhalt und Umfang vom jeweiligen Kostenträger entschieden wird. Das formale Verhältnis zwischen dem behinderten Menschen und den Hilfediensten ist jedoch in den allermeisten Fällen kein ausschließlich zweiseitiges. In der Behindertenhilfe wird bezüglich der rechtlichen Situation von einem Dreiecksverhältnis gesprochen, in dem Einrichtungen und Dienste, der behinderte Mensch sowie der Kostenträger zueinander stehen. Sieht man von einigen wenigen Selbstzahlern ab, so steht die Einrichtung der Behindertenhilfe dem Kostenträger als Verkäufer einer Dienstleistung gegenüber, für die letzterer bezahlt. Wenn man so will, ist also der Kostenträger Kunde einer Dienstleistungsorganisation. Der Verbrauch der bezahlten Leistung geschieht allerdings nicht durch den Käufer, d. h. den Kostenträger, sondern durch den behinderten Menschen, dem diese Leistung aufgrund von Rechtsansprüchen gewährt wird. Der behinderte Mensch nutzt also eine für ihn hergestellte Dienstleistung, an deren Qualität er existentielles Interesse hat. Ihn – als Verbraucher und Nutzer einer öffentlich finanzierten Dienstleistung – deswegen aber durch die Bezeichnung Kunde in den Status desjenigen zu versetzen, der bezahlt und bestimmt, ist irreführend, solange das Dreiecksverhältnis in der bestehenden Form existiert. Dem Fachjargon der Behindertenhilfe wird so ein weiterer Euphemismus hinzugefügt, ohne daß die in der Regel weiterbestehende »Anbieterdominanz« (BADURA/GROSS 1976) durch teilhaberische Elemente verändert wird.

Zu diskutieren ist außerdem im Kundenmodell die Verschiebung persönlicher Beziehungen auf die sachliche Ebene von Warenaustausch. So wird gegen das Kundenmodell eingewendet, daß Menschen mit geistiger Behinderung nicht nur instrumentelle Unterstützung, sondern vor allem auch persönliche Nähe und emotionale Zuwendung wünschen.

Literatur

Badura, B.; Gross, P.: Sozialpolitische Perspektiven, Frankfurt 1976.

Eigner, W.: Sicherung der Lebensqualität. In: Lebenshilfe. Zeitschrift der Lebenshilfe Österreich 1/1993, S. 4–5.

Link, H. A.: Qualität durch Kontrolle. Von der weltanschaulich geleiteten Pflege zur sozialen Dienstleistung. Ein Reizthema in der ambulanten Versorgung. In: Blätter der Wohlfahrtspflege 7/8, 1993, S. 235–238.

Österwitz, I.: Persönliche Assistenz, eine konsumentenkritische Betrachtung. In: Selbsthilfe 4/1990, S. 10–12.

Oppl, H.: Zur Marktposition der freien Wohlfahrtspflege. In: Soziale Arbeit 5/1992, S. 152–157.

Thimm, W.: Behinderte Menschen als kritische Konsumenten sozialer Dienstleistungen. In: Bundesarbeitsgemeinschaft Hilfe für Behinderte (1985): Dokumentation des Fachkongresses »Ambulante Dienste« bei der Reha 1986.

Empowerment

Der Begriff »Empowerment« (siehe auch S. 129, 153 ff., 180) gewinnt in der Konzeptdiskussion der psychosozialen Arbeit an Bedeutung. Er entstammt der amerikanischen Gemeindepsychologie und wird mit dem Sozialwissenschaftler Julian Rappaport (1985) in Verbindung gebracht.

Empowerment meint alle Möglichkeiten und Hilfen, die es Menschen in einer eher machtlosen Situation erlauben, Kontrolle über ihr Leben zu gewinnen, indem sie eigene Stärken im Austausch mit anderen erkennen und sich gegenseitig ermutigen, ihr eigenes Leben und ihre soziale Umwelt zu gestalten. Der Empowerment-Ansatz geht davon aus, daß Hilfebedürftigkeit von Menschen zumindest anteilig auch Ergebnis eines ungünstig verlaufenden Lernprozesses sein kann, der prinzipiell auch umkehrbar ist (zur »Theorie der erlernten Hilflosigkeit« vgl. SCHOBER, B., in: Blätter der Wohlfahrtspflege 2/1993, S. 45 ff.). Von besonderer Bedeutung ist der Empowerment-Ansatz für die Arbeit von Selbsthilfegruppen. In der Gruppe Gleichbetroffener liegt eine Chance, sich gegenseitig auszutauschen, sich emotional zu bestärken und sich kundig zu machen für den bewußten Umgang mit professioneller Hilfe.

Empowerment ist jedoch nicht nur ein Konzept für Selbsthilfegruppen, sondern gleichzeitig auch ein handlungsleitender Rahmen für Fachleute in der sozialen Arbeit. Im Rahmen von Empowerment wird es zur Aufgabe der Professionellen, Prozesse zu initiieren und zu ermöglichen, die relativ hilflose Menschen in die Lage versetzen, ihre Lebensumstände weitestgehend selbst in die Hand zu nehmen. Es geht also um die Förderung von Selbstorganisation und Eigeninitiative, um Unterstützung beim Erkennen brachliegender Ressourcen und Fähigkeiten einzelner Menschen oder Gruppen.

Den bisherigen Ausführungen entsprechend, ist Empowerment für Menschen mit geistiger Behinderung, aber auch für Eltern von Kindern mit geistiger Behinderung von Bedeutung (BÖHM; WEISS 1993, S. 55–58).

In einigen Ländern bestehen bereits seit einiger Zeit sogenannte »People First«-Gruppen, die sich am Ziel der »Self advocacy« orientieren (STRAND, KNUST-POTTER und RIETBERGEN 1996). Auch in Deutschland beginnen sich Selbsthilfegruppen geistig behinderter Menschen zu formieren. Von etwa zehn existierenden Gruppen kamen im Herbst 1996 sieben Gruppen zu einem ersten Bundestreffen zusammen (NIEHOFF 1997). Selbsthilfeansätze von Menschen mit geistiger Behinderung erfordern angemessene Unterstützung und Begleitung. Für die Arbeit dieser Unterstützer bietet das Empowerment-Konzept eine gute Handlungslinie (BOBZIEN, M., in: Blätter der Wohlfahrtspflege 2/1993).

Literatur

Blätter der Wohlfahrtspflege: Themenheft »Empowerment« 2/1993.

Böhm, I.; Weiß, H.: Gemeinsam Kräfte entdecken. Konzept des Empowerments in der Frühförderung, in: Blätter der Wohlfahrtspflege 2/1983.

Strand, A.; Bergström, A.: »Grunden« – ein Verein geistig behinderter Menschen in Schweden.

Knust-Potter, E.: Self-Advocacy – oder: Wir sprechen für uns selbst.

Rietbergen, R.; Kooyman, C.: »Onderling Sterk« in den Niederlanden.

Niehoff, U.: Geistig behindert – das soll nicht mehr gesagt werden. In: Lebenshilfe-Zeitung 1/97.

Rappaport, J.: Ein Plädoyer für die Widersprüchlichkeit. Ein sozialpolitisches Konzept des Empowerment anstelle präventiver Ansätze. In: Verhaltenstherapie und psychosoziale Praxis 2/1985, S. 257–278.

Theunissen, G.; Plaute, W.: Empowerment und Heilpädagogik. Freiburg: Lambertus-Verlag 1994.

Regiekompetenz

Regiekompetenz ist ein wichtiger Begriff aus der Philosophie der »Selbstbestimmt-leben-Bewegung« in Deutschland. Er beschreibt den Anspruch behinderter Menschen, über die Formen der Hilfen zur Bewältigung ihres Alltags möglichst weitgehend zu bestimmen, Regie darüber zu führen. Bis vor wenigen Jahren haben nach dieser Sichtweise überwiegend nichtbehinderte Fachleute und Therapeuten das gesamte System der Hilfen für behinderte Menschen geplant, aufgebaut, kontrolliert und verändert. Wenn selbstbewußte behinderte Menschen heute z. B. die Finanzkompetenz einfordern, so verlangen sie die Auszahlung der finanziellen Hilfen nicht an Dienste, Heime o. ä., sondern an sich selbst. Der behinderte Kunde kauft sich auf dem Anbietermarkt eine Dienstleistung, die seinem Willen entspricht. Im Selbstverständnis behinderter Menschen wird hier die Umorientierung zum Kundensubjekt deutlich. Neben der Finanzkompetenz spielen dabei eine Rolle:

- die Personalkompetenz (Arbeitgeberfunktionen);
- die Anleitungskompetenz (Artikulieren von Bedürfnissen; Fähigkeit, Helfern gezielt die benötigten Informationen geben zu können);
- die Raumkompetenz (Wie, mit wem leben wollen);
- die Sozialkompetenz (Möglichkeiten und Fähigkeiten, seine Teilnahme am gesellschaftlichen Leben zu gestalten).

Die genannten Kompetenzen sind nicht ohne weiteres geistig behinderten Menschen zu übertragen. Wenn die Forderungen nach Regiekompetenz aber im Prinzip für körperbehinderte Menschen einleuchten, so ist zu fragen, welche Relevanz sie für geistig behinderte Menschen haben. Bisher haben diese in aller Regel den Status eines »Betreuten«, mit dem in bester Absicht pädagogisch oder therapeutisch gearbeitet wird. Der alltägliche Sprachgebrauch unterstreicht dies: Sie werden »gefördert«, »betreut«, »behandelt«, »therapiert«, »versorgt« und »verpflegt«: Ein Vokabular, in dem eigene Entscheidungen und Kontrollmöglichkeiten keinen Platz haben. Menschen mit geistiger Behinderung, die in Einrichtungen traditionellen Verständnisses leben, haben meist keinen entscheidenden Einfluß auf die Auswahl der Personen, die ihnen Hilfe leisten, wenig Einfluß auf den Tages- und Wochenablauf, auf die Gruppe von Menschen, die im Alltag mit ihnen zusammen ist, auf den Ort und die Intensität der Hilfen.

Wenn der Einfluß geistig behinderter Menschen auf ihren Alltag erhöht werden soll, sind beispielhaft folgende Fragen zu bedenken:

- Welchen Stellenwert haben persönliche Wünsche geistig behinderter Menschen in fachlich abgeleiteten Förderplänen?
- Welche Mitspracherechte haben geistig behinderte Menschen bezüglich ihres Arbeitsplatzes oder ihres Wohnorts?
- Welche Mitspracherechte haben geistig behinderte Menschen in der Personalpolitik der Einrichtungsträger?
- Welchen Einfluß haben geistig behinderte Menschen bzw. deren Mitwirkungsgremien auf das Entlohnungssystem einer WfB?
- Welchen eigenverantworteten Freiraum gibt es im Umgang mit dem Taschengeld?

Zweifellos haben viele geistig behinderte Menschen einen unterschiedlichen Bedarf an Hilfestellungen, um ihre Interessen und Wünsche zu artikulieren und damit mehr Regiekompetenz auszuüben. Wenn sie jedoch im Sinne von

Selbstvertretung und Selbstbestimmung weitergehenden Einfluß auf ihren Alltag gewinnen sollen, sind Erfahrungen des Empowerment und der Erwachsenenbildung anzuwenden.

Literatur

Mayer, A.; Rütter, J. (Hrsg.): »Abschied vom Heim«. AG SPAK. München 1988.

Rüggeberg, A.: Autonom leben. Gemeindenahe Formen und Beratung. Hilfe und Pflege zum selbständigen Leben von und für Menschen mit Behinderungen. Schriftenreihe des Bundesministers für Jugend, Familie und Gesundheit. Stuttgart/Berlin/Köln/Mainz: Kohlhammer 1985.

Selbstbestimmtes Leben

Die Ende der 60er Jahre entstandene Independant-Living-Bewegung (Selbstbestimmt-leben-Bewegung) behinderter Menschen tritt an für ein gleichberechtigtes Leben als Bürger in den USA, ohne Diskriminierungen und Benachteiligungen wegen der Behinderung. Die Ideen der Independant-Living-Bewegung wurden in Deutschland bisher vor allem von der von körperbehinderten Menschen getragenen »Krüppelbewegung« aufgegriffen und eingefordert.

International haben Philosophie und Praxis der Independant-Living-Bewegung große Auswirkungen auf die Arbeit mit geistig behinderten Menschen. So haben sich in den USA, in Kanada, Großbritannien, Schweden, Holland, Australien und Neuseeland geistig behinderte Menschen in »People First«-Gruppen (»Zunächst einmal sind wir Menschen«) zusammengefunden, um sich über den Austausch von Erfahrungen und Wünschen gegenseitig zu stärken, eigene Standpunkte zu entwickeln und Forderungen öffentlich zu äußern.

Die Forderung nach Selbstbestimmung bezieht sich auf verschiedene Dimensionen menschlichen Zusammenlebens. Sie spricht ebenso scheinbar winzige Alltagsentscheidungen an – etwa die Auswahl von Speisen, Kleidung oder den Zeitpunkt des Schlafengehens – als auch die großen Entscheidungen der Lebensplanung: Ausbildung, Beruf, Familienstand.

Im Rahmen der Stärkung von Selbstbestimmung ist es für nichtbehinderte Menschen wichtig, sich im Umgang mit behinderten Menschen zurückzunehmen, zu fragen, zuzuhören und Foren zu schaffen für geistig behinderte Menschen, um sich selbst zu artikulieren.

Kritiker des Leitbildes »Selbstbestimmung« sehen einen Zusammenhang mit einem allgemeingesellschaftlichen Werteverlust und Tendenzen der Vereinzelung und Vereinsamung von Menschen, der Entsolidarisierung und einer zunehmenden sozialen Kälte in hochentwickelten Gesellschaften. Selbstbestimmung kann nicht absolut gesehen werden, da sie stets an legitime Interessen anderer Menschen stößt. Selbstbestimmung stößt jedoch auch an Grenzen objektiver Lebenslagen, wenn z. B. kaum Verfügung über alltägliche Lebensumstände zugestanden wird. Selbst*bestimmung* ist nicht gleichzusetzen mit Selb*ständigkeit*. Ein körperbehinderter Bürger kann in hohem Maße abhängig von Hilfe sein; wenn er auf diese jedoch in befriedigender Weise Einfluß nehmen kann, erreicht er ein hohes Maß an Selbstbestimmung.

Literatur

Niehoff, U.: Selbstbestimmt leben für behinderte Menschen. Ein neues Paradigma zur Diskussion gestellt. In: Fachdienst der Lebenshilfe 1 + 2/1992, S. 5–17.

Hahn, M. Th.: Selbstbestimmung im Leben, auch für Menschen mit geistiger Behinderung. In: Geistige Behinderung 2/1994, S. 81–94.

Bundesvereinigung Lebenshilfe: Selbstbestimmung. Kongreßbeiträge, Marburg 1996.

Selbstvertretung

Die Forderung nach Selbstvertretungsmöglichkeiten geistig behinderter Menschen ist relativ neu. Aus gutem Grund stand der Gedanke des Schutzes behinderter Menschen in der Nachkriegszeit nach den Erfahrungen des Faschismus in Deutschland im Vordergrund. Die starke Lobby der Elternvereinigung Lebenshilfe und anderer Verbände hat in vergleichsweise kurzer Zeit ein qualifiziertes System der Hilfen für behinderte Menschen installiert. Aufbauend darauf, erheben heute selbstbewußte Menschen, die als geistig behindert bezeichnet werden, die Forderung nach mehr Selbstbestimmung und Selbstvertretung.

Wenn die Selbstvertretung (Self Advocacy) geistig behinderter Menschen als verbrieftes Recht in einer demokratischen Gesellschaft angesehen wird, muß nach Wegen gesucht werden, wie ihr verstärkt Rechnung getragen werden kann. Zwar können nicht alle geistig behinderten Menschen ihre Interessen in einer sprachlich differenzierten Form vertreten. Es gibt aber neben sprachlichen noch eine große Zahl anderer Möglichkeiten der Willensbekundungen, wie z. B. Mimik, Gestik, durch Verhalten. Ganz wesentlich kommt es darauf an, daß diese Willensäußerungen von uns wahrgenommen, verstanden und berücksichtigt werden. Um die Selbstvertretung zu verbessern,

- können geistig behinderte Menschen befähigt werden, ihre Interessen deutlicher zu artikulieren;
- müssen Angehörige und Fachleute sensibler in der Wahrnehmung von Willensäußerungen werden;
- müssen neue Mitwirkungsmöglichkeiten für geistig behinderte Menschen geschaffen werden.

Es ist zu prüfen, inwiefern geistig behinderte Menschen Mitglieder in den Vereinigungen der Behindertenhilfe bzw. deren Vorständen werden können. Heim- und Werkstatträte sind zu unterstützen und zu qualifizieren. Auch auf Bundesebene sollten wichtige Gremien nach Möglichkeiten der Beteiligung suchen, wie sie z. B. in den Beiräten zu den Ausschüssen »Arbeit« und »Wohnen« der

Bundesvereinigung Lebenshilfe modellhaft gegeben sind. Konzeptionsentwicklungen der Hilfe sollten in Zukunft auf authentischen Voten geistig behinderter Menschen basieren.

Literatur

Plaege, B.; Altikat, G.: Betroffene im Vorstand der Lebenshilfe Schenefeld ... weil es ja um Behinderte geht. Lebenshilfe-Zeitung 1/1992. S. 5.

Frühauf, Th.: Behindertenbeirat im Ausschuß Arbeit. In: Geistige Behinderung 3/1992, S. 243 f.

Hellmann, U.: Mitgliedschaft von Menschen mit geistiger Behinderung in Lebenshilfe-Vereinen. Rechtliche Hinweise. Marburg 1994.

Bundesvereinigung Lebenshilfe (Hrsg.): Mehr Selbstbestimmung. Wie geht es weiter nach dem Duisburg-Kongreß? Marburg 1996.

Wahlmöglichkeiten

Im Vergleich zu früheren Gesellschaften sind den Bürgern der Bundesrepublik Deutschland heute mehr Wahlmöglichkeiten in ihrem Alltag gegeben. Zwar sind diese nicht unbegrenzt. Nichtbehinderte Bürger können aber z. B. relativ frei wählen, ob sie allein, zu zweit, in einer Familie, mit oder ohne Kinder, in einer Großfamilie oder Wohngemeinschaft leben wollen. Diese Wahlmöglichkeiten haben geistig behinderte Menschen in der Praxis meist nicht. Ihr Lebensweg ist oftmals vorgegeben durch institutionalisierte Hilfen ohne Wahl-Alternativen: Sonderkindergarten oder Integrationskindergarten (hier bieten sich in einigen Fällen Wahlmöglichkeiten an), Sonderschule, WfB, Wohnen bei den Eltern und schließlich das Wohnheim.

Zum Recht auf Freiheit des einzelnen gehört das Recht der Wahl von Wohnung, Beruf und Arbeitsplatz genauso wie das Recht, Bindungen zu anderen Menschen einzugehen oder zu lösen. Allerdings steht der Freiheit der persönlichen Entscheidung im allgemeinen die Pflicht gegenüber, die eigene Entscheidung und das eigene Handeln zu verantworten. An dieser Stelle ist für Menschen mit geistiger Behinderung Assistenz- und auch rechtlicher Regelungsbedarf erforderlich.

Für alle Menschen, auch für solche mit Behinderung, ist freies und verantwortliches Handeln nur dann möglich, wenn Wahlmöglichkeiten und Handlungsräume gegeben sind. Selbstbestimmtes Leben erfordert daher für Menschen mit Behinderungen die Möglichkeit, entscheiden zu können, wie, wo und mit wem sie z. B. ihre Freizeit verbringen, wie, wo und mit wem sie zusammen wohnen und auch, wo und was sie arbeiten.

Um das Entscheidungsrecht und die Wahlmöglichkeiten wahrnehmen zu können, müssen unterschiedliche Formen der Hilfen für behinderte Menschen entwickelt werden. Da gegenwärtig institutionalisierte Hilfeangebote überwiegen, haben Offene Hilfen wie Assistenz- und Integrationshilfen in den Bereichen Kindergarten, Schule, Arbeitsleben, Wohnen und Freizeit großen Nachholbedarf bei ihrer flächendeckenden Entwicklung.

Literatur

Hahn, M. Th.: Von der Freiheit schwerbehinderter Menschen: anthropologische Fragmente. In: Hartmann, N. (Hrsg.): Beiträge zur Pädagogik der Schwerstbehinderten. Heidelberg 1983. S. 132–141.

Der Trialog

In den letzten Jahren bildete sich in Deutschland innerhalb der Sozialpsychiatrie der Begriff Trialog heraus. Weitgehend bekannt wurde er durch den Weltkongreß der Sozialpsychiatrie im Juni 1994 in Hamburg. Der Kongreß war von Psychiatrieerfahrenen, Angehörigen und psychiatrischen Fachkräften vorbereitet und sehr erfolgreich durchgeführt worden. In Abgrenzung zum Begriff *Dialog*, der das Gespräch zwischen Angehörigen psychisch kranker Menschen und psychiatrischen Fachkräften umschreibt, soll durch den Einbezug betroffener Menschen im *Trialog* sichergestellt werden, daß die subjektive Sicht psychisch kranker Menschen zum Tragen kommt. Obwohl der Begriff Trialog nicht im Duden zu finden ist, kann er sich aufgrund seiner Griffigkeit in der Fachöffentlichkeit durchsetzen. Gesprächspartner wissen sehr schnell, welche Personengruppe beim Trialog hinzugezogen werden soll. »Entwicklung von Eigenverantwortung und Selbstbestimmung bei Betroffenen und Angehörigen ist der wichtigste Aspekt der Psychiatriereform … . Dies bedeutet Einbuße an Macht (der psychiatrisch Tätigen) gegenüber den psychisch Kranken, Angehörigen und Nichtprofessionellen, die gleichberechtigt zu Experten für seelisches Leiden und psychosoziale Hilfen werden. Patienten und ihre Angehörigen sind nicht mehr Objekte bzw. Laien, sondern Partner eines Trialoges« (WEISE, S. 23).

Frappierend ist die Zeitgleichheit, mit der sich eine Entwicklung hin zum Trialog sowohl in der Sozialpsychiatrie als auch in der Arbeit mit geistig behinderten Menschen abzeichnet. Um nur wenige Monate verschoben fand der Kongreß der Bundesvereinigung Lebenshilfe zum Thema »Ich weiß doch selbst, was ich will! – Menschen mit geistiger Behinderung auf dem Weg zu mehr Selbstbestimmung« in Duisburg statt, ein Kongreß für geistig behinderte Menschen, Eltern und Angehörige sowie Fachleute. Das Prinzip »Trialog« wurde sowohl in der Vorbereitung angezielt als auch in der Durchführung des Kongresses verwirklicht.

Der Gründungskongreß der Psychiatrieerfahrenen stand unter dem Motto »Verhandeln statt Behandeln«. Dies ist auch die Quintessenz der Lebenshilfe-Tagung, von geistig behinderten Menschen zusammengefaßt in der »Duisburger Erklärung«: »Redet nicht über uns, sondern mit uns! Wir wollen Wahlmöglichkeiten, z. B. in den Bereichen Ausbildung, Wohnen, Arbeit und Freizeit…

Wir können mehr, als uns zugetraut wird.« Die Forderung, gehört zu werden, ist grundsätzlich und unmittelbar plausibel. Dahinter steht die Forderung nach Selbstbestimmung, die in Deutschland grundgesetzlich garantiert ist.

Aussagen von behinderten Menschen selbst machen deutlich, wie notwendig die kritische Reflexion der Rolle der Angehörigen und Fachleute in ihrem Handeln »für« (geistig) behinderte Menschen ist. Fredi SAAL hat in seinem Buch »Warum sollte ich jemand anderes sein wollen?« seine Schwierigkeiten im Umgang mit Pädagogen, Therapeuten und Funktionären dargelegt. Und Birger SELLIN hat in seinem erschütternden Buch offengelegt, wie wenig Verständnis seine Umwelt für ihn oft aufbringt.

In der intensiven Auseinandersetzung mit geistig behinderten Menschen, ihren Lebensumständen und Biographien wird oftmals das eigene Unvermögen deutlich, wirklich nachvollziehen, mitfühlen zu können, was es bedeutet, als Mensch mit geistiger Behinderung sein Leben zu organisieren. Im Umgang mit geistig behinderten Menschen sind Fachleute eher auf emphatisches Verstehen angewiesen. Wenn ein ganzheitliches Verstehen nur schwer möglich ist, wird aber immer noch schnell auf Diagnosen zurückgegriffen, die vermeintliche Sicherheit und Klarheit mit sich bringen. Was ist geistige Behinderung? Etwa die Unterschreitung eines bestimmten Intelligenzquotienten? Bei einer solchermaßen distanzierten, verobjektivierenden Sichtweise von Menschen, die wir als geistig behindert bezeichnen, verkümmern deren meist vielfältige Lebensäußerungen zu Symptomen, denen mit Techniken und Methoden begegnet wird.

Die Aussagen geistig behinderter Menschen selbst sind bei allem, was ihr Leben betrifft, unverzichtbar. Sie stellen möglicherweise ein Korrektiv dar zu den Konzepten, die bisher von den »Fürsprechern« (Eltern, Angehörigen, Pädagogen/Therapeuten, Verbandsvertretern und Wissenschaftlern) entwickelt wurden. Gleichzeitig entbinden sie Fachleute von der alleinigen (konzeptionellen) Verantwortung. Im Engagement für die gesellschaftliche Integration geistig behinderter Menschen wird leicht übersehen, daß z. B. nicht alle geistig behinderten Menschen Sport in heterogenen Gruppen treiben wollen. Trialog bedeutet auch, geistig behinderte Menschen z. B. zu fragen, welchen Sport sie betreiben wollen: leistungs- oder erlebnisorientiert, in homogenen oder heterogenen Gruppen.

Beiträge zum Trialog von (geistig) behinderten Menschen gibt es viele. Seien es explizit gedruckte Aussagen, wie die von Fredi Saal, Birger Sellin oder die Forderungen der Duisburger Erklärung. Implizite Aussagen geistig behinderter Menschen kennt jeder, der persönlichen Kontakt zu ihnen hat. Trotz zum Teil schwersten Behinderungen haben Nahestehende eine Vorstellung, welche Vorlieben und Abneigungen die Person hat: ausgedrückt in Mimik, Gestik, Verhalten und anderem mehr.

Den Trialog zu suchen, bedeutet, mit geistig behinderten Menschen zu »sprechen«, nicht über sie. Dies kann z. B. heißen, die Mitbestimmungsgremien geistig behinderter Menschen zu stärken, Foren für den Trialog in z. B. regelmäßigen Gesprächen zwischen Vereinsvorständen und den Mitbestimmungsgremien anzubieten, Mitgliedschaft in Verbänden bis hin zu Überlegungen, wie geistig behinderte Menschen in die Vorstandstätigkeit einbezogen werden können (wie z. B. die Kooptierung zweier geistig behinderter Menschen in den Landesvorstand der Lebenshilfe Baden-Württemberg).

Literatur

Duisburger Erklärung, vorbereitet vom Programmkomitee behinderter Menschen, per Akklamation angenommen von den Teilnehmerinnen und Teilnehmern des Kongresses »Ich weiß doch selbst, was ich will!«. Menschen mit geistiger Behinderung auf dem Weg zu mehr Selbstbestimmung. Duisburg, am 1.10.1994. Bundesvereinigung Lebenshilfe, Marburg 1994 (S. 103 f. in diesem Buch).

Partner eines Trialoges. Gespräch mit Professor Dr. med. Klaus Weise. In: Kerbe 4/94, S. 23.

Saal, F.: Warum sollte ich jemand anderes sein wollen? Gütersloh: Verlag Jakob van Hoddis 1994.

Sellin, B.: Ich will kein inmich mehr sein. Botschaften aus einem autistischen Kerker. Köln: Kiepenheuer & Witsch 1993.

Wie wünschst Du Dir einen Betreuer?

»Einer, wo direkt ist. Und daß man viel miteinander unternimmt, ist auch wichtig. Daß er immer für die Probleme von demjenigen da ist.«

Aus den Interviews der Autoren mit behinderten Menschen zu der Frage: »Wie stellen wir uns unsere Begleiter vor?«

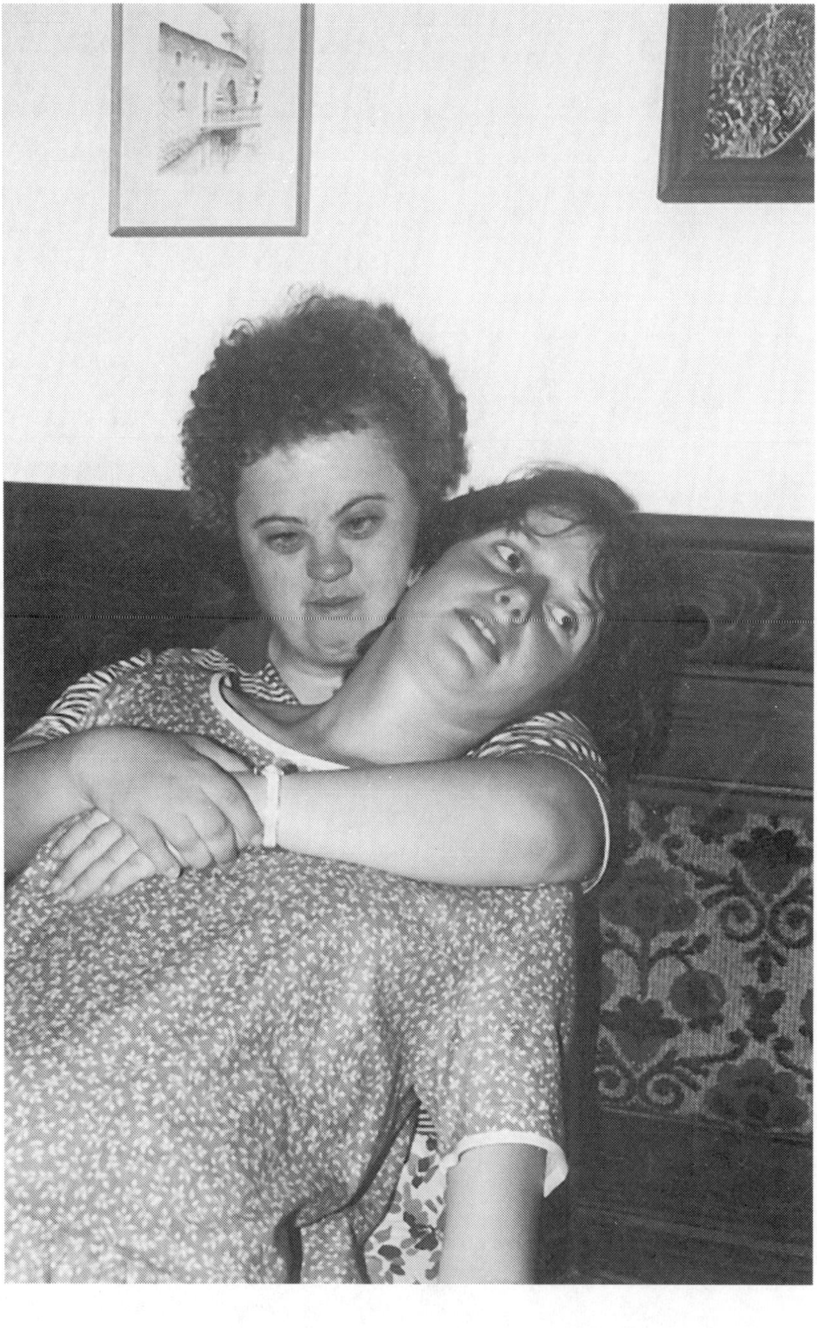

Versuche
zu Analyse und Theoriebildung

Was fällt euch an Betreuern auf, wie sie mit Menschen mit schwerer Behinderung umgehen?

J.: »Einen ganz großen Fehler finde ich zu sagen: ›Du bist blöd!‹ Man soll erklären – aber will noch was anderes sagen: Ich würde auch gerne mithelfen, Schwächere zu betreuen, aber die Betreuer lassen mich nicht. Das habe ich ja schon früher bei meinem kleinen Bruder gemacht.«

Aus den Interviews der Autoren mit behinderten Menschen zu der Frage: »Wie stellen wir uns unsere Begleiter vor?«

Selbstverantwortung – Selbstbestimmung – Selbständigkeit

Bausteine für eine veränderte Sichtweise von Menschen mit einer Behinderung

Helmut Walther

> *»Aktuelle Krisen stellen Auswahlsituationen dar, in denen sich die Probleme so zuspitzen, daß neue Handlungswege gewählt werden müssen. Sie sind Situationen der Unruhe, in denen offenbar wird, daß unsicher ist, was sicher schien. Sie können bei den Betroffenen stets Angst und Hoffnung zugleich auslösen.« (Grauhan 1975, 75, zit. n. Bauer 1996, 11)*

Der Selbstbestimmt-leben-Bewegung ein Menschenbild zur Seite stellen

Die Diskussion um neue Leitbilder in der Behindertenhilfe wie »Selbstbestimmt Leben«, »Assistenzkonzept«, »Kundenmodell« oder auch »Begleiten statt Betreuen« ist ohne den Begriff Selbstbestimmung nicht denkbar. Er ist einerseits *der* zentrale Begriff für den, der diese Konzepte befürwortet und andererseits beliebter Angriffspunkt für die Kritiker. Der Begriff ist schillernd. Je nachdem, welcher Gruppe (Menschen mit einer Behinderung, Betreuer/Begleiter, Eltern und Angehörige) man angehört, erscheint »Selbstbestimmung« in einem anderen Licht. Insbesondere in der Spannung zwischen den Polen »Ich weiß doch selbst, was ich will!« und »Als Betreuer bin ich für dich verantwortlich!« droht die Idee zu zerreißen. Was für die Behindertenbewegungen (Independent-Living, Krüppelbewegung, People-First, usw.) eine Forderung ist (»Wir möchten mehr als bisher unser Leben selbst bestimmen … .« Duisburger Erklärung, Lebenshilfe, 1996, 10), ist für die Helfer eine Herausforderung (vgl. ROCK 1996).

Gleichzeitig findet man in Fachaufsätzen etliche Ausführungen darüber, was Selbstbestimmung bedeutet, sodaß FRÜHAUF (1995, 3) zu Recht den Mißbrauch »als nahezu beliebige, werbende Überschrift für jegliches Praxiskonzept« befürchtet. Selbstbestimmung wird einerseits als *prinzipielle Potenz* des Menschen (vgl. SPECK 1991, 209) oder als zum Menschen wesenhaft zugehörig (vgl. HAHN 1994, 81) verstanden. Sie wird andererseits mit *Entscheidungsfähigkeit* gleichgesetzt, und meint dann alle Entscheidungen, von winzigen Alltagsentscheidungen bis hin zu großen Entscheidungen der Lebensplanung (Lebenshilfe, 1994, 7). Drittens schließlich findet man die Gleichsetzung mit *Selbständigkeit* und letztlich wird Selbstbestimmung umfassend als *neue Sichtweise* (Bild von der Behinderung und dem Umgang mit ihr), als neues Paradigma verstanden, welches die bisherige Sichtweise des »Förderns« ablösen wird.

Selbstbestimmung steht also für allerlei Bedeutungen aus nicht minder vielen Blickwinkeln. Das Gros der Bedeutungen aber hat einen gemeinsamen Nenner. Selbstbestimmung ist eine anthropologische Kategorie, enthält also Aussagen und Annahmen über den Menschen, und so scheint es naheliegend, sich etwas näher mit diesem Menschenbild auseinanderzusetzen. Dabei soll der Entwurf eines verständlichen Modells versucht werden, welches Begleitern behinderter Menschen helfen kann, Selbstbestimmung besser zu verstehen und auch die damit verbundenen Mißverständlichkeiten zu durchschauen.

Ein Blick in die Anthropologie: besorgt oder vertrauensvoll?

Vergegenwärtigen wir uns zunächst einige allgemeine anthropologische Erkenntnisse, die im Hinblick auf unser Thema relevant sein können. Unser Blickwinkel ist auf die Stellung des Menschen in der Natur gerichtet[4].

Als grundlegendes, biophysisches Merkmal alles Lebendigen kann das *Prinzip der Selbstregulation* gelten. Danach ist jedes Lebewesen »ein Körper ..., der nicht durch äußere Kräfte seine Form und Dauer erhält, dessen Aufbau und Erhaltung vielmehr durch innere Prozesse erfolgt.« (PLESSNER, zit. n. DUX 1982, 28). Der Organismus steht dabei in einem Stoffwechselprozeß mit der ihn umgebenden Umwelt. Dieser Austausch mit der Umgebung wiederum folgt auch selbstregulativen Mechanismen und hat die Erhaltung des Organismus zum Ziel (vgl. DUX 1982, 29).

Während den Tieren der Austausch mit der Umwelt aufgrund instinktiver (also stereotyper) Verhaltensweisen zugesprochen wird, ist der Mensch um eben diese Instinkte »reduziert«. Das hat logische Folgen. Der Mensch muß sich seine *Verhaltensformen* selbst erst schaffen, er kann und muß sie selbstbestimmen (vgl. a. a. O., 47). Mit der Instinktreduktion fehlt ihm aber auch notwendiges *Wissen* über seine Umwelt. Auch das muß er sich selbst erst aneignen.

Nun dürfen wir davon ausgehen, daß die grundlegende »Technik« des Aufbaus von Verhalten und des Erwerbs von Wissen – also das Lernen und Aneignen im weitesten Sinne – selbst nicht erst gelernt werden muß, sondern vorhanden ist. So findet man auch die *Fähigkeit zum Lernen* schon in den frühesten Stufen der Evolution (vgl. a. a. O., 35). Denn kein Instinkt kann alle konkreten Umstände vorwegnehmen. »Der Sprung der Katze auf das Opfer mag noch so genetisch vorprogrammiert sein; er muß ... dem Verhalten des Opfers in der konkreten Situation angepaßt sein« (a. a. O., 34). Aber beim Menschen wird Lernen zur zentralen Bedingung seiner Existenz. Und schließlich schreibt man dem Menschen die Ausbildung von Subjektivität, von Bewußtsein über sich selbst zu (vgl. a. a. O., 48). Der Mensch kann und muß in eine *Beziehung zu sich selbst* treten. Er nimmt sich selbst wahr, seine Gefühle, sein Tun, er baut

4) vgl. hierzu die gleichnamige Kapitelüberschrift bei DUX 1982, 26

sich ein Bild auf über sich selbst. Und er kann sich selbst mögen oder nicht, er kann mit sich selbst ablehnend oder akzeptierend umgehen. Er kann sein Leben »selbst in die Hand nehmen« und gestalten.

Lenken wir unseren Blick weg vom Einzelwesen auf die sozialen Organisationsformen. Auch hier darf dem Menschen, im Gegensatz zum Tier, die Aufhebung der starren Festlegungen (Herde, Hackordnung usw.) zugunsten von *selbst zu bestimmenden Gesellschafts- und Kulturformen* (Stamm, Groß- und Kleinfamilie, Patriarchat, Monarchie, Demokratie, Dienstleistungsgesellschaft usw.) attestiert werden (vgl. a. a. O., 48).

Der Exkurs in die Anthropologie kann an dieser Stelle enden, denn schon hier wird eines deutlich. Die Frage der Selbstbestimmung ist einerseits zwar wesenhaft mit dem Menschsein verknüpft, und man kann also von einem konstitutiven Merkmal sprechen. Aber andererseits scheiden sich hier auch die Geister in der Frage, wie man dieses Wesen des Menschen *bewerten* soll. Während die einen ihren Fokus *besorgt* auf das Mangelhafte und Unfertige des Menschen richten, sehen die anderen *vertrauensvoll* die Chancen und den Willen zum Lernen und zur Selbstgestaltung. Erstere bescheinigen dem Menschen Unzulänglichkeit und fühlen sich berufen, ihm das Leben gründlich »beibringen« zu müssen. Letztere sehen seinen starken Willen zum Leben und wollen sich dem Menschen dabei nicht in den Weg stellen, sondern ihm lediglich bei einigen, zum Beispiel ihn selbst gefährdenden Gehversuchen nicht die Hilfe verwehren. Aus dem *besorgten* Standpunkt legitimiert sich zwangsläufig Erziehung und Förderung, aus dem *vertrauensvollen* »nur« Begleitung und das Angebot von Hilfen beim Lernen und Tun.

Zum Beigeschmack »erzieherischer« Menschenbilder

Menschen braucht man nicht zu verbessern, sie sind als Person schon vollständig!

In den Grundsatzaussagen des Committee Self Advocacy in der Erziehung[5] der Internationalen Liga von Vereinigungen für Menschen mit geistiger Behinderung (Inclusion International) findet sich folgende Forderung an erster Stelle: »Zuerst einmal bin ich ein Mensch. An erster Stelle müssen wir als Mensch und als Person behandelt werden.« (LEBENSHILFE o. J.), und an anderer Stelle steht erläuternd: »Andere Menschen nehmen oft zuerst nur wahr, was wir nicht können. Daher beurteilen uns andere auch nach unseren Unfähigkeiten. Wir möchten betonen, daß wir Menschen wie alle anderen sind – mit Fähigkeiten und mit Unfähigkeiten. Und wir wollen als Menschen, Personen respektiert werden.« (LEBENSHILFE o. J.).

---

5) Die Forderungen wurden vom Committee Self Advocacy vom 18.–20. Juni 1993 in Utrecht erarbeitet.

Sicher wird diese Forderung heute bei den meisten professionellen Helfern Zustimmung finden. In ihrer Konsequenz aber reicht diese Forderung oft weiter als gedacht, denn im Grunde wird damit Erziehung in einer grundlegenden Weise problematisiert. Warum? Vergegenwärtigen wir uns zunächst einige – zugegeben schon etwas ältere – Definitionen von Erziehung. In einem pädagogischen Wörterbuch beispielsweise finden wir die Formulierung, Erziehung sei das Hinleiten des Menschen zur Mündigkeit (vgl. BÖHM 1982, 157 f.). Bei dem Erziehungswissenschaftler Brezinka liest man: »Unter Erziehung werden soziale Handlungen verstanden, durch die Menschen versuchen, das Gefüge der psychischen Dispositionen anderer Menschen in irgendeiner Hinsicht dauerhaft zu verbessern ...« (BREZINKA 1974, 95). Und GIESECKE erklärt: »Die Pädagogik ist gleichsam immer unzufrieden mit dem Menschen, so wie er jeweils ist. Sie will ihn verändern, indem sie ihn zum Lernen bzw. Dazulernen bewegen möchte« (GIESECKE 1969, 64, zit. n. von BRAUNMÜHL 1975, 71). Die Reihe ähnlich lautender Definitionen von Erziehung könnte beliebig fortgeführt werden. Selbstverständlich ist das Phänomen Erziehung mit derartigen Umrissen nicht annähernd beschrieben, und sicher dürften heutige Definitionen moderater ausfallen, aber für die Erläuterung des hier auszubreitenden Zusammenhangs kann die mit diesen Zitaten vorgenommene Akzentuierung hilfreich sein. Erziehung ist also immer unzufrieden mit dem Menschen, so wie er gerade ist; er ist unmündig, ihm fehlt etwas, er braucht noch etwas, bis er mündig ist, er muß erst zur Reife gelangen. Erziehung orientiert sich, so gesehen, schon aus ihrem Selbstverständnis heraus am Defizit und geht auf die Menschen von vornherein mit der Haltung zu, diese auf irgendein Ziel hin verbessern zu wollen.

Besonders verhängnisvoll wirkt sich diese Grundkonstruktion des Erziehungsbegriffs für Menschen mit Behinderungen aus. Bei Menschen ohne Behinderungen »erlischt« die Notwendigkeit von Erziehung irgendwann, weil diesem Personenkreis Selbständigkeit und Mündigkeit quasi automatisch mit der Volljährigkeit und dem Erwachsensein zugesprochen werden. Menschen mit Behinderungen dagegen bleiben – so eine immer noch gängige Beschreibung von Behinderung – ewig Kinder. Eben deswegen darf Ihnen dauerhaft Erziehung und Förderung zugemutet werden, denn das hohe Ausmaß an »Defiziten« legitimiert umfassende Förder- und Verbesserungsmaßnahmen von außen.

Mit dieser erzieherischen oder »pädagogischen« Haltung aber wird man nicht dazu kommen können, andere Menschen wirklich als Personen zu respektieren, wie es das Committee Self Advocacy fordert. Wenn die Forderungen nach mehr Selbstbestimmung ernstgenommen werden sollen, ist es unumgänglich, eine derartige »erzieherische« Sichtweise abzulegen. An deren Stelle kann nur eine Haltung treten, die auch den Menschen mit Behinderung als schon vollständig ansehen kann. Vollständig meint dabei, daß Menschen nicht als verbesserungsbedürftig angesehen werden sollen. Jeder Mensch ist so, wie er ist, gut, und so soll er auch bleiben können. Er muß sich nicht einer ständigen

Förderung unterziehen müssen, bevor er als vollwertiger Bürger angesehen werden kann. In ihrer Unvollkommenheit kann man Menschen doch als *vollständig* ansehen. OPASCHOWSKI (1996, 186) wendet denselben Sinnzusammenhang sprachlich noch einmal anders und spricht in seinem Entwurf einer »Pädagogik der freien Lebenszeit« und dort bei den anthropologischen Grundlagen von der »Anerkennung der Unvollkommenheit des Menschen.«. Über die Konsequenzen dieser Sichtweise führt er weiter aus: »Dies schließt die Chance des Gelingens ebenso ein wie das Risiko des Scheiterns. Auch in der Freizeit darf man den Menschen nicht einfach ›meuchlings‹ bilden und erziehen. Jeder einzelne muß es schon selbst wollen. Freizeitbildung und Freizeiterziehung sind lediglich ein Angebot: Was jeder aus diesem Angebot macht, hat er ›selbst zu verantworten‹ …« (a. a. O.).

Welches Etikett dem Leser auch liegen mag (Vollständigkeit in der Unvollkommeneheit oder Anerkennung der Unvollkommenheit), in keinem Falle ist damit gemeint, daß Menschen schon alles selbst wissen und können und daß Lernen und Unterstützung überflüssig seien. Der Wert der Formel liegt in der *Wendung des Blicks* weg vom scheinbar Defizitären hin zu den Kompetenzen des Menschen, von der Betrachtung der Person als Objekt (mit dem irgendetwas »gemacht« werden muß) hin zu Respektierung als Subjekt (das von sich aus mitteilen wird, wenn es Hilfe braucht).

Niemand braucht Erziehung, aber jeder braucht Beziehung!

Für das Verständnis und die Umsetzung einer »erziehungsfreien« Haltung – insbesondere geistig behinderten Menschen gegenüber – habe ich einen Vorschlag von BRAUNMÜHLS immer als sehr hilfreich und praktikabel empfunden. In seiner »Antipädagogik« (1975) schlägt er vor, den Umgang zwischen Menschen nicht mehr von erzieherischen Motiven leiten zu lassen, sondern ihn am Vergleich mit dem Beziehungsmodell »Freundschaft« auszurichten. »Freunde können sich kritisieren, …, helfen, streiten, erklären, …, aber sobald einer auf pädagogische Ideen käme (sich z. B. über seinen Verhaltens- bzw. Erziehungsstil dem anderen gegenüber Gedanken machte), hätte er der Freundschaft den Boden entzogen. Wenn Freunde sagen, sie können sich aufeinander verlassen, so bedeutet dies im Kern, daß sie wissen, der andere akzeptiert sie, wie sie sind, der andere mischt sich zwar nicht unaufgefordert ein, aber er steht für jede mögliche Hilfeleistung auf Abruf zur Verfügung.« (von BRAUNMÜHL 1975, 235).

Nun ist »Freundschaft« sicher nicht der treffende Begriff für die Beschreibung der Beziehungen zwischen Menschen mit Behinderungen und ihren Helfern. Aber darum geht es auch nicht, der Begriff hat hier *praktischen Wert*. Er kann trotz seiner Unzulänglichkeit neue Werte für die Gestaltung der Beziehungen setzen. Nimmt man den gegenseitigen Umgang, wie er in Freundschaften üblich ist, als Maßstab für die Gestaltung der Beziehungen, so erkennt man schnell die eigenen »erzieherischen« Anteile und inwieweit man behinderte Menschen als verbesserungsbedürftig betrachtet. Eine Selbstüberprüfung durch Fragen wie »Würde ich so mit meinen Freunden umgehen?« oder »Würde ich so mit meinen erwachsenen Gesprächspartnern umgehen?« ist eine sehr einfache und hilfreiche Technik der eigenen Haltungskorrektur.

Nun wäre die Orientierung an Freundschaft gründlich falsch verstanden, meinte man, daß behinderte Menschen und ihre Helfer Freunde werden müßten. Die Unmöglichkeit einer derartigen Verpflichtung liegt auf der Hand. Vielleicht kann hier auch der Begriff »Respekt« etwas weiterhelfen, wie er in der »Andragogischen Selbstverpflichtung« (siehe hierzu Text Seite 169) deutlich zum Ausdruck kommt. Wer aber die Arbeit der Begleitung von Menschen mit geistigen Behinderungen kennt, kennt sicher auch deren Wünsche nach Nähe, Verbundenheit und Emotionalität. Wenn sich also »Respekt« im Kleide von Distanz und Gefühlsfreiheit zeigt, wird man sicher nicht mit der breiten Zustimmung der Menschen mit geistigen Behinderungen rechnen dürfen. Aber gerade in dieser Emotionalität liegt ja auch ein positiver Nutzen für Begleiter als professionelle Helfer. Vielleicht hierzu noch eine Randnotiz: In unseren Interviews mit behinderten Menschen zur Frage, wie Begleiter sein sollten, erhielten wir oft eine Antwort, mit der wir nicht so recht umzugehen wußten, weil sie so selbstverständlich erschien: Begleiter sollten »nett sein«, sie sollten »ein Kumpel sein« usw. Möglicherweise steckt darin doch der weitergehende Wunsch nach Freundschaftsbeziehungen zu Begleitern.[6]

Behinderung: kein Personmerkmal, sondern ein Dienstleistungsbedarf

Wer in der Haltung des Verbessernwollens verhaftet ist, der muß sich in besonderer Weise für die sogenannten Defizite interessieren. Bei behinderten Menschen reagieren wir professionellen Helfer meist immer noch mit dem Impuls, Defizite durch Förder- und Trainigsprogramme ausgleichen zu wollen oder gar zu sollen. Behinderung erscheint uns dabei als ein Personmerkmal, ein verbesserungsbedürftiges versteht sich. Die Aufhebung der Defizite und die Erweiterung der Kompetenzen liegt uns besonders am Herzen. Und wenn wir dann noch das Ziel der Selbständigkeit ins Feld führen, erscheint uns unser Vorgehen legitimiert.

Wer »nur« begleiten will, muß diese Defizit-Brille des Fördern- und Verbessernwollens ablegen. Die »Defizite«, unser aller Unzulänglichkeiten, sind zur Person zugehörig wie Kompetenzen auch, und wer sie nicht akzeptiert, lehnt zugleich Teile der Person ab. Das kann für die Identität nicht förderlich sein. Wenn wir uns stattdessen um die Bereitstellung von Dienstleistungen bemühen, welche den Hilfebedarf befriedigen, können Menschen mit ihren Defiziten gut leben und sie in ihr Selbstbild unter weniger zerstörend wirkenden

---

6) Weiterführende Gedanken zur Beziehungsthematik finden die Leserin, der Leser im Kapitel »Normalisierung der Beziehungen«.

Aspekten integrieren. So gesehen macht es Sinn, Behinderung nicht als Merkmal der Person, sondern als *Anfrage nach Dienstleistung* an die Gesellschaft, an potentielle Anbieter, an uns professionelle Helfer zu verstehen.

An dieser Stelle mag auch der Hinweis helfen, daß der Verzicht auf die Orientierung an Förderung nicht automatisch die Aufrechterhaltung von Unselbständigkeit, Unkompetenz und des Status' Quo zum Ziele haben muß. Lernangebote sowie didaktisch ausgetüftelte Programme und Trainings können Lernen wesentlich erleichtern oder manchmal sogar erst ermöglichen. Aber all das macht nur Sinn, wenn der Lernende dies selbst will, selbst initiativ ist und seine Ziele selbst festlegen kann.

Behinderung reiht sich ein in ein Kontinuum des Hilfebedarfs, in welches auch Menschen ohne Behinderungen eingebunden sind. Das Leben in unseren modernen Gesellschaften hat mittlerweile ein Ausmaß an Komplexität erreicht, das nicht mehr mit einem auch nur annähernd endgültigen Katalog von Wissen und Handlungskompetenzen bewältigt werden kann. Die Bewältigung des Lebens erfolgt zunehmend in einem System von Dienstleistungseinkauf und Konsum, von dem heute alle Menschen hochgradig abhängig sind: wenn z. B. die Spülmaschine ihre Tätigkeit verweigert, wird der Handwerker bestellt oder wir bereiten das Mittagessen weitgehend aus vorgerichteten Zutaten. Wären wir Nichtbehinderten ständig von Pädagogen umgeben - verzeihen Sie mir die abschätzige Bemerkung –, würden sie mit uns wohl zuerst einen Kurs zur Spülmaschinenreparatur absolvieren oder uns das Schlachten von Schweinen und die Aufzucht von Zwiebeln lehren. Wer also etwas selbst nicht kann, kauft sich die Dienstleistung ein.

In dieses Dienstleistungsgefüge müssen zukünftig auch behinderte Menschen miteinbezogen werden. Die *Dienstleistungen* müssen erweitert werden, *nicht die behinderten Menschen* mittels Erziehung und Förderung an das bestehende Dienstleistungssystem (welches für nichtbehinderte Kunden gemacht ist) angepaßt werden. Die Frage ist nicht mehr: »Wie müssen wir behinderte Menschen fördern, damit sie in unserer nichtbehinderten Gesellschaft so ähnlich wie wir Nichtbehinderten leben können?« sondern: »Wie können wir unsere Dienstleistungen ausbauen, damit auch behinderte Menschen - *so, wie sie sind* - damit ihr Leben leben können?«.

Im Grunde geht es um die Verantwortung für den eigenen Lebensentwurf

Die Verantwortung nicht wegnehmen

In den Grundsatzaussagen des Committee Self Advocacy findet sich eine weitere Forderung: »Wir entscheiden! Wir müssen unsere Entscheidungen selbst treffen. ... Zu oft entscheiden andere für uns in Dingen, die unser eigenes Leben betreffen. ... Wir wissen selbst, was das Beste für uns ist, und wir können selbst auswählen. Es darf anderen nicht erlaubt werden, unsere Entscheidungen zu treffen. Und uns ist bewußt, daß eine Wahl zu treffen bedeutet, daß wir für unsere eigenen Entscheidungen verantwortlich sind« (Bundesvereinigung Lebenshilfe o. J.).

Wie reagieren wir Behindertenpädagogen auf derartige Forderungen? Sicher werden wir einerseits zustimmen können, denn uns geht es um das Wohl der Menschen mit Behinderungen. Deren Wunsch und Wille ist uns wichtig. Aber wie geht es uns mit der Passage »Wir wissen selbst, was das Beste für uns ist ...«? Unser geistiges Auge wird uns Szenen vorführen von ungebändigter Eßlust, lebensgefährlichen Situationen im Straßenverkehr ..., und wir spüren auf einmal so richtig unser Verantwortungsgefühl *für* den behinderten Menschen. Wir sind uns sicher, schützend eingreifen zu müssen, Unheil abwenden zu sollen und fühlen uns dabei auch wichtig, denn unsere Arbeit ist eben doch eine »*verantwortungsvolle*« Aufgabe. Das sagen uns ja oft genug auch Außenstehende, wenn sie unser Engagement lobend hervorheben wollen. »Die ›Für-Sorge‹ bestimmt den Umgang mit behinderten Menschen« (HÄHNER 1995, 7).

Sicher ist uns dabei trotz allem auch nicht immer ganz wohl zu Mute, denn der Eßlust kommen wir oft nur mit Formen von Gewalt bei: Kühlschrank oder Speisekammer abschließen, Verbote aussprechen und Konsequenzen androhen ... und das alles ja nur zum Besten der Betroffenen!? Die Begründung unseres Verhaltens wird hierbei in der Regel lauten, daß Menschen mit Behinderungen nicht wirklich Verantwortung für sich selbst übernehmen können. Wir werden argumentieren, daß sie die Folgen ihres Handelns nicht absehen können oder ihnen die Einsicht in die Dinge fehle. So nehmen wir uns das Recht heraus, ihnen zu sagen, was für sie gut ist. Manchmal tun wir fast so, als lebten wir ihr Leben und müßten aus diesem Verständnis heraus stellvertretend für sie Entscheidungen treffen. Wir übernehmen *ihre* Verantwortung für *ihren* Lebensentwurf.

Diese stellvertretende Übernahme von Verantwortung läßt sich sehr gut beobachten, wenn Kindern von fremden Leuten Fragen gestellt werden, etwa wie sie heißen, wie alt sie sind usw. Wenn die Angesprochenen (die Kinder) nur schon mit ihrer Antwort zögern, springen schon Eltern stellvertretend ein und antworten ungefragt an deren Stelle. Man möge sich diesen Vorgang einmal für sich selbst vorstellen! Wenn Helfer Verantwortung *für* behinderte Menschen übernehmen, machen sie ihnen immer auch deren eigene Zuständigkeit streitig. »Es darf anderen nicht erlaubt werden, unsere Entscheidungen zu treffen« war die Forderung des Committee Self Advocacy. ROTTHAUS schreibt: »Der geistig behinderte Mensch ist also autonom Handelnder, der für sein Handeln dementsprechend selbst verantwortlich ist. Dies macht seine menschliche Würde aus und schließt die ›Würde des Risikos‹ mit ein. Diese menschliche Würde bringen wir in Gefahr, wenn wir einem geistig behinderten Menschen die Verantwortlichkeit für sein Tun absprechen ...« (ROTTHAUS 1993, zit. n. HÄHNER 1995, 7).

Selbstverantwortlich sein dürfen

Als Gegenentwurf zur verbreiteten Vorstellung, daß *professionelle Helfer* für die Lebensentwürfe von Menschen mit geistigen Behinderungen verantwortlich seien (und nicht sie selbst), soll hier der Begriff Selbstverantwortung stehen. Selbstverantwortung meint dann, *für sich*, für die eigenen Angelegenheiten Verantwortung übernehmen zu dürfen. Selbstverantwortung meint dann auch, dies *selbst* tun zu dürfen. HÖFFE (1986) umschreibt Verantwortung mit Zuständigkeit: »... die Zuständigkeit *von* Personen *für* Aufgaben ... *vor* einer Instanz, die Rechenschaft fordert ...« (263, Hervorhebungen von HÖFFE). Selbstverantwortung würde nach dieser Definition also erstens darauf verweisen, daß es um die Aufgabe des eigenen Lebensentwurfs geht, zweitens, daß für diese Aufgabe die Person selbst Zuständigkeit hat und drittens, daß die Instanz der Rechtfertigung wiederum nur das Selbst sein kann und nicht eine andere äußere Instanz. Selbstverantwortung – wie sie hier verstanden werden soll – heißt, die Zuständigkeit in der *Frage der Lebensentwürfe* an das eigene Selbst zu binden.

Um Mißverständnissen gleich vorzubeugen, Selbstverantwortung soll weder bedeuten, daß sich Menschen für nichts anderes mehr veranwortlich fühlen sollen, als für sich selbst oder gar, daß sie vor niemand anderem mehr Rechenschaft ablegen sollen. (Zur Diskussion in der Antipädagogik: Bei von SCHOENEBECK (z. B. 1982), der den Begriff »Selbstverantwortung« ebenfalls benutzt, hat man diesen Eindruck. Nicht zuletzt durch den »Offenen Brief« von von BRAUNMÜHL (1997), dürfte es heute offenbar sein, daß die Verwendung des Begriffs »Selbstverantwortung« im Sinne von von SCHOENEBECK weder sinnvoll noch tragbar ist. Da ich selbst den Begriff für praktisch hilfreich halte, möchte ich auf ihn nicht verzichten. Deshalb müssen Leser, welche die Auslegung von von SCHOENEBECK kennen, hier genau hinschauen. Die hier benutzte Definition grenzt das Objekt der Verantwortung weder ein auf den persönlichen Lebensentwurf noch blendet er die sozialen Bezüge des Grundworts Verantwortung aus.)

Mit der Forderung nach Selbstverantwortung sollen nicht die sozialen Bedeutungen von Verantwortung ersetzt werden. Wenn das eigene Handeln Auswirkungen hat auf andere Menschen, dann wird man sein Handeln auch vor *ihnen* und nicht nur vor sich selbst verantworten müssen. Und es wäre töricht, würden sich Menschen nur noch für die eigene Person und nicht etwa für die Erhaltung der Umwelt verantwortlich fühlen. Selbstverantwortung meint nicht Egoismus, Selbstherrlichkeit und Eigennutz. Selbstverantwortung ist eine »Sonderform« von Verantwortung, die sich in besonderer Weise die Frage des eigenen Lebensentwurfs herausgreift und die Zuständigkeit hierfür dem Selbst zuspricht.

Von der Verantwortung für die Person zur Verantwortung für die Begleitung

Wenn wir die Verantwortung für die Lebensentwürfe von Menschen mit Behinderungen ablegen, sollen wir uns dann verantwortungslos zeigen, unsere

Augen schließen und alles »laufen« lassen? Das wäre falschverstandene Selbstverantwortung, das wäre verantwortungslos. Worauf aber sollte sich unser Verantwortungsgefühl richten, wenn nicht auf die Sorge für das Gute und Beste behinderter Menschen? Ich möchte vorschlagen, daß wir Begleiter unser Verantwortungsgefühl ausschließlich auf unsere Aufgabe der Begleitung richten. Nicht der Person selbst und deren Lebensentwürfen soll unser Verantwortungsgefühl gelten, sondern der Tatsache, daß wir unsere Begleitungsaufgabe erfüllen, daß wir ausreichend Beratung, Unterstützung und Angebote bereitstellen, wie sie behinderte Menschen fordern. Wir sind verantwortlich für das Erfüllen unserer Aufgabe.

In der Körperbehindertenbewegung wird diese Neudefinition des Verantwortungszusammenhangs in radikaler Weise gefordert, und Begleitung reduziert sich hier wirklich nur noch auf reine »Handlangerdienste«. Für diese Form der Hilfe führt RATZKA (MEIER, RATZKA 1988) den Begriff der »persönlichen Assistenz« ein. Ohne an dieser Stelle Assistenz näher zu erläutern (siehe hierzu »Grundbegriffe des selbstbestimmten Lebens«, S. 53 f.), kann doch die allgemeinsprachliche Bedeutung einigen Aufschluß darüber geben, wie Verantwortung hier neu definiert wird. Hähner (1995, 9) schreibt: »Assistent ist der ›Gehilfe einer Fachkraft‹. Damit wird nochmals verdeutlicht, daß dem behinderten Menschen die Kompetenz zur Lebensgestaltung zugeschrieben wird.«, und an anderer Stelle führt er den Begriff der Dienstleistung ein: »Das Selbstbestimmt-leben-Konzept mit seiner Methode der Begleitung (Assistenz) geht davon aus, daß der Mensch mit Behinderung Auftraggeber für die Dienstleistung ist und daß für viele Menschen mit Behinderung entsprechend ein Dienstleistungsapparat zur Verfügung stehen muß.«

Sicher ist Assistenz in dieser radikalen Form nicht unbedingt auf die Hilfe übertragbar, die von Menschen mit geistigen Behinderungen benötigt werden dürfte und gewünscht wird, so daß es sinnvoll wäre, für unsere Zwecke vielleicht zukünftig den Begriff *Begleitung* zu verwenden. Trotzdem kann aber der Wandel im Verständnis von Verantwortung, wie er im Konzept der Assistenz enthalten ist, auch für das Konzept der Begleitung grundsätzlich Gültigkeit haben.

Exkurs: Selbstverantwortung versus Verantwortung der Begleiter

Welche Zuständigkeiten fallen nun unter die (Selbst-)Verantwortung des Menschen mit Behinderungen und welche in die Verantwortung des Begleiters? Es dürfte selbstredend sein, daß die *Anforderung* von Hilfe in die Zuständigkeit des Menschen mit Behinderung gehört. Wer selbst Verantwortung für sein Leben trägt, muß auch selbst sagen, wann er Hilfe braucht. Ebenso verhält es sich mit der *Art* der Hilfe. Vor dem Hintergrund von Selbstverantwortung kann nur der behinderte Mensch selbst autorisiert sein zu sagen, wie ihm geholfen werden soll. Aufgabe des Begleiters wäre es dann, die Hilfe in der gewünschten Form bereitzustellen, zu besorgen. So jedenfalls müßten sich die Zuständigkeiten bei der Begleitung im Idealfall verteilen.

Es müssen an dieser Stelle aber einige komplexe Zusammenhänge diskutiert werden, die beim Thema Selbstbestimmung bzw. Selbstverantwortung regelmäßig zu Problemen führen und vorschnell das abschließende Urteil nahelegen, daß Selbstbestimmung und Selbstverantwortung letztendlich eben doch keine realen Möglichkeiten darstellen. Im Grunde entstehen die Schwierigkeiten, wenn der Blick ausschließlich auf das Individuum und dessen Willen – und (leider) verleiten Begriffe wie Selbstbestimmung oder Selbstverantwortung den Betrachter zu diesem Blick – in Konfrontation gerät mit dem Sozialen (vgl. THEUNISSEN 1995, 53), also mit dem Willen anderer. Ein weiteres Feld der Konfrontation ist darüber hinaus die Verantwortung, die beispielsweise Eltern gegenüber ihren Kindern oder Begleiter gegenüber behinderten Menschen faktisch nun mal haben. Dann kann Selbstbestimmung plötzlich als unrealistisch erscheinen, sie wird zum schönen, aber leider abwegigen Wunschtraum. Wie stellt sich Verantwortung dar, wenn Begleiter bei der Ausübung von Selbstverantwortung durch behinderte Menschen Gefahren für sie sehen? Müssen Begleiter nicht eingreifen und behinderte Menschen in der Ausübung ihrer Verantwortung dann doch wieder beschneiden? Wieweit kann Risiko zugelassen oder ausgehalten werden? Kann ein Mensch überhaupt selbst Verantwortung übernehmen, wenn er die Folgen seines Handelns aus der Sicht seiner Begleiter nur schlecht oder gar nicht einschätzen kann? Versuchen wir hier einige Annäherungen an diese Fragen.

Erstens: Mit der Ausübung von Selbstverantwortung zunächst untrennbar verbunden ist die Bereitschaft, Risiken einzugehen. Wer selbst Verantwortung übernimmt, trägt auch selbst die Folgen seines Handelns. Und diese wiederum können durch ihre Unabsehbarkeit Risiken in sich tragen. Wer also Selbstverantwortung schon allein wegen des anhaftenden Risikos ablehnt, hat einerseits die Begriffsdefinition nicht richtig verstanden und andererseits die Forderungen, z. B. des Committee Self Advocacy, nicht wirklich aufgenommen. Der Sinn von Selbstverantwortung ist es nicht, eine Lebensversicherung zu sein.

Zweitens: Selbstverantwortung muß sich nicht an das Vorhandensein eines bestimmten Wissens knüpfen. Insofern Menschen Selbstverantwortung ausüben können, wird man ihnen immer auch einräumen müssen, daß sie – wie wir alle – auf der Grundlage ihres je eigenen Wissens- und Erfahrungshorizonts handeln (und Fehler machen dürfen).

Drittens: Folgende Unterscheidung könnte sich als zweckmäßig erweisen: Die Folgen ausgeübter Selbstverantwortung können den behinderten Menschen selbst treffen, sie können aber auch andere Personen betreffen. *Im Falle der Selbstbetroffenheit* gibt es zunächst keine Notwendigkeit für Begleiter, Selbstverantwortung abzusprechen. Denn, wer seine Fehler selbst »ausbadet«, hat die besten Lernchancen, weil er die Folgen selbst erlebt. Aufklärung und Belehrung können dem Selbst-Erleben als Lernform nicht das Wasser reichen. Darüber hinaus ist die Verknüpfung Selbstverantwortung – Selbstbetroffenheit Chance zum Erleben eigener Kompetenz, Mächtigkeit und Würde. Wem alle Risiken abgenommen werden, der erlebt sich selbst als ohnmächtig, als inkompetent und wertlos.

Viertens: Schwieriges Terrain betreten wir, wenn die Ausübung von Selbstverantwortung wirkliche Gefahren für Leib und Leben nach sich zieht. Die Schwierigkeiten stecken hier im Detail, denn die Variable »Gefahren für Leib und Leben« ist eine sehr relative Angelegenheit. Außerdem muß berücksichtig werden, ob die Person Kenntnis über die Gefahren hat oder ob sie die Gefahren in Abwägung zum Nutzen bewußt eingeht. Soll man zulassen, daß sich ein Mensch vorwiegend von Schokolade ernährt? Wie verhält es sich, wenn die betreffende Person dies bewußt tut, Begleiter aber von schwerwiegenden gesundheitlichen Gefahren ausgehen müssen? usw. .... – Klar ist zunächst, daß bewußt eingegangene Gefahren (Rauchen, ungesundes Essen) der Person grundsätzlich zugestanden werden müssen. Andererseits sind aber extreme Fälle denkbar, in denen die Person ein Risiko eingeht, das sie entweder nicht überblickt (in die Steckdose greifen, in der Rush-hour bei Rot über die Ampel gehen) oder das sie in der aktuellen Situation zwar offensichtlich anstrebt, aber womöglich »eigentlich« nicht beabsichtigt und das irreversible Folgen zeitigt (Suizid). Nun dürften aber alle Menschen – also nicht nur Begleiter von Menschen mit Behinderungen – in derartigen Situation aufgerufen sein, ihre Mitmenschen von derartigen Zielen abzubringen, *wenn* es offensichtlich ist, daß die Folgen nicht in der Absicht der Person liegen. Hier wird die Hantierung mit dem Begriff Selbstverantwortung ihrer Legitimation enthoben, denn es geht um Nothilfe und um das Abwenden ungewollter und wirklich schwerwiegender Gefahren. Es dürfte unwahrscheinlich sein, daß sich Personen über die Wegnahme von Selbstverantwortung beschweren, wenn ihnen gerade das Leben gerettet wurde. Vollkommenes Glatteis betreten wir, wenn sich Personen aus bewußter Absicht selbst schädigen wollen. Kann dann überhaupt noch von Selbstverantwortung gesprochen werden? Impliziert Selbstverantwortung nicht gerade ein Streben nach Leben und Lebenserhaltung? Verweisen derartige Grenzfälle nicht auf einen vorausgehenden (vielleicht therapeutischen) Hilfebedarf, also auf Situationen, die die Person nicht bewältigen konnte und deshalb resigniert? Selbstverantwortung erreicht in solchen Situationen ihre »natürlichen« Grenzen.

Fünftens: Wieder leichter tun wir uns mit der Einschätzung von Situationen, in denen eine Person in Ausübung ihrer Selbstverantwortung Folgen erzeugt, von denen nicht nur sie selbst, sondern auch *andere Personen mitbetroffen* sind. Zweifellos muß sich die Person dann den Mitbetroffenen stellen und mit Grenzziehungen und Einschnitten bei dem rechnen, was sie tun will. Der Begriff der Selbstverantwortung – wie er oben definiert wurde – reicht hier nun nicht mehr aus, denn zur Rechenschaftsinstanz »Selbst« kommt die Rechenschaftsinstanz »Mitbetroffene« hinzu. Selbstverantwortung gerät vom einseitig subjektivistischen in ein dialogisches Verhältnis: in der Auseinandersetzung mit dem anderen und der Abwägung des eigenen mit dem fremden Willen muß sich Selbstverantwortung einer sozialen Verantwortung, einer Mitverantwortung stellen. Dann werden Verträge gemacht.

Unser Exkurs soll hier enden. Zweifellos sind mit dieser Diskussion möglicher Grenzen von Selbstverantwortung nicht die »Niederungen« vieler Alltagssituation von Begleitern abgedeckt. Selbstbestimmung, Selbstverantwortung wird viele Dilemmata *sachlich* nicht eindeutig auflösen können, weil sie unter Verantwortungsgesichtspunkten nicht auflösbar sind. Wären sie auflösbar, gäbe es längst eine verbindliche Ethik. Die Chancen dieser Begriffe liegen aber auch woanders: Mit ihnen fordern Minderheiten Grundrechte gegenüber machtausübenden Mehrheiten, Grundrechte, die ihnen bisher mit Argumenten wie Erziehungsbedürftigkeit, Erziehung, Förderung, usw. verwehrt wurden. Denn, wenn die neuen Argumente an die Stelle der alten treten, fällt gleichzeitig auch die Legitimation der alten Machtausübung, und neue Praxis kann sich etablieren. Selbstbestimmung und Selbstverantwortung zielen – wie bei anderen Bürgerrechtsbewegungen auch – auf eine weitestmögliche Ausdehnung und Neuverteilung von Rechten.

Ich möchte zum Schluß des Gedankengangs kommen. Selbstverantwortung – so die These – taugt trotz ihrer »Widrigkeiten« als Grundbegriff für ein Menschenbild. Sie fokussiert den Blick der Begleiter auf einen Teil der Person, welcher Menschen mit Behinderungen oft leichtfertig abgesprochen wird, und bringt damit Selbstbestimmung auf den Punkt. Dieser Grundbegriff ordnet auch die Verantwortlichkeiten in der Beziehungsform »Begleitung« (nach den Kriterien von Würde und Gleichberechtigung) einander neu zu. Und er erweckt nicht den Eindruck, daß Selbstbestimmung eine einfach anwendbare Methode sei, sondern öffnet den Blick auch für das Konflikthafte, das mit dem gleichberechtigten Zusammenleben von Menschen unweigerlich verbunden ist.

Selbstbestimmung als anthropologischer Dreischritt

Zum Ansatz

Das Phänomen Selbstbestimmung läßt sich anthropologisch auffächern in drei aufeinander aufbauende Schritte. Diese sollen bezeichnet werden mit *Selbstverantwortung*, *Selbstleitung* und *Selbständigkeit* . Mit Vorsicht betrachtet, könnte man vielleicht eine Parallele sehen zu Pestalozzis Kräften »Herz, Kopf und Hand«. Der Dreischritt versucht jedoch keine umfassende Beschreibung des Menschen. Er ist in seinen Teilen im Grunde auch nichts Neues, sondern konzentriert sich ausschließlich auf die Beschreibung der im Zusammenhang mit Selbstbestimmung in Frage kommenden Variablen, den Tätigkeiten. Es sind Teil-Tätigkeiten, die, genaugenommen, nicht für sich alleine stehen können, weil sie sich gegenseitig überlagern und beeinflussen. Aber aus Analysezwecken müssen sie hier differenziert dargestellt werden. Unbeachtet bleiben wird hier die – oftmals mit Selbstbestimmung in Verbindung gebrachte – biophysische Selbstregulation (siehe Seite 70 f.).

Der praktische Nutzen dieser »Auffächerung« ist erstens: Selbstbestimmung muß nicht daran geknüpft werden, daß die Person ein bestimmtes *Wissen* haben muß, bevor ihr Selbstbestimmung zugetraut werden kann. Genauso verhält es sich zweitens mit dem *Tun-Können*: Selbstbestimmung erfordert nicht schon Selbständigkeit (Die Bedeutung des Begriffs Selbstbestimmung ist dabei im Grunde die von Selbstverantwortung. Aus Gründen der begrifflichen Klarheit verwende ich daher *Selbstbestimmung* im folgenden als Bezeichnung für das Gesamtphänomen, *Selbstverantwortung* dagegen als den jetzt zu beschreibenden »Kern« von Selbstbestimmung). Außerdem stellt der Dreischritt drittens die *Kompetenzen* heraus, die Menschen mitbringen. Er kann Begleitern deshalb eine Basis geben, worauf sie ihr Vertrauen in die Fähigkeiten der zu begleitenden Menschen stützen können. Insofern stellt er ein Gegenbild dar zur sorgemotivierten Förder- und Erziehungssichtweise. Und schließlich lassen sich die *Tätigkeiten des Begleitens* logisch anbinden und beschreiben.

Wie sich die Person lenkt

Der Ursprung jeder Selbstbestimmung kann nur im Willen des Menschen verortet werden. Was den Willen ausmacht, ist die Unabhängigkeit und Freiheit von jeglichem Äußeren. Der Wille ist der »Inbegriff des menschlichen Vermögens der Selbstbestimmung, d. h., jener Aktivität, aufgrund derer der Mensch als Ich frei entscheidet und handelt.« (BÖHM 1982, 562). Zur Selbstbestimmung gehört also zuerst das Wollen. Wollen heißt initiativ sein, Motive haben, Engagement zeigen.

Wollen ist auf ein Objekt gerichtet, auf das Ge-wollte. Insofern die Person ihr Gewolltes verwirklicht, schafft sie eine neue Wirklichkeit, mit der sie nun konfrontiert ist. Zu dieser neuen Wirklichkeit muß die Person in eine Beziehung

Selbstbestimmung 3	2	1	**Tätigkeit der Person** Wie lenkt sich die Person?	Assoziationen
Selbständigkeit	**Selbstleitung**	**Selbstverantwortung**	**Wollen, Verantworten und Sich-Wählen** *Wollen* heißt: initiativ sein, Motive haben *Verantworten* heißt: zu den Folgen seines Handelns stehen, die Konsequenzen seines Handelns tragen *Sich-Wählen* heißt: "sich für sich entscheiden", zu sich stehen, Verantwortung für sich übernehmen, ..	Verantwortung für seine Gefühle, Wünsche und Bedürfnisse übernehmen; sich für sich engagieren; sein Leben in die Hand nehmen; in Kontakt sein mit sich selbst; sich annehmen, wie man ist; sich vertrauen; sich so lieben, wie man ist; zu seinen Fehlern stehen und daraus lernen zu wollen "Ich weiß, was ich will." "Ich liebe mich, so wie ich bin." "Ich mag mich, auch wenn du mich nicht magst." "Ich kann für mich einstehen." "Auch meine Fehler gehören zu mir."
			Wissen und Entscheiden/Auswählen *Wissen* heißt: Informationen und Kenntnis haben über sich selbst, die anderen, die Dinge, ... *Entscheiden/Auswählen* heißt: Möglichkeiten abwägen und auswählen	Eine Meinung haben; wissen, wie alles funktioniert und wie man eingreifen kann; wissen, wie man sich in der Welt zurechtfindet "Ich weiß, wie ich zu dem komme, was ich brauche." "Ich weiß, wie die Dinge funktionieren." "Ich weiß, wie ich mit mir selbst umgehen muß, damit es mir gut geht." "Ich weiß auch, daß ich nicht alles haben kann."
			Können und Tun/Handeln *Können* heißt: handeln können, Handlungsmuster haben, "Erfahrung" haben *Tun* heißt: verwirklichen	Innen und Außen in Einklang bringen; Entscheidungen umsetzen; Unterstützung besorgen können, wenn Selbsttun nicht möglich ist "Ich kann mir meine Wünsche selbst erfüllen." "Wenn ich etwas nicht selbst tun kann, kann ich Unterstützung anfordern."

Abb. 1: Der anthropologische Dreischritt der Selbstbestimmung: Die Tätigkeiten der Person

treten. Da sie selbst Urheber dieser Wirklichkeit ist, kann sich die Person nicht einfach von ihr distanzieren. Sie muß zu dieser Wirklichkeit stehen, die eigene Urheberschaft bekennen, sie muß sie verantworten (ob vor sich selbst oder vor anderen, sei dahingestellt). Wollen verweist also auf Verantworten.

Insofern die neue Wirklichkeit doch nicht den Vorstellungen entspricht, auf die der Wille ursprünglich abzielte, kann sich die Person nur dadurch (von der neuen Wirklichkeit) distanzieren, daß sie ihren Willen nachträglich korrigiert und sich erklärt: So habe ich das dann doch nicht gewollt. Die Verbindung zwischen Wollen und geschaffener Wirklichkeit aber, die Urheberschaft, kann nicht ausgelöscht werden.

Wollen und Verantworten sind also die grundlegenden Teil-Tätigkeiten des Selbstbestimmens. Nach einer Idee von SPRENGER (1996, 37) – aber in Abwandlung derselben – möchte ich diese Tätigkeiten um das »Sich-Wählen« ergänzen. Denn Selbstbestimmung macht nur Sinn, wenn die Person auch in ein besonderes Verhältnis zu sich selbst tritt. Die Person soll sich selbst nicht vernachlässigen, sondern sich selbst annehmen, Identität ausbilden, sich lieben. »Sich-Wählen« zielt auf Selbstliebe (aber nicht Selbstverliebtheit), Zu-sich-Stehen (aber nicht Nur-sich-Sehen), Eigene-Fehler-Annehmen (aber nicht Sich-für-unfehlbar-Halten). Wollen, verantworten und Sich-Wählen zusammen stellen den »ersten« der drei Schritte dar. Diesen Komplex möchte ich als *Selbstverantwortung* bezeichnen.

Aus der Definition des Willens (Zitat von BÖHM) entnehmen wir weitere Tätigkeiten, die der Selbstbestimmung zugeordnet werden: *Entscheiden* und *Handeln*. Wenn der Wille sich nicht in Entscheidungen und Handlungen äußert, realisiert er sich nicht. Entscheiden heißt, aus-wählen zwischen verschiedenen Möglichkeiten. Und da Entscheiden eine kognitive Tätigkeit ist, braucht sie Wissen über die Dinge. Wissen ist die Ressource und Entscheiden die Aktivität. Wissen heißt, Informationen zu haben über die Dinge, über sich selbst, über andere und darüber, wie alles zusammenhängt: Ich weiß, daß Apfelsaft süß ist und Mineralwasser sauer. Und weil ich auch weiß, daß mir Süßes besser schmeckt, entscheide ich mich für Apfelsaft. Wissen und entscheiden sind die Tätigkeiten des »zweiten« Schritts. Weil diese Tätigkeiten nicht ohne diejenigen des ersten Schritts denkbar sind (im Entscheiden steckt ein Wollen), ist der zweite Schritt eine umfassendere Kategorie. Hierfür verwende ich die Bezeichnung *Selbstleitung* (Wäre die unterschiedliche Verwendung des Begriffs *Selbstbestimmung* dann nicht verwirrend, könnte Selbst*leitung* vielleicht auch mit ›Selbst*bestimmung*‹ bezeichnet werden).

Bleibt noch das Handeln. Selbstbestimmung verwirklicht sich in der höchsten Stufe durch das Tun, das Handeln. So wie Entscheiden Wissen braucht, braucht Handeln Können. Können ist die Ressource für das Handeln, für das Tun. Können heißt Erfahrungen haben, Wissen, wie etwas bewirkt werden kann, Handlungsmuster haben. Weil ich Erfahrungen gemacht habe, wie eine Flasche geöffnet und der Inhalt in Gläser umgegossen werden kann, kann ich mir selbst ein Glas einschenken. Können und Tun sind die Tätigkeiten des »dritten Schritts«. Und weil diese Tätigkeiten nicht ohne diejenigen der beiden vorausgehenden sinnvoll sind (im Tun »steckt« Entscheiden und Wollen), ist dieser letzte Schritt der umfassendste. Die Bezeichnung ist *Selbständigkeit* (s. Abb. 1).

Bewertung der Tätigkeiten der Person

Wollen, Verantworten und Sich-Wählen sind ich-nahe Tätigkeiten, sie sind Teil des Kerns der Person, sie sind ihr Regiezentrum. Man könnte sogar sagen, daß die Person sich mit diesen Tätigkeiten so stark identifiziert, daß sie diese als Teil ihrer selbst wahrnimmt. Wenn die Person also in diesen Tätigkeiten behindert wird, wird sie in ihrem Zentrum verletzt, und wenn sich diese Verletzungen langfristig häufen, werden die Tätigkeiten daran Schaden nehmen. Die zentrale Forderung des Paradigmas Selbstbestimmung dürfte es sein, den Komplex Selbstverantwortung nicht zu stören, sondern ihn respektvoll zu behandeln und ihn in seiner Tätigkeit und in seinem Wachstum zu unterstützen.

Wissen und Können dagegen sind Instrumente zur Erfüllung des Wollens, sie sind ich-fern. Wenn die Person selbst leistungsfähige Instrumente hat, kann sie ihr Wollen und ihr Verantworten selbst realisieren und dabei erfolgreich sein. Wenn sie selbst weniger leistungsfähige Instrumente hat, braucht sie bessere. Diese kann sie sich besorgen (sprich: sich Wissen und Können aneignen und es erweitern) oder auch woanders »ausleihen« (sprich: fremdes Wissen und Können nutzen), damit sie zum Ziel kommt. Sie wird sich vielleicht als unvollständig erleben in ihrem Wissen und Können, aber sie wird ihr Wollen und Verantworten deswegen nicht schon in Frage stellen. Würde sie letzteres tun, würde sie sich in Mißtrauen und Selbstzweifel stürzen. Wollen, Verantworten und Sich-Wählen sind Triebfedern des Menschen und daher viel bedeutungsvoller für die Person als Wissen und Können.

Besonders bei der Begleitung von Menschen mit Behinderungen scheint es für die Anerkennung von Selbstbestimmungsrechten hilfreich, die Tätigkeiten Wissen und Können vom Wollen und Verantworten *gedanklich* zu trennen. Wer Fehler begeht, begeht sie mangels besseren Wissens oder Könnens, aber nicht, weil er das Falsche tun will (niemand macht absichtlich Fehler). Dann braucht er dabei Hilfe und Unterstützung. Er braucht aber nicht die Einschätzung, daß sein Wunsch unakzeptabel oder abzulehnen sei oder daß er nicht gewillt sei, seinen Wunsch zu verantworten. Genaugenommen braucht er sogar Ermutigung, denn um seinen Wunsch zu verwirklichen und zukünftige Fehler zu vermeiden, wird er sich einiges an Wissen und Können aneignen müssen.

Wie sich die Person hilft und wie sie wächst

Es liegt auf der Hand, daß die bisher beschriebenen Tätigkeiten als *Möglichkeiten des Menschseins* zu sehen sind, die (insbesondere beim Wissen und Können) nicht schon allen Situationen gewachsen sind. Um das Bild der Kompetenzen zu vervollständigen, welche zur Selbstbestimmung zu rechnen sind, füge ich nachfolgend dem bisher beschriebenen Dreischritt weitere Tätigkeiten hinzu, die zeigen, welche Möglichkeiten der Mensch darüber hinaus nutzt, sich selbst zu helfen.

Dabei unterschieden werden die Tätigkeiten bei Hilfebedarf und die Tätigkeiten der Aneignung. Erstere zeigen, wie sich eine Person Hilfe verschafft, wenn sie mit der aktuellen Situation nicht mehr selbst zurechtkommt und letztere, wie sich die Person die Tätigkeiten des Dreischritts langfristig aneignet und erweitert. Die einzelnen Tätigkeiten dürften selbsterklärend sein, so daß die tabellarische Darstellung in Abb. 2 für das Verständnis ausreichen sollte.

Die Tätigkeiten des Begleitens

Das bisher entworfene Schaubild der Tätigkeiten bliebe unvollständig, würde man auf seiner Grundlage keine Aussagen darüber treffen können, wie Begleitung beschrieben werden kann. In Anknüpfung an den Dreischritt können die in der Tabelle aufgeführten Grundkomplexe entworfen werden, siehe Abb. 3. Die Begleitungstätigkeiten des zweiten und dritten Schritts dürften wiederum selbsterklärend sein. Zu den Tätigkeiten des ersten Schritts hier noch einige Erläuterungen.

Die zur Selbstverantwortung komplementäre Begleitungstätigkeit bedarf einer differenzierten Herangehensweise, weil nämlich Selbstverantwortung immer

Selbstbestimmung 3 2 1	**Tätigkeit der Person** Wie lenkt sich die Person?	**Tätigkeit bei Hilfebedarf** Wie hilft sich die Person?	**Tätigkeit der Aneigung** Wie wächst die Person?
Selbständigkeit / **Selbstleitung** / **Selbstverantwortung**	Wollen Verantworten Sich-Wählen	**Verantwortung delegieren** "Regie" abgeben, wenn einer anderen Person mehr Verantwortungsfähigkeit zugetraut wird. *Delegation von Verantwortung ist im Grunde selbst eine Tätigkeit von Verantwortung. Wer eine Aufgabe bei einer anderen Person besser aufgehoben sieht, handelt verantwortlich, wenn er die eigene Verantwortung abgibt.* *Nicht gemeint ist hier das resignative Abgeben von Verantwortung, welches z. B. aus der Erfahrung resultieren kann, daß andere sowieso immer alles erledigen und besser machen.*	**Wagen** Seinen Wunsch verwirklichen in die Unsicherheit der Zukunft hinein; ein Risiko eingehen; den Verlust von etwas in Kauf nehmen; *Im Wagen findet im Grunde keine echte Aneignung, sondern eher eine Stärkung des Vertrauens in das eigene Wollen, Verantworten und Sich-Wählen statt. Zum Wagen gehört, daß man es selbst tut, was nicht heißt, daß man sich nicht der Anleitung und Begleitung bedienen darf oder ein besonders hohes Risiko eingehen soll (Mutprobe).*
Selbständigkeit / **Selbstleitung**	Wissen Entscheiden/Auswählen	**Fragen** Fragestellungen entwickeln, Information anfordern (im weitesten Sinne, also nicht nur sprachlich)	**Lernen** Aufnehmen, Sammeln und Ordnen von Informationen, Aufbau von Wissen.
Selbständigkeit	Können Tun/Handeln	**Unterstützung anfordern** Hilfebedarf mitteilen, Unterstützung anfordern, Hilfeerbringung anleiten.	**Üben** Ausprobieren, Erfahrungen machen.

Abb. 2: Übersicht über die Tätigkeiten

an die Grenzen des Sozialen und den Schutz des Lebens stoßen wird (siehe Exkurs): Es müssen *selbstverantwortungstützende* und *selbstverantwortungeinschränkende* Tätigkeiten unterschieden werden. Zwar sollen die stützenden Tätigkeiten das Hauptanliegen der Begleitung sein, doch wäre es naiv zu glauben, man könnte ohne die anderen auskommen. Eine Ausbalancierung der einschränkenden zugunsten der stützenden wird die schwierigste und umstrittenste Aufgabe der Begleitung unter dem Paradigma der Selbstbestimmung sein.

Die Selbstverantwortungsfähigkeit wächst mit praktizierter Selbstverantwortung. Nur wer Verantwortung für sich übernehmen »darf« und muß, lernt an den Folgen seines Handelns und erweitert dadurch seine Fähigkeit zur Selbstverantwortung. HAHN (1994, 85) schreibt: »Die ... notwendige Verantwortlichkeit kommt nur über ständig praktizierte Selbstbestimmung in kleinen und großen Angelegenheiten des menschlichen Lebens zustande«. Das Wichtigste, was wir also als Begleiter behinderter Menschen für deren Selbstverantwortung tun können, ist, ihnen ihre Selbstverantwortung zu *lassen*. Selbstverantwortung kann man jemandem nicht geben oder beibringen. Der Management-Berater Reinhard SPRENGER (1996, 169 f.) hat diesen Zusammenhang mit einer Sei-spontan-Paradoxie verglichen: »Der Empfänger kann die Aufforderung befolgen oder auch nicht, auf keinen Fall kann er dabei spontan sein .... Zur Eigeninitiative kann nicht ermächtigt werden. Eigeninitiative ermächtigt sich selbst. Sie fragt nicht nach Erlaubnis. Falls sie Erlaubnis braucht, ist sie keine mehr«.

Selbstbestimmung 3 2 1	**Tätigkeit der Person ...** (siehe Abb. 1)	**... bei Hilfebedarf** (siehe Abb. 2)	**... bei der Aneigung** (siehe Abb. 2)	**Tätigkeit der Begleitung** Wie solll die Person begleitet werden?
Selbstverantwortung (1)	Wollen Verantworten Sich-Wählen	Verantwortung delegieren	Wagen	**Selbstverantwortung stützend** - **Sich nicht ungefragt einmischen** (Verantwortung der Person belassen) - **Verstehen, Akzeptieren** (Willen und Motive der Person wahrnehmen, die Person in ihrer Unvollkommenheit annehmen) - **Ermutigen** (Willen und Motive der Person stärken) **Selbstverantwortung einschränkend** - **Nothilfe** (Gefahr abwenden) - **Notwehr** (Grenzen des Begleiters) - **Vertretung anderer Interessen** (Grenzen der Einrichtung, der Mitbewohner, der Mitarbeiter) -> **Vertragsformen** finden
Selbstleitung (2)	Wissen Entscheiden/ Auswählen	Fragen	Lernen	- **Informationen geben** (situativ Lösungen zeigen und Erklärungen geben) - **beim Lernen helfen** (Lernfelder vermitteln oder schaffen, z.B. VHS-Kurse, Lernprogramme)
Selbständigkeit (3)	Können Tun/Handeln	Unterstützung anfordern	Üben	- **Unterstützen** (stellvertretend ausführen) - **beim Üben helfen** (Übungsfelder vermitteln oder schaffen)

Abb. 3: Die Tätigkeiten der Begleitung

Gleichwohl heißt Lassen für ihn nicht Treibenlassen (a. a. O., 176). Wichtige Bedingungen dafür, daß Selbstverantwortung wachsen kann, sind für Sprenger das *Vertrauen* in den Mitarbeiter (a. a. O., 167), bereitstehen als *Ansprechpartner* (a. a. O., 168), zu Mut und Selbstvertrauen zu *ermutigen* (a. a. O., 177, 181) und einen konstruktiven und beschuldigungsfreien Umgang mit Fehlern (*Fehlerfreundlichkeit*) finden (a. a. O., 189 ff.). Darüber hinaus hält es Sprenger für wichtig, keine *Retterrolle* zu übernehmen: »Nach dem Motto ›Wenn Sie mich nicht hätten ...‹ mischen sie sich als ewig gutmeinende Helfer selbstgerecht in alles und jedes ein ... . Sie gefallen sich in dem Ruf, sympathisch und gütig, fürsorglich und immer hilfreich ... zu sein. Sie passen ständig auf, daß anderen nichts passiert ... und sie übernehmen gerne Verantwortung für andere ...« (a. a. O., 183). Zwar hat Sprenger seine Veröffentlichung Führungskräften in Betrieben angedacht, doch als selbstverantwortungstützende »Umgangsregeln« können sie uneingeschränkt auch für die Arbeit des Begleitens gelten.

Bei der Begleitung von Menschen mit Behinderungen muß einer weiteren Sache Rechnung getragen werden: Wer lange in Verhältnissen gelebt hat, in denen sich immer andere für das eigene Wohlergehen verantwortlich gefühlt haben, der wird nicht von heute auf morgen Selbstverantwortung übernehmen können. Vielleicht wird er Verantwortung für sich selbst gar nicht mehr übernehmen wollen angesichts der »Rundum-Versorgung«, die er bisher genossen hatte. Selbstverantwortung und Selbstbestimmung können dann zur Last werden, und man darf nicht unbedingt davon ausgehen, daß die Idee der Selbstbestimmung auf volle Gegenliebe stößt.

Eine im Zusammenhang mit Selbstbestimmung vielzitierte Vokabel ist, daß das Entscheidende eine Haltungsänderung der Begleiter sei. Dem ist zuzustimmen, und dieses Wort könnte hier als »Überschrift« für die selbstverantwortungstützenden Tätigkeiten dienen. Zur Grundhaltung gehört sicher, daß behinderten Menschen ein grundlegendes Vertrauen in ihre Selbstverantwortung geschenkt werden muß, daß sie ihren Hilfebedarf ausdrücken und ihren Begleitern Hinweise über die Art des Hilfebedarfs geben. Sich nicht immer gleich einmischen, verstehen, akzeptieren und zur Übernahme von Verantwortung ermutigen sind weitere Leitideen für selbstverantwortungstützende Begleitenstätigkeiten. Alle diese Formeln knüpfen im Grunde an die im ersten Schritt (siehe »Wie sich die Person lenkt«) zum Ausdruck gebrachten Tätigkeiten (Wollen, Verantworten und Sich-Wählen) sowie deren Einstufung als zentraler Teil der Person (siehe »Bewertung der Tätigkeiten der Person«) an und zielen auf deren Unterstützung.

Selbstverantwortungeinschränkende Tätigkeiten von Begleitern sind zum Beispiel Situationen der *Nothilfe*[7] (Gefahr abwenden), der *Notwehr* (eigene Grenzziehungen des Begleiters; nicht physisch gemeint, wie das Wort nahelegen könnte) und der Vertretung der *Interessen anderer* (z. B. der Einrichtung, anderer

7) Die Einführung der Begriffe Nothilfe und Notwehr als »Gegenspieler« von Selbstbestimmung geht auf die antipädagogische Theorie zurück (vgl. von BRAUNMÜHL 1975, 219 ff.).

Mitbewohner in einem Heim usw.). Wie schnell diese zum Tragen kommen (müssen), wird nicht pauschal zu beantworten sein. Daran braucht jedoch das Gesamtkonzept Selbstbestimmung als Maßgabe für Begleitung nicht zu scheitern. Derartigen Konfliktfällen sind ja auch Menschen, die mit anderen nicht in einer Beziehung der Begleitung stehen, tagtäglich ausgesetzt. Auch dort gibt es Situationen der Nothilfe, der Notwehr und der sozialen Grenzen.

Als Grundvorgabe für den Umgang mit Grenzen kann das Eingehen von Verträgen (siehe hierzu auch »Überlegungen zur Entwicklung einer Kultur der Begleitung«, Seite 121 ff.) angestrebt werden, wie dies ja auch für das zwischenmenschliche Zusammenleben allgemein gilt. Verträge legen die verschiedenen Interessen offen und halten Regeln fest.

Situationen der Nothilfe müssen am Grad der Gefahr gemessen werden. So wird beispielsweise für einen erwachsenen Menschen das Verbot des täglichen Genusses einer Flasche Bier kaum als Nothilfe legitimierbar sein, wohl aber das einer Flasche Spiritus (es sei denn, die Person beabsichtigt, sich vollen Bewußtseins umzubringen). Aber wer würde nicht einen Mitmenschen – auch, wenn er zu ihm nicht in einer Beziehung der Begleitung steht – von diesem Vorhaben abzubringen versuchen?

Ausblick

Das Fußfassen des Paradigmas Selbstbestimmung könnte womöglich ein Selbstläufer werden. Da ja in der Welt der Nichtbehinderten gegenwärtig der einzelne und die Erfüllung seiner narzistischen Bedürfnisse absolut en vogue sind (Stichwort Freizeitindustrie, Freizeiterleben als Lebenszweck), kommt auch die Welt der Menschen mit Behinderungen über kurz oder lang in diesen Sog des Wertewandels. Mit der Übertragung des Dienstleistungsbegriffs (ISO 9000 ff.) in die Pädagogik beginnt dieser Sog im Grunde schon zu wirken. Darüber hinaus dürften Begriffe wie »Erziehung zur Mündigkeit« usw. auch in der Allgemeinen Pädagogik mittlerweile schon antiquiert klingen und bei Studenten nur Gähnen hervorrufen. Antipädagogik und Antipsychiatrie dürften an dieser Entwicklung ebenfalls einen Anteil haben. Warum die Behindertenpädagogik von diesen Entwicklungen bisher kaum beeinflußt worden ist, darüber läßt sich nur spekulieren.

Wie dem auch sei, der Stein ist ins Rollen gekommen und wir können seinen Weg etwas bahnen, damit er in Schwung bleibt. Der hier vorgelegte Entwurf eines anthropologischen Dreischritts der Selbstbestimmung soll die Diskussion um Selbstbestimmung durch die Einführung von *drei Eckpfeilern* voranbringen: die Einführung des Begriffs (Selbst-)verantwortung als Fokussierung auf das Wesentliche, die gedankliche Loslösung der Tätigkeiten »Wissen und Können« von der zentralen Fähigkeit der Selbstverantwortung sowie die Darstellung der »logischen« Verbindung zwischen anthropologischen Konstanten und den Aufgaben des Begleiters.

Der Begriff Verantwortung gehört zwar nicht gerade zum Vokabular des Zeitgeistes. Er verweist aber darauf, daß Selbstbestimmung nicht ohne eine *ethische Diskussion*, also eine Diskussion um Werte zu haben ist. Diese wird im Grunde schon geführt, worauf Begriffe wie Haltungsänderung oder auch Kultur der Begleitung hindeuten.

Literatur

Bauer, Rudolph (1996): Hier geht es um Menschen, dort um Gegenstände. Über Dienstleistungen, Qualität und Qualitätssicherung. In: Widersprüche 16, Heft 61.

Böhm, Winfried (1982): Wörterbuch der Pädagogik. Stuttgart.

Braunmühl, Ekkehard von (1975): Antipädagogik. Studien zur Abschaffung der Erziehung. Weinheim und Basel.

Braunmühl, Ekkehard von (1997): Was ist antipädagogische Aufklärung? Mißverständnisse, Mißbräuche. Mißerfolge der radikalen Erziehungskritik. Bonn

Brezinka, Wolfgang (1974): Grundbegriffe der Erziehungswissenschaft. München.

Bundesvereinigung Lebenshilfe (1996): Selbstbestimmung. Kongreßbeiträge. Marburg.

Bundesvereinigung Lebenshilfe (1994): Wörterbuch aktueller Fachbegriffe. In: Fachdienst der Lebenshilfe. Heft 3, S. 1 ff.

Bundesvereinigung Lebenshilfe (o. J.): Grundsatzaussagen des Committee Self Advocacy. Marburg.

Dux, Günter (1982): Die Logik der Weltbilder. Frankfurt.

Frühauf, Theo (1990): Mehr Selbstbestimmung – eine Aufgabe für uns alle! In: Geistige Behinderung, Jahrgang 1990, Heft 1, S. 1–4.

Giesecke, Herrmann (1969): Einführung in die Pädagogik. München.

Grauhan, R. (1975): Grenzen des Fortschritts? Widersprüche der gesellschaftlichen Rationalisierung. München.

Hähner, Ulrich (1995): Vom Betreuen zum Begleiten. In: Landesverband Baden-Württemberg der Lebenshilfe: Vom Betreuen zum Begleiten – ein neues Bild vom Menschen mit Behinderung. Tagungsdokumentation. Stuttgart.

Hahn, Martin Th. (1994): Selbstbestimmung im Leben, auch für Menschen mit geistiger Behinderung. In: Geistige Behinderung, Heft 2/94, S. 81 ff.

Höffe, Otfried (1986): Lexikon der Ethik. München.

Meier, H. P.; Ratzka, Adolf (1988): Aufstand der Betreuten. Fernsehfilm. H. P. Meier-Filmproduktion

Opaschowski, Horst W. (1996): Pädagogik der freien Lebenszeit. Opladen.

Rock, Kerstin (1996): Selbstbestimmung als Herausforderung an die Professionellen. In: Geistige Behinderung, Heft 3/96

Rotthaus, W. (1993): Menschenbild und psychische Krankheit aus systemischer Sicht. In: Hennicke, K. u. a. (Hrsg.): Psychotherapie und geistige Behinderung. Dortmund.

Schoenebeck, Hubertus von (1982): Unterstützen statt Erziehen. Die neue Eltern-Kind-Beziehung. München.

Speck, Otto (1991): System Heilpädagogik. München.

Sprenger, Reinhard K. (1996): Das Prinzip Selbstverantwortung. Frankfurt/Main.

Theunissen, Georg; Plaute, Wolfgang (1995): Empowerment und Heilpädagogik. Freiburg.

Wie sollte ein guter Betreuer sein?

»Jemand der mich nicht so betreut in dem Sinn, sondern der einfach mit mir zusammenarbeitet. Daß teilweise schon von ihm auch Vorschläge kommen, aber daß auch von mir Vorschläge kommen – also irgendwie das offene Gespräch.«

Aus den Interviews der Autoren mit behinderten Menschen zu der Frage: »Wie stellen wir uns unsere Begleiter vor?«

Das zerstörte Selbstbild von Menschen mit »geistiger Behinderung«

Mit Bezug auf Gedanken von Dietmut Niedecken

Ulrich Niehoff

Die Autorin Dietmut Niedecken bietet in ihrem Buch »Namenlos« ein anregendes und provozierendes Erklärungsmodell für das oft zu beobachtende wenig ausgeprägte Selbstbewußtsein geistig behinderter Menschen bzw. ihres negativ geprägten Selbstbildes. Die Wiedergabe der wesentlichen Gedanken und Theoreme sind für Professionelle, im besonderen aber auch für Eltern eine Zu-Mutung. Es erfordert von Fachleuten Mut, Souveränität, Distanz zur eigenen Rolle, sich mit den ihnen von Niedecken unterstellten »Tötungsphantasien« gegenüber behinderten Menschen auseinanderzusetzen, sie nicht gleich als Unsinn abzutun. Professionelle haben, im Gegensatz zu Eltern, ihren Beruf selbst und freiwillig gewählt. Man könnte also annehmen, daß sie eine positive Entscheidung *für* Menschen mit geistiger Behinderung gefällt haben. Kann man ihnen dann trotzdem subtile Nichtakzeptanz bis hin zu Tötungsphantasien unterstellen?

Und noch ein anderer Gedanke Niedeckens aus ihrem Buch mag sofort Widerspruch hervorrufen: Wenn sie von dem wenig ausgeprägten Selbstbewußtsein behinderter Menschen spricht und von ihrem extremen Anpassungsbedürfnis »Angepaßtheit (als, U. N.) eine Art Mimikry ... in der unsäglichen Angst des Kindes, fallengelassen zu werden« (Niedecken 1989, S. 58), um ja nicht aufzufallen, Flagge zu zeigen, sich zu profilieren und damit wahrgenommen zu werden, so kann dies im Gegensatz stehen zu der alltäglichen Erfahrung im Umgang mit geistig behinderten Menschen. Haben nicht gerade sie viel häufiger eine einmalige Persönlichkeit mit einem unverwechselbaren Profil herausgebildet? Ist nicht gerade das Zusammenleben mit behinderten Menschen auch aus diesem Grund so interessant, wenn auch manchmal anstrengend und herausfordernd? Diese Erfahrung war für mich einer der Hauptgründe, nach dem Zivildienst eine behindertenpädagogische Berufsausbildung zu absolvieren, um weiterhin mit behinderten Menschen arbeiten zu können. Gerade Menschen mit Behinderung verhalten sich häufig unkonventionell, da ihnen die Erfassung von Konventionen und daraus abgeleiteter Verhaltensweisen oft nur unvollständig gelingt, dies nicht nur zu ihrem Nachteil. Eine Bereicherung des Alltags sind Menschen mit Behinderungen auch deshalb, weil sie das Spektrum menschlicher Verhaltensweisen erweitern und damit das Leben bunter machen. Eine Gesellschaft ohne behinderte Menschen wäre eine stark vereinfachte und damit auch ärmere Gemeinschaft. Auch aus diesem Grunde ist die Vision der Gentechnologie keine attraktive Utopie eines leidens- bzw. behindertenfreien Lebens.

Ist der Alltag behinderter Menschen – wie Niedecken meint – bestimmt durch Angst und Unsicherheit? Als attraktiv nehme ich die Atmosphäre in einer WfB wahr. Ich finde dort eine Lockerheit und Natürlichkeit wie in wenigen Betrieben des allgemeinen Arbeitsmarkts. Diese Ausgeglichenheit und Gelöstheit kann als Ausdruck der Persönlichkeit von Menschen gesehen werden, die mit sich im reinen leben.

Und doch kennt der Leser sicherlich Begegnungen mit sehr angepaßt, überfreundlich, ritualisiert fröhlich wirkenden behinderten Menschen. Wenn man sich die objektiven Lebensbedingungen geistig behinderter Menschen vergegenwärtigt, mit der oftmals aufgezwungenen kollektiven Lebensweise, ihrem extrem niedrigen gesellschaftlichen Prestige und ihrer sozialen Armut, so drängt sich die Frage auf, warum sie trotz dieser Bedingungen immer noch so ausgeglichen und zugewandt wirken. Auf Fragen, wie es denn im Urlaub war, kommt allzuoft die schnelle Antwort: »Gut!« Und auf die Frage: »Wie geht's?« die kurze Antwort: »Gut!« Und die Gegenfrage: »Und Dir?«, um ja nicht über sich selbst sprechen zu müssen.

Spätestens die unglaublichen Patientenmorde von Wien, Wuppertal und Gütersloh machen deutlich, daß die von Niedecken beschriebenen Tötungsphantasien real werden können, mag diese Aussage hier der Leserschaft auch noch so unwahrscheinlich sein. Im Vorwort zur deutschen Übersetzung des Buches von Wolf WOLFENSBERGER »Der neue Genozid an den Benachteiligten, Alten und Behinderten« (1991) schreibt Klaus Dörner: »Während wir an der Übersetzung des Buches saßen, wurde am 14. Dezember 1990 bekannt, daß ein Pfleger auf einer internistischen Station unseres eigenen psychiatrischen Krankenhauses in Gütersloh mehrere Benachteiligte, Alte oder behinderte Patienten getötet hat. Erst seither finden wir nichts mehr übertrieben an Wolfensbergers Buch; vielmehr verdanken wir ihm unser Erschrecken darüber, in welchem Ausmaß auch ich und andere Mitarbeiter am Tabuisieren und Nichtwahrhabenwollen solch ständiger Möglichkeiten mitgewirkt haben« (DÖRNER, 1991, S. 7).

In diesem Buch vertritt Wolf Wolfensberger eine ähnlich brisante Theorie, wie Niedecken sie darstellt: Er klagt darin die US-amerikanische Gesellschaft an, wie sie benachteiligte Menschen entwertet, wie dann, erniedrigt und gedemütigt, das Leben solcher Menschen gefährdet sein kann und wie entwertete Menschen Gefahr laufen, systematisch getötet zu werden. Weiterhin will er verdeutlichen wie »Totmachen« gerechtfertigt, wegrationalisiert oder verborgen wird, wer gefährdet ist, wie Töten stattfindet und wie es legitimiert wird. (ebd., S. 10–11). Es ist wahrlich bedrückend, in diesem Buch zu lesen, wenn Wolfensberger davon ausgeht, daß in den USA jährlich etwa 200.000 Menschen »totgemacht« werden. Unter »Totmachen« versteht er: »... alle Handlungen und Handlungsmuster, die direkt oder indirekt den Tod eines Menschen oder einer Gruppe bedingen oder vorantreiben. Das Totmachen umfaßt Handlungen, die vom offenen und direkten bis zum verborgenen und indirekten Töten reichen. So kann der Prozeß des Totmachens lange Zeit in Anspruch nehmen, nur unter großen Schwierigkeiten überhaupt feststellbar sein;

die Teilnahme an ihm kann aktiv sein, aber auch nur in einem stillen Einverständnis bestehen.« (ebd., S. 11). Wolfensberger vertritt in diesem Buch drei Hauptthesen:

- Die Werte in westlichen Gesellschaften haben sich so entwickelt, daß sie »Totmachen« billigen.
- Das »Totmachen« hat sich so systematisiert, daß von einem Genozid, d. h., dem Töten ganzer Menschengruppen oder vom »Holocaust II« gesprochen werden kann.
- In den entwickelten westlichen Gesellschaften ist »Totmachen« so gut maskiert, daß die meisten Menschen es überhaupt nicht merken, oder es ist so »entgiftet« (verharmlost, verniedlicht, normalisiert) worden, daß die Menschen ihre Abscheu davor verloren haben.

Die apokalyptischen, kulturpessimistischen und die US-Gesellschaft als tendenziell dekadent beschreibenden Formulierungen des Autors könnten leicht dazu führen, sein Buch als Phantasterei und effektheischende Horrorvision abzutun. Die schon zitierten Patientenmorde lassen aber die Bedeutung der Mahnungen Wolfenbergers erahnen.

Auch dieses Buch stellt nicht nur auf den ersten Blick eine Zu-Mutung dar. Beide Bücher können uns wachrütteln und uns sensibilisieren für abwertendes oder gar verachtendes Verhalten, selbst bei Personen, die Menschen mit geistiger Behinderung nahestehen.

Niedeckens zentrale These lautet: Menschen mit geistiger Behinderung haben eine archaische Todesangst, die nicht immer bewußt, aber vorbewußt und berechtigt ist. Sie belegt dies auch mit dem Verweis auf den Nationalsozialismus der 30er und 40er Jahre unseres Jahrhunderts. »Mord wird nicht mehr manifest verübt, aber das, was zu den Verbrechen der Nationalsozialisten geführt hat, ist nicht dadurch, daß es entsprachlicht wird, auch schon unwirksam. Es west fort – unterschwellig, kaum greifbar, mit Fürsorge überdeckt« (NIEDECKEN S. 14).

Charakteristisch in bezug auf elterliche Tötungsphantasien sei, daß diese mit aller Macht abgewehrt werden müssen. Während es Eltern von Neugeborenen möglich ist, zu erzählen, daß sie ihr schreiendes Kind nach durchwachter Nacht »an die Wand klatschen könnten« in dem Wissen, daß niemand glaubt, sie würden es real tun, so ist diese Aussage den Eltern behinderter Kinder kaum möglich, weil andere ja glauben könnten, sie meinten es wirklich so. »Die Mutter glaubt, ihr geschädigtes Kind nicht hassen zu dürfen – um so weniger hassen zu dürfen, als sie weiß, wie sehr das Kind dem Haß der Umwelt ausgesetzt ist. Ist es schon allgemein schwierig für Mütter, einen Ausdruck auch für negative Gefühle gegenüber ihrem Kind zu finden, die sie ja haben müssen in einer Situation, die ihnen dieses Kind wegen so vieler Opfer abverlangt, so wird es besonders schwierig, wenn die Mutter sich mit einer Situation konfrontiert sieht, in der sie ihr Kind vor der Feindschaft einer behindertenfeindlichen Umwelt schützen muß« (ebd., S. 101).

Nach Niedecken können Eltern und Fachleute so fragile und intellektuell beeinträchtigte Menschen nicht wirklich ertragen. Seien sie doch gleichsam das Negativextrem des uns von der Werbung und den Medien vorgegebenen Idealbildes »jung, dynamisch, erfolgreich«. Impulsiv denken wir an Aktivierung, Förderung, Tagesstrukturierung, Therapie usw., um diese Menschen uns, den »Nichtbehinderten«, anzugleichen. Wenn rehabilitative Institutionen trotz jahrelangen Bemühens, keinen »Erfolg« bringen, dann bleiben isolierende Anstalten und psychiatrische Krankenhäuser als letzte Auffangbecken. Angehörige und Fachleute sind »zwischen den Extremen Hoffnung und Hoffnungslosigkeit, zwischen von Euphorie getriebenem Agieren und resigniertem in Gleichgültigkeit Aufgeben zerrissen« (ebd., S. 9), »... in den Instituten für geistig Behinderte kehrt die Spaltung zwischen Euphorie und Hoffnungslosigkeit nicht nur als individuelle Phantasie wieder, sondern als gesamtgesellschaftliche Inszenierung: Auf der Seite der Tötungsphantasien und der Ohnmacht stehen als Extrem die rückständigen Anstalten; Gettos, die möglichst totgeschwiegen werden, in denen das Elend der Besucherin, ist sie erst einmal durch die Pforte hineingeraten, so bedrohlich als strukturlose Masse entgegenquillt, daß sie, um ihre Haut zu retten, nur innerlich erstarrt, mit halbausgeschalteten Sinnen durchhasten kann, und versuchen muß, möglichst bald aufatmend wieder nach draußen zu gelangen. Schnell vergessend, was wahrzunehmen sie doch nicht ganz hat vermeiden können, nach draußen, vor diese Pforte zur Vorhölle, zurück in die von der Visite schon viel zu sehr behelligte Normalität. Das andere Extrem (wobei es zwischen diesen beiden natürlich Zwischenstufen gibt), sind die als fortschrittlich und vorbildlich geltenden Einrichtungen, allen voran diejenigen zur Früherkennung und Frühförderung. In ihnen herrscht, im Gegensatz zur lähmenden Depression, zu Gleichgültigkeit und Aussichtslosigkeit in den Großanstalten, reger Betrieb. Großer Aufwand an Material, viele Fachkräfte, Teamwork. Die neuesten Errungenschaften werden auf die Kinder (und natürlich nicht etwa auf Erwachsene) angesetzt. Im Streben, durch möglichst frühe und umfassende Förderung sie vielleicht doch noch in den Bereich des annähernd Normalen zu befördern. Strikter Erfolgszwang herrscht. Mißerfolge darf es nicht geben. Es sind Monumente der Hoffnung und der phantasierten Allmacht ...« (ebd., S. 10).

Hoffnung kommt zum Ausdruck, wenn z. B. in der Kinder- und Jugendpsychiatrie für Jugendliche mit geistiger Behinderung doppelt bis dreifach so hohe Pflegesätze gezahlt werden, als für Pflegeeinrichtungen, in die erwachsen gewordene Menschen mit geistiger Behinderung »verlegt« werden. Ist bis zum Alter von vielleicht 18 Jahren, maximal jedoch bis zum 27. Lebensjahr, kein therapeutischer Erfolg abzusehen, der ein gewisses Maß an Selbständigkeit erkennen läßt, Voraussetzung für eine Entlassung in eine gemeinwesenintegrierte Wohngruppe, so bleibt nur noch Verwahrung. Die Tendenz, einen hohen finanziellen Einsatz zu ermöglichen, um ein möglichst hohes therapeutisches Ergebnis in Form von mehr Selbständigkeit und Unabhängigkeit von Hilfen zu erwirken, gibt es nicht nur im Jugendalter. Auch in die Gesundung erwachsener Menschen wird zunächst viel investiert. Bleiben therapeutische Erfolge aus, so werden Mitglieder einer Krankenkasse »ausgesteuert«, es bleibt die »Hilfe zur Pflege« nach dem Bundesozialhilfegesetz. Aus einem »Behandlungsfall« kann so leicht ein »Pflegefall« werden.

Menschen mit geistiger Behinderung sind sich ihrer ungesicherten Position in unserer Gesellschaft zumindest vorbewußt: Niedecken hat »oft erfahren, daß sie entgegen dem, was wir von ihnen glauben, sehr wohl wahrnehmen, was mit ihnen in der Welt geschieht, daß sie nur meist keine Worte haben, um ihrer Umwelt diese Wahrnehmung verständlich zu machen« (ebd., S. 133). Nur aus der Ahnung heraus, daß ihr Leben nicht ganz sicher ist, resultiert, nach Niedecken, ihr unsicheres, unterwürfiges Verhalten. »Gebrochener originärer Lebenswille hat sich zurückgezogen in die Todesangst, die hinter der freundlichen Angepaßtheit oft allzu deutlich hervorschimmert; und diese Todesangst ist der Motor, der das Kind antreibt, sich so gut es kann zu verhalten, wie es von ihm erwartet wird. Anstatt eigene Wünsche zu entwickeln, macht es sich die Wünsche seiner Umwelt zu eigen, und auf diesem Umweg findet es dann vielleicht doch noch eine Möglichkeit, die mehr ist als nacktes Überleben« (ebd., S. 137).

Ein weiteres anschauliches und nachvollziehbares Beispiel aus Niedeckens Buch soll noch einmal verdeutlichen, wie schnell Anpassungsdruck und vollzogene Anpassungsleistung sich in eruptivem Gewaltverhalten und in Verhaltensauffälligkeiten äußern kann. »Mein erster Tag in der Anstalt. Um mich noch zu schonen, werde ich erst einmal auf eine ›ruhige‹ Station geschickt, auf der gut angepaßte Männer wohnen. Zur Beschäftigung soll ich mit einem Insassen spazierengehen, der, so wird mir versprochen, gewiß keinerlei Schwierigkeiten bereiten wird. ›Heinzi‹ wird er geheißen, ich soll ihn bei der Hand nehmen und spazierenführen. Warum so herum? Ich kenne das Gelände doch gar nicht, auf dem ›Heinzi‹ seit langen Jahren zu Hause ist … . Und einen erwachsenen Mann wie ein Kleinkind bei der Hand nehmen? Das ist mir peinlich. Auf dem Spaziergang sagt ›Heinzi‹ wenig, antwortet höchstens einmal brav auf eine unbeholfene Frage von mir in der überhöhten und überdehnten Stimme eines Kindes, das sich bei den Erwachsenen lieb Kind machen will; von Zeit zu Zeit äußert er in der gleichen Manier unaufgefordert und ohne Anlaß, ›mir geht's guuut!‹. Dann aber, aus diesem heiteren Himmel heraus, ohne Anlaß wieder und gänzlich unartikuliert, brüllt bedrohlich eine tiefe, kräftige, männliche Stimme ›*Heinz*‹. ›Heinzi‹ blickt Momente lang verunsichert um sich, fängt seinen Atem ein, wiederholt säuselnd ›mir geht's guuut!‹: Es war doch nichts, oder? – ›Das hat er manchmal, das hat nichts zu bedeuten‹, erfahre ich später auf meine erschreckte Frage« (ebd, S. 11).

Niedecken geht auch darauf ein, wie schwierig es ist, Alternativen zu Verwahrung und Förderung zu entwickeln: »Rausspringen aus den Geleisen der institutionellen Gegenübertragung, aus den vorgefertigten Rastern des Umgangs mit geistig Behinderten; ihre eigenen Wünsche und Lebenspraktiken achten, ihnen eigene Initiativen und Entscheidungsfreiheit zutrauen und zugestehen, sie in ihrem eigenen Tun unterstützen, anstatt für sie zu entscheiden: Die das versuchen, haben mit oft unüberwindlichen Schwierigkeiten zu kämpfen.« (ebd., S. 25). »Wer geistig Behinderte achten und mit ihnen solidarisch handeln will, muß sich, Schritt für Schritt, den beängstigenden und beschämenden Gefühlen stellen, die die Auseinandersetzung mit ihnen auslösen. Ganz allein kann das nicht gelingen .... Kollektiv verschuldetes Elend kann auch nur kollektiv, also solidarisch aufgehoben werden« (ebd, S. 29). Dazu biete sich Supervision an.

Auf die Frage, ob sich in der auf Seite 169 dieses Buches abgedruckten »Pädagogischen Selbstverpflichtung« ein neuer, angemessener professioneller Umgang mit geistig behinderten Menschen profiliert, antwortet Niedecken in einem Interview: »Also, es ist schon richtig, was in der Selbstverpflichtung steht. Das kann ich alles unterstreichen. Aber – es muß dann auch gelebt werden. Und es kann nicht bruchlos gelebt werden, sondern nur durch die Widersprüche hindurch. ... Die Duisburger Erklärung (siehe im Anschluß an diesen Beitrag, S. 103 f.) finde ich ganz toll, aber ich finde, das sind alles erste Schritte. Das sind Deklarationen und die müssen jetzt mit Leben gefüllt werden. Das wird nicht so einfach, wie es hier steht. So etwas zu realisieren wird schwierig werden. Es ist gut, daß solche Positionen einmal aufgeschrieben worden sind.«

Welche Hinweise aus der Praxis und der Literatur gibt es nun, die die Theorie von Niedecken belegen?

Aussagen von Eltern, Professionellen und behinderten Menschen

Wahrscheinlich ohne das Buch von Niedecken zu kennen, hat sich Kenzaburo Oe auf literarischer Ebene am deutlichsten mit Tötungsphantasien und konkreten Tötungsabsichten in seinem Roman »Eine persönliche Erfahrung« auseinandergesetzt (OE 1991): Ein 27jähriger Mann wird Anfang der 60er Jahre in Japan zum erstenmal Vater, und sieht sich mit der Behinderung seines Sohnes konfrontiert. »In diesem Augenblick sah Bird zum erstenmal seinen Sohn. Ein häßliches Baby, mit einem faltenübersäten, fettglänzenden, winzigen, roten Gesicht; die Augen wie Muschelspalten fest geschlossen, Gummiröhrchen in den Nasenlöchern, die Mundhöhle mit ihrem rosafarbenen Perlschimmer weit geöffnet, schrie es einen tonlosen Schrei« (S. 41). »Auf einmal begannen Bird die Tränen zu rinnen. Den Kopf mit Binden umwickelt wie Apollinaire: Dieses Bild vereinfachte Birds Gefühle und gab ihnen eine Richtung. Er spürte, sein haltlos sentimentales Ich wurde entschuldigt. Wurde gerechtfertigt, ja er schmeckte etwas Süßes in seinen Tränen. Mein Sohn ist angekommen mit einem Verband um den Kopf wie Apollinaire, verwundet auf einem düsteren und einsamen Schlachtfeld, das ich nicht kenne. Ich werde meinen Sohn begraben müssen wie einen Gefallenen. Noch immer liefen Bird die Tränen« (S. 42).

Die Erwartungen der Mediziner in der Klinik sind zunächst eindeutig (»Wollen Sie nun das Ding sehen?«, S. 33). »Wissen Sie, ich bin zwar Gynäkologe, aber daß ich auf ein Neugeborenes stoßen durfte, das mit einer Gehirnhernie behaftet ist, bedeutet für mich einen unerwarteten Glücksfall, und ich hoffe sehr, daß man mich zur Autopsie zulassen wird. Sie werden ja doch wohl einer Autopsie zustimmen, oder? Mag sein, Sie sind unangenehm berührt davon, daß ich in der gegenwärtigen Phase so rückhaltlos auch darüber rede; ist es denn aber nicht so, daß erst das sogenannte Akkumulieren den medizinischen Fortschritt unterstützt? Wer weiß, ob nicht die Autopsie ihres Kindes uns die Möglichkeit eröffnet, das nächste Kind mit einer Gehirnhernie zu retten! Und davon abgesehen, ich will Ihnen ganz offen sagen: Es wäre für das Kind selbst und auch für Sie und Ihre Frau, das beste, es stürbe rasch. Es gibt zwar Leute, die bei solchen Kindern einen seltsamen Optimismus entwickeln; ich hingegen meine, in einem solchen Falle ist das Glück umso größer, je früher der Tod eintritt … . Wie sagte unser Chef? Ein Wesen wie eine Pflanze! Nun, sind Sie etwa der Ansicht, eine Pflanze empfindet Qualen?« (S. 40).

Der Mutter wird zunächst nichts über die Behinderung des Kindes gesagt. Ihr wird mitgeteilt, daß das Kind in eine Herzspezialklinik gebracht worden sei. Der Roman beschreibt ausschließlich die ersten Tage nach der Geburt aus der Sicht des Vaters. Von der Mutter erfährt der Leser so gut wie nichts. Bird, so heißt der junge Vater, setzt sich in den nächsten Tagen sehr intensiv mit existenziellen Fragen während einer Odyssee zwischen Krankenhaus und Wohnung, Tag und Nacht, (Alb-)Traum und Erkennen, Alkoholrausch und Ernüchterung, Familie und Geliebte auseinander, um schließlich durch einen Akt der Selbstfindung zu seinem Sohn und zu seinem Leben mit diesem Kind zu stehen, es anzunehmen.

Silvia Görres schreibt, trotz der glaubwürdigen Annahme ihrer Kinder mit Down-Syndrom: »Die Geburt eines geistig behinderten Kindes, oder besser, die Erkenntnis von der geistigen Behinderung, ist ein ungeheurer Schock. Das Auftreten einer geistigen Behinderung oder Geisteskrankheit in einer Familie ist zunächst eine dem Gesunden kaum vorstellbare Katastrophe, schlimmer wahrhaft in vielen Fällen als der Tod eines lieben Angehörigen. Viele Eltern geben zu, daß sie von bewußten oder unbewußten Todesphantasien und Todeswünschen gegen ihr behindertes Kind gequält werden … . Wer ehrlich mit sich selbst ist, macht die Erfahrung, daß ein ursprüngliches und unausweichliches Element unser aller Beziehung zu behinderten Menschen das der Ablehnung, der Angst, ja des Hasses ist. Ein naturhaftes Moment« (GÖRRES 1974, 136 f.).

Andere Autorinnen erzählen autobiographisch aus einem Leben mit ihrem behinderten Kind, ohne sich explizit und ausführlich mit Tötungsphantasien auseinanderzusetzen. Sie schildern den oft aufreibenden Alltag, von Schwankungen zwischen Hoffnung und Verzweiflung, von diskriminierenden und unterstützenden Erlebnissen (z. B. HÄUSLER 1979, 183).

Bezüglich einer grundsätzlichen Nichtakzeptanz von Menschen mit geistiger Behinderung möchte ich eine eigene Beobachtung berichten: Als Gast war ich auf dem Sommerfest einer Großeinrichtung, in der ich mehrere Jahre lang gearbeitet hatte. Meine Tätigkeit dort lag etwa sieben Jahre zurück. Ich freute mich, Bewohner und Mitarbeiter wiederzusehen. Als ich Elke sah, war ich sehr betroffen. Elke konnte immer noch nicht alleine essen, ich sah, wie sie gefüttert wurde. War die Selbständigkeitsförderung erfolglos geblieben, oder hatte man es erst gar nicht mit ihr versucht? Erst einen Tag später ging mir auf, wie anmaßend meine Erwartung Elke gegenüber war. Natürlich sollte Elke nun endlich alleine essen können! Schließlich ging es in der Einrichtung nicht mehr um Verwahrung, sondern um Förderung! Die Einrichtung bzw. die Mitarbeiter hatten ihre Aufgabe gar nicht oder erfolglos wahrgenommen. Da Elke keiner Arbeit nachgeht, sollte eine förderungsorientierte Tagesstruktur die Existenz der Großeinrichtung dahingehend rechtfertigen, daß die Bewohner verselbständigt werden. Trifft diese meine spontane und selbstverständliche Erwartung mit Elkes Erwartungen ihren »Betreuern« gegenüber überein? Dies kann bezweifelt werden. Für Elke ist die Frage, ob sie selbst essen kann oder nicht, anscheinend weniger wichtig. Entscheidend ist, ob das Essen gut ist oder nicht, ob sie den Helfer als angenehm empfindet und ob er verfügbar ist, wenn sich Hunger oder Appetit bei ihr einstellen.

Noch eine andere Erkenntnis hat mich beeindruckt. Eilert ist auch heute noch mein bester Freund, obwohl er immer noch raucht. Ich mag Jutta immer noch sehr, obwohl sie nach langem Bemühen immer noch nicht gelernt hat, Spanisch zu sprechen. Ich bin über ihrer beider Nichtveränderung nicht enttäuscht, ich habe heute nicht weniger Achtung vor ihnen als früher. Bei Elke war das anders. Mit anderen Worten: Behinderte Menschen müssen sich in unseren Augen dauernd verändern. Sie sollen uns ähnlicher werden, und wenn sie dies nicht tun, dann müssen die Therapien effizienter, erfolgreicher, aggressiver sein. Die Möglichkeit, sich für oder gegen eine persönliche Veränderung zu entscheiden, haben Menschen mit Behinderung weit weniger als nichtbehinderte Menschen. Hinter dem Förderungsselbstverständnis von uns Professionellen steht allzuoft unsere grundsätzliche Nichtakzeptanz behinderter Erwachsener in ihrem So-Sein, wie die nachfolgenden alltäglichen *Beispiele* zeigen sollen:

- Kennen Sie Gefühle des Schams, wenn Sie mit behinderten Menschen ein Café betreten und die Gäste verstummen? Wünschen Sie sich Ihre Begleiter dann normal, mit unauffälligem äußeren und angepaßtem Verhalten? Kennen Sie Streßreaktionen wie Herzklopfen, Schwitzen und Schweißausbrüche, wenn sich Ihre Begleiter auffällig verhalten?

- Im Vorstand eines Lebenshilfe-Vereins wurde über Pränataldiagnostik diskutiert. Ein Mitarbeiter sagte in bezug auf die Entscheidung von Frauen nach Feststellung einer wahrscheinlichen Behinderung des Fötus, daß man ja nicht wissen könne, wie schwer der Fötus behindert sein werde. Der Grad der Behinderung sei möglicherweise ausschlaggebend für die Entscheidung, ob Abbruch oder Fortsetzung der Schwangerschaft erfolge.

Im folgenden sollen einige Beispiele für behindertenfeindliche Tendenzen in der Gesellschaft dargestellt werden:

❍ Im Flensburger Reiseurteil war einer Familie Schadensersatz zugesprochen worden, weil sie in ihrem Urlaubshotel die Anwesenheit einer Reisegruppe behinderter Menschen erleben mußte und diese Tatsache eine Schmälerung ihres Urlaubsgenusses darstelle.

❍ Zur Einrichtung humangenetischer Beratungsstellen wird häufig auf ihren ökonomischen Effekt hingewiesen: Es rechne sich, zur Einrichtung dieser Stellen relativ geringe Mittel zu investieren, wenn durch Beratungen weniger behindertes Leben entstehe und damit weit höhere Kosten vermieden werden können.

❍ Nach vorsichtigen Schätzungen werden in bundesdeutschen Krankenhäusern jährlich etwa 1.200 behinderte Neugeborene im stillen Einverständnis zwischen Eltern und Ärzten »liegengelassen«, das heißt, nur noch mit Wärme und Sauerstoff versorgt, bis sie sterben (Der Spiegel vom 30. 4. 1984).

❍ Parallel zu den verschiedenen lebenschronologischen Versuchen, die Existenz behinderten Lebens zu kontrollieren, versucht die Gentechnologie grundsätzlich, eine möglichst weitgehende Vermeidung behinderten und normabweichenden Lebens zu ermöglichen. Über der Gentechnologie schwebt das vermeintliche Ideal einer »leidensfreien Gesellschaft«. Welche Auswirkungen es hätte, wenn die Gesellschaft mit der Gentechnik weitgehend gestaltet würde, hat Aldous Huxley in seinem lesenswerten Roman »Schöne neue Welt« anschaulich beschrieben.

❍ Die als sozial profilierten Staaten Australien und Niederlande entwickeln sich zur Speerspitze der Liberalisierung des Euthanasieverbotes, d. h. des beabsichtigt herbeigeführten Todes bei unheilbarer Krankheit. »In der australischen Nordprovinz ist am Montag das weltweit erste Euthanasiegesetz in Kraft getreten. Ärzte erhalten danach das Recht, schwerkranken Patienten ›aktive Sterbehilfe‹ zu leisten, sie also mit ihrem Einverständnis zu töten. Die Lizenz geht weiter als in den Niederlanden, wo Sterbehilfe und ärztliche Beihilfe zum Freitod zwar weitgehend straffrei, aber nicht förmlich erlaubt sind. Auch dort gibt es starke Bestrebungen, die faktisch tolerierte Euthanasie nun auch zu legalisieren« (ROSS 1996).

❍ In dieser Aufzählung bildet die Position Peter Singers mit seiner nach utilitaristischen Gesichtspunkten geforderten Euthanasie behinderter Menschen »nur« die Spitze des Eisbergs. In seinen Aussagen bündeln sich quasi all die genannten Tendenzen, konkret und konsequent für die Tötung zu plädieren. In seinem Heimatland ist er – wie oben beschrieben – endlich erfolgreich geworden.

Selbstaussagen von Menschen, die wir als geistig behindert bezeichnen

Niedecken spricht in ihrem Buch von der Institution »Geistig-behindert-Sein«. Durch die Diagnosestellung werden alle weiteren Interaktionen zwischen der Person und ihrer Umgebung durch dieses etikettierende Stigma bestimmt. Geistig-behindert-Sein stellt im Vergleich zum Stigma Körperbehindertsein, Schwarz- oder Schwulsein ein noch gravierenderes Etikett dar, ist doch die Beschreibung als geistig behindert oder psychisch krank die Diskreditierung schlechthin. Wenn die Diagnose stimmt, können keine adäquaten Aussagen der Betroffenen erwartet werden! Vielleicht ist dieses Etikett deshalb am bedrohlichsten.

Georg Paulmichl, ein Mann mit Behinderung, beschreibt in einem Gedicht in unverwechselbarer Pointiertheit die Schwierigkeit geistig behinderter Menschen, ihr wahres Ich zu leben. Die Erwartungshaltung der sozialen Gemeinschaft will den freundlichen, ausgeglichenen, dankbaren Menschen mit Behinderung. Traurig zu sein befindet Schneider Pöck deshalb als gefährlich, nur in stockfinsterer Nacht darf er seine Traurigkeit leben.

»Ein Schneider namens Pöck lebte in einer bekömmlichen Stadt.

Die Bürger der Stadt waren alle fröhlich und fleißig, wie es sich geziemt.

In der Stadt war soviel Arbeit wie Blumen auf den Friedhöfen.

Auch dem Schneider drückt die Arbeit auf den Buckel, daß er schon ganz krumm war.

Der Schneider arbeitete nicht gerne und die Arbeit war für ihn nicht ein Vergnügen.

Morgens als der Wecker ihn aufrasselte, setzte er sofort eine Maske vor's Gesicht, hinter der der Schneider sein Leben aufbewahrte.

Niemand sah sein richtiges Gesicht.

Die Maske machte ein unaufhörlich lächerliches Gesicht.

Alle in der Stadt glaubten, daß der Schneider vor Glück nur so schwankelte.

Doch hinter Schneiders Maske lebte seine universale Traurigkeit.

Nur bei stockfinsterer Nacht enthub er sich der Maske.

Und siehe, man sah seine blanken Backen, Ohren und seine kleinen Nasenlöcher. In der Dunkelheit fühlte er sich heimlich wohl.

Eines Tages, als er steinalt war und sein Körper nur so wackelte, wurde er von der Erde enthoben.

Viele Leute aus der Stadt trugen ihn zum letzten Geleit.

Die Glocken ertönten und die Traurigkeit saß den Leuten in den Augen!

Der Pfarrer sprach: »Wahrlich, dieser Mann war eine wahre Fundgrube!«

Mit einem Trauermarsch wurde der Schneider Pöck unter die Erde versetzt.

So kam Pöck's Traurigkeit nie an's Licht der Erde« (PAULMICHL 1990).

Ohne seine Mutter oder Therapeuten anzuklagen, bringt Andreas Purzer zum Ausdruck, was »Therapiemanie« für betroffene Kinder bedeuten kann. In klassischer Weise legt er dar, daß durch übertriebene Förderung gerade diejenigen Ziele verfehlt werden können, die grundlegend für Hilfe und Therapien sind.

»... Lange Zeit war meine Mutter davon überzeugt, wenn sie nur mit mir genügend arbeite, ich endlich auf mein vorgeschriebendes Gewicht kommen würde, käme ich schon wieder in die Reihe. So beturnte sie mich nicht nur nach Bobath, sondern auch noch gleichzeitig fünf Mal am Tag nach Vojta. Damals hatten wir noch keine Therapeutin in der Nähe, so fuhren wir einmal wöchentlich nach Köln zu Frau K., die meine Mutter anwies und kontrollierte. Darüber hinaus hatte ich zweimal wöchentlich Heileurythmie, Beschäftigungstherapie, therapeutisches Schwimmen, Sprachtherapie. Wo immer sie etwas hörte, das in ihr die Hoffnung weckte, es könnte mir helfen – sie nahm es in ihr tägliches Programm mit auf. Sie ist mit mir gereist – wohin auch immer es nötig war. Aber immer, wenn vom Kalender her ein neuer Entwicklungsschritt hätte fällig werden müssen, tat sich nichts. Meine Fortschritte waren gleich Null.

Damit es für mich bequemer war, hatte sie die hinteren Sitze des Autos zu einem Bett umbauen lassen, denn wir waren täglich für Stunden mit Picknick-Korb unterwegs, um unsere Termine überhaupt einhalten zu können. Wir sind viel gereist, aber es hatte nichts gebracht. Das ganze dauerte fünf Jahre, bis sie endlich begriff, daß sie sich noch so viel Mühe geben könnte, es gab Dinge, die sie zu akzeptieren hatte. Danach brauchte ich nicht mehr so schwer zu arbeiten ... . Und jetzt, nachdem die ganze Reiserei endlich ein Ende gefunden hatte, blieb uns plötzlich sehr viel Zeit zum Spielen und Liebhaben. Ich nahm nun auch endlich an Gewicht zu und hörte auf zu kotzen ...« (PURZER 1995, S. 116–118).

Literatur

Buber, M.: Ich und Du. In: Werke, Band 1, Schriften zur Philosophie, München 1962.

Niehoff, U., Anja de Bruyn: Interview mit Dietmut Niedecken. In: Geistige Behinderung 4/97, S. 381 – 385. – Dazu auch: Niedecken , D. »Namenlos«. Eine Zusammenfassung meines Buches, a. a. o, S. 375 – 380.

Der Spiegel, Ausgabe vom 30. 4. 1994.

Dörner, K.: Warum brauchen wir dieses Buch? in: Wolfensberger, Wolf: Der neue Genozid an den Benachteiligten, Alten und Behinderten, Verlag Jakob van Hoddis, Gütersloh 1991.

Görres, S.: Leben mit einem behinderten Kind, Zürich 1974.

Häusler, I.: Kein Kind zum Vorzeigen? Rowohlt Taschenbuch Verlag, Reinbek bei Hamburg 1979.

Huxley, Aldous: Schöne neue Welt. Fischer Taschenbuch, Frankfurt (Main) 1996.

Oe, Kenzaburo: Eine persönliche Erfahrung, Suhrkamp Taschenbuch 1842, Frankfurt am Main 1991.

Paulmichl, G.: Verkürzte Landschaft. Texte und Bilder. Haymon, Innsbruck 1990.

Purzer, A.: Ich brauche das Leben pur – ein Leben mit einer schweren Behinderung. In »Gemeinsam Leben« 3/95, S. 116–118.

Ross, Jan: Die Freiheit zum Tode – Dammbruch für die Euthanasie in Australien. In: Frankfurter Allgemeine Zeitung, 3. 7. 1996.

Wolfensberger, W.: Der neue Genozid an den Benachteiligten, Alten und Behinderten. Gütersloh 1991.

Wenn einer ein schlechter Betreuer ist, was macht der?

P.: »Herumkommandieren.« **N.** : »Laut sein und schreien.« **R.**: »Drohen.« **Ch.**: »Wenn man immer rumgeschickt wird: Mach dies, mach das, mach jenes.« **J.**: »An jemandem immer rumziehen.« **W.**: »Wenn jemand etwas nicht gleich kann, dann wird gleich rumgeschrien. Er sollte höflicher sein und besser erklären. Und wenn ein Werkstattmitarbeiter etwas gut macht, dann soll man ihn auch loben.«

Aus den Interviews der Autoren mit behinderten Menschen zu der Frage: »Wie stellen wir uns unsere Begleiter vor?«

Die Duisburger Erklärung

Vorbereitet vom Programmkomitee behinderter Menschen, per Akklamation angenommen von den Teilnehmerinnen und Teilnehmern des Kongresses »Ich weiß doch selbst, was ich will!« Menschen mit geistiger Behinderung auf dem Weg zu mehr Selbstbestimmung. Duisburg, 27. 9. bis 1.10.1994.

**Wir möchten mehr als bisher unser Leben selbst bestimmen.
Dazu brauchen wir andere Menschen.
Wir wollen aber nicht nur sagen, was andere tun sollen.
Auch wir können etwas tun!**

*Wir wollen Verantwortung übernehmen.
(Zum Beispiel in der Werkstatt nach der Pause pünktlich mit der Arbeit anfangen.)*

Wir wollen uns auch um schwächere Leute kümmern. Auch schwerbehinderte Menschen können sagen, was sie wollen. Vielleicht nicht durch Sprache, aber man kann es im Gesicht sehen oder am Verhalten.

*Niemand darf wegen seiner Behinderung benachteiligt werden.
(Zum Beispiel soll eine Familie mit behindertem Kind genauso wie andere eine Wohnung mieten können.)*

*Alle haben das Recht, am Leben der Gemeinschaft teilzunehmen.
(Zum Beispiel ist es nicht in Ordnung, wenn man behinderte Menschen abfüttert oder ihnen sagt, wann sie ins Bett oder zur Toilette gehen sollen.)*

Wenn Politiker von Selbstbestimmung sprechen, heißt das nicht, daß sie damit Geld sparen können. Denn Selbstbestimmung heißt nicht, daß man ohne Hilfe lebt.

**Selbst zu bestimmen heißt, auszuwählen und
Entscheidungen zu treffen!**

Wir möchten die Wahl haben, in welche Schule wir gehen: zusammen mit Nichtbebinderten in die allgemeine Schule oder in die Schule für Geistigbehinderte.

Wir möchten die Wahl haben, wo und wie wir wohnen: mit den Eltern, zu zweit oder mit Freunden, im Wohnheim, in einer Außenwohngruppe oder Wohngemeinschaft. Es soll auch Betreutes Wohnen geben.

Wir möchten mehr Mitbestimmung bei der Arbeit – in der Werkstatt für Behinderte oder in anderen Betrieben. Wir wollen richtige Arbeitsverträge.

Wir möchten soviel Geld verdienen, wie man zum Leben braucht.

Wir wollen überall dabei sein! Im Sport, in Kneipen, im Urlaub, wie jeder andere auch. Wir möchten über Freundschaft und Partnerschaft selbst entscheiden. Es soll leichter sein, sich zu treffen oder sogar zusammenzuleben.

Jeder lernt am besten durch eigene Erfahrung!

Eltern meinen es oft zu gut. Sie lassen uns nicht selbst probieren. Es ist ja nicht schlimm, wenn man Fehler macht und von vorne anfängt.

Betreuer sollen uns helfen, daß wir Dinge selbst tun können. Sie sollen sich mit Geduld auf behinderte Menschen einstellen. Wir wollen zusammenarbeiten, wir sind keine Befehlsempfänger.

Wie werden wir stark?

Wir können mehr als uns zugetraut wird – zum Beispiel allein fortgehen oder mit der Bahn fahren. Das wollen wir zeigen; auch wenn man mal etwas gegen den Willen der Eltern oder der Betreuer tun muß.

Wir wollen oft mit behinderten Menschen aus anderen Orten sprechen, um zu wissen, wie sie leben. So können wir vergleichen und sagen, was besser werden soll. Wir wollen Gruppen bilden, in denen wir miteinander reden können.

Normalisierung der Beziehungen

Menschen mit geistiger Behinderung und ihre Begleiter

Rudi Sack

»Nur die Beziehung zwischen Menschen, die ähnliche Vorerfahrungen, ethische Grundsätze, körperlich-geistige Möglichkeiten und äußere … Merkmale haben, kann im Grunde ohne vorhersehbare Kränkungen ablaufen« (SCHMIDBAUER 1993).

Vom Normalisierungsprinzip zum Paradigma der Selbstbestimmung

»Normalisierung« war für die Behindertenhilfe in westlichen Industrienationen über Jahrzehnte (in Deutschland erst seit ca. 1980) das herausragende Gestaltungsprinzip. Die von THIMM (1986, S. 3) gelieferte knappste Definition von Normalisierung – »daß geistig behinderte Mitmenschen ein Leben so normal wie möglich mit uns führen sollen« – hat unter anderem auch als zentraler Leitgedanke Eingang in das Grundsatzprogramm der Lebenshilfe gefunden.

Können oder müssen wir nun heute davon sprechen, daß das Zeitalter der Normalisierung durch die Aera der Selbstbestimmung abgelöst wird? Wohl kaum! Denn einerseits verlieren die Forderungen des Normalisierungsprinzips nach einer am gesellschaftlichen Umfeld orientierten Gestaltung des Lebensraums (der »Umstände«) durch das notwendigerweise neu hinzugekommene Paradigma der Selbstbestimmung keineswegs an Bedeutung. Im Gegenteil: deren Relevanz wird eher noch unterstrichen. Zum anderen gilt es auch festzuhalten, daß das Prinzip der Selbstbestimmung mit seiner zentralen Forderung, Menschen mit geistiger Behinderung ernstzunehmen und die Beziehungen zu ihnen aus traditionellen Machthierarchien herauszulösen, lediglich eine Präzisierung des Normalisierungsgedankens in einem speziellen Aspekt darstellt: Es geht um die Normalisierung der Beziehungen zwischen Menschen mit geistiger Behinderung und ihren Begleitern (vgl. FRÜHAUF 1995, S. 1 f.).

Selbstbestimmung als dialogischer Prozeß

Würden wir den Programmsatz bzw. die Kongreßüberschrift »Ich weiß doch selbst, was ich will!« gleichsetzen mit »Ich weiß allein und tue stets nur das, was mir gefällt!«, so wäre er nicht viel mehr als ein Ausdruck des Triumphs der »Single-Gesellschaft« über die Vorstellung vom Menschen als sozialem Wesen und den Gedanken der Solidarität. Eine derart orientierte Gesellschaft würde nach dem Darwinschen Prinzip des »Nur-der-Stärkste-überlebt« funktionieren und würde Menschen mit geistiger Behinderung wohl kaum zum Vorteil gereichen.

Zur Vermeidung dieses Mißverständnisses spricht von LÜPKE (1995, S. 32 ff.) zu Recht von der Selbstbestimmung als dialogischem Prozeß, als der »Bewegung des Zuwendens und Antwortens zwischen Ich und Du. Selbstbestimmung heißt dann, – erstens – von anderen so akzeptiert zu werden, wie ich bin, keinem fremdbestimmten Änderungsinteresse ausgesetzt zu sein. Und Selbstbestimmung heißt dann – zweitens –, in ein wechselseitiges Interesse einbezogen zu werden und sich selber einem wechselseitigen Interesse zu öffnen, das daran interessiert ist, das eigene Wollen und das Wollen des anderen zu verstehen und zu klären, was dem Wohl- und Gutsein dienen könnte.« Beziehen wir die Aussage von Lüpkes auf das Verhältnis zwischen dem Menschen mit Behinderung und seinem professionellen Begleiter, so muß einschränkend gesagt werden, daß es sich in dieser Beziehung durch die Tatsache, daß der Begleiter Dienstleister ist, nicht wirklich um ein gleichberechtigtes Abwägen von Interessen handelt: die Wünsche und Vorstellungen des Menschen mit Behinderung als Kunde müssen im Vordergrund stehen.

Aus dem Gesagten wird eines ersichtlich: Die Qualität der Beziehungen eines Menschen zu anderen ist von großer Bedeutung im Hinblick auf seine Möglichkeiten, ein selbstbestimmtes Leben zu verwirklichen. Für Menschen mit geistiger Behinderung spielen dabei natürlich sehr vielfältige Beziehungen zu ganz unterschiedlichen Personengruppen eine Rolle. Da wir uns hier aber vorwiegend mit der Person des Begleiters geistig behinderter Menschen auseinandersetzen wollen, werden ausschließlich Beziehungen zwischen Begleitern und Menschen mit Behinderung Gegenstand der folgenden Überlegungen sein.

»Funkstörung« – Über die Kommunikation mit geistig behinderten Menschen

Unsere Kommunikation mit geistig behinderten Menschen verläuft nicht ohne Störungen. Wenn wir das heute so sehen, dann drückt sich darin immerhin schon eine gewisse Entwicklung aus. Früher haben wir einfach gesagt, und ich zweifle nicht daran, daß manche das auch heute noch tun, »Geistig Behinderte sind in ihrer Kommunikation gestört.« Mit anderen Worten: »Die Übertragung zwischen uns und ihnen funktioniert nicht so gut. Aber an uns kann's ja nicht liegen …«

Ich persönlich hatte in dieser Frage vor einigen Jahren ein Aha-Erlebnis: Auf dem Weg von der S-Bahn-Station zu den Räumen eines Freizeitclubs für geistig behinderte und nicht behinderte Menschen, den ich damals leitete, gingen vor mir zwei behinderte Teilnehmer dieser Gruppe, die als sehr stark sprachlich beeinträchtigt galten. Auch ich hatte regelmäßig große Schwierigkeiten, mit ihnen ins Gespräch zu kommen, weil ich das meiste von dem, was sie sagten, nicht verstand. Als ich nun die beiden gerade auf mich aufmerksam machen wollte, bemerkte ich etwas, das mich gleichzeitig überraschte und erschreckte: Untereinander hatten diese jungen Männer offenbar nicht die geringsten Kommunikationsprobleme, denn sie unterhielten sich absolut flüssig und angeregt ... .

Spätestens seit den verblüffenden Erfahrungen mit der »Gestützten Kommunikation« (Facilitated Communication, FC) ist unser Weltbild im Hinblick auf die »Kommunikationsstörungen« von Menschen mit Behinderung ins Wanken geraten. Menschen, die von ihrer Umwelt für hochgradig zurückgeblieben in praktisch allen Bereichen der menschlichen Entwicklung gehalten wurden, entpuppten sich plötzlich nicht nur als des Schreibens mächtig (obwohl es ihnen niemand jemals beigebracht hatte, weil es ja doch so sinnlos erschien), sondern häufig sogar als besonders feinsinnig und gebildet. Haargenau jene Funkstörung, von der hier die Rede sein soll, war und ist dafür verantwortlich, daß Menschen vollkommen falsch eingeschätzt wurden und, daß deshalb mit ihnen umgegangen wurde und wird wie mit kleinen Kindern. So schreibt der 20jährige Birger SELLIN wenige Monate nach seiner Befreiung von der Sprachlosigkeit durch FC: »ich will unseren desorientierten erziehern so gern sagen daß sie reden sollen wie vernünftige wesen und nicht wie unsinnigkeit« (1993, S. 94). Muß man sich wundern, wenn einer nun plötzlich so Unverschämtes redet, daß erhebliche Teile der sonderpädagogischen Fachwelt die gestützte Kommunikation immer noch zur Scharlatanerie erklären?

Nun werden Sie vielleicht einwenden, daß Sellin gar nicht geistig behindert und somit ein schlechtes Beispiel sei. Stimmt! Allerdings wissen wir dies ja eben erst, seit seine Begleiter durch FC die Möglichkeit besitzen, mit ihm zu kommunizieren. Damit soll natürlich nicht gesagt werden, daß in jedem Menschen, den wir als »geistig behindert« bezeichnen, in Wirklichkeit ein solch verkanntes Genie steckt. Ich möchte nur fragen, ob wir uns nach der Erfahrung, daß Menschen sich durch einen plötzlich entdeckten Schlüssel zu ihrem Inneren auf einmal ganz anders darstellen, als wir sie uns je hätten vorgestellen können, der Objektivität unseres Bildes von »geistig behinderten« Menschen noch so ohne weiteres sicher sein können.

»Geistigbehinderte gibt es nicht!«, behauptet in diesem Sinne FEUSER (1996), der das Phänomen der geistigen Behinderung letztlich als künstliches Produkt unserer Unfähigkeit betrachtet, Menschen, an denen wir bestimmte Merk-Male festmachen können, zu verstehen. »Was ich z. B. an einem anderen Menschen nicht verstehen kann, nehme ich wahr als seine Unverstehbarkeit. Meine Verstehensgrenze wird per Projektion auf den anderen zu dessen Begrenztheit« (S. 19).

Geistige Behinderung wird in dieser Sichtweise zu einem Problem mangelhafter Kommunikation, denn beim Verstehen handelt es sich um einen kommunikativen Vorgang. Wir beschränken uns – so FEUSER weiter – jedoch nicht darauf, unser Unvermögen im Verstehen des Anderen auf ihn zu projezieren, sondern wir tun alles, damit dieser Andere dann auch genau so begrenzt bleibt, wie wir ihn uns vorstellen. Somit bezeichnet »Behinderung« mehr eine Interaktion denn einen Zustand: der Mensch ist nicht behindert, er *wird* behindert.

»Die stellen dich als Idiot hin, weil du einfach der Idiot bist!«[8] Nichtbeziehung durch fachliche Distanz

Ein wichtiger Schritt zur Normalisierung der Beziehungen zwischen Menschen mit geistiger Behinderung und ihren Begleitern wäre zweifelsohne der Abschied vom rein diagnostischen Denken durch die Letzteren. Denn mit unserer diagnostischen Betrachtungsweise, unserem Festhalten an scheinbar objektivem Wissen über behinderte Menschen halten wir sie auf Distanz. Von LÜPKE (1995, S. 33) führt für diese Haltung den Begriff der »Nichtbeziehung« ein und grenzt diesen folgendermaßen von »positiver« bzw. »negativer Beziehung« ab:

positive Beziehung	negative Beziehung	Nichtbeziehung
vertrauen	mißtrauen	wissen
Ehrfurcht (vor dem Geheimnis der Person des anderen Menschen)	kritisieren	analysieren
achten	verachten	beurteilen
barmherzig sein	verletzen	ignorieren
lieben	hassen	sich verschließen
helfen	schädigen	Hilflosigkeit
zärtlich sein	zurückstoßen	feststellen
würdigen	diskriminieren	Abstand halten
sich auf Kommunikation einnlassen	beschimpfen	Kommunikationsunfähigkeit beobachten
Interesse entwickeln, den Willen des anderen zu entdecken, zu verstehen, klären zu helfen, was ihm gut tun könnte, was sein Selbstbestimmungswille sein könnte	über jemanden bestimmen besser wissen, was für ihn gut sei, ihm etwas aufzwingen, ihm eine von außen geforderte Entwicklung abfordern, ihn fremdbestimmen	jemandem seinem selbstbestimmten Willen überlassen, auch einen selbstbestimmten Todeswunsch als endgültig zu akzeptieren, jemanden zur Selbstbestimmung verdammen oder jemandem die Selbstbestimmungsfähigkeit absprechen

Abb.: Beziehungsbegriffe (zitiert nach von LÜPKE, a. a. O.)

Warum fällt uns der Abschied von derart diagnostischem Denken so schwer? Neben dem Machtaspekt, welcher dem Erstellen von »Gutachten« innewohnt, sicherlich auch deswegen, weil wir dadurch einen beträchtlichen Teil dessen, was wir für unsere Fachlichkeit halten, preisgeben würden.

8) Ausspruch eines Menschen mit Behinderung, zitiert nach HOFMANN/KUNISCH/STADLER 1996, S. 33.

So geraten wir selbst dann, wenn wir uns darum bemühen, etwas über das Selbstbild von Menschen mit geistiger Behinderung zu erfahren, immer wieder in die Versuchung, unsere Beobachtungen und Deutungen gewissermaßen als Bogen darüber zu spannen. Sichtbar wird dies z. B. in einem Fachartikel für die »Geistige Behinderung« von HOFMANN/KUNISCH/STADLER (1996), welcher den vielversprechenden Untertitel »Geistige Behinderung und Selbstbild« trägt und laut »Abstract« als empirisches Material die Transkripte von zwölf Sitzungen einer Gesprächsgruppe mit Werkstattangehörigen enthält. Einleitend werden die Teilnehmer der Gesprächsgruppe unter anderem wie folgt beschrieben (S. 30):

»***Frau K, 39 Jahre,*** ist mit einem 20 bis 25 Jahre älteren Mann verheiratet. Sie ist stark sehbehindert und auffallend dick. Sie hat eine hohe Arbeitsmotivation und fällt in der Gruppe durch ein gutentwickeltes Sozialverhalten auf. Auch in der Tanzgruppe der WfB hat sie eine wichtige Funktion. Sie ist Gruppensprecherin und Mitglied im Werkstattrat. Ihr Hauptproblem ist die Beziehung zu ihrem Mann, der alkoholabhängig ist. Sie phantasiert, sich von ihm zu trennen. Als er schwer erkrankt, wünscht sie, daß er bald sterben möge.

Frau M, 34 Jahre, ist ledig und lebt noch bei ihren Eltern. Sie ist leicht körperbehindert. Sie hat Schwierigkeiten, die WfB als Arbeitsort zu akzeptieren. Ihre psychische Belastbarkeit ist gering. Kritik kann sie nicht ertragen und neigt dazu, die anderen stark zu bevormunden. Sie ist im Verhalten sehr kindlich. Die Gruppe findet sie wichtig, fühlt sich dort ernstgenommen und spricht viel über ihre Krankheiten. Sie hat in der WfB sehr hohe Fehlzeiten.

Herr O, 34 Jahre, lebt mit seiner Lebensgefährtin zusammen. Bei der Arbeit zeigt er wenig Ausdauer und Motivation, kann seine eigene Leistungsfähigkeit schwer realistisch einschätzen und fühlt sich in der WfB unterfordert. In Konfliktsituationen zieht er sich zurück und hat Schwierigkeiten, sich wieder in die Arbeitsgruppe zu integrieren. In der Gesprächsgruppe möchte er gerne bevorzugt behandelt werden und gerät zu dem anderen männlichen Teilnehmer in offene Konkurrenz. Bei ihm wurde eine Trisomie 21 diagnostiziert.«

An den Beschreibungen fällt einerseits auf, daß sie vor allem negative Elemente zum Inhalt haben. Beim Leser – das ist zumindest mein Eindruck – werden dadurch nicht gerade Sympathien für die Gesprächsteilnehmer geweckt. Andererseits enthalten sie unzählige subjektive Beobachtungen und Deutungen der Autorinnen, die aber nicht als subjektive Einschätzung gekennzeichnet werden und die den Blick auf das Selbstbild der behinderten Menschen bedauerlicherweise wohl eher verstellen. Auch die zusamenfassende Darstellung der Gesprächsinhalte ist gespickt mit solchen Interpretationen:

»Das Gefühl der Macht über Schwächere dient dem Frustrationsabbau im Zusammenhang mit der eigenen Behinderung.« (S. 35)

»Rückzug und Verweigerung werden als Möglichkeit genutzt, um sich nicht mit Kritik an der eigenen Person auseinandersetzen zu müssen.« (ebd.)

Es geht mir darum, hier beispielhaft aufzuzeigen, wie schwer es *für uns alle* ist, uns von der Gewohnheit der *Beurteilung* geistig behinderter Menschen zu lösen. Von BRACKEN (1981) hatte mit seiner frühen Untersuchung über die gesellschaftlichen Vorurteile gegenüber geistig behinderten Kindern als Kontrollgruppe Sonderschullehrer befragt. Im weiteren Verlauf der Untersuchung mußte er erkennen, daß diese als Kontrollgruppe insofern nicht uneingeschränkt geeignet waren, als sie, entgegen den Erwartungen, selbst Vorurteilen Ausdruck verliehen. Die Sonderschullehrer zeigten zwar signifikant weniger negative *Gefühle*, äußerten sich jedoch in ähnlicher Weise pessimistisch in ihrer Beurteilung der Verhaltensweisen geistig behinderter Kinder. Beispielsweise wurden diese von fast allen befragten Sonderpädagogen als »jähzornig« bezeichnet, stärker noch als von den Befragten aus der Bevölkerung (a. a. O., S. 114).

Von BRACKEN fährt jedoch zu unser aller Entlastung fort: »Wahrscheinlich kann man diese ungünstigeren Urteile aber nicht als Vorurteile betrachten, da die Sonderpädagogen diese Kinder ja aus dem täglichen Umgang kennen; es handelt sich bei ihnen nicht um bloße Meinungen oder Vermutungen« (ebd.). Wir nehmen diese Entschuldigung dankbar zur Kenntnis, ohne daß sie uns wirklich beruhigt. Steckt nicht möglicherweise doch etwas anderes dahinter, wenn wir Menschen mit (geistiger) Behinderung vor allem negativ beschreiben?

Die Vertreter kaum eines anderen Berufsstandes bekommen wohl so oft wie wir zu hören: »Oh, das ist sicher eine sehr schwere Arbeit, die Sie da machen. Also ich könnte das nie!« Darauf antworten wir häufig und zwar mit innerer Überzeugung: »Aber nein, diese Menschen sind doch sehr liebenswürdig!« Und dennoch hebt es unser berufliches Selbstwertgefühl, wenn Außenstehende diese Arbeit als besonders schwer einschätzen. Das tun sie aber deswegen, weil sie geistig behinderte Menschen für sehr schwierig halten. So dient es also letztendlich dem Erhalt unseres gehobenen beruflichen Selbstwertgefühls, wenn wir durch unsere Beurteilung und Darstellung von Menschen mit geistiger Behinderung dafür sorgen, daß sie weiterhin für so außerordentlich schwierig gehalten werden.

Freilich: neben der verheerenden Auswirkung, die diese Haltung auf die gesellschaftliche Einstellung zu Menschen mit geistiger Behinderung hat, wirkt sie sich vor allem auch belastend auf unsere Beziehung zu ihnen selbst aus. FRÖHLICH (1993, S. 116) macht deutlich, daß sich dies unter anderem in unserer Fachsprache ausdrückt. Bei kleinen Kindern sprechen wir davon, daß sie »von Behinderung bedroht« sind, und unser ganzer beruflicher Eifer gilt dem Bemühen, diese Bedrohung aus dem Felde zu schlagen. Behinderung ist also etwas Unerwünschtes, und da sie ja nicht als abstraktes Phänomen auftritt, sondern immer an ein Individuum, einen ganz bestimmten Menschen gebunden ist, machen wir diesem somit klar, daß wir ihn, so wie er ist, nicht für eine wünschenswerte Existenz halten.

Auch in der Selbstbestimmungsdebatte läßt sich an unserem fachlichen Sprachgebrauch erkennen, wie wenig wir von einer Beziehung auf gleicher Ebene zu

Menschen mit geistiger Behinderung ausgehen können. Da ist davon die Rede, daß wir Bedürfnisse *berücksichtigen*, Freiräume *zugestehen*, Partizipation *ermöglichen*. Die Aktivität liegt also wie gehabt ganz auf unserer Seite: wir verteilen etwas Teilhabe, bestimmen über ein bißchen mehr Selbstbestimmung, bemächtigen wohldosiert die Unmächtigen. Wer wollte angesichts unserer Tradition des pädagogischen Aktivismus behaupten, daß es möglicherweise viel mehr darauf ankäme, etwas nicht zu tun, Dinge sein zu lassen, um den bei allen Menschen grundsätzlich vorhandenen Drang der Selbstbestimmung nicht in seiner Entfaltung zu behindern? Gemeint ist im Sinne der Überlegungen Helmut Walthers das grundsätzliche Vorhandensein von »Selbstverantwortung« bei *jedem* Menschen, unabhängig von seinen »Fähigkeiten« bzw. »Einschränkungen« – Selbstverantwortung als konstitutive Bedingung des Menschseins.

Nein, es handelt sich um eine Beziehung, in der die eine Seite – hoffentlich dankbar – jene Wohltaten empfängt, welche die andere Seite zu vergeben hat. Von entscheidender Bedeutung ist dabei die Wahrung von Distanz und der Erhalt unserer Autorität:

»Da ein Mitarbeiter in der Regel grundsätzlich gegenüber seinem Betreuten in der Aufsichtspflicht steht, muß eine echte Partnerschaft, die in vielen Fällen mit dem ›Du‹ ausgedrückt werden soll, im Sinne von gleichberechtigtem Umgang angezweifelt werden.« (KRAUSE 1982, S. 178)

»Mit geistig Behinderten muß man umgehen wie mit Kindern«

Dieser alte Lehrsatz ist natürlich längst überholt und doch in der Praxis leider immer noch an viel zu vielen Orten präsent. Ich möchte im folgenden versuchen, dem Phänomen der Infantilisierung von Menschen mit geistiger Behinderung, d. h., sie als ewige Kinder zu behandeln, im Hinblick auf ihre Beziehung zu ihren Begleitern ansatzweise auf den Grund zu gehen.

In diesem Zusammenhang soll hier BERNEs Ansatz der *Transaktionsanalyse* erwähnt werden. In Anlehnung an FREUDs Instanzenmodell nimmt BERNE eine Strukturierung der menschlichen Psyche in die folgenden Ich-Zustände vor (1970, S. 25 ff.):

1. Eltern-Ich (Wiedergabe der Ich-Zustände der Eltern, wie wir sie wahrnehmen; entspricht FREUDs »Über-Ich«);
2. Erwachsenen-Ich (autonomes, objektives Erfassen der Situation; Fähigkeit zur Ermittlung von Informationen; »Ich«);
3. Kinder-Ich (regressive Verhaltensweisen; »Es«).

Alle diese Ich-Zustände seien bei jedem Menschen voll ausgebildet, auch das Erwachsenen-Ich bei »geistig Zurückgebliebenen«, wie BERNE (S. 27) ausdrücklich betont, es ginge nur darum, sie freizulegen. Die Struktur bezieht er nun (S. 32ff.) auf soziale Interaktionen (»Transaktionen«, wie BERNE sagt) und kommt zu dem Schluß, daß alle Äußerungen eines Individuums von einem dieser Ich-Zustände ausgingen, und daß eine reibungslose Kommunikation davon abhinge, ob der Kommunikationspartner angemessen darauf reagiere (im Sinne einer »komplementären Transaktion«):

- ❍ auf eine Äußerung des Erwachsenen-Ichs mit einer Reaktion des Erwachsenen-Ichs (1.),
- ❍ auf eine Äußerung des Eltern-Ichs mit einer Reaktion des Kinder-Ichs (2.) und
- ❍ auf eine Äußerung des Kinder-Ichs mit einer Reaktion des Eltern-Ichs (3.).

Reagiert der Interaktionspartner nicht richtig in diesem Sinn, spricht man von einer »Überkreuz-Transaktion« (crossed transaction). Zwei Beispiele:

zu 1.: Wenn ich jemanden nach der Uhrzeit frage (Erwachsenen-Ich), erwarte ich darauf eine sachliche Antwort. Unangemessen wäre z. B. eine Reaktion wie diese: »Stör' mich jetzt gefälligst nicht!« (Eltern-Ich).

zu 3.: Wenn ich über Prüfungsstreß jammere und sage: »O je, ich schaff' das nie!«, dann appelliere ich an das Eltern-Ich meines Gegenübers und erwarte ein paar tröstende Worte. Meine Erwartungen werden enttäuscht, wenn mein Gesprächspartner daraufhin z. B. sagt »Bis zur Prüfung sind's noch zwei Monate, das muß doch zu schaffen sein!« (Erwachsenen-Ich) oder »Ja, ja, ich bin auch total im Streß!« (Kinder-Ich).

Eine Untersuchung der Kommunikation zwischen geistig behinderten und nichtbehinderten Menschen nach diesem Schema könnte ergeben, daß Störungen im Sinne einer »crossed transaction« hier mit überdurchschnittlicher Häufigkeit auftreten. Zwischen der Infantilisierung von Menschen mit geistiger Behinderung – wissenschaftlich begründet durch die Unterstellung einer lebenslangen Erziehungsbedürftigkeit – auf der einen und der Tatsache, daß diese wirklich oft das »Eltern-Ich« ihrer Bezugspersonen herausfordern, auf der anderen Seite, besteht m. E. ein schwer zu durchbrechender Wechselwirkungsprozeß. Ich vermute, daß wir »Betreuer« mit unseren Verhaltensweisen letztlich die Auslöser dieses Prozesses sind. Denn: ist es nicht ein gutes Gefühl, als »Eltern« angesprochen zu sein?

Menschen mit geistiger Behinderung sind in ihrer Entfaltung beeinträchtigt durch das häufige Bestreben ihrer Erziehungspersonen, sie schonen und vor Mißerfolgen bewahren zu müssen. Die von früher Kindheit an gemachte Erfahrung der »Unkontrollierbarkeit« ihrer Umwelt – denn diese wird ja im Sinne eines »Wir machen den Weg frei!« von den Erziehern kontrolliert – führt dabei oft zu einer *»erlernten Hilflosigkeit«* (SELIGMAN 1979). Dieser Begriff bezeichnet eine durch Konditionierung verfestigte Persönlichkeit, die geprägt ist von einer verminderten Motivation zu aktivem Verhalten und einer Beeinträchtigung der Lernfähigkeit durch die Einstellung, Erfolg oder Mißerfolg seien unabhängig vom eigenen Verhalten. Diese Beeinträchtigung wirkt sich auch negativ auf die Fähigkeit aus, Beziehungen aufzubauen, man könnte in diesem Zusammenhang vielleicht überspitzt von einer *erlernten Beziehungslosigkeit* sprechen. Als weiterer belastender Faktor kommt das häufig *geringe Zutrauen in die Fähigkeiten* von Menschen mit geistiger Behinderung hinzu, welches gerade auch den Bereich der Kommunikation betrifft. Sie sind »in der Regel dialogungewohnt«, weil, unter der Annahme »das verstehen sie doch sowieso nicht«, über viele Themen mit ihnen erst gar nicht geredet wird (PRO INFIRMIS 1991, S. 63).

Die beziehungslosen Helfer

> *»Hilfe neigt sich hinab, um aufzurichten, und markiert durch eben diese Bewegung die tiefere Position des Beholfenen. Hilfe wirkt peiorativ; sie kann mitleidverbunden, schamlos beschämend sein. ... So bleibt Helfen edel, einander helfen kumpelhaft, Hilfe in Anspruch nehmen herabsetzend (es sei denn, sie werde honoriert, wodurch sie allerdings zum Geschäft mutiert).« (KOBI 1993, S. 98)*

Die Beziehung zwischen Menschen mit geistiger Behinderung und ihren Begleitern ist immer auch von der Tatsache des Helfens tangiert. Das ändert sich nach meiner Überzeugung auch nicht dadurch grundlegend, wenn wir nun statt von »Hilfe« von »Dienstleistung« sprechen. Dieser semantische Wechsel mag zwar in der Tat zum Ausdruck bringen, daß der »Hilfeempfänger« einer Verpflichtung zur Dankbarkeitshaltung enthoben und somit weniger herabgesetzt, beschämt wird. Aber die Betrachtung der Interaktion zwischen behinderten Menschen und ihren Begleitern als Dienstleistung allein hat noch nicht eine Normalisierung der Beziehungen zur Folge, es sei denn, wir orientierten uns dabei lediglich an einer »normalen« *Geschäfts*-Beziehung. Die Äußerungen von Menschen mit geistiger Behinderung auf unsere Frage, wie sie sich einen guten Begleiter vorstellen, lassen jedoch vermuten, daß diese Beschränkung gar nicht im Sinne der »Kunden« wäre. Hier mag tatsächlich ein Unterschied zu den Forderungen der »Independant-Living«-Bewegung von körperbehinderten Menschen bestehen.

SPECK (1982, S. 19) vertritt die Ansicht, daß Hilfe im Grunde »etwas menschlich-mitmenschlich Selbstverständliches« sei. Insofern dürfte sich die Hilfebedürftigkeit eines Menschen eigentlich nicht per se negativ auf seine Möglichkeiten zum Aufbau von »normalen« Beziehungen auswirken. Ich habe große Sympathien für diese Sichtweise, aber lehrt uns die gesellschaftliche Realität leider nicht immer wieder das Gegenteil? Woran mag es liegen, wenn Helfen in der modernen Gesellschaft zur »verberuflichten Sozialbeziehung« (THIMM 1983, S. 204) geworden ist?

Die auf das behavioristische Modell von Verstärkung gegründete »Austauschtheorie« geht davon aus, daß eine interaktive Beziehung nur dann ohne Zwang bestehen bleibt, »wenn beide Partner aus ihr Gewinn ziehen« (PIONTKOWSKI 1976, S. 13). »Ob ein Mitglied in einer Zweierbeziehung bleibt, hängt von seiner Kosten-Nutzen-Kalkulation ab« (a. a. O., S. 18), und die Festigung einer dyadischen Beziehung erheblich von den Ergebnissen der Interaktion in einer frühen Phase (S. 20). Hier findet ein Prozeß statt, »in dem das wechselseitige Geben und Nehmen von Belohnungen sich in einer Spirale aufschaukelt bis zu einem bestimmten Maximum« (S. 22). Wenn bei diesem Prozeß einer der Interaktionspartner wiederholt versagt, wirkt sich das sehr erschwerend auf die weitere Entwicklung der Beziehung aus.

Obgleich eine derart konsequente Anwendung marktwirtschaftlicher Begriffe auf die Ebene persönlicher Interaktion – also gewissermaßen eine Input-Output-Analyse von Beziehungen – sicherlich auf den ersten Blick etwas Abschreckendes hat, enthält diese Theorie für unseren Zusammenhang m. E. bei näherer Betrachtung durchaus nachvollziehbare Gedanken. Denn bei »Nächstenliebe als bezahlter Dienstleistung« (SCHMIDBAUER 1992, S. 10) besteht immer die Gefahr einer Störung des Gleichgewichts zwischen Geben und Nehmen. Der Autor geht sogar noch weiter und konstatiert einen grundsätzlichen Widerspruch zwischen Dienstleistung und Gefühlsbeziehung (S. 12), vor allem deshalb, weil bei der »beruflichen Form einer emotionalen Beziehung« die Abhängigkeit eine einseitige sei (S. 32). An diesem Punkt kann man schon anderer Meinung sein, denn es besteht durchaus auch eine gewisse Abhängigkeit des beruflichen Helfers insofern, als er ja mit dem behinderten Menschen als letzendlichem Arbeitgeber seine Brötchen verdient. Allerdings werden wir hier wiederum auf das Problem zurückgeworfen, daß es sich dann nicht wirklich um eine Gefühls-, sondern lediglich um eine Geschäftsbeziehung handelt.

Die Frage muß also lauten: Wie kann es gelingen, daß der Begleiter aus der Beziehung zum Menschen mit Behinderung einen für sich persönlich bedeutsamen emotionalen Gewinn zieht?

Exkurs

Dieser Gedanke hat im Autorenteam eine heftige kontroverse Debatte ausgelöst und ich gebe unseren Leser/-innen gerne zur Kenntnis, daß die Autorenkollegen meinen Überlegungen an dieser Stelle keineswegs zustimmen konnten. Ist es überhaupt zulässig, in der »professionellen Beziehungsarbeit« davon auszugehen, daß der bezahlte Begleiter aus der beruflichen Beziehung einen *persönlichen emotionalen Gewinn* ziehen kann, bzw. daß dies – wie ich behaupte – sogar eine wichtige Voraussetzung für eine machtfreie Beziehung und somit für den Prozeß der Begleitung sei? Es ist mir klar, daß hier Zweifel angebracht sind, zumal es schwerfällt, sich den »positiven emotionalen Gewinn«, z. B. in der Arbeit mit »dissozialen« Menschen vorzustellen. Und dennoch wollte ich mich durch die Kollegen nicht von dieser sehr persönlichen Einschätzung abbringen lassen: Solange wir es uns und anderen nicht eingestehen wollen, daß das Zusammensein mit geistig behinderten Menschen uns sehr häufig auch ganz persönlich gut tut, weil wir dadurch ja die Last unserer beruflichen Tätigkeit relativieren, solange werden wir mit dieser permanenten impliziten Kränkung von Menschen mit Behinderung den Prozeß der Begleitung erschweren.

Die Beantwortung dieser Kernfrage ist so wichtig wie kompliziert, zumal eine traditionelle Motivation ja unter dem Paradigma der Selbstbestimmung nicht mehr zur Debatte stehen kann: Das gute Gefühl bei der Machtausübung über – oder sagen wir neutraler: Einflußnahme auf – Menschen, die sich in einer schwächeren Position befinden.

Um einer Beantwortung näher zu kommen, kann es hilfreich sein, uns mit den Motiven derjenigen auseinanderzusetzen, die Zeit mit geistig behinderten Menschen verbringen, ohne damit ein »Geschäftsinteresse« zu verbinden. Das wären also beispielsweise ehrenamtliche Mitarbeiter in Freizeitclubs für Menschen mit und ohne Behinderung. Hier erfahren wir zu unserem Erstaunen, daß diese am wenigsten karitative Motive für ihr Engagement anführen, sondern im wesentlichen darauf abheben, daß sie mit geistig behinderten Menschen »einfach gern zusammen« seien, daß sie von deren Unkompliziertheit fasziniert seien und daß sie im Zusammensein mit ihnen etwas ausleben könnten, was in unserer Gesellschaft so nicht gefragt sei. Sowohl im Hinblick auf gemeinsame Aktivitäten (z. B. Sport betreiben) als auch auf die Beziehungen selbst erleben nichtbehinderte im Zusammensein mit geistig behinderten Menschen die Abwesenheit des gesellschaftsüblichen Leistungsdenkens als wohltuend. Als Quelle für die genannten Äußerungen möchte ich an dieser Stelle zahlreiche Gespräche nennen, die ich über Jahre hinweg mit ehrenamtlichen Freizeitmitarbeitern führen konnte.

Warum sollten all diese Aspekte, die sich selbstverständlich positiv auf die Entwicklung einer Beziehung auswirken können, in denen der Begleiter von Menschen mit geistiger Behinderung sich keineswegs nur als Gebender empfindet, nicht auch für hauptberufliche Mitarbeiter gelten? Wenn sie es nicht in gleicher Weise tun, dann mag das mit dem weiter oben beschriebenen Phänomen zusammenhängen, daß unser berufliches Selbstwertgefühl mit einem zunehmend negativen Bild von geistig behinderten Menschen steigt. Mit anderen Worten: zur Aufwertung unserer beruflichen Leistung lassen wir nicht nur in der Darstellung gegenüber anderen, sondern auch in unserem ureigenen Denken ein wirklich positives Persönlichkeitsbild vom Menschen mit geistiger Behinderung gar nicht zu. Aber genau dadurch verbauen wir uns die Chancen auf die Entwicklung einer Beziehung, welche für beide Seiten emotionalen Gewinn bringt, ohne daß ein Partner vom anderen dominiert wird.

Ich weiß wohl um die Angreifbarkeit der hier geäußerten Gedanken. Das umso mehr, als ehrenamtliches Engagement in der direkten Arbeit mit unserer »Klientel« bei nicht wenigen Kollegen verpöhnt ist, weil es als »unprofessionell« gilt und überdies »Ausbeutung« sei. Dieser Kritik der Ehrenamtlichkeit kann ich mich allerdings nicht anschließen. Möglicherweise liegt gerade in der Infragestellung des von mir unterstellten Mechanismus' zum Erhalt unseres beruflichen Selbstwertgefühls durch das Selbstverständnis von Ehrenamtlichen die Ursache für deren mancherorts anzutreffende Diskriminierung.

»Es lohnt sich, ein schwerer Fall zu sein!«

Ich möchte abschließend auf den Aspekt eingehen, wie das Selbstbild von Menschen mit geistiger Behinderung und somit auch ihre Möglichkeiten zum Aufbau »normalisierter« Beziehungen durch institutionelle bzw. sozialpolitische Gegebenheiten tangiert werden können.

Es existieren eine Reihe von Regelungen, die darauf hinauslaufen, daß in unserem Hilfesystem das »Schlechtsein« im Sinne gesellschaftlicher Normen belohnt wird. Hierzu einige Beispiele:

- Je höher der im Schwerbehindertenausweis attestierte Grad der Behinderung, desto interessanter sind die Leistungen, welche sich daraus ableiten lassen. Zum Beispiel werden ab einem bestimmten Prozentsatz des Behinderungsgrads Freifahrten mit öffentlichen Verkehrsmitteln gewährt. Menschen mit geistiger Behinderung sind sich dieser Tatsache durchaus bewußt, wie die folgenden Aussagen deutlich machen (zitiert nach HOFMANN, KUNISCH, STADLER 1996, S. 37):

  »Mein Behinderungsgrad hat sich gebessert. Ich bin nur noch 70 Prozent behindert. Jetzt darf ich nicht mehr frei fahren. Ich wäre lieber 100 Prozent behindert. Da muß ich mit dem Kopf gegen die Laterne laufen, dann kriege ich wieder 100 Prozent, jetzt kann ich mir bald keine Monatskarte mehr leisten.«

  »Bei manchen Sachen ist es ein Vorteil, 100 Prozent zu sein, hier in der Werkstatt, wenn jemand sagt, ich soll das machen, dann sag ich, ich kann nicht.«

- Für die Begutachtung durch den Medizinischen Dienst zur Einstufung der Pflegebedürftigkeit nach dem Pflegeversicherungsgesetz werden Angehörige oder betreuende Mitarbeiter darauf getrimmt, den zu begutachtenden Menschen möglichst negativ darzustellen bzw. seine Defizite ausführlichst hervorzuheben, um »zur Belohnung« möglichst hohe Leistungen der Pflegekassen erhalten zu können. Ich persönlich habe es anläßlich von Veranstaltungen, bei denen ich den Eltern Tips gebe, wie sie bei ihren Söhnen oder Töchtern noch mehr Dinge ausfindig machen können, zu denen diese nicht in der Lage sind, oft erlebt, daß Eltern dann berichten, wie unwürdig sie diese Situation in der Begutachtung erleben, ihr »Kind« vor dem Gutachter schlecht machen zu müssen.

- Wenn Menschen mit geistiger Behinderung, die im Wohnheim leben, Fortschritte in der selbständigen Bewältigung des Alltags machen, ist das oft Anlaß, sie in eine Betreuungsform (z. B. Außenwohngruppe) überzuführen, in welcher der »Service« durch die Mitarbeiter sich deutlich verringert. Viele freuen sich darüber, aber manche verabschieden sich ungern vom »Hotel Wohnheim« und machen die Erfahrung, daß es ihnen eigentlich besser gegangen war, solange sie nicht so selbständig lebten.

Ich bin mir schon darüber im klaren, daß wir dem geschilderten Dilemma vermutlich kaum entrinnen können, denn es macht ja durchaus Sinn bzw. ist unumgänglich, daß Menschen mit geringeren Möglichkeiten zu selbständigem Handeln und somit höherem Hilfebedarf mehr Leistungen unseres Hilfesystems beanspruchen. Dennoch halte ich den Mechanismus, wenn Menschen mit geistiger Behinderung z. B. bei Untersuchungen die Erwartung ihrer Bezugspersonen spüren, daß sie einen möglichst schlechten Eindruck machen sollen, für ausgesprochen schädlich im Hinblick auf ihr Selbstbild und mithin auf das Potential, welches sie in Beziehungen einzubringen hätten.

Kurz gefaßt: Voraussetzungen für die Normalisierung der Beziehungen

Als Zusammenfassung möchte ich hier kurz die Voraussetzungen für eine Normalisierung der Beziehung zwischen Menschen mit geistiger Behinderung und ihren Begleitern nennen, die sich aus den bisher getroffenen Aussagen ergeben:

1. **Kommunikation weiterentwickeln**
   Die Möglichkeiten der Kommunikation müssen weiterentwickelt werden. Es geht dabei nicht um eine einseitige »Kommunikationsförderung« behinderter Menschen, sondern um die gemeinsame Aufgabe, »die Frequenzen von Sender und Empfänger aufeinander abzustimmen«. Selbstverständlich gehören dazu Formen der nonverbalen Kommunikation ebenso wie Gespräche. »Die bereichernde Wirkung der Wechselbeziehung hängt nicht von der Sprachfähigkeit und nicht von der Kommunikationsebene des Gegenübers ab: Die Mutter, die sich ihrem noch ganz kleinen Kind zuwendet, empfängt in den vielfältigen Zeichen der Lebendigkeit ihres Kindes bereichernde Antwort und entfaltet ihre Seele in der Zuwendung zu ihrem Kind in einer ihre eigene Lebendigkeit intensivierenden Form.« (von LÜPKE 1995, S. 32). Dazu gehört auch der Austausch über alle Themen, die Menschen mit geistiger Behinderung betreffen. Begleiter müssen dabei auf eine »Schonung« durch das Vorenthalten von Themen, welche behinderte Menschen angeblich »nicht verstehen«, verzichten.

2. **Fachliche Distanz abbauen**
   Eine wesentliche Voraussetzung besteht im Abbau der fachlichen Distanz mit dem Ziel der Vermeidung einer »Nichtbeziehung«. Dazu müssen die Begleiter von Menschen mit geistiger Behinderung sich vor allem vom diagnostik-geleiteten Denken verabschieden.

3. **Zurückhaltung ist gefragt**
   Bei dem Bemühen um mehr Teilhabe von Menschen mit geistiger Behinderung ist die Zurückhaltung der Begleiter gefragt, nicht ihre Aktivität. Sie muß nicht eigens begründet und »ermöglicht« werden, sie stellt ein Grundrecht und eine Grundfähigkeit dar (vgl. BECK 1996, S. 10).

4. **Gebräuche der Fachsprache überprüfen**
   Fachliche Sprachgebräuche, welche eine Abwertung von Menschen mit Behinderungen beinhalten, müssen kritisch hinterfragt werden, z. B. die Ausdrucksweise, Kinder seien »von Behinderung bedroht«.

5. **Auf Infantilisierung verzichten**
   Begleiter verzichten auf die Infantilisierung von Menschen mit geistiger Behinderung und unterstellen ihnen nicht länger eine lebenslange Erziehungsbedürftigkeit.

6. **Erlernte Hilflosigkeit abbauen**
   Menschen mit geistiger Behinderung können ihre »erlernte Hilflosigkeit« im Bereich der Beziehungen abbauen, indem sie erleben, wie sehr die Qualität von Beziehungen auch von ihrem eigenen Zutun abhängt. Begleiter verzichten darauf, ihnen im persönlichen Bereich »den Weg freizuräumen«, sie vor vermeintlich schlechten Erfahrungen zu bewahren.

7. **Profis sind Helfer und Dienstleister**
   Professionelle Begleiter sind Helfer und Dienstleister für Menschen mit geistiger Behinderung. Das sich daraus ergebende Spannungsverhältnis zu dem Anspruch, eine persönliche Beziehung aufzubauen, kann nicht aufgelöst werden. Es ist aber hilfreich, sich dieses Dilemma bewußt zu überdenken.

8. **Nur eine für beide Seiten gewinnbringende Beziehung trägt**
   Eine für beide Seiten gewinnbringende Beziehung zwischen »Helfer« und »Beholfenem«, zwischen »Dienstleister« und »Kunden«, kann dann entstehen, wenn hauptberufliche Begleiter es lernen, die persönlichen Stärken von Menschen mit geistiger Behinderung zu sehen und sich eingestehen können, daß ihnen diese guttun.

9. **Begleiten von Menschen mit Behinderungen ist kein schweres Los**
   Die Begleiter verzichten darauf, ihr berufliches Selbstwertgefühl dadurch zu erhöhen, daß sie das Zusammensein mit geistig behinderten Menschen als besonders schwere Aufgabe und somit diese Menschen als besonders schwierig darstellen. Professionelle Bestätigung wird vielmehr daraus gewonnen, daß – den Bedürfnissen von Menschen mit geistiger Behinderung entsprechend – im Prozeß ihrer Begleitung auch der Aufbau einer persönlichen Beziehung gelingt.

Literatur

Beck, Iris: Qualitätsentwicklung im Spannungsfeld unterschiedlicher Interessenslagen. In: Geistige Behinderung 35 (1996) Heft 1, S. 3–17.

Berne, Eric: Spiele der Erwachsenen. Hamburg 1970.

Bracken, Helmut von: Vorurteile gegen behinderte Kinder, ihre Familien und Schulen. Berlin 1981.

Feuser, Georg: »Geistigbehinderte gibt es nicht!« Projektionen und Artefakte in der Geistigbehindertenpädagogik. In: Geistige Behinderung 35 (1996) Heft 1, S. 18–25.

Fröhlich, Andreas: Die Krise der Sonderpädagogik. In: Mürner, Christian; Schriber, Susanne (Hrsg.): Selbstkritik der Sonderpädagogik? Stellvertretung und Selbstbestimmung. Luzern 1993, S. 113–122.

Frühauf, Theo: Mehr Selbstbestimmung – eine Aufgabe für uns alle! In: Geistige Behinderung 34 (1995) Heft 1, S. 1–3.

Hofmann, Christiane; Kunisch, Monika; Stadler, Bernadette: »Ich spiel jetzt in Zukunft den Deppen«. Geistige Behinderung und Selbstbild. In: Geistige Behinderung 35 (1996) Heft 1, S. 26–41.

Kobi, Emil E.: Vom unbeholfenen Helfen. In: Mürner, Christian, Schriber, Susanne (Hrsg.): Selbstkritik der Sonderpädagogik? Stellvertretung und Selbstbestimmung. Luzern 1993, S. 97–112.

Krause, W.: Mitarbeiter in Wohneinrichtungen – Anforderungen an Personal und Organisation unter dem Aspekt humanen Wohnens. In: Bundesvereinigung Lebenshilfe: Humanes Wohnen. Seine Bedeutung für das Leben geistig behinderter Erwachsener. Marburg 1982.

Lüpke, Klaus von: Selbstbestimmung als dialogischer Prozeß. In: Zur Orientierung. Heft 3/1995. S. 32–35.

Piontkowski, U.: Psychologie der Interaktion. München 1976.

Pro Infirmis (Hrsg.): Auf eigenen Füßen – Erwachsene mit einer geistigen Behinderung lernen, selbständiger zu leben. Zürich 1991.

Schmidbauer, Wolfgang: Helfen als Beruf. Die Ware Nächstenliebe. Überarbeitete Taschenbuchauflage, Reinbek bei Hamburg 1992.

Schmidbauer, Wolfgang: Das Rothschildphänomen. In: Süddeutsche Zeitung Nr. 24 vom 30./31. 1. 1993.

Seligman, M. E. P.: Erlernte Hilflosigkeit. München 1979.

Sellin, Birger: ich will kein inmich mehr sein – botschaften aus einem autistischen kerker. Köln 1993.

Speck, Otto: Leben, Lernen, Arbeiten in der Gemeinschaft. Behinderung als Hilfsbedürftigkeit und Integration als praktisches Problem. In: Vereinigung Integrationsförderung (Hrsg.): Behindernde Hilfe oder Selbstbestimmung der Behinderten. Neue Wege gemeindenaher Hilfen zum selbständigen Leben. Kongreßbericht. München 1982.

Thimm, Walter: Tendenzen der Professionalisierung in der Arbeit mit geistig Behinderten aus soziologischer Sicht. Helfen als Beruf. In: Geistige Behinderung 22 (1983) Heft 3, S. 204–210.

Thimm, Walter: Normalisierung – eine Chance für Menschen mit einer geistigen Behinderung. In: Geistige Behinderung. 25 (1986) Heft 1, S. 3–7.

Überlegungen zur Entwicklung einer Kultur der Begleitung

Ulrich Hähner

Wie man einem Menschen begegnet, ist abhängig davon, welch ein Bild man von ihm hat, welche Erwartungen man ihm gegenüber hegt, wie er sich präsentiert, welche gedanklichen Verknüpfungen aufgrund von Vorerfahrungen diese Begegnung auslöst. Dem Chef begegnet man anders als dem Kollegen, dem Nachbarn anders als dem nahen Verwandten. Die Art der Begegnung, die Nähe oder die Distanz, die Inhalte der Kommunikation, das alles ist abhängig von dem Bild, das man a priori von dem Menschen gewonnen hat. Dabei spielen selbstentwickelte Persönlichkeits- oder Alltagstheorien eine Rolle. Sie helfen, den Alltag zu bewältigen, werden jedoch sehr selten auf ihre Richtigkeit überprüft. Diese Bilder sind besonders wirksam in der Begegnung mit Menschen, die sich von der überwiegenden Mehrheit der Bevölkerung unterscheiden. Stereotype und Vorurteile werden aktiviert, offene vorurteilsfreie Begegnungen vermieden. Aus einzelnen Merkmalen wird vorschnell auf die Persönlichkeit oder auf die Gruppe dieser Menschen geschlossen.

Auch in der Begegnung mit Menschen mit geistiger Behinderung läuft dieses Programm ab. Menschen mit geistiger Behinderung sind durch solche Vorurteile besonders belastet. Ihnen wurde und wird eine große Zahl überwiegend »unerwünschter Persönlichkeitscharakteristiken zugeschrieben. Die Behinderten wurden und werden als zur Kriminalität und Verwahrlosung neigend, als defekt in der Kontrolle des Über-Ichs, als unfähig zur Hemmung biologischer Grundtriebe (z. B. Eßdrang), als von gesteigerter Sexualität besessen und als Personen mit niedriger Frustrationstoleranz beschrieben. Man hat sie als suggerierbar, rigide und emotional labil, ängstlich, passiv und zurückgezogen und als aggressiv und feindselig beschrieben« (HEBER, zitiert nach EGGERT, 1993, S. 213).

Erfreulich ist, daß solche Zuschreibungen einem Wandel unterliegen. So, wie noch vor vielen Jahren Menschen mit Behinderungen charakterisiert wurden, findet man heute wohl keine Darstellung mehr. Und das rührt nicht etwa nur daher, daß die Beobachter feinfühliger geworden wären und die Etikette im Umgang mit Menschen mit einer sogenannten geistigen Behinderung sich grundlegend geändert hätte. Man kann dieses auch dahingehend interpretieren, daß Menschen mit geistiger Behinderung sich selbst verändern unter dem Wandel der äußeren Bedingungen. Sie sind, wie kaum eine andere gesellschaftliche Gruppierung abhängig von den Bedingungen, die ihnen »gewährt« werden und haben nur eingeschränkte Möglichkeiten, sich zu wehren, sich zu organisieren und für bessere Bedingungen zu streiten. Die persönliche, individuelle Auflehnung gegen unmenschliche Lebensbedingungen wurde (und wird) in der Regel durch Medizin und Pharmakologie beendet. Was bleibt, war und ist oft nur Resignation und Rückzug auf sich selbst.

In den letzten 20 bis 30 Jahren haben sich wesentliche Änderungen ergeben über das Bild von Menschen mit geistiger Behinderung, und hier vor allem in bezug auf die Dimensionen:

Unveränderbarkeit (Konstanz)	⟷	Veränderungen
Segregation	⟷	Integration[9]
Abhängigkeit	⟷	Autonomie

(Das sind keine voneinander unabhängigen Faktoren, z. T. sind sie voneinander abhängig oder überlappen sich in ihren Bedeutungen.)

Die Dimension von Unveränderbarkeit ⟷ Veränderung beinhaltet die »Überwindung der Annahme, daß eine geistige Behinderung ein letztlich unveränderbarer Defekt sei, der in umweltunabhängiger Weise die Lebenschancen eines Individuums begrenzt« (EGGERT 1993, S. 205). Zunehmend geht man davon aus, daß erst in der tatsächlichen aktuellen Interaktion mit der Umwelt eingeschätzt werden kann, wo die Entwicklungsgrenzen eines Menschen liegen. Der Mensch mit geistiger Behinderung ist nicht mehr aus sich selbst heraus in seinen Möglichkeiten begrenzt, sondern kompetent und anpassungsfähig sowie in der Lage, sich über die Auseinandersetzung mit der Umwelt zu entwickeln.

Bei Veränderungen im Bild vom Menschen auf der Ebene Segregation ⟷ Integration konnte festgestellt werden, daß viele der »vermeintlichen Defekte geistig behinderter Menschen lediglich Artefakte der Anstaltsunterbringung waren« (EGGERT 1993, S. 208) und daß die Deinstitutionalisierung ihre Persönlichkeitsentwicklung positiv beeinflußte. Neben der »individuellen, schädigungsbedingten Disposition (sind es) oftmals pathogene institutionelle Gegebenheiten, die in einem beachtlichen Umfang zu Beeinträchtigungen in der Persönlichkeitsentwicklung und Lebensentfaltung führen« (WERNET 1995). Diese Dimension hat vor allem den Blick auf die institutionellen Bedingungen gelenkt und die Abhängigkeit des Menschen vom unmittelbaren Umfeld deutlich gemacht.

Die Entwicklung in der Dimension »Abhängigkeit ⟷ Autonomie« beinhaltet die Besinnung auf ein humanistisches Menschenbild. Der Mensch mit geistiger Behinderung ist ein einzigartiges Individuum mit einer einzigartigen Biographie. Neben der Einzigartigkeit ist die Annahme der Fähigkeit, Entscheidungen für sich selbst treffen zu können, wesentliches Merkmal dieses humanistischen Menschenbilds. ROTTHAUS (1993, S. 199) schreibt dazu: »(Die) menschliche Würde bringen wir in Gefahr, wenn wir einem geistig behinderten Menschen die Verantwortlichkeit für sein Tun absprechen, wenn wir ihn vor allen Situationen zu schützen versuchen, in denen er sich verletzen und sonst wie in Gefahr bringen könnte, wenn wir ihn überbehüten.«

---

9) vgl. dazu EGGERT, 1993

Trotz dieser grundlegenden Änderungen in den Sichtweisen engagierter Fachleute ist die augenblickliche Arbeit in diesem Bereich immer noch geprägt von tradierten Einstellungen. Der karitative Gedanke kommt vor emanzipatorischen Bemühungen, »Pflegen, Schützen, Bewahren« (HARTMANN-KREIS 1994, S. 25) vor Verstehen und Akzeptieren.

Bestehende Menschenbilder, Erklärungsansätze und Annäherungen an das Phänomen »geistige Behinderung«

Menschen mit geistiger Behinderung werden gesehen als »defizitäre Wesen«, nur begrenzt fähig zur Lebensbewältigung und Lebensgestaltung. Sie werden mit Kindern verglichen, auch wenn sie schon längst erwachsen sind. Zur Beschreibung ihrer Persönlichkeit liest man auch heute noch häufig: Er/Sie entspricht in seinem/ihrem Verhalten einem ...jährigen Kind! Die Rolle als erwachsener Mensch wird ihnen vorenthalten, sie werden kontinuierlich entmündigt. Diese Infantilisierung trifft man bei Eltern wie bei Fachleuten, und sie hat weitreichende Folgen für die Persönlichkeitsentwicklung von Menschen mit Behinderungen. Sie werden von wichtigen und wesentlichen Lebenserfahrungen ferngehalten, ihr Erfahrungsbereich wird eingeschränkt, ihre Wünsche und Bedürfnisse werden häufig nicht wahrgenommen und werden übergangen. Jeder, der es in der Familie oder in Einrichtungen der Behindertenhilfe mit geistig behinderten Menschen zu tun hat, scheint besser zu wissen, was für diese Menschen gut ist, als sie selbst.

Überversorgung und Überbehütung durch die Eltern, oft aus einem Schuldgefühl heraus (vgl. dazu NIEDECKEN 1989) und der »Rückzug in die familiale Innerlichkeit« (THEUNISSEN 1995, S. 57) bestimmen häufig das Leben behinderter Menschen. Die sekundäre Beeinträchtigung, die Einschränkungen, die der Mensch mit Behinderung erfährt, die wenig Raum läßt für eigene Erfahrungen und Entwicklungen, hat möglicherweise größere Auswirkungen als z. B. die nachweisbare oder vermutete körperliche Schädigung. »Der Theologe Johannes Reiter hat darauf hingewiesen, daß die stärkste Behinderung des Behinderten nicht die körperliche Einschränkung, sondern die Selbsteinstufung ist, die er von der Umwelt als eigene Meinung übernimmt und verinnerlicht: daß er anderen zur Last fällt, daß er volkswirtschaftlich teuer ist, daß ›Ästheten‹ ihm aus dem Weg gehen müssen und so fort« (LÖW 1990, S. 319).

Die Sicht vom »defizitären Wesen« und die sich daraus ergebenden Handlungsorientierungen im Alltag haben ihre Auswirkungen in allen Lebensbereichen. Im Bereich der Persönlichkeitsentwicklung wird oft deutlich, wie wenig ausgeprägt das Selbstbewußtsein ist, wie wenig behinderte Menschen sich wahrnehmen, ihre Bedürfnisse und Wünsche kennen und wie groß die Angst ist, ihre wahrgenommenen Bedürfnisse ernstzunehmen und sie zu artikulieren.

Sozialerfahrungen werden eingeschränkt. Über Kontakte selbst zu bestimmen, ist kaum möglich, den Freund oder die Freundin zu besuchen wird zu etwas

Außergewöhnlichem, und das alles findet auch noch unter ständiger Kontrolle statt. Die Privatheit fehlt, Geheimnisse gibt es nicht. Es ist eines der wesentlichen Merkmale von Behinderung, daß immer und überdauernd die persönlichen Grenzen des Menschen mit Behinderung unterlaufen werden.

Die Entwicklung des Menschen vollzieht sich von der Symbiose mit der Mutter hin zu immer mehr Distanz, und wenn eine Entwicklung annähernd »normal« verläuft, geht der Explorationsdrang, die Neugier des Kinds einher mit dem Selbstverständnis der Mutter, daß das Kind diese Freiräume braucht. Je älter das Kind wird, desto mehr regelt das Kind die Distanz zu den Eltern und anderen Personen selbst. Dieser Prozeß verläuft nicht immer gradlinig und auch nicht immer harmonisch. Krisenhafte Lebenssituationen, Entwicklungsphasen wie die Pubertät, Abwehr gegen Formen elterlicher Bindung können das Distanzbedürfnis unterstützen; Unsicherheiten, psychische Belastungssituationen beeinflussen das Bedürfnis nach Nähe, in Partnerschaften wird die Distanz zeitweise wieder völlig aufgegeben. Menschen, denen diese Distanzierung und Ablösung nicht gelingt, die keinen Einfluß auf das Zusammenspiel von Nähe und Distanz haben, leiden in der Regel an einer psychischen Störung.

Menschen mit Behinderungen können sich gegenüber anderen Menschen nicht oder nur sehr schwer abgrenzen. Das ist einer von verschiedenen Erklärungsansätzen, warum sie sich selbst so wenig als Person wahrnehmen und so intensiv nach außen orientiert sind, d. h., sich an dem orientieren, was ihnen von ihren Bezugspersonen vorgegeben wird.

Diese Distanzlosigkeit (die, nebenbei bemerkt, Menschen mit Behinderung sehr oft als eine Eigenschaft unterstellt wird) ist Produkt der Tatsache, daß eine eigenständige Entwicklung nicht gestattet wird.

Es ist nur folgerichtig, betrachtet man die weitere Entwicklung von Menschen mit geistiger Behinderung, daß sich auch die Ablösung vom Elternhaus nur selten harmonisch und selbstverständlich vollzieht. Über die Kindheit und die Jugendzeit hinweg haben sich Verhaltensmuster entwickelt, in denen immer wieder die gegenseitige Bestätigung erfolgt: Auf seiten der Eltern herrscht Unsicherheit darüber, ob dieses (erwachsene) Kind sich in einer fremden Umgebung zurechtfinden kann und ob andere Menschen dieses Kind auch verstehen und mit seinen Eigenheiten umgehen können. Die Tochter oder der Sohn wiederum bestätigen in ihrer »erlernten Hilflosigkeit« nur die Auffassung des Umfelds.

Die eigene Befreiung aus dieser Fürsorge nimmt, wenn sie überhaupt gelingt, oft eigenartige Wege, wobei die Gefahr besteht, daß das gezeigte Verhalten nicht verstanden wird.

> Herr C, ein 26jähriger, sprachlich sehr ruhiger junger Mann, fing an, Vasen und sonstige Gegenstände im Haushalt zu zerstören. Nachdem dieses Verhalten zunehmend massiver und provokativ wurde und er den Vater tätlich angegriffen hatte, kam es, wie in solchen Fällen üblich, zur Einweisung in die Akut-Psychiatrie. Dort verhielt sich Herr C un-

auffällig und vermittelte den Eindruck, sich wohlzufühlen. Nach einer Woche der Beobachtung bestand nach Ansicht der Ärzte keine Indikation mehr für den weiteren Aufenthalt in der Psychiatrie. Herr C wurde von den Eltern abgeholt. Auf dem Rückweg warf er seinen kleinen Koffer aus dem fahrenden Auto und griff dem Vater von hinten ins Lenkrad. Herr C wurde sofort in die Klinik zurückgebracht. Von dort zog er kurze Zeit später ins Wohnheim.

Daß Herr C nicht als verhaltensgestört eingestuft und medikamentös behandelt wurde, muß wohl eher als eine Ausnahme oder als glücklicher Zufall betrachtet werden. Auch das ist eine Besonderheit bei Menschen mit geistigen Behinderungen. Sehr schnell werden sie zu Patienten und werden behandelt, ohne daß sie einen Behandlungsauftrag gegeben haben. Grundlage dieses fürsorglichen Handelns ist einzig die Tatsache, daß ihr Verhalten nicht nach den gängigen Beurteilungskriterien einzuordnen ist.

Grunderfahrungen aus der familiären Situation finden häufig im Wohnheim ihre Fortsetzung. Die Tendenz zum »Pflegen, Schützen, Bewahren« ist stärker ausgeprägt als emanzipatives Gedankengut und daraus resultierende Handlungsorientierungen. Der Unterschied zur Familie ist eher darin zu sehen, daß die Identifikation des Betreuers mit dem Heimbewohner weniger intensiv ist, als die der Eltern mit dem Sohn oder der Tochter. Hier sorgt ein anderer Faktor dafür, daß Persönlichkeitsentwicklung und individuelle Lebensgestaltung weiterhin wenig Platz in der Biographie des behinderten Menschen finden: Die Gruppe wird zum zentralen Lebensbereich. In traditionellen Heimen leben auch heute noch zehn und mehr erwachsene Menschen auf einer Etage, teilen sich den Gruppenraum für gemeinsame Aktionen, essen zusammen, müssen möglicherweise zu mehreren die gleichen Toiletten, Bäder und Duschen benutzen, schlafen vielleicht noch in Zweibettzimmern. Allenfalls eine kleine Ecke für die Individualität bleibt übrig, für Gegenstände mit hohem Erinnerungswert, für Souvenirs der eigenen Geschichte.

Unterordnung unter die Regeln der Gemeinschaft, Anpassung an die Gruppensituation stehen in der Skala erwünschter und erwarteter Verhaltensweisen weit vorn. Sich abgrenzen gegenüber Mitbewohnern und Betreuern paßt nicht in das System. Grenzübertretungen werden damit zur Normalität. Ordnung oder Chaos heißt die Devise, die Entscheidung für Ordnung scheint die einzige Möglichkeit, den Alltag zu bewältigen und der immer lauernden Bedrohung durch das Chaos zu widerstehen. Ordnung oder Chaos, das ist eine Unvereinbarkeit, ein Entweder-oder, ohne daß es ein Und oder Nuancierungen dazwischen geben könnte.

Die Rigidität des Prinzips von Ordnung statt Individualität, die Verteidigung von Betreuungsroutinen werden damit begründet, daß ein Mensch mit Behinderung klare Strukturen brauche. Daß also das Defizit an innerer Struktur ausgeglichen werden müsse durch die äußere, gesetzte Struktur, die Orientierung geben soll. Kommunikation wird so unterbunden, Gruppenprozesse werden verhindert, Regeln verselbständigen sich und haben nur noch einen Sinn in sich selbst oder dienen dazu, die Mitarbeiter der Gruppe zu entlasten. Das sind die Gefahren einer Handlungsorientierung, die ihren Ursprung hat in Menschenbildern, die das »Defizit« in das Zentrum der Betrachtung stellen.

Pflegen, Schützen, Bewahren als Handlungsorientierung mit dem Gedanken an die Gruppe, bedeutet Konzept- und Hilflosigkeit gegenüber Menschen mit Behinderungen. Die Bewältigung des Alltags steht im Vordergrund. Es gibt dabei eine deutliche Hierarchie. Denn die Betreuer tragen die Verantwortung und bestimmen folglich den Ablauf. Das Ziel ist die Konstanz, möglichst wenig soll den Ablauf stören. Die Grenzen zum Erproben von Neuem sind dabei eng gesetzt.

Rehabilitation, die Hilfe für den defizitären Menschen

Das von Alltagstheorien geprägte Modell des »defizitären Wesens« findet seine Entsprechung in einem »medizinischen Modell«. »Normales« menschliches Leben wird dem Pol »gesund« zugeordnet, deutliche Abweichungen, auch wenn sie im Verhalten oder in den kognitiven Fähigkeiten festgestellt werden, werden dem Pol »krank« zugerechnet und als behandlungsbedürftig bezeichnet.

Behinderung bedeutet demnach Leiden, und das Ziel ist dabei, Leid zu mindern. Der Mensch, der von Geburt an mit seiner Beeinträchtigung lebt, empfindet diese als Normalität. Die naive Frage an eine schwer körperbehinderte Frau, wie es denn sei, immer auf einen Rollstuhl angewiesen zu sein, beantwortete diese mit: »Normal!«. Als beeinträchtigend wird eher empfunden, daß überall Barrieren vorhanden sind, die von Menschen ohne Behinderung gebaut werden. Leiden bei Menschen mit geistiger Behinderung entsteht wohl mehr durch die immer wieder erfahrenen Hinweise, nicht zu genügen, denn diese Gesellschaft kann Behinderung nicht akzeptieren. Deshalb muß also gehandelt werden, und dieses Handeln erfolgt nach ähnlichen Prinzipen. Fast alle konventionellen Hilfesysteme folgen der Annahme, daß dem Menschen etwas fehle. Dementsprechend wird trainiert und erzogen – der Mangel wird durch Auffüllen kompensiert. Unter Leitung der Experten werden ganze Hilfepakete geschnürt, bestehend aus vielerlei Trainings- und therapeutischen Maßnahmen, die derjenige, bei dem die Bedürftigkeit festgestellt worden ist, über sich zu ergehen lassen hat. Nach der Bekömmlichkeit all jener Maßnahmen wird eher in Nebensätzen gefragt, und da Nebenwirkungen nur zu häufig die primär sichtbaren Wirkungen sind, werden Bauchschmerzen, Motivationslosigkeit, aufkommende depressive Verstimmungen eher als die natürlichen Begleiter des Förderpakets gesehen. Die Verordnung des »Experten« wird jedoch nicht in Zweifel gezogen.

Dieses »medizinische Modell« von Diagnose und Therapie begleitet den Menschen mit Behinderung von der Feststellung der »Entwicklungsauffälligkeit« an. Diese Feststellung ist in der Regel gekoppelt an die ersten therapeutischen Bemühungen im Rahmen der Frühförderung. Heilpädagogische Therapien,

Ergotherapie, psychomotorische Übungsbehandlungen, evtl. Krankengymnastik sind die Folge – mit der viel zu wenig erwähnten Nebenwirkung, daß auch schon das kleine Kind erfährt »ich genüge nicht«.

Die Heilpädagogik ist in ihrer Systematik in gleicher Weise verfahren. Die »Defizite« werden registriert und beschrieben, die Symptome (das wiederkehrende, nicht angepaßte Verhalten) werden als Folge der Behinderung angesehen. Diese Symptome gehören zur Person des Behandlungsbedürftigen und müssen auch dort behandelt werden. Die Energien werden gerichtet »auf Wiederherstellung der Funktionfähigkeit beziehungsweise auf Anpassung und gesellschaftliche Verwertbarkeit ..., die den Einzelnen verobjektiviert und diszipliniert« (THEUNISSEN 1995, S. 17).

Einrichtungen, die etwas auf sich halten, fördern; und das nicht nur, wenn die Bewohner Kinder oder Jugendliche sind. Fördern ist die Handlungsorientierung, die sich notwendigerweise aus dem Menschenbild »Der Mensch mit Behinderung als defizitäres/defektes Wesen« ergibt. Nicht zu fördern, also nicht den kontinuierlichen Versuch zu unternehmen, diagnostizierte Defizite durch systematische Trainings zu kompensieren, hieße, gegen dieses Paradigma zu verstoßen und würde bedeuten, daß die Einrichtung ihre Aufgabe »gegenüber dem Behinderten« nicht ernstnimmt. Fördern ist eine Notwendigkeit, denn sonst würde man den Menschen mit Behinderungen seinem Schicksal überlassen. Das Paradigma des Defizits oder Defekts impliziert die Abwesenheit eigener Bedürfnisse, impliziert Motivationslosigkeit. Eigene Entwicklungen können nach diesem Dogma nicht in Gang kommen; in seiner »Hilflosigkeit« ist der Mensch mit Behinderung darauf angewiesen, daß er entwickelt, behandelt und gefördert wird.

Grundlage dieser Arbeitsweise ist, daß der Betreuer den Hilfebedarf bei dem Betreuten diagnostiziert. Je nach Kapazität und methodischer Ausrichtung kann dieser diagnostische Prozeß sehr komplex sein und ist evtl. von dem in der Einrichtung beschäftigten Psychologen oder Sozialpädagogen zu unterstützen. Diese Diagnose, die Beschreibung (oder Festschreibung) des Defizits und dessen Operationalisierung ist Grundlage eines ebenfalls umfangreichen Förderkonzepts, gegliedert in Fein- und Grobziele, in kurzfristig und langfristig angestrebte Veränderungen. Die Methodik zur Erreichung dieser Verhaltensänderungen oder des »Verhaltensaufbaus« wird ebenfalls festgeschrieben.

Und so werden auch noch erwachsene Menschen mit Behinderungen gefördert, ohne daß mit ihnen das Prozedere abgesprochen wurde oder mit ihnen die zu erreichenden Ziele definiert wurden. Bei dem einen stellt man vielleicht fest, daß er sehr wenig Kontakt zu seinen Mitarbeitern in der WfB hat, also wird über eine Arbeit nachgedacht, die mehr Kommunikation mit den anderen Kollegen zuläßt. Bei Frau X wiederum heißt es, sie sei zu dick, und man verabreicht ihr eine Reduktionsdiät. Herr Y wird von seiner Mutter verwöhnt und hat (so die Schlußfolgerung) Schwierigkeiten, sich im Wohnheim einzuleben; also werden die Besuche bei der Mutter reduziert, und diese macht mit, denn sie liebt ihren Sohn und will nicht, daß es ihm schlechtgeht.

Die Ziele sind nicht in Frage zu stellen, sie sind getragen von einem Bemühen um den einzelnen Menschen. Es geht vielmehr um das Vorgehen. In allen diesen Fällen wird der Mensch mit Behinderung zum Behandelten, es wird über ihn entschieden, man bespricht das Problem nicht mit ihm gemeinsam und sucht nicht gemeinsam mit ihm nach Lösungen. Oft werden Ziele nachhaltig verfolgt, die der Logik von Einrichtungen bzw. den individuellen Vorstellungen der Betreuer entsprechen mögen, nicht aber dem, was sich ein Mensch mit Behinderung wünscht.

Der Mensch mit Behinderung bleibt in einem Kreislauf, der sich immer wieder um Diagnose, also die Beschreibung des Defizits und deren Behebung durch Therapie und Förderung dreht. Bei Menschen ohne Behinderung ist Therapie in aller Regel abhängig von einem Leidensdruck und dem Wunsch nach Veränderung der Situation, die dieses Leiden auslöst. Und die Erweiterung beruflicher und anderer Fähigkeiten setzt immer einen freiwilligen Entschluß voraus, oder die Erkenntnis, daß eine persönliche Qualifizierung nötig ist, um einen definierten Zustand zu erreichen bzw. zu erhalten. Unter dem hier geschilderten Paradigma jedoch bleibt der Mensch mit Behinderung in einem passiven Zustand.

Neuere Annäherungen an das Phänomen »geistige Behinderung« und daraus abgeleitete Handlungsorientierungen

Mit der Formulierung des Prinzips der »Normalisierung« durch NIRJE 1962 (vgl. dazu THIMM 1984) ist ein Prozeß in Gang gekommen, der jetzt an dem Punkt angekommen ist, auch den Bereich der *Beziehung* zwischen behinderten und nichtbehinderten Menschen, zwischen Fachleuten und Betroffenen zu beleuchten. Man hat erkannt, daß Normalisierung nicht nur bedeuten kann, Menschen mit Behinderungen ein angenehmes, annähernd »normales« Lebensumfeld zur Verfügung zu stellen, ohne an die Kommunikationsstrukturen zu rühren. Normalität ist nicht vereinbar mit Lebensverhältnissen, in denen ein Teil ausschließlich den Gang der Dinge bestimmt und der andere Teil die Aufgabe hat, sich den Bedingungen anzupassen. Parallel zu dem Diskussionsprozeß der Fachleute, d. h. mit der Verbreitung einer systemischen Sichtweise in der Behinderten- und Heilpädagogik, entwickelte sich die »Selbstbestimmtleben-Bewegung« in den skandinavischen Ländern, in Kanada und in den USA. Von dort kam, ähnlich den Forderungen von Menschen mit Körperbehinderungen, die Forderung nach Selbstbestimmung. Wenn eine gesellschaftliche Gruppierung einfache demokratische Rechte verlangt, kann man sich nicht darüber hinwegsetzen, auch wenn, aus der traditionellen Ecke betrachtet, eine solche Forderung vielleicht unsinnig zu sein scheint. Es gibt sicher genügend Fachleute, die der Überzeugung sind, daß die Frage der Selbstbestimmung sich von selbst erledigt, wenn man nur genügend lange abwartet.

Betrachtet man jedoch das System der Behindertenhilfe und schätzt die Möglichkeiten der Menschen mit geistiger Behinderung realistisch ein, dann wird klar, daß die Frage der Selbstbestimmung zu hohen Teilen eine Frage an die Eltern und Fachleute ist, ob und in welchem Maße sie Selbstbestimmung unterstützen. Die »Selbstbestimmt-leben-Bewegung« wird zur Zeit noch getragen von wenigen Menschen mit geistiger Behinderung und von nichtbehinderten Unterstützern, die einen hohen moralischen Anspruch in ihr berufliches Engagement mit einbringen und die überzeugt sind, daß Menschen mit Behinderungen sich unter Bedingungen, die ihnen gerecht werden, selbstbestimmt weiterentwickeln können. Ob Ohnmacht von Menschen mit Behinderungen einerseits und Macht von Institutionen und der Gesellschaft andererseits weiterhin so eindeutig verteilt bleiben, hängt wesentlich davon ab, ob diese Bewegung es versteht, möglichst viele Eltern und Fachleute zu überzeugen.

In sich ist die Entwicklung schlüssig: »Autonomie ist in diesem Sinne eine Orientierung, die sich an Leitziele der 80er Jahre, wie Normalisierung und Integration, anschließt, gleichzeitig jedoch eine neue Akzentsetzung bewirkt. Während der Begriff der Normalisierung vorrangig die äußeren Lebensumstände und die soziale Stellung eines Menschen in der Gesellschaft, die Gestaltung von Alltagsabläufen und auch das Erscheinungsbild behinderter Menschen als Kind, Jugendlicher und Erwachsener in unserer Gesellschaft anspricht, lenkt das Autonomie-Paradigma den Blick auf die Beziehung zwischen der Gruppe der behinderten Menschen und der Gesellschaft insgesamt, sowie deren unmittelbarer Gestaltung zwischenmenschlicher Bezüge zwischen helfenden Personen und Hilfeempfängern. Insoweit ergänzt das Autonomie-Paradigma die Bemühungen um normalisierte Lebensumstände in größtmöglicher Gemeinsamkeit zwischen behinderten und nichtbehinderten Menschen, ersetzt jedoch nicht die Leitvorstellungen von Normalisierung und Integration« (FRÜHAUF 1995, S. 1).

Einstellungen und Handlungsorientierungen, die dem Paradigma der Selbstbestimmung entsprechen

Empowerment (siehe auch Seiten 56, 153 ff., 180) bezeichnet eine Form fachlicher Arbeit und ist am ehesten zu übersetzen mit »Selbstbemächtigung«. Es handelt sich dabei nicht um eine jener immer subtiler werdenden Methoden, mit denen Menschen mit Behinderungen doch noch geholfen werden soll, ein wenig so zu werden wie der gesellschaftliche Durchschnitt. In dem Empowerment-Konzept geht es darum »die Situation der Machtlosigkeit und den subjektiv empfundenen Verlust von Kontrolle über wesentliche Aspekte des individuellen und sozialen Lebens« (STARK 1991, S. 220) zu überwinden. Eine Reihe von Untersuchungen hat ergeben, daß die (Wieder-)Gewinnung von Kontrollbewußtsein und Kontrolle über die eigenen Lebensumstände eine wesentliche Voraussetzung für die Entwicklung psychosozialer Gesundheit darstellt. Der Fokus liegt dabei nicht länger auf den Defiziten von Personen und Umständen, sondern es geht darum, die Stärken der Menschen zu entdecken und zu fördern, damit sie (wieder) handlungsfähig werden und ihre Situation gestalten. »Empowerment hat nicht bestimmte Ergebnisse oder die Erreichung von (expliziten oder impliziten) Normen zum Ziel« (STARK 1991, S. 220). Es geht also nicht darum, sich an irgendeinem definierten Durchschnitt auszurichten oder Ziele zu verfolgen, die sich etwa an bürgerlichen Idealen orientieren. Empowerment bezeichnet eine Haltung, eine Einstellung des professionellen Helfers gegenüber seinem Klienten. Gekennzeichnet ist diese Haltung durch die generelle Auffassung, daß auch der (erwachsene) Mensch mit einer geistigen Behinderung Experte seiner selbst ist. Er kennt seine Bedürfnisse und Wünsche, er weiß um seine Grenzen und spürt seine Abhängigkeiten, er ist in der Lage, Art und Umfang notwendiger Hilfen zur eigenen Lebensgestaltung selbst zu bestimmen. Empowerment heißt dementsprechend, den Klienten zu ermutigen und ihn dabei zu unterstützen, diese Bedürfnisse zu artikulieren und zu befriedigen (soweit sie nicht die Grenzen anderer Menschen verletzen). HERRIGER (1996) spricht von einem Kompetenzdialog als Methode, Empowerment in der Praxis umzusetzen. Empowerment bei Menschen mit einer geistigen Behinderung ist ein langwieriger und mit Geduld voranzutragender Prozeß. Menschen, die es nicht gewohnt sind, sich zu artikulieren, die den Kontakt zu sich selbst, zu ihrem Körper, zu den Bedürfnissen und Wünschen oft nicht hergestellt oder ihn innerhalb der eigenen Entwicklung aufgrund übermächtiger äußerer Bedingungen verloren haben, werden sich nicht schnell zu emanzipierten, selbstbewußten Persönlichkeiten entwickeln können. Empowerment ist als ein überdauernder Prozeß anzusehen. Empowerment fordert eine solidarische Haltung des Begleiters dem Menschen mit Behinderung gegenüber. Und diese drückt sich wiederum in einem Verhalten aus, das sowohl den Menschen mit Behinderung in den Mittelpunkt des Bemühens rückt als auch durch persönliche und fachliche Faktoren geprägt ist.

Wenn der Mensch mit Behinderung als Experte angesehen wird, muß der professionelle Helfer aus seiner (bisherigen) Rolle heraustreten. Ihm bleibt die Rolle des Begleiters, des Unterstützers. Bei Veränderungen wird die Entwicklungsrichtung, die Dynamik, die Schnelligkeit, der Rhythmus bestimmt vom Menschen mit einer geistigen Behinderung. Der Begleiter stützt behutsam, ohne zu dominieren oder seine eigenen Vorstellungen und Werte in den Prozeß mit einzubringen, er berät nur dort, wo er wirklich um Rat gefragt wird (es sei denn, der Kontrakt über die Art der zu erbringenden Dienstleistung sieht etwas anderes vor).

Eine solche Haltung setzt ein Bild vom Menschen mit geistiger Behinderung voraus, welches zentral die Annahme beinhaltet, daß auch ein Mensch mit einer solchen Behinderung in der Lage ist, aus sich selbst heraus zu wachsen, daß der Organismus nach Unabhängigkeit von äußerer Kontrolle strebt und trotz aller bestimmender Einflüsse von außen er in zunehmenden Maße steuernd in die Entwicklung eingreifen kann (vgl. STAHL 1994). Das Streben nach Selbstverwirklichung durch die Entfaltung von Fähigkeiten ist Grundlage menschlicher

Existenz. »Der Mensch strebt nicht nur nach Selbsterhaltung und Bedürfnisbefriedigung, sondern gleichermaßen nach einem sinnvollen und erfüllten Dasein. Dies setzt allerdings voraus, daß elementare Bedürfnisse nach Sicherheit, Geborgenheit und Zuwendung auch befriedigt sind« (STAHL a. a. O., S. 66).

Behandlung, Förderung, Therapie ist unter dieser Betrachtung nicht nötig, es sei denn, Förderung wird unter dem Aspekt von Erwachsenenbildung vom behinderten Menschen eingefordert bzw. ein (psycho-)therapeutisches Setting wird bewußt aufgesucht.

Empowermentprozesse beziehen sich nicht nur auf die Unterstützung von Individuen, Empowerment bedeutet auch, die Bildung von Selbsthilfegruppen zu unterstützen und zu begleiten, wie z. B. »People-first-Gruppen« oder die Begleitung des Werkstattrats.

Wer sich zu Empowerment bekennt und eine unterstützende Grundhaltung einnimmt, verläßt damit als professioneller Helfer seine gesicherte Position. Er wird damit zur Partei und angreifbar, bzw. er muß sich Angriffen aussetzen. »Empowerment macht die Betroffenen mit ihren Bedürfnissen in ihrer Lebenswelt zum Gegenstand der Betrachtungen« und ist damit, wie THEUNISSEN (1995, S. 12) schreibt, »keine ausschließlich private Angelegenheit sozial benachteiligter Personen, sondern immer auch ein kollektives gesellschaftlich konfliktträchtiges Unternehmen, was auf Veränderung ›des Ganzen‹ zielt«. Politisch betrachtet, ist Empowerment »die aktive Aneignung von Macht, Kraft und Gestaltungsvermögen durch die von Machtlosigkeit Betroffenen selbst« (HERRIGER 1996, S. 290). Derjenige, der z. B. einen Werkstattrat begleitet, wird in schwierigen Situationen evtl. von Kollegen, Wertstattleitung oder Geschäftsführung als der angesehen, der den Ärger unterstützt, obwohl er doch dafür hätte sorgen können, daß dieses Thema nicht weiterverfolgt wird. Besonders in emotional geladenen Situationen wird wenig Verständnis dafür aufgebracht, daß es nicht Aufgabe des Begleiters ist, Themen vorzugeben oder den Ablauf von Entscheidungen zu beeinflussen, sondern darum, sicherzustellen, daß Menschen mit Behinderung darin bestärkt werden und sie die nötige Unterstützung bekommen, ihre eigenen Positionen zu vertreten.

Darüber hinaus birgt diese Grundhaltung eine Vielzahl von Konflikten in sich, wenn es um die Begleitung innerhalb von Einrichtungen geht. Begleitung wird als Frontwechsel verstanden. *Wir* Personal *hier*, *die* Behinderten *da*, das sind die traditionellen Machtstrukturen, die durch ein Empowermentkonzept umgeworfen werden. »Be-mächtigen« paßt nicht zum bisherigen Verständis von Betreuen, weckt Ängste, die bisherige Macht abgeben zu müssen. Die Hierarchie verändert sich, und das wird in den wenigsten Einrichtungen unwidersprochen hingenommen. Der Dienstleistungsbegriff erfährt gerade in Institutionen der Behindertenhilfe eine sonderbare Verkehrung, als mit der Form der Dienstleistung gleichzeitig die Auffassungen über deren Art und Umfang vom Dienstleistenden mitbestimmt werden. Empowerment stellt das in Frage.

Handlungsorientierungen

Selbstbestimmung und Autonomie als Leitziele innerhalb der Behindertenhilfe erfordern nicht nur ein Überdenken unserer Menschenbilder und der sich daraus ableitenden Haltungen und Einstellungen den Menschen mit geistiger Behinderung gegenüber. Sie erfordern auch eine Neuorientierung in der Methodik.

Hier bietet sich zur grundlegenden Standortbestimmung der »Ko-respondenzbegriff« von Petzold (1993, S. 21) an. »Ko-respondenz ist eine Form intersubjektiver Begegnung und Auseinandersetzung über eine relevante Fragestellung einer gegebenen Lebens- und Sozialwelt, durch die im gesellschaftlichen Zusammenhang Integrität gesichert, im agogischen Kontext Integrität gefördert und im therapeutischen Setting Integrität restituiert wird.«

Das, was Begleitung zu leisten hat, ist, in der Begegnung mit Menschen mit Behinderung, in der Wahrnehmung ihrer wichtigen Probleme und Fragestellungen sowie in der Auseinandersetzung darüber, ihr Leben als Person zu sichern, Angebote zum kognitiven, kreativen und emotionalen Wachstum zu machen und »verletzte« Persönlichkeiten wieder aufzubauen.

Dialogische Begleitung

In einen Dialog treten heißt nicht, jemanden belehren, ihm die eigene Meinung aufzuoktroyieren. Dialog bedeutet, offen zu sein, Positionen und Einstellungen zu verdeutlichen, sich gegeneinander abzugrenzen oder einen Konsens zu suchen. Dialoge sind nicht nur sprachlich gebunden, der Austausch geschieht über alle Ausdrucksmöglichkeiten wie Mimik oder Gestik, er kann schriftlich erfolgen, über ein gemaltes Bild, über herkömmliche Bräuche, wie zum Beispiel das Schenken. Und das, was der Kommunikationspartner an Reizen sendet, wird über alle Sinne aufgenommen. Das Wort oder der Laut werden gehört, seine Nuancen registriert und interpretiert; die Geste wird gesehen und bewertet, die Berührung gespürt und auch sie findet eine gefühlsmäßige Entsprechung.

Dialogische Formen der Begleitung entsprechen diesem Menschenbild, und diese vertragen kein: »Du sollst ...«. Sie sind herrschaftsfrei. Methoden sind ein Vehikel, mit dem das eine oder andere Ziel schneller, angenehmer oder auf interessantem Weg erreicht werden kann, jedoch kein Ersatz für wirkliche Begegnungen. Methoden, wie die Verhaltensmodifikation oder traditionelle Formen der Pädagogik, die den Menschen zum Objekt machen, gehören nicht in das Repertoire eines professionellen Helfers, wenn man sich an dem veränderten Menschenbild orientiert. »Es gibt nicht die Wirklichkeit, und es gibt nicht die richtige Methode, sondern es gibt das Bemühen, die komplexe Realität aus verschiedenen Perspektiven zu erfassen. Es gilt, danach zu streben, Wirklichkeit miteinander kreativ zu gestalten und sich mit Phantasie und in der ernsthaften Ko-respondenz dialogischer Prozesse sich darüber zu verständigen, auf welchen Wegen und mit welchen Mitteln und Methoden man gemeinsam zu humanen Lebensformen finden kann – und diese sind vielfältig« (PETZOLD 1993, S. 457).

In diesem Sinne heißt Begleitung nicht unreflektierte Unterordnung, eine im preußischen Gehorsam ausgeführte Leistung oder das geduldige Bereithalten einer solchen Leistung, entsprechend einer Anordnung. Dabei sind die Machtverhältnisse eindeutig. Hierbei wäre der Begleiter Untergebener, der, soweit nicht anders verabredet, keinerlei Entscheidungsspielraum hat. Begleitung meint nicht die Umkehrung von Machtstrukturen. Diese Begriffe beschreiben den Zustand, der erreicht wird, wenn man die Polaritäten Macht – Ohnmacht, oben – unten, Wert – Unwert verläßt und sich auf den Menschen konzentriert. In der dialogischen Begleitung ist alles Tun geleitet davon, aufmerksam zu sein und erfahren zu wollen, was der Mensch mit Behinderung will, was er fühlt, denkt, wie er die Welt sieht.

Entscheidungs-(Spiel-)Räume

Begleiten hat viele Facetten. Das heißt z. B. *forschen*, danach suchen, was mein Gegenüber, der Mensch mit Behinderung von mir erwartet, was er wünscht und welche Dienstleistung in Art und Umfang dazu notwendig ist. Und je nach der Art der Behinderung erweist sich das als fortlaufender, überdauernder Prozeß. Dieses Forschen kann auch bedeuten, daß Wahlmöglichkeiten geschaffen werden müssen. Gerade, was den Umgang mit Freizeit angeht, gilt: Wer nicht weiß, was Kegeln, Tanzen, Schwimmen ist, wird nicht dazu kommen, daran Freude zu entwickeln. Daß Kino eindrucksvoller ist als Fernsehen, Theater, vielleicht auch selbst gespielt, wieder andere Eindrücke vermittelt – diese Erfahrungen müssen gemacht sein, bevor gewählt werden kann.

Durch das Bekanntmachen von unterschiedlichen Eindrücken und das Bekanntwerden mit ihnen entstehen Entscheidungsmöglichkeiten. Begleiten heißt deshalb, Optionen zu erweitern für Verhalten, und das geht bei Menschen mit geistiger Behinderung fast ausschließlich über das (gemeinsame) Tun, das (gemeinsame) Handeln. Das wird häufig bedeuten, eigene Grenzen zu überschreiten und dabei gehalten zu werden. Wem vermittelt wurde, daß Wasser gefährlich ist, der wird sich nur unter großer Angst in ein Boot trauen und einen kleinen Fluß hinunterpaddeln, er muß vielleicht vorweg unter für ihn kontrollierbaren Bedingungen erfahren können, daß die Schwimmweste ihn trägt und er nicht ertrinken kann. Wenn er diese Erfahrungen nicht gemacht hat, wird er nicht entscheiden können, ob das ein sinnvolles Hobby für ihn sein könnte.[10]

Begleiten bedeutet, Angebote zu machen zu Beginn eines langen Prozesses, Möglichkeiten aufzuzeigen, Neugier zu wecken, zu animieren, Neues auszuprobieren, immer mit der Möglichkeit, sich auch *gegen* solche Angebote zu entscheiden oder festzustellen, daß sie zu aufregend, zu anstrengend, oder zu …

---

10) Vgl. auch »Erlebnispädagogik mit geistig behinderten Menschen«, Theunissen G. (1994, S. 32 ff. und 1995, S. 197 ff.).

sind. Dazu braucht es keine Ausbildung als Animateur, aber vielleicht einmal eine Fortbildung in Freizeitpädagogik, dazu bedarf es der gegenseitigen Ermunterung innerhalb des Teams und der Ergänzung: Der eine Kollege hat seine Interessen, Neigungen und Stärken mehr im kulturellen Bereich, der andere mehr im sportlichen, der dritte weiß raffinierte Gerichte zu kochen. Gemeinsam auf Entdeckung zu gehen und die Welt in ihrer Vielfältigkeit und Schönheit zu begreifen, das ist das Ziel des Handelns. Aus diesen Erfahrungen ergeben sich die Vorlieben, die Menschen mit Behinderung selbst einfordern können.

Das Umfeld zu strukturieren, gehört zum Katalog möglicher Methoden, die der Begleiter anzuwenden hat, um mit seinen Forschungen weiterzukommen. Dieses Strukturieren des Umfelds, das sollte im Bewußtsein des Begleiters sein, ist immer abhängig von *seiner* Phantasie, von seinen Interpretationen über das, was der Mensch mit Behinderung wünschen könnte, er bleibt damit immer innerhalb der durch die eigenen Erfahrungen gesetzten Grenzen. Es ist eines der großen Mißverständnisse, daß Begleitung vorrangig diese Art der Tätigkeit beinhaltet. Wahlmöglichkeiten zu schaffen, ist ein Teil der Handlungsmöglichkeiten, die Begleiten umfaßt, und besonders am Anfang eines solchen Prozesses und bei stark eingeschränkten Kommunikationsmöglichkeiten ein wichtiges Element.

Das biographische Verstehen

Das Forschen, das mit großer Beharrlichkeit betrieben werden muß, will der Begleiter nicht Gefahr laufen, ganz andere Dienstleistungen zu erbringen als sie von Menschen mit Behinderung erwartet werden, bedeutet für ihn gleichzeitig einen Prozeß des Bewußtwerdens. Biographisches Verstehen meint, sich mit seinen Vorerfahrungen, mit seiner Herkunft auseinanderzusetzen. Die Begegnung zwischen Klienten und Begleiter ist nicht nur geprägt durch das Hier und Jetzt, in ihr manifestieren sich alle Vorerfahrungen, alle Ängste und erfahrenen Kränkungen, Wünsche und Hoffnungen. Diese sind nur zu verstehen aus allen vergangenen Lebenssituationen. Sie zu eruieren, nach ihnen zu forschen, die Frage zu stellen: »Wie war das früher?« hilft beim Verstehen.

NIEDECKEN (1989) gibt einen sehr differenzierten Einblick in die Besonderheiten der Biographie von Menschen mit einer geistigen Behinderung. Sie beschreibt sehr eindrücklich die archaische Angst vor der Bedrohung durch die Gesellschaft, die Menschen mit einer Behinderung sehr früh entwickeln. Diese Angst treibt sie dazu, möglichst nicht aufzufallen, sich angepaßt zu verhalten. Die Wahrnehmung ist nach außen gerichtet, gilt es doch, frühzeitig zu erspüren, was von einem erwartet werden könnte. Menschen, die von einer derartigen unbewußten Angst besetzt sind, werden große Schwierigkeiten haben, sich selbst und ihre Bedürfnisse wahrzunehmen. Diese nach außen orientierte Wahrnehmung dominiert auch dann noch, wenn innere Zustände heftig nach Veränderungen rufen.

Eine junge Frau fällt in regelmäßigen Abständen innerhalb der Werkstatt dadurch auf, daß sie unruhig und unkonzentriert wirkt und dann wegen einer Kleinigkeit schreit und um sich schlägt. Einige Klinikaufenthalte und medikamentöse Therapien können an diesem Zustand wenig verändern. Ihr selbst machen die unkontrollierten und, wie sie sagt, unbeherrschbaren Ausbrüche sehr zu schaffen. Sie selbst meint, es sei zu laut in der Gruppe. Ob sie denn die Gruppe wechseln wolle, wird sie gefragt. »Herr K (Gruppenleiter) hat gesagt, dann muß ich in die Gärtnerei. Frau L (Gruppenleiterin) hat gesagt, in der Gärtnergruppe sind so viele Männer, die so rauh sind. Herr S sagt, daß ich in seine Gruppe nicht kann, die ist schon voll, die können keinen nehmen.« »Und was wollen Sie selbst?« »Mein Vater meint, daß es mir bei Herrn K immer gut gegangen ist, der kennt mich schon so lange.«

Diese Abhängigkeit von Meinungen anderer Menschen, der nach außen gewandte Blick, ohne Kontakt zu den eigenen Gefühlen zu haben, führt in die empfundene Ohnmacht und Verzweiflung. Den Blick nach innen zu richten, auf sich selbst zu hören, würde, folgt man dem Denkansatz von Niedecken, die archaischen Ängste wieder freisetzen, würde bedeuten, die Bedrohung von außen zu vernachlässigen. Ein Mensch in einer derartigen psychischen Konstellation ist nicht mehr frei; gefangen wie ein Zwangsneurotiker, der, von der Idee besessen, er könne von Krankheitskeimen befallen werden, die Wohnung nicht mehr verlassen kann. Diese Unfreiheit zu überwinden, bedeutet Wachstum. Das ist die »therapeutische« Funktion des Begleitens. Therapie meint hier den *Prozeß* einer begleiteten Veränderung.

Psychotherapeutische Hilfen würden einen solchen emanzipatorischen Prozeß sicher unterstützen. Jedoch zeigt die Praxis, daß nur wenige Psychotherapeuten sich in der Lage sehen, ein solches Angebot für Menschen mit Behinderungen vorzuhalten, und Einrichtungen der Behindertenhilfe verfügen nur selten über entsprechend ausgebildetes Personal.

Verstehen auffälligen Verhaltens

Unterschiedliche Untersuchungen weisen nach, daß Verhaltensstörungen und psychische Erkrankungen bei Menschen mit geistiger Behinderung eine weitaus höhere Verbreitung haben, als bei der übrigen Bevölkerung. Nach DOŠEN (1993, S. 91) variieren die Anteile zwischen 20 und 64 %. LOTZ (1994), der eine Sichtung der empirischen Literatur auswertet, kommt auf einen Anteil von 40 % »psychisch gestörter geistig behinderter Menschen«. »Studien an institutionalisierten Personen bzw. Personen, die in unterschiedlicher Umgebung leben, nennen einen Anteil von einem Drittel« (S. 25). Die große Varianz in den Untersuchungen zeigt, wie schwierig eine Zuordnung zu psychiatrischen Diagnosen ist. HENNICKE (1994) verdeutlicht, daß solche Diagnosen in der Regel wenig hilfreich sind, sondern ein mehrdimensionaler, systemisch orientierter Zugang sich als sinnvoll erweist. Statt Typologisierung und Klassifikation geht es um das Erfassen der individuellen Lebensbedingungen, um eine verstehensmäßige Annäherung an das Verhalten, welches in der Wechselwirkung zu seinem Gesamtkontext gesehen wird.

Viele dieser beobachteten Auffälligkeiten sind nicht behandlungsbedürftig. Um sie jedoch zu verstehen, bedarf es einiger Grundannahmen. Eines dieser Axiome ist: *Jedes Verhalten hat einen Sinn und Zweck.* Ausgehend davon heißt es, nach dem Sinn oder Zweck eines auffälligen Verhaltens zu forschen und zu eruieren, welche Bedeutung dieses Verhalten hat, das zunächst nicht verstanden wird.

> Die Mutter des achtjährigen Mädchens Jana berichtet, daß sie sich nicht mehr mit ihrer Tochter in die Gesellschaft von Müttern mit kleineren oder gleichaltrigen Kindern wage. Ihre Tochter sei aggressiv, immer wenn sie mit anderen Kindern in Berührung komme, greife sie diese bei den Haaren und halte sie fest. Alle bisherigen Versuche, dieses Verhalten zu unterbinden, seien gescheitert. Die Leute hätten kein Verständnis dafür und sie sei von anderen Eltern bereits heftig angegangen worden, wenn ihre Tochter wieder einmal zugegriffen habe. Die Tochter selbst ist ein fröhliches Kind. Sie hat ein schwer zu kontrollierendes Anfallsleiden, läuft etwas unbeholfen und ist sehr stark sehbehindert. Mag sein, daß das Verhalten, welches der Mutter heftige Probleme bereitet, einen aggressiven Hintergrund hat und das Aggressionspotential unter der Anfallsbereitschaft erhöht ist. Für mich jedoch ist wahrscheinlicher, daß die kleine Jana die Kinder, an denen sie Interesse hat, mit diesem Griff fixiert, um sie sich so in ihr Gesichtsfeld holen und sie sich anschauen zu können.

Diese Interpretation gibt zunächst keinen Ansatz für eine Veränderung des Verhaltens, nimmt der Mutter jedoch den Druck, ihr Kind sei böse. Verhaltensbeschreibungen wie: sie ist aggressiv, sie ist unbeherrscht, hat keine Kontrolle über sich, haben in Verbindung mit Behinderung etwas Dämonisierendes und beschreiben etwas scheinbar nicht Veränderbares. Die »Störung« ist dabei Teil des Subjekts, gleichsam angeboren. Das sind statische, scheinbar unveränderbare Zuschreibungen, die letztendlich dazu führen, daß man andere Kinder vor so einem Mädchen schützen muß, wie es die Mutter in dem beschriebenen Beispiel bereits macht.

»Jeder Mensch trachtet danach, zu (über)leben, zu wachsen und nahe bei anderen zu sein. Alles Verhalten drückt dieses Ziel aus, unabhängig, wie gestört es erscheinen mag.« (SATIR, zitiert nach SCHLIPPE, 1993, S. 18). Der Mensch ist ein originär gesellschaftliches Wesen. Verhaltensauffälligkeiten sind nicht »einfach auf den Charakter oder auf seine Natur zurückzuführen, sondern sie müssen als soziale Phänomene, als Resultat zirkulärer Interaktionsmuster betrachtet werden« (LINGG 1994, S. 21). Das Bemühen, ein solch gestörtes Verhalten zu verstehen, beginnt bei dem Versuch, die Welt mit den

Augen des behinderten Menschen anzusehen. Dabei muß man die spezielle Situation berücksichtigen und auch die Besonderheit des Kindes oder des Erwachsenen, die sich durch die Beeinträchtigung ergibt. Dann wird aus der *Aggression*, die zunächst nur gesehen wird, oft etwas viel Einfacheres und letztlich Menschliches.

Deutungsversuche von Verhaltensweisen bleiben häufig in sehr eingängigen und sich wiederholenden Schemata stecken, die für eine weitere Annäherung an die Problematik nicht hilfreich sind, weil sie zu sehr vereinfachen und Unterstellungen in sich bergen. »Die/der holt sich damit Zuwendung« ist z. B. eine der geläufigen Deutungen problematischen Verhaltens. Und im Hintergrund schwingt der Vorwurf mit, sie/er erschleiche sich etwas, was ihm nicht zustehe: der Mensch, das hinterhältige, berechnende Wesen. Wenn sie/er sich damit Aufmerksamkeit und Zuwendung holt, dann wird sie/er es dringend nötig haben, obwohl der professionelle Helfer oder die Eltern meinen, das sie/er doch schon so viel davon bekomme. Die Quantität und Intensität von Aufmerksamkeit und Beachtung, die gesucht wird, ist abhängig von der je aktuellen individuellen Bedürfnislage und nicht normativ zu erfassen.

Solche Deutungen können nicht als Annäherung an das Problem verstanden werden, weil sie am Symptom und den beobachteten unmittelbaren Folgen hängenbleiben und diesen Kreislauf dann als kausal betrachten. Folglich brauche man nur die Aufmerksamkeit zu entziehen, dann werde auch das problematische Verhalten verschwinden. Das Symptom, das problematische, auffällige Verhalten wird nicht als »Signalverhalten« (NIEHOFF 1994) gesehen, das auf einen Mangelzustand hindeutet, sondern es wird selbst als veränderungsbedürftig betrachtet. Das hat zur Folge, daß man zum Beispiel die Fettsucht mit Essensentzug bekämpft, Aggressionen mit der strukturellen Aggression (z. B. time-out, einem euphemistischen Begriff für zeitweisen Freiheitsentzug), Unruhe wird chemotherapeutisch angegangen. Man klebt dabei am Symptom und denkt nicht an Ängste, wenn von Zuwendungssuche gesprochen wird, nicht daran, wofür das Essen beim Fettsüchtigen steht, was es ersetzt, nicht an Überforderung oder an Reizüberflutung oder an erlittene Kränkungen, wenn man von Aggression redet. Manchmal sind die Ursachen für auffälliges Verhalten sehr einfach:

> Ein Mann mittleren Alters, Epileptiker, hat in seiner Behindertenkarriere mehrere Einrichtungen hinter sich gebracht. In allen war er als aggressiv, unkontrolliert, nicht lenkbar beschrieben worden. Er wechselte in eine kleine Diakonische Einrichtung, die es sich zur Aufgabe gemacht hat, Heimat für solche »fast hoffnungslose« Fälle zu werden. Hier wurde der Mann nicht mehr gezwungen, den Helm aufzusetzen, der ihn vor Kopfverletzungen schützen sollte. Jetzt wird es hin und wieder nötig, daß eine Platzwunde versorgt wird, nur aggressiv, so wie er in allen anderen Einrichtungen beschrieben wurde, ist er nicht mehr (C. Deßecker, mündlicher Bericht).

Es gibt Verhaltensweisen, die zwar als auffällig bezeichnet werden könnten, die jedoch so akzeptiert werden müssen. Das Schaukeln, welches vielleicht beruhigt und angenehm ist, oder die immer gleiche Frage: »Wie heißen Sie?«, die jede Begegnung begleitet und die der Kommunikation eine Struktur geben soll. Solche Verhaltensweisen sind Teil der Persönlichkeit, sie bedürfen keiner Interpretationen. Die werden vor allem dann nötig, wenn Verhalten sich ändert, wenn Verhaltensweisen immer wieder auftreten, die vorher nicht zu beobachten waren.

Verstehen ist die Grundlage für Veränderungen, Verstehen bedeutet, Signale zu entschlüsseln, um dann einen gemeinsamen Weg der Veränderung vorzubereiten. Verstehen ist nicht Grundlage einer einseitigen Manipulation, sondern Grundlage dialogischer Begleitung. »*Das, was die Gesellschaft krankes, verrücktes, dummes oder schlechtes Verhalten nennt, ist in Wirklichkeit der Versuch seitens des gekränkten Menschen, die bestehende Verwirrung zu signalisieren und um Hilfe zu rufen*« (SCHLIPPE 1993, S. 18).

Einfühlendes Verstehen, so wie BADELT (1984) es beschrieben hat, ist die Methode, die in solchen Prozessen unverzichtbar ist. Sie leitet sich her aus der Gesprächspsychotherapie, wie sie Rogers begründet hat. Grundelement des einfühlenden Verstehens ist eine grundlegende positive Zugewandheit, ist Empathie, ist »die nicht an Bedingungen gebundene positive Wertschätzung und emotionale Wärme« (TAUSCH 1974). Das, was der behinderte Mensch verbal äußert oder über Mimik und Gestik zum Ausdruck bringt, wird akzeptiert, ohne daß die Akzeptierung und Wärme von irgendwelchen Voraussetzungen abhängig gemacht wird.

Offenheit und Ehrlichkeit

Dieser Dialog setzt auch beim Begleiter voraus, daß er auf sich selbst und seine eigenen Gefühle achtet und damit offen umgeht. Begleiten erfordert Ehrlichkeit und Offenheit. Der Dialog lebt aus der Gegenseitigkeit. So hat auch der behinderte Mensch ein Recht darauf zu erfahren, was sein Begleiter denkt, wie er eine Situation bewertet.

Toleranz und Distanz

»Es gibt nicht die Wirklichkeit und es gibt nicht die richtige Methode, sondern es gibt das Bemühen, die komplexe Realität aus verschiedenen Perspektiven zu erfassen.« (PETZOLD, a. a. O.). Das wird besonders dann deutlich, wenn unterschiedliche Einschätzungen entstehen, wenn unterschiedlich gehandelt wird. Das wesentliche beim Begleiten ist, nicht zu dominieren, und das erfordert Toleranz und Distanz. Toleranz als die Fähigkeit, andere Ansichten akzeptieren zu können, andere Lebensformen und Lebensentwürfe nicht (negativ) zu bewerten, zulassen zu können, daß andere Menschen mit einer anderen Biographie und anderen leiblichen Voraussetzungen anders denken und anders handeln. Distanz zu haben zu seinem Klienten, wie zu sich selbst, bedeutet, sich nicht mit seinem Denken und Handeln zu identifizieren, nicht der Ansicht zu unterliegen, für diesen Menschen und das, was er tut, verantwortlich zu sein, sich vielleicht dessen zu schämen. Solche Distanz verhindert Manipulationen und Eingriffe. Sie schützt davor, tätig zu werden, ohne daß dies verlangt oder erwartet wird. Von dieser Distanz, auch im wörtlichen Sinne als räumlicher Abstand gemeint, lebt Begleiten. In Seminaren zum Thema Selbstbestimmung habe ich mit Skulpturen gearbeitet, einer Methode, die in der Familientherapie häufig angewendet wird. Damit soll dargestellt werden, wie Menschen zueinander stehen, welche Haltungen sie einnehmen. Wurde Fördern dargestellt, standen die professionellen Helfer sehr eng, grenzunterschreitend bei dem Menschen mit Behinderung, teilweise den Weg weisend oder stützend. Nach der Anweisung an die Darsteller, sie sollten sich vorstellen, sie hätten es mit einem Menschen zu tun, der in der Lage sei, für sich selbst zu sorgen, traten zunächst alle erst einmal einen Schritt zurück, gruppierten sich etwa hufeisenförmig um den behinderten Menschen und gaben den Blick nach vorne frei. Das Unterlaufen persönlicher Grenzen des anderen gehört in das Menschenbild »defizitär/defekt«, nicht in das, welches Grundlage eines Selbstbestimmt-leben-Ansatzes ist. Begleiten heißt, Raum geben. Wo sich die Distanz vergrößert, entsteht Raum, der erkundet, gestaltet, beherrscht werden kann. Und indem Raum verläßlich überdauernd beherrscht wird, entstehen Grenzen, kann sich der Mensch mit Behinderung abgegrenzt als Individuum erleben.

Die Distanz *zu sich selbst* ermöglicht, sich in seinem beruflichen Verhalten kritisch zu betrachten. Die Hilfe eines erfahrenen Supervisors bei der Arbeit, den Gefühlen und Verhaltensweisen nachzuspüren, die diese Distanz gefährden, die die Toleranz bedrohen, ist dabei fast unerläßlich.

Zeit

Begleiten braucht Zeit, braucht individuelle Zeit sowie die Möglichkeit und Fähigkeit, Zeit zu »vergeuden«. Zeit spielt in der Leistungsgesellschaft *die* Rolle. Leistung ist die in einer bestimmten Zeit erbrachte Arbeit. Die gleiche Arbeit in weniger Zeit erbracht, bedeutet höhere Leistung, und da Leistung ein wesentliches Element unserer Gesellschaft ist, ist Zeithaben entweder etwas für Reiche und Alte oder es heißt, aus dieser Gesellschaft herausgefallen zu sein. Diese »Zeitlosigkeit«, die Markenzeichen für Erfolg zu sein scheint, läßt sich nicht auf die Tätigkeit des Begleitens übertragen.

Ein Mensch mit Behinderung bemerkte auf einer Tagung zum Thema Selbstbestimmung, er habe Schwierigkeiten »mit dem öffentlichen Zeitgefühl«, und hat mit dieser Wortschöpfung deutlich gemacht, wie unterschiedlich das Zeitempfinden sein kann. Der Dialog braucht Zeit, er ist zunächst ziellos und erfüllt oft den Zweck in sich selbst. Damit entzieht sich Begleiten den sonst üblichen Leistungsmerkmalen (auch denen der Pädagogik und Therapie). Organisationsformen, die diese Zeit künstlich verknappen, indem der Begleiter mit fachfremden Aufgaben beschäftigt wird, wie z. B. die Zubereitung des Essens, die

Verwaltung des Taschengelds und anderen Aufgaben, werden dieser paradigmatischen Ausrichtung nicht gerecht. Zur Begleitung gehört eine Organisationsstruktur, die Zeit läßt für das Begleiten.

Kontrakt

Paßt solch ein Konzept der Begleitung nur für solche Menschen mit Behinderungen, die relativ »unauffällig« sind? Und was passiert mit denen, die psychisch krank sind, aggressive oder selbstverletzende Verhaltensweisen zeigen? Solche und ähnliche Fragen werden zu Recht immer wieder gestellt. Zur Aufgabe eines professionellen Helfers gehört es, einzugreifen, um Gefahren abzuwehren. Man kann nicht zusehen, wie Menschen sich selbst und andere gefährden. Dazu bedarf es keines Konzepts, das regeln die allgemeine Ethik und das Recht. Es darf jedoch nicht sein, daß solche freiheitsbeschränkenden Maßnahmen, wie sie oft bei Aggressionen und selbstverletzenden Verhaltensweisen angewendet werden, zur Selbstverständlichkeit werden. Die Beratung der Begleiter (Ein gutes Beispiel für die Wirkung von Beratung beschreiben Gijs H. van GEMERT u. a. in dem Aufsatz »Jolanda Verenas Geschichte« in: Geistige Behinderung, Heft 1/96.), die Thematisierung der Hilflosigkeit, die in solchen Interventionsformen zum Ausdruck kommt, ist ein wesentlicher Bestandteil der Arbeit in Einrichtungen. Es kann nicht sein, daß sich Begleiter mit einem derart problematischen Verhalten abfinden, wenn die Grundlage des Denkens sich daran orientiert, daß nicht der Mensch an sich so ist, sondern er durch seine Verhaltensweisen seine dahinterliegenden Bedürfnisse zum Ausdruck bringt.

Auch in weniger schwerwiegenden Fällen kann es dazu kommen, daß man sich als Begleiter Situationen gegenüber sieht, die mit den üblichen Formen des Begleitens nicht zu bewältigen zu sein scheinen:

> Frau G fühlt sich sehr schnell bedroht. Ein Streit in der WfB kann dazu führen, daß sie am nächsten Tag im Bett liegenbleibt und sich das Deckbett über den Kopf zieht, um sich vor der Begegnung mit dem Kollegen/der Kollegin zu schützen. Frau G ist sehr streng christlich erzogen, sie gehört einer kleinen kirchlichen Gemeinschaft an, die ihren Glauben nach den Buchstaben der Bibel lebt. Einen Tag im Bett liegen zu bleiben, ist nur möglich, wenn man krank ist. Ist sie nicht wirklich krank und geht sie nicht zur Arbeit, hat sie gelogen und zudem dem lieben Gott einen Tag gestohlen. Das ist in der Vorstellung von Frau G eine Sünde. Eskaliert wieder einmal ein Konflikt mit einer Kollegin/einem Kollegen, ist es Frau G nicht möglich, zur Arbeit zu gehen. Bleibt sie aber der Arbeit fern, stellt sich die nicht zu bekämpfende Phantasie ein, alle hielten sie für schlecht: der Betreuer, der Gruppenleiter, die Kollegen und Mitbewohner, die Mitglieder der Gemeinde – alle würden nur sie anstarren und ein Urteil über sie fällen. – Hält dieser Zustand mehrere Tage an, verstärken sich diese Gedanken so sehr, daß Frau G sich gar nicht mehr in die WfB traut. Aus diesem Dilemma »erlöste« sie sich,

indem sie für zwei Tage verschwand, bevor sie sich bei der Polizei meldete und zurückgeholt wurde. – Vor einem solchen Kreislauf scheint man Frau G zunächst nur schützen zu können, indem man sie an dem Morgen, an dem sie liegenbleiben will, mit Beharrlichkeit und Nachdruck zur Arbeit schickt.

Dieses Beispiel soll verdeutlichen, wie ein solcher Kontrakt entsteht und welche Inhalte er haben sollte. Natürlich sollte nach therapeutischen Möglichkeiten gesucht werden, die es z. B. Frau G ermöglichen, mit ihren Ängsten und ihren ekklesiogen neurotischen Anteilen umzugehen.

Es muß also für ein solches Vorgehen im vorhinein eine Auftragsklärung geben, denn die Erwartung einer Hilfe wird z. B. von Frau G immer wieder deutlich artikuliert. Zur Begleitung paßt jedoch weder die eindeutige Aufforderung, noch die Androhung irgendeines Zwangs. Eine Auftragsklärung in der Situation selbst ist nicht möglich, die Lage würde sich dadurch noch mehr zuspitzen. Dieses Verhalten kann nur in einer unbelasteten Situation thematisiert werden. Mit dem Klienten können dabei die verschiedenen Lösungsmöglichkeiten und deren Konsequenzen durchgesprochen werden. Eine dieser Möglichkeiten kann das Angebot umfassen, den Klienten, wie hier im Beispiel vorgegeben, aus dem Bett zu holen. Im Sinne der Aufforderung von PETZOLD (1993), die Wirklichkeit miteinander kreativ zu gestalten, sollten auch andere Lösungsmöglichkeiten gemeinsam besprochen, phantasiert, durchgespielt werden. Ein Entweder-oder verstellt den Blick auf die Vielfältigkeiten des Umgangs miteinander und führt allzu oft in Sackgassen.

Gemeinsam nach Möglichkeiten zu suchen, die einen Weg aus dem Dilemma weisen, ist ein wesentlicher Teil einer solchen Auftragsklärung. Ob durch ein gemeinsames Brainstorming oder durch den Versuch, die erarbeiteten Alternativen im Rollenspiel erfahrbar zu machen, das wird vom Klienten abhängen und von der Kompetenz des Begleiters. In jedem Fall ist das eine kreative Arbeit, die sehr viel Spaß machen kann, und damit ist gleichzeitig die Möglichkeit geboten, die Situation zu entdramatisieren und Distanz zu ihr zu bekommen.

Für endgültige Auftragsklärungen bedarf es klarer Definitionen. Ein solcher Kontrakt könnte in dem oben geschilderten Beispiel etwa so aussehen: »Ich fordere Dich energisch auf, aufzustehen. Wenn Du liegenbleiben willst, wenn ich weitgehend ausschließen kann, daß Du nicht wirklich krank bist und wenn ich weiß, daß Du Ärger hattest. – Ich werde keine Gewalt anwenden und Dich nicht daran hindern, zurück ins Bett zu gehen, wenn Du einmal aufgestanden warst. – Ich mache das nur einmal und werde anschließend meinen Auftrag mit Dir besprechen. – Du trägst die Verantwortung für Dein Verhalten, und ich werde Dich in dem Umfang unterstützen, den Du von mir erwartest, und den ich für mich akzeptieren kann.«

Was ist meine *Aufgabe als Begleiter*? Unter welchen Bedingungen oder zu welcher Zeit habe ich diese zu erbringen? Welche Umfang hat diese Aufgabe?

Woran kann man erkennen, daß der Auftrag erfolgreich oder befriedigend ausgeführt wurde? Zu welchem Zeitpunkt erfolgt die Überprüfung des Auftrags? Wie kann man den Auftrag in einer kurzen Formel positiv beschreiben? Solche Fragen gilt es zu beantworten, um eine Auftragsklärung nachvollziehbar werden zu lassen.

Diese Auftragsklärungen haben nicht nur dort einen Sinn, wo es sich um solch auffällige Ereignisse handelt, die ohne Auftragsklärung einen groben Verstoß gegen die Ethik der Begleitung darstellen. Sie sind auch bei Routineaufgaben ein wichtiger Bestandteil von Begleiten.

Der junge Mann mit starkem Bartwuchs soll nicht jeden Morgen gefragt werden, ob er jetzt wünscht, rasiert zu werden. Es gehört zum Kontrakt, sich in regelmäßigen, möglichst eindeutig definierten Abständen den Auftrag »Rasieren« von ihm bestätigen zu lassen. Es ist ja durchaus denkbar, daß er zur Auffassung kommt, er könne sich einen Bart wachsen lassen.

Auftragsklärungen und Auftragserteilungen sind also persongebunden. Die Durchführung eines Auftrags kann begleiterabhängig sehr wohl unterschiedlich erlebt werden. Während der Kaffee nach der Arbeit, von Begleiterin A bereitet, zum Routineauftrag für sie werden kann, gilt das gleiche nicht für den Begleiter B, der nie das rechte Maß an Kaffeepulver findet und auch nicht in der Lage ist, die Atmosphäre so zu gestalten, daß diese Zeit genüßlich verbracht werden könnte.

Persönliches Begleiten ist nur bedingt zu leisten, da die Arbeitszeit begrenzt ist und mehrere Menschen mit Behinderung sich einen Begleiter teilen müssen. Der Vorteil ist möglicherweise darin zu sehen, daß jeder seine besonderen Fähigkeiten hat, die er in diese Arbeit mit einbringt, und die dann als Dienstleitung auch eingefordert werden können. Das Team muß aushalten, daß es unterschiedliche Anforderungen und Aufträge an den einzelnen gibt.

Begleiten in Gruppen

Behinderung hat fast zwangsläufig zur Folge, sich in Gruppen bewegen und leben zu müssen. Menschen ohne Behinderung können sich spätestens als Erwachsene eine gewisse Wahlfreiheit erlauben: Sie können wählen, wo und mit wem zusammen sie leben möchten, ob sie sich einem Verein anschließen wollen, und manche können gar wählen, mit wem sie zusammen arbeiten. Behinderung schränkt diese Freiheiten massiv ein. Die Arbeitsgruppe in der WfB und die Gruppe im Wohnheim stellen die zentralen Lebensbereiche dar. Es sind Zwangsgemeinschaften, ihre Zusammensetzung eher zufällig, das Gemeinsame ist die Behinderung (früher war es zusätzlich das Geschlecht).

In der traditionellen Behindertenpädagogik wurde die Gruppe als Element der Erziehung und Lenkung verstanden, sowie zur Pflege der Geselligkeit und als sinnvolle Freizeitanregung. Individualität schien oder scheint auch heute noch dem Gruppengedanken untergeordnet. Wir vor Ich und, aus der Sicht des professionellen Helfers, Ihr vor Du. Gemeinsame Mahlzeiten, gemeinsame Ausflüge, gemeinsames Fernsehen, evtl. gemeinsamer Urlaub, gemeinsam zur Arbeit. Dort wiederum Arbeit in Gruppen, in der gleichen Reihe sitzen und es mit dem gleichen Kollegen zu tun haben, der einem beim Abendbrot gegenübersitzt.

Duschtag. Was haltet ihr davon?

W.: »Wenn ich halt schon am Tag davor geduscht habe, dann dusche ich nicht mehr, dann muß man den Plan ändern.«

Aus den Interviews der Autoren mit behinderten Menschen zu der Frage: »Wie stellen wir uns unsere Begleiter vor?«

Das alles muß zu Spannungen führen, die analog zur Persönlichkeitsstruktur von Menschen mit Behinderungen oft auch unterschwellig ausgetragen werden. Offen ausgetragene Konflikte sind seltener zu beobachten (vielleicht auch, weil eine Auslese stattgefunden hat, und sich die latent aggressiven Menschen in Sondereinrichtungen befinden, oder, weil über den Einsatz von Psychopharmaka die Aggressionsbereitschaft gedämpft wurde).

Ob in einem derartigen System Begleiten überhaupt machbar ist, diese Frage werden Traditionalisten mit einem klaren »Nein« beantworten. Der Betreuer ist die Leitfigur. Er sagt, wo es langgeht, plant, organisiert. Die Kommunikation verläuft konzentrisch, der Betreuer ist für alle Probleme zuständig. Er ist Experte zusammen mit seinen Kolleginnen und Kollegen, Experte für »seine« Gruppe. Bei ihm läuft der Austausch von Informationen über die einzelnen Bewohner zusammen. Er wird von den Eltern und Angehörigen gefragt, wie es dem Bewohner geht und gibt diese Information weiter, ohne mit dem behinderten Menschen darüber gesprochen zu haben. Er wird aufgefordert, Partei zu ergreifen, den vermeintlich Schwächeren gegen den Stärkeren zu schützen, er ist Richter und Vollstrecker zugleich, wenn er diese Rolle übernimmt und ein Verhalten sanktioniert. Aus dieser überaus mächtigen Position heraus ist es schwer vorstellbar, daß Begleiten möglich ist.

Begleiten in Gruppen setzt ein Bild von dem Menschen mit Behinderung voraus, das davon ausgeht, daß Kräfte und Fähigkeiten zur Selbstregulation in ihm vorhanden sind, daß Leben in der Gemeinschaft, daß Rücksichtnahme möglich ist, daß Grenzen akzeptiert werden können. »Der Mensch (mit Behinderung, U. H.) ist ein im Kern gutes Wesen, das aktiv auf die Umwelt ausgerichtet ist und eigenverantwortlich mit ihr interagiert« (SCHLIPPE 1993). Erst dieser Denkansatz läßt eine nicht-direktive Form des Umgangs mit Gruppen zu. Eine moderierende Haltung einnehmen, statt Entscheider zu sein, versuchen, sich nicht in Bündnisse oder Koalitionen hineinziehen zu lassen, das sind Tugenden, die Begleiten ausmachen. Ähnlich wie beim »einfühlenden Verstehen« werden Gruppenprozesse kommentiert, nicht bewertet. Die Aufgabe besteht nicht darin, zuzusehen und eine Laisser-faire-Haltung einzunehmen, sondern wach zu beobachten und das, was wahrgenommen wird, an die Mitglieder der Gruppe zurückzugeben.

Veränderungen im beruflichen Selbstverständnis

Die bisherige Berufsrolle ist geprägt durch Macht, Einfluß, Dominanz. Es gibt ein deutliches hierarchisches Gefälle. Hauptperson in der Arbeit mit Menschen mit geistiger Behinderung ist der Gruppenleiter, der Betreuer. Mehr als in jedem anderen sozialen Berufsfeld orientiert sich die Lebensqualität der behinderten Menschen an der persönlichen Einstellung des professionellen Helfers. Seine Vorlieben, seine Werte, sein ästhetisches Empfinden (allenfalls korrigiert durch das Team), finden sich wieder in der Form der Ausgestaltung der Gruppenräume, im gemeinsamen Freizeitverhalten usw. Eine derart mächtige Position führt zur Einschränkung der Selbstkritik (Vielleicht ist das der Grund dafür, daß von professionellen Helfern in der Behindertenhilfe vergleichsweise selten Supervision angefragt wird). Diese Allmacht korrespondiert in manchen Fällen in dramatischer Weise mit der Ohnmacht des behinderten Menschen, zumal, wenn verschiedene Berufsgruppen (innerhalb von Komplexeinrichtungen) mit dem gleichen Verständnis des »Pflegen – Schützen – Bewahren« zusammenarbeiten.

> Herr H, 37 Jahre alt, seit etlichen Jahren im Wohnheim, hat Schwierigkeiten mit einer Betreuerin. »Die motzt immer«. Die Beziehung war immer belastet, jetzt jedoch eskaliert die Situation. Herr H studiert die Dienstpläne immer schon im voraus und äußert Unwohlsein und Ratlosigkeit, was er denn machen soll, wenn Frau X zum Dienst komme. Besonders zu schaffen macht ihm, daß Frau X, wie er meint, etwas dagegen habe, daß er eine Mitbewohnerin zur Freundin habe. Herr H ist zutiefst verunsichert und kämpft um so stärker um die Beziehung zu seiner Freundin, je mehr er sich kritisiert fühlt.
>
> Nach einer heftigen Auseinandersetzung droht Herr H, er bringe sich um und nehme seine Freundin mit in den Tod. Das ist der Grund dafür, sich mit einem Neurologen darüber auszutauschen. Die »sexuelle Obzession«, verbunden mit der Beobachtung, daß Herr H häufig onaniert, mag ihn bewogen haben, Androcur[11] zu verschreiben, ohne den Patienten selbst gesehen zu haben (Eine Besonderheit, die es wohl auch nur bei Menschen mit geistiger Behinderung gibt). Herr H schluckte die Medikamente. Die Ablehnung gegenüber Frau X jedoch blieb. Er erwog, sich mehr in sein Zimmer zurückzuziehen, wenn Frau X Dienst habe. Er wolle sich dazu ein Fernsehgerät anschaffen. An diesem Punkt intervenierte ein junger Betreuer. Er meinte, dann käme Herr H gar nicht mehr aus seinem Zimmer, nicht mal mehr zu den Mahlzeiten, und das könne man nicht dulden. Er sei schon untergewichtig und nehme noch weiter ab, und man habe die Verantwortung für ihn. Herr H wurde in die Psychiatrie für Menschen mit Behinderungen aufgenommen, in der

11) Androcur ist ein triebhemmendes Medikament mit erheblichen Nebenwirkungen

er schon länger angemeldet war (ohne sein Wissen und ohne seine explizite Zustimmung). Nach einem sechswöchigen Aufenthalt dort kam er zurück und wechselte die Gruppe.

Dies ist ein krasses Beispiel für die einseitige Verteilung von Macht. Die Ohnmacht, die Ängste sind eindeutig auf der Seite des behinderten Mannes. Seine wachsende Abwehr und die auftauchenden Ängste, verbunden mit einer zunehmenden Aggressionsbereitschaft, werden in Zusammenarbeit mit dem Vertreter der Medizin bekämpft. Unsicherheit auf seiten der Betreuer gibt es weniger. Alles geschieht aus Sorge um Herrn H und als Schutz der anderen Gruppenmitglieder vor seinen möglichen Aggressionen sowie vor sexuellen Übergriffen.

Die Aufrechterhaltung des Systems hat Vorrang vor dem Eingehen auf individuelle Wünsche und Bedürfnisse. Das Eingehen auf subjektive Befindlichkeiten wird nicht möglich, wenn zum Beispiel durch die Angst des Herrn H das Selbstbild der Frau X tangiert wird. Unter den bisherigen Bedingungen scheint es unbestritten, daß Herr H sich in seinen Gefühlen irrt (was es nicht gibt) und er seine Haltung gegenüber Frau X ändern muß. Wenn das nicht passiert, kommt es zu Übergriffen von seiten der Fachleute, wie der Verabreichung von Androcur und zur Einweisung in eine psychiatrische Einrichtung. Eine Versorgung von Menschen mit geistiger Behinderung, die das Defizit-/Defektverständnis zur Grundlage hat und die dadurch den Betreuern die Verantwortung zum Pflegen, Schützen, Bewahren, Fördern überträgt, ist immer gefährdet, in Situationen, die nicht mehr unproblematisch zu leiten und zu lenken sind, zu einem repressiven System zu werden. Das Ziel ist dann, dieses System, so wie es besteht, zu erhalten und Störungen des Systems zu beseitigen.

Außerhalb solcher problematischer Situationen dominiert das Handeln »für«, die Für-sorge, als altruistische Motivation das Handeln der professionellen Helfer im Umgang mit Menschen mit geistiger Behinderung und macht diese zum Opfer professioneller Betreuungsroutinen. Der Betreuer, der diese »Für-sorge« übernimmt, erfüllt damit einen gesellschaftlichen und einen institutionellen Auftrag.

Mehr als alle anderen Entwicklungen bisher, wird das Paradigma der Selbstbestimmung das Berufsbild und das professionelle Selbstverständnis der Betreuer verändern. Begleitung dreht die traditionelle Hierarchie um. Nicht mehr der professionelle Helfer ist die Leitfigur, der behinderte Mensch selbst wird zum Auftraggeber, ist Kunde einer Leistung, die der professionelle Helfer erbringt. Der Mensch mit Behinderung ist nicht mehr Be-handelter, Ge-förderter, sondern Selbst-Bestimmender, der seine Wünsche und Bedürfnisse mit Hilfe des Begleiters befriedigt. In der Begleitung werden Art und Umfang der Dienstleistung entweder von Mal zu Mal definiert oder durch das Arbeitsbündnis festgelegt. Es ist nicht Aufgabe des Dienstleisters, die Entscheidungen zu bewerten, sondern sie kritisch solidarisch zu begleiten.

Der professionelle Helfer wird zum Begleiter eines Prozesses, eines Wachstums, das aus dem Menschen selbst kommt. Er ermöglicht Entwicklungen, indem er Optionen für Entscheidungen erweitert und Wahlmöglichkeiten für Handlungen aufzeigt, und er unterstützt unmittelbar, wo erlebte Ohnmacht zur Handlungsunfähigkeit führt (Empowerment). Er ist möglicherweise Freund und Vertrauter, hat Einblick in die Lebensgeschichte, hat teil an der Entwicklung von Lebensperspektiven und ist gleichzeitig Teil einer solchen Entwicklung.

Das zu leisten, ohne zu dominieren, macht die veränderte Professionalität aus. Ein hohes Maß an Distanz zur eigenen Persönlichkeit, sich seiner selbst bewußt sein im Prozeß der Begleitung, ist Grundlage eines solchen Tätigseins, das ohne Bereitschaft zur Supervision und Intervision nicht erreichbar ist. Nur die regelmäßige Reflexion des beruflichen Standorts, seine evtl. Änderung oder Neubestimmung sowie der persönlichen Beteiligung dabei schützt vor Verstrickungen und davor, nur die eigenen Einstellungen und Haltungen zu bestimmten Themen zur Richtschnur des beruflichen Handelns zu machen. Begleitung kann sich nur dort entwickeln, wo in der Hierarchie, in der Heimleitung und in den begleitenden Diensten oder unterstützenden Einheiten eine solche Einstellung vor- und mitgelebt wird. *Begleiten* ist ein Konzept, das sich in einer gesamten Einrichtung entwickeln muß und nicht nur von wenigen Subsystemen getragen werden kann. Und hier sind Eindeutigkeiten verlangt, denn die Offenheit des Konzepts verleitet sehr leicht dazu, es scheitern zu lassen. Unstimmigkeiten innerhalb einer Einrichtung hinsichtlich der zugrundeliegenden Philosophie gehen sehr schnell zu Lasten der behinderten Menschen, wenn – über ihren Kopf hinweg – über das »richtige« Menschenbild und über die Form des Umgangs mit ihnen gestritten wird.

Mit solchen Auseinandersetzungen nur der Fachleute untereinander ist zu rechnen, denn für einige Betreuer scheint viel auf dem Spiel zu stehen, wenn ein solches Konzept Raum greift: die Allmacht dem Menschen mit geistiger Behinderung gegenüber, oder die Möglichkeit, die Arbeit an den eigenen Vorstellungen auszurichten. Auch das, was die Arbeit für Außenstehende oft so bedeutend werden läßt, entfällt: Die Für-Sprecher-Rolle muß aufgegeben werden, die Rolle des Edlen, der für die armen Geschöpfe eintritt. Haltungen, die von Gefühlen des Mitleids getragen sind, bergen in sich immer Überheblichkeit. Sie gehören in den Bereich »Pflegen – Schützen – Bewahren«, nicht aber in das Konzept Begleiten.

Dem, was es zu verlieren gibt, muß eine Idee entgegengestellt werden, welche einen Gewinn verheißt, den man über das Konzept »Begleitung« erlangen kann.

Selbstbestimmte Prozesse der Entwicklung verlaufen intensiver, nachhaltiger. Es macht Freude, solche Prozesse mitzuerleben, ohne unendliche Energie in das Erreichen von Lernschritten stecken zu müssen, die offensichtlich nicht das Thema des Menschen mit Behinderung treffen. Begleitung läßt Begegnungen zwischen Menschen mit Behinderung und »Normalen« zu.

Auftrag für das Begleiten

Es wird nicht möglich sein, daß ein professioneller Helfer oder ein Team beschließt, ich bin, wir sind ab sofort Begleiter und werden unsere Arbeit entsprechend dem Paradigma der Selbstbestimmung durchführen. Nach welchem Leitbild Arbeit gestaltet wird, dafür ist der Arbeitgeber zuständig. Ohne den klaren Auftrag, die Arbeit mit Menschen mit Behinderungen auf dieser neuen Grundlage zu führen, wird es zu Konflikten kommen, die nicht nur viel Energie bei den professionellen Helfern binden, sondern auch negative Auswirkungen bei den behinderten Menschen zeigen wird.

Eine Änderung in der paradigmatischen Ausrichtung muß sich durch die gesamte Einrichtung ziehen, muß auch in ihren Konsequenzen für alle Beteiligten diskutiert und von allen getragen werden. Verweigert man Selbstbestimmung, setzt man sich ins Unrecht, denn man verstieße damit gegen das grundgesetzlich garantierte Recht auf freie Entfaltung der Persönlichkeit. Das ist wohl der Grund, warum wenig offen geäußerter Widerspruch erfolgt, wenn die Selbstbestimmungsidee thematisiert wird. Was sich jedoch inhaltlich hinter diesem Konzept verbirgt, ist oft nicht vorstellbar und wird meist auch nicht erfragt, auch nicht, wie diese Idee die Arbeit, die Einrichtung und die darin lebenden und arbeitenden Menschen verändern wird. Ohne solche Diskussionen jedoch und ohne die *formale* Entscheidung, sich nach diesem neuen Paradigma ausrichten zu wollen, wird sich über das verbale Bekenntnis hinaus nichts wandeln.

Oft wird bei Diskussionen über Selbstbestimmung und Assistenz darüber geredet, wieviel Selbstbestimmung möglich sei. Es wird dabei aber nicht bemerkt, daß dies eine Paradoxie ist. Wenn das Thema so angegangen wird, heißen die Fragen lediglich: Kann ich meine Fürsorge einschränken? Wo und in welchem Umfang? Damit aber bewegt man sich weiterhin im traditionellen Rahmen. Das ist die Ebene, auf der Eltern diskutieren, wenn ihre Kinder älter werden, und die Frage nach mehr Entscheidungsfreiheiten gestellt wird. An der eigentlichen Position, an der Ursprungsordnung Eltern – Kind und dem darinliegenden Gefälle ändert sich dadurch nichts. Selbstbestimmung jedoch ist ein Zustand, der seine Einschränkungen nur in allgemeingültigen Regeln findet und dadurch, daß Freiheiten anderer Menschen eingeschränkt werden. Selbstbestimmung bedeutet (Entscheidungs-)Freiheit.

Diskutiert man die Konsequenzen, wird man schnell darauf stoßen, daß Selbstbestimmung eine Reihe von *Risiken* in sich birgt. Es muß schnell kalkuliert werden, daß gesellschaftlich übliche Probleme sich auch in der eigenen Einrichtung breitmachen können. Alkoholmißbrauch, nicht regelmäßig zur Arbeit gehen, Beziehungen zu Menschen aus problematischem Milieu haben können, eigene Vorstellungen über Kleidung und Hygiene haben, die nicht dem gesellschaftlichen Standard entsprechen, das sind nur einige dieser Wagnisse, die eingegangen werden und mit denen die Einrichtung in der Öffentlichkeit leicht angreifbar wird.

Erhält der einzelne Mitarbeiter einen Auftrag zur Begleitung, dann ist er persönlich abgesichert, da bekannt ist, daß solche Risiken mit zum Konzept gehören. Begleiten verlangt, daß auch solche Entwicklungen ausgehalten werden müssen. Es muß klar sein, daß sich unter dem Paradigma der Selbstbestimmung der Einfluß auf den einzelnen behinderten Menschen minimiert. *Seine* Entscheidungen, *seine* Lebensplanung und *seine* persönliche Entwicklung müssen respektiert werden, solange nicht Rechte und Freiheiten anderer Menschen in Frage gestellt werden. Die Verantwortung für alle Aspekte des Lebens geht auf den behinderten Menschen über, der Begleiter hilft und unterstützt nur, wenn er dazu einen Auftrag erhält. Das verlangt eine klare Rollendefinition. Er kann nicht gleichzeitig im Auftrag seines Arbeitgebers als Vermieter auftreten und die Zustände in der Wohnung des behinderten Menschen monieren, auf Behebung der festgestellten Mängel drängen. Er kann nicht die Verantwortung übernehmen, wenn das Konto überzogen wird. Es ist Sache der Bank, entsprechende Konsequenzen zu ziehen. Der Begleiter ist lediglich verpflichtet, wenn er darum weiß, im Vorfeld bereits auf mögliche Folgen aufmerksam zu machen und anzubieten, bei der Suche nach Möglichkeiten zur Sanierung der finanziellen Situation mitzuhelfen.

Vorhandene Stellenbeschreibungen sind auf möglicherweise unklar definierte Rollen hin zu überprüfen, eindeutig definierte sind zu entwerfen, die Begleitung zum Auftrag zu machen. Begleitung braucht diese Absicherungen, weil sonst beim professionellen Begleiter Ängste entstehen und der professionelle Begleiter nicht mehr frei ist in seinen Entscheidungen.

Eine Kultur des Begleitens

Unter Kultur wird die Pflege und Vervollkommnung von Lebensführung und Lebensgestaltung gesehen. Es ist das Ganze der Bestrebungen, die natürlichen Fähigkeiten des Menschen zu entwickeln. Die Impulse zur Entwicklung einer solchen Kultur müssen von professionellen Helfern aufgegriffen werden, es ist das Besondere an dieser Emanzipationsbewegung, daß sie der Begleitung bedarf.

Eine der Veränderungen auf der Seite der professionellen Helfer beginnt bei der Arbeit an den (kollektiven) Bildern, wie sie über Menschen mit einer Behinderung meist noch in unseren Köpfen sind. Wenn diese Menschen nicht mehr durch Etikettierungen und Rollenzuweisungen in ihrer Entwicklung behindert werden, können sie ihre eigenen natürlichen Fähigkeiten vervollkommnen, werden sie die Hilfen in Anspruch nehmen, die sie dazu brauchen. Die Entwicklung einer Kultur wird also in der Form eines zirkulären Prozesses verlaufen können, so wie er in der »normalen« Entwicklung anzutreffen ist, daß nämlich mit zunehmender Beherrschung von Fähigkeiten und Lebensräumen, bei sich erweiternder Regiefähigkeit über das eigene Leben auch neue Bedingungen entstehen und andere Hilfen angefragt werden. Entwicklung einer Kultur der Begleitung bedeutet Offenheit für alle Formen der Entwicklung, bedeutet dementsprechend Abschied zu nehmen von der Fixierung auf rein fachlich-pädagogisch orientierte Methoden. Eine Kultur des Begleitens verlangt nach pluralen Methoden. Systemisch-ökologische Sichtweisen, Anleihen bei psychotherapeutischen Verfahren, pädagogische Methoden werden gleichermaßen zum Handwerkszeug und Selbstverständnis des Begleiters gehören. Alles Handeln ist darauf gerichtet, über den Dialog mit dem Menschen mit Behinderung seine Lebensentwürfe zu entwickeln und umzusetzen und ihn bei der Auseinandersetzung mit seiner Umwelt zu unterstützen. Das erfordert einen pragmatischen Ekklektizismus und eine auf alltagspraktische Lösungen gerichtete Einstellung des Begleiters.

Offenheit statt ideologischem Beharren, plurale Orientierung statt Methodenmonismus sind Voraussetzungen für eine solche Kultur des Begleitens; Flexibilität, Einfühlungsvermögen, Geduld und Gleichmut sind die wichtigen persönlichen Fähigkeiten, die für die weitere Entwicklung nötig sind.

Haben Sie mal eine besonders schlechte Erfahrung mit einem Betreuer gemacht?

»Früher war das so, da bin ich immer verhauen worden. Also ziemlich Strafen gekriegt und wenn ich gern Kaffe getrunken hab', bei einer Mitarbeiterin hab' ich müssen 25 mal schreiben ›Ich darf keinen Kaffee trinken‹ und ich habe immer sehr gern Kaffee getrunken. Ich hab' auch sonst Strafen gekriegt, ich bin immer viel verhauen worden. Ich hab' früher, muß ich dazu sagen, mit neuneinhalb Monaten Hirnhautentzündung gehabt und darum bin ich immer so'n bißchen laut und das hat diejenige nicht vertragen, dann hat sie mich also total verdroschen und ich habe also schon ganz arge – sagen wir mal – Schwierigkeiten erlebt.« – *Mit dieser Kaffeegeschichte, wie alt waren Sie da?* – »Da war ich 14. Jetzt ist es besser mit diesen Betreuern. Es ist auch offener, man kann auch schwätzen über Probleme usw. Und das ist früher alles nicht so gewesen. Wir haben auch gar keinen so – wie sagt man? – Therapeut oder so gehabt. Da hat man sich echt selber helfen müssen.« – *Was erwarten Sie von jemandem, der Ihnen hilft?* – »Daß er mir zuhört und daß er mich versteht.« – *Sie sind ja auch Gesamtheimbeiratsvorsitzende. Haben Sie jemand, der Ihnen bei dieser Arbeit hilft?* – »Das sind drei Leute.« – *Und wie unterstützen die Sie?* – »Daß sie zu mir kommen und sagen ›Wir müssen jetzt ausmachen, was für Themen wir bereden bei der Sitzung‹. Und dann kommen die beiden runter und wir bereden das und wenn was zum schreiben ist, dann muß ich unterschreiben. – Ich tät mir ganz arg wünschen, daß manche Mitarbeiter offener werden. Daß sie auf uns zugehen und daß sie ein bißchen Vertrauen haben. Auf schwäbisch g'sagt: vielleicht denket se halt, haja mir senn bissle domm und des isch gar net wahr. Mir senn nämlich heller wie manche andre. – Ich suche als Mitarbeiterin noch meine Traumfrau.« – *Wie sieht die aus, die Traumfrau?* – Die müßte nett sein, die müßte ehrlich sein, nicht hintergehen. So sein wie ich, so offen und schlagfertig und dann wär' ich schon froh. Das gibt's aber nicht.« (*Frau H.*)

Aus den Interviews der Autoren mit behinderten Menschen zu der Frage: »Wie stellen wir uns unsere Begleiter vor?«

Literatur

Bach, H.: Geistigbehindertenpädagogik, Berlin 1993.

Badelt, I.: Selbsterfahrungsgruppen geistig behinderter Erwachsener. In: Geistige Behinderung 4/84.

Bradl, Ch.: Das Bild Geistigbehinderter in der Geschichte. In: Dreher, W. (Hrsg.), Geistigbehinderte zwischen Pädagogik und Psychiatrie, Bonn 1987.

Dieterich, M.: Die Funktion der Werkstatt für Behinderte im Sozialisationsprozeß. In: Geistige Behinderung 3/1982.

Dieterich, M.: Humane Werkstatt für Behinderte. In: Geistige Behinderung 4/1983.

Dieterich, M.: Vom Gruppenleiter zum Arbeitspädagogen. In: Geistige Behinderung 4/1991.

Došen, A.: Diagnostische und therapeutische Probleme. In: Gaedt, Ch.; Bothe, S.; Michels, H. (Hrsg.): Psychisch krank und geistig behindert, Dortmund 1993.

Eggert, D.: Veränderungen im Bild von der geistigen Behinderung in der Psychologie. In: Hennicke, K.; Rotthaus, W. (Hrsg.): Psychotherapie und geistige Behinderung, Dortmund 1993.

Frühauf, Th.: Mehr Selbstbestimmung – eine Aufgabe für uns alle! In: Geistige Behinderung 1/1995.

Hartmann-Kreis, S.: Betreuungspersonal als Träger des Normalisierungskonzepts. Eine Studie über die Handlungsorientierung des Personals in Wohneinrichtungen für Erwachsene mit geistiger Behinderung. In Sozialpädagogik 1994/1.

Hennicke, K.: Therapeutische Zugänge zu geistig behinderten Menschen mit psychischen Störungen. In: Geistige Behinderung 2/1994.

Herriger, N.: Kompetenzdialog. Beiträge zu einer Methodik des Empowerment in der Sozialen Arbeit. In: Soziale Arbeit 6/96.

Herriger, N.: Empowerment und Engagement. In: Soziale Arbeit 9–10/1996.

Löw, R.: Philosophische Aspekte der Behindertenproblematik. In: Geistige Behinderung 4/90.

Lotz, W.; Koch, U.: Zum Vorkommen psychischer Störungen bei Personen mit geistiger Behinderung. In: Lotz, W.; Koch, U.; Stahl, B. (Hrsg.): Psychotherapeutische Behandlung geistig behinderter Menschen. Bern 1994.

Niedecken, D.: Namenlos. München 1989.

Niehoff, U.: Wege zur Selbstbestimmung. In: Geistige Behinderung 3/94.

Petzold, H. G.: Integrative Therapie. Paderborn 1993.

Rotthaus, W.: Menschenbild und psychische Krankheit aus systemischer Sicht. In: Hennicke, K.; Rotthaus, W. (Hrsg.): Psychotherapie und geistige Behinderung. Dortmund 1993.

Schlippe, A. v.: Familientherapie im Überblick, Paderborn 1993.

Stahl, B.: Behindertenpsychologische Aspekte auffälligen Verhaltens bei Menschen mit geistiger Behinderung. In: Lotz, W.: Psychotherapeutische Behandlung geistig behinderter Menschen, Bern 1994.

Stark, W.: Prävention und Empowerment. In: Hörmann, G.; Körner, W. (Hrsg.): Klinische Psychologie, Reinbek 1991.

Tausch, R.: Gesprächspsychotherapie, Göttingen 1974.

Thimm, W: Das Normalisierungsprinzip – Eine Einführung, Marburg 1984.

Theunissen, G.:Heilpädagogik im Umbruch, Freiburg 1993.

Theunissen, G.: Erlebnispädagogik für Menschen mit geistiger Behinderung. In: Geistige Behinderung 1/1994.

Theunissen, G.; Plaute, W.: Empowerment und Heilpädagogik, Freiburg 1995.

Wernet, M. C.: Institutionelle Rahmenbedingungen für Psychotherapie, Persönlichkeitsentwicklung und Lebensentfaltung. Vortrag bei der zweiten Fachtagung »Psychotherapie mit geistig behinderten Menschen«, Hamburg 1995.

Selbstbestimmung und Empowerment handlungspraktisch buchstabiert

Zur Arbeit mit Menschen, die als geistig schwer- und mehrfachbehindert gelten

Georg Theunissen

Die vorausgegangenen Ausführungen zeigen auf, daß sich die Behindertenhilfe in einem Umbruch befindet. Konzepte, denen es um Lebensautonomie (geistig) behinderter Menschen zu tun ist, gewinnen immer mehr an Bedeutung. Das gilt insbesondere für den von uns favorisierten Ansatz des Empowerment, der Menschen mit (geistiger) Behinderung und ihren Angehörigen als »kompetente Experten in eigener Sache« eine eigene Stimme verleiht (THEUNISSEN, PLAUTE 1995; THEUNISSSEN, GARLIPP 1996 a, b; THEUNISSEN 1997 a).

Wenngleich wir diesen Ansatz, dem es um Selbstbestimmung, Chancengleichheit und Mitbestimmung zu tun ist, als wegweisend und zukunftsträchtig für die Behindertenhilfe betrachten, muß eingeräumt werden, daß erst wenige konkrete Anregungen für die Praxis vorliegen. Dies gilt vor allem für die Arbeit mit Menschen, die als geistig schwer- und mehrfachbehindert bezeichnet werden. Tatsächlich bewegen wir uns erst am Anfang einer Konzeptentwicklung. Der vorliegende Beitrag präsentiert daher keinen fertigen Entwurf für die Praxis, sondern zeigt lediglich Handlungsperspektiven auf und regt zu einem vertieften Nachdenken sowie zu weiteren Überlegungen an.

Menschen mit sehr schwerer geistiger Behinderung

Obwohl sich in jüngster Zeit Stimmen mehren, auf etikettierende Begriffe wie »geistige Behinderung« zu verzichten, kommen wir nicht umhin, Probleme zu benennen, die uns dazu veranlassen, Menschen als geistig schwer- und/oder mehrfachbehindert zu bezeichnen. Denn die Praxis zeigt, daß häufig sehr unterschiedliche Bewertungsmaßstäbe angelegt und Auffassungen vertreten werden, wenn es um die Definition dieses Personenkreises und um die Beschreibung eines entsprechenden Hilfe- oder Förderbedarfs geht. So lassen sich über alle Differenzierungen hinweg fünf *Problembereiche* nennen, die mit dem Etikett »geistig schwer- und mehrfachbehindert« in Verbindung gebracht werden:

- Schwere Form einer intellektuellen (kognitiven) Beeinträchtigung (Menschen, die sich auf einem sehr frühen sensomotorischen Entwicklungsniveau bewegen);
- Schwere körperliche Beeinträchtigung und/oder Sinnesschädigung im Zusammenhang mit einer meist stark reduzierten Lernbasis (sog. Intensivbehinderte);
- Massive Verhaltensauffälligkeiten, wie Hospitalisierungssymptome, im Zusammenhang mit einer meist schweren kognitiven Beeinträchtigung;

- ❍ Umfängliche autistische Verhaltensweisen (frühkindlicher Autismus) bei einer unterstellten, stark reduzierten Lernbasis;
- ❍ Chronische Krankheiten, wie Anfallsleiden, Herzinsuffizienz, Psychose, bei einer meist schweren kognitiven Beeinträchtigung.

Dieser Versuch einer Einteilung darf freilich nicht als ein starres Schema mißverstanden werden, da wir es häufig mit Problemüberlappungen und Problemverknüpfungen zu tun haben. Insofern dient er nur der Verdeutlichung der breiten Palette möglicher Probleme. Dadurch wird sichtbar, daß ohne Aufbereitung der individuellen Lebensgeschichte, der Lern- und Ausdrucksbasis, des Gesundheitszustands, der aktuellen Handlungskompetenz und -stärken sowie der subjektiven Bedürfnis- und zukünftigen Interessenlage kein differenziertes Bild für ein koordiniertes autonomieförderndes Unterstützungsangebot gewonnen werden kann.

Bei genauerer Betrachtung der Problembereiche stellen wir fest, daß insbesondere Menschen, bei denen die Schwere der kognitiven Beeinträchtigung, ausgeprägte Formen einer Mehrfachbehinderung sowie autistische Verhaltensweisen dominieren, in starkem Maße von der Hilfe ihrer Mitmenschen abhängig sind. Deshalb spricht HAHN (1981) von einem »Mehr an sozialer Abhängigkeit«, das sich auf alle Lebensbereiche erstrecken kann und zugleich die Gefahr einer Überversorgung, Verdinglichung und totalen Fremdbestimmung in sich birgt. Hinzu kommt ein grundsätzliches Verstehens- und Kommunikationsproblem, das vor allem bei geistig schwer behinderten Menschen, die sich nicht sprachlich äußern können und die als intensivbehindert erlebt werden, eklatant in Erscheinung tritt – nämlich die Schwierigkeit, die subjektive Befindlichkeit, Wirklichkeitswahrnehmung und -konstruktion, die individuellen Bedürfnisse, Interessen, Stimmungen u. a. m. adäquat subjekthaft zu entziffern und zu erschließen (SEIFERT 1996, 201 f.). Viele von ihnen können ihre Bedürfnisse und Wünsche nur durch schwer verständliche (unkonventionelle) Ausdrucksformen und Verhaltensweisen zum Ausdruck bringen. Das verlangt von Bezugs- oder Umkreispersonen ein weniger an der kognitiven Logik, denn an der Erlebens- und Empfindungssphäre orientiertes voraussehendes Verstehen durch empathisch-teilnehmendes Beobachten, Wahrnehmen, Vermuten und Antworten (BRENNECKE, KLEIN 1992). Nicht selten kommt es gerade auf diesem unsicheren Terrain zur Fehlinterpretation von Bedürfnissen, wodurch Dialoge und Entwicklungsprozesse entgleisen können (LINGG, THEUNISSEN 1997, 80 ff.). Es machen sich aber auch Umkreispersonen oftmals erst gar nicht die Mühe, die Bedürfnisse und Bekundungen geistig schwerst behinderter Menschen zu erforschen – und das nicht nur aus einer tiefen Verunsicherung, Hilflosigkeit oder aus Zeitmangel heraus, sondern ebenso mit der festen Überzeugung, gemäß der psychiatrisch-orthodoxen Lehrmeinung, daß »hier sowieso nichts mehr zu machen sei« (THEUNISSEN 1994). Dieser pädagogisch-therapeutische Nihilismus korrespondiert mit einer ausschließlich defizitorientierten Sicht, indem Menschen mit geistiger Behinderung nur vom

Nicht-Können, von ihren Mängeln her wahrgenommen und beschrieben werden. In der Hinsicht muß auch die obige Benennung von Problembereichen kritisch gesehen werden, da sie den Blick für Menschen*stärken*, individuelle Kompetenzen, positive Botschaften und Entwicklungspotentiale versperrt und damit dem »vollen Menschsein« (PORTMANN) nicht entspricht. Deshalb hebt GOLL (1994, 135) – quasi kontrapunktisch zur traditionellen Sicht – in Anlehnung an WOLFENSBERGER (1988) sogenannte »heart-qualities« wie Aufrichtigkeit, Freundlichkeit, Echtheit, Vertrauen, Liebe, Freude an einfachen Dingen des Lebens als positive Eigenschaften von Menschen mit geistiger Behinderung hervor und plädiert nachdrücklich für ein Umdenken in Heilpädagogik und Behindertenhilfe. Hier kommt der Empowerment-Ansatz zum Tragen.

Wege aus der totalen Betreuung und Versorgung

Ein Blick in die Geschichte der Heilpädagogik genügt, um festzustellen, daß Menschen, die als geistig schwerst- und mehrfachbehindert gelten, jahrzehntelang als extrem hilflose, total pflege- und überwachungsbedürftige, erziehungs- und bildungsunfähige Mängelwesen beschrieben und behandelt wurden (THEUNISSEN 1994). Theoretischer Bezugspunkt für diese Praxis war der orthodoxe psychiatrische Ansatz mit seinem Modell »Pflegeanstalt«, der sich die damals weithin caritativ und diakonisch gestützte Behindertenhilfe und Heilpädagogik ganz verschrieben hatte. Wenngleich sich inzwischen diese Situation dank der sozial- und bildungspolitischen Reformen und Entwicklungen in den 70er und 80er Jahren (Einführung der Schulpflicht für alle; Entpsychiatrisierung der Behindertenarbeit; Normalisierung; Enthospitalisierung; Integration) verändert hat, wovon auch die neuen Bundesländer heute profitieren, sind Momente dieser nihilistisch geprägten Versorgungs-, Kontroll- und Aufbewahrungspraxis immer noch wirksam. Und anscheinend gewinnen sie durch den sozialpolitisch reaktionären Versuch, Wohneinrichtungen mit geistig schwer- und mehrfachbehinderten Menschen gemäß der Pflegeversicherung in Pflegeheime umzuwandeln, wieder an Bedeutung. In der Hinsicht ist es zunächst geboten, ja notwendig, Faktoren zu benennen, die für eine subjektzentrierte – am Empowerment-Konzept orientierte – Arbeit mit behinderten Menschen kontraproduktiv sind. Dies gilt insbesondere für überholte und fragwürdige (Alltags-)Theorien und Lehrmeinungen, auf die sich Repräsentanten der traditionellen Behindertenhilfe und Heilpädagogik beziehen und die nicht selten auch die familiale Sozialisation durchdringen, sei es therapeutisch befördert oder aufgrund von gesellschaftlich auferlegtem Druck, so zum Beispiel:

- die psychiatrisch-orthodoxe Sicht von schwerer geistiger Behinderung (hierzu zusammmenfassend THEUNISSEN 1996);
- die heilpädagogische Beschreibung geistig (schwer) behinderter Menschen vom Nicht-Können her (z. B. nach OY, SAGI 1995);
- das utilitaristische Menschenbild (hierzu ausführlich THEUNISSEN 1997 b);

- ❍ die Infantilisierungsideologie, d. h. Festschreibung geistig schwer behinderter Menschen auf die Stufe eines »ewigen Kindseins« und Leugnung ihrer Erwachsenen-Rolle;
- ❍ die Feststellung einer (klinischen) Behandlungsbedürftigkeit und das Vertrauen in die Wirksamkeit vieler Therapien und einer umfassenden Förderung;
- ❍ das Vertrauen in die Effektivität rigide einzuhaltender behavioristischer Lerntherapien oder heilpädagogischer Übungsbehandlungen (z. B. KLEINJÄGER 1978), was SPECK (1996, 17 f.) mit Blick auf die Selbstbestimmungsdebatte zu der Kritik veranlaßt hat, es würde vorher exakt festgelegt, was die geistig behinderte Person zu tun hat: »Zugrunde liegt die alte Vorstellung, diese Kinder (oder auch Erwachsenen, G. T.) könnten es nicht von selber, sie verfügten über keine Selbststeuerungsinstanz und müßten deshalb dirigiert werden.«

Außerdem haben wir es mit einer Vielzahl organisatorisch-institutioneller Hemmnisse zu tun:

- ❍ ein von »Sachzwängen« und Personalinteressen bestimmter Tagesablauf;
- ❍ klinisch geprägtes Lebensmilieu, z. B. Pflegestation; kein häusliches Wohnen;
- ❍ zu große Wohngruppen und zu wenig Personal (fehlende Bezugsassistenz);
- ❍ fremdbestimmte Gruppenzusammensetzungen unter vorrangig organisatorischen Aspekten;
- ❍ eine klinisch orientierte Regelung des Alltags, z. B. Zentralversorgung;
- ❍ ein Primat der Träger- oder Einrichtungsinteressen, die nicht selten im Widerspruch zu der Betroffenen-Perspektive stehen;
- ❍ ein pflegedominantes »totales« Versorgungs- und Betreuungskonzept, zum Beispiel *Overcare*; übermäßige Versorgung und Beaufsichtigung; »Feuerwehr«-Medizin bei Krisen; fremdbestimmtes Alltagsleben, das mit Stopp- und Hinweisschildern reglementiert und gesteuert wird; Ignoranz des Rechts auf Privatheit; Einschränkungen individueller Freiheitsräume und basaler Alltagstätigkeiten (WACKER 1996, 303 f.);
- ❍ oftmals hierarchisch-autoritäre, verbürokratisierte Struktur der Einrichtungen und Abläufe, d. h. mangelnde Mitbestimmungs-, Einfluß- und Wahlmöglichkeiten, fehlende Entscheidungs- und autonome Handlungsspielräume sowohl für die Bewohner als auch für das Gruppenpersonal (hierzu LINGG, THEUNISSEN 1997, 87 ff.).

Es spielen aber auch, häufig damit verknüpfte, pädopathologische Einstellungen und Handlungsaspekte eine Rolle, beispielsweise:

- ❍ Überbehütung zur Risikovermeidung und ein Zuviel an Versorgung aus Überzeugung oder Sorge heraus;
- ❍ Mißverstehen oder Übersehen von Äußerungen, Bedürfnissen, Signalen;
- ❍ Fehldeutung und negative Bewertung von Verhaltensauffälligkeiten;
- ❍ disziplinierend-sanktionierender Erziehungsstil;

- ❍ allgemeine Über- oder Unterforderung;
- ❍ mangelndes Zutrauen und Vertrauen in die individuellen Fähigkeiten;
- ❍ physische und psychische Überbelastung;
- ❍ fehlende Zeit und Ausdauer, sich auf den behinderten Menschen einzulassen;
- ❍ Ablehnung oder Ignoranz des Selbstbestimmungsprinzips;
- ❍ Verwechselung von Selbstbestimmung und Selbständigkeit bzw. mangelnde Differenzierung zwischen beiden;
- ❍ heimliches Betreuungskonzept (LINGG, THEUNISSEN 1997, 94 ff.): Darunter verstehen wir Prozesse und Interaktionen, die nebenbei, unbeabsichtigt, unausgesprochen, unreflektiert und unbewußt ablaufen und die nicht selten einen hemmenden Einfluß auf die Identitätsentwicklung nehmen. Dies gilt zum Beispiel auch für übermäßige Hilfeleistungen als Reaktion auf Hilfegesuche, die jemand einsetzt, um Zuwendung oder Körperkontakt zu bekommen. Dadurch werden unnötige Abhängigkeiten und damit Fremdbestimmung erzeugt, die für den Betreffenden sinnstiftend sind, wenn keine Alternativen einer subjektiv bedeutsamen Lebensverwirklichung statthaben.

Darüber hinaus sollten motivationale Aspekte und die Subjektseite der Bezugspersonen (professionelle Helfer, Eltern) nicht unerwähnt bleiben, vor allem:

- ❍ das Helfersyndrom (SCHMIDBAUER 1977);
- ❍ ein Jobdenken und fachliches Desinteresse;
- ❍ mangelnde fachliche Kenntnisse;
- ❍ das Burn-out-Syndrom (MASLACH 1985);
- ❍ erhöhte, von innen oder außen geleitete, Ansprüche an die eigene Arbeit und das Gefühl des ständigen Versagens, unter anderem durch unzureichende positive Rückendeckung von seiten anderer, wie zum Beispiel der betroffenen Person, der Kollegenschaft oder von Vorgesetzten;
- ❍ defensive (depressiv getönte), ausweichende oder aggressiv geprägte Techniken zur Bewältigung von Streßsituationen oder bei erhöhter Arbeitsbelastung;
- ❍ erhöhte Verletzlichkeit und Neigung zu »kritischen« Interaktionsformen (aggressive Reaktionen, Liebesentzug) vor dem Hintergrund der Internalisierung von Normen und Erfahrungen aus der eigenen, oft unbewältigten, Erziehung und der (unbewußten) Orientierung an ihnen;
- ❍ fehlendes Vertrauen in die eigenen Kompetenzen, geringes Selbstvertrauen, mangelnde Selbstdarstellung und Überangepaßtheit;
- ❍ Neigung zu (Über-)Ängstlichkeit, geringer Frustrationstoleranz, Überempfindlichkeit und (unkontrollierter) Impulsivität; mangelnde Geduld und rasche Erschöpfung u. a. m.

Diese Faktoren lassen zweifellos einen institutionellen Veränderungs- sowie fachlichen Lern-, Beratungs- und Supervisionsbedarf erkennen, z. B. Durchschauen von Abhängigkeiten und Umgang mit ihnen. Professionelle Helfer haben hier als Agenten des Empowerments die Aufgabe, als parteinehmende Brückeninstanz, beratend und in einem Kooperationsdiskurs (THEUNISSEN 1997 c), der sich auf die Zusammenarbeit von Eltern, Professionellen und behinderten Menschen bezieht (auch MITTLER 1996, 278), für die Interessen von geistig behinderten Menschen, die nicht für sich selber sprechen können, einzutreten und sich insbesondere für autonomie- und demokratiefördernde und -sichernde Rahmenbedingungen zu engagieren, unter denen mehr Menschlichkeit im Sinne der Empowerment-Philosophie statthaben kann. Solche Bedingungen sind von der Rechte- und Betroffenen-Perspektive aus aufzubereiten, wobei Erkenntnisse und Einsichten, die die Integrationsbewegung und die Arbeit mit Self-advocacy-Gruppen hervorgebracht haben, richtungweisend sein sollten. Dies gilt zum Beispiel für das Recht auf ein gemeindeintegriertes häusliches Wohnen anstelle einer stationären Unterbringung in Heimen oder Großeinrichtungen, in denen die Pflege Vorrang hat (Lebenshilfe 1995). Welche Wege große Behinderteneinrichtungen in Richtung Selbstbestimmung einschlagen sollten, hat unter anderem WOHLHÜTER (1996, 359) anskizziert: »Möglichst kleine Einheiten (wie Wohngruppen oder kleine Heime) sollen möglichst mit großen Kompetenzen ausgestattet werden, damit sie möglichst viele ihrer Angelegenheiten selbst regeln können. Dazu müssen sie ihr eigenes Budget und nur einen grobmaschigen Handlungsrahmen erhalten, der einen inhaltlichen Freiraum absteckt, und vieles der individuellen Entscheidung überläßt. Von der Leitung des Heims – und ich bin mir als Leiter einer Einrichtung des Inhalts dieses Satzes voll bewußt – muß Unübersichtlichkeit gewollt sein, denn der Wunsch nach Übersichtlichkeit und Ordnung verhindert individuelle und somit unterschiedliche und selbstbestimmte Lösungen. Nur individuell gestaltete Lebensräume und nur individuell gestaltete Alltagsabläufe und Handlungsmuster prägen das Leben im Heim in einer lebendigen und humanen Weise.« Diese Anregungen decken sich weithin mit unseren Vorstellungen (THEUNISSEN, PLAUTE 1995; THEUNISSEN 1994), die darüber hinaus auf eine Demokratisierung von Behinderteneinrichtungen zielen. Bemerkenswert ist ebenso GAEDTs (1996) Konzept der strukturellen Unterstützung, dem es um eine »Passung« zwischen Lebenswelt und Individuum zu tun ist, so daß Bewohner einer Einrichtung (Gruppe) ihre unmittelbare Umwelt als subjektiv bedeutsam und identitätsstiftend erfahren können. »Mit dem Begriff ›strukturelle Unterstützung‹ werden alle Maßnahmen gekennzeichnet, die die vorgegebenen sozialen Strukturen ergänzen und differenzierter und vielfältiger machen mit dem Ziel, möglichst vielen Menschen ein in einem möglichst hohem Maße autonomes Leben zu ermöglichen« (ebd., 379).

So wichtig das Engagement für Menschenrechte und Chancengleichheit ist, so notwendig sind für ihre Umsetzung auch konzeptionelle Überlegungen und Empowerment-Entwürfe (offene Curricula) auf der konkreten Handlungsebene. Angesagt ist eine basal geprägte Pädagogik, die grundsätzlich jeden Menschen mit (schwerer) geistiger Behinderung als »Akteur seiner Entwicklung« zu begreifen hat. Hierzu hat uns SEIFERT (1990, 264 f.) ein eindrucksvolles *Beispiel* geliefert: »Der Blick von außen ist diskriminierend. Er ist an Normen orientiert, die schwere Behinderung als Unglück und Leid erscheinen lassen. Er macht blind für das, was in einer Beziehung lebendig wird. Für uns steht nicht im Vordergrund, daß unser Sohn wegen seiner Behinderung vieles nicht kann, was für andere zum normalen Leben gehört. Wir sehen, welche Fähigkeiten er trotz seiner starken Beeinträchtigungen entwickelt, und freuen uns jeden Tag neu darüber, weil nichts selbstverständlich ist .... Während er früher kaum auf die Anwesenheit von Menschen in seiner Umgebung reagierte, fing er eines Tages damit an, auf der Matte liegend, den Kopf anzuheben, wenn jemand sich im Zimmer bewegte. Wir nahmen diese Geste jedesmal zum Anlaß, zu ihm zu gehen, ihn zu streicheln und anzusprechen, um ihm zu zeigen, daß wir seine Aufmerksamkeit registrieren. Inzwischen scheint er das Gefühl entwickelt zu haben, selbst etwas bewirken zu können, nämlich, daß wir uns ihm zuwenden, wenn er in unsere Richtung schaut. Manchmal sind winzige Ansätze von Lächeln erkennbar, wenn wir uns ihm nähern. Er baut uns eine Brücke, wir finden den Weg zueinander.« Und weiter heißt es: »Das Besondere: Christian teilt uns mit seinen Händen seine Befindlichkeit und seine Wünsche mit. Er hält sie – wie kleine Antennen – erhoben, wenn er aufmerksam ist, etwa in neuen Situationen. Er steckt die linke Hand in den Mund, wenn er aufgeregt oder in Erwartung eines von ihm nicht ganz einschätzbaren Handlungsablaufs ist, und er legt die Hände nieder, wenn er ganz entspannt und die ›Welt für ihn in Ordnung‹ ist. Er gibt uns mit der Hand Zeichen, wenn er etwas nicht mag (z. B. ein bestimmtes Getränk), erst dezent, und, wenn wir nicht reagieren, heftig – was ihm von Leuten, die ihn nicht gut kennen, schon als Aggressivität angekreidet wurde. Wir sind stolz darauf, daß er (im Jugendalter) gelernt hat, auf diese Weise seinen Willen kundzutun. Ein Stück Selbstbestimmung«.

Pädagogisch geht es darum, mit dem behinderten Menschen in ein empathisch-kommunikatives Verhältnis zu treten, seine noch so rudimentär erscheinenden Signale, Bewegungs- oder Ausdrucksformen aufzugreifen und dialogisch zu beantworten. Dies zu erfahren, stiftet Vertrauen, ermutigt zu weiteren und neuen Reaktionen und ist für die Entwicklung eines positiven Selbstwertgefühls von zentraler Bedeutung. Dabei bestimmt die behinderte Person weithin Inhalt und Art der dialogischen Assistenz, indem sie kundtut, was sie gerne möchte, welche Botschaften, Verhaltens- und Erlebensweisen und Antworten für sie bedeutsam sind, in welche Richtung sie sich gerne bewegen und auf welche Dinge sie ihr Neugierverhalten lenken möchte .... Derlei Beispiele stehen für eine lebenswelt- und situationsbezogene Einzelarbeit (nicht zu verwechseln mit einer lebensweltfernen heilpädagogischen Therapie), die wir zur Anbahnung einer (zunächst eher »personal« geprägten) Selbstbestimmung (Willensbekundung) für unabdingbar erachten.

Desweiteren gilt es, diese neuerworbenen oder auch reaktivierten Fähigkeiten (z. B. im Falle einer Hospitalisierung) in unvertrauten Situationen und im Gruppenalltag zu unterstützen, ggf. auch herauszufordern, zu verstärken und zu integrieren, so daß soziale Teilhabe und Integration, Kooperation und Anpassungsprozesse, die für ein Zusammenleben unabdingbar sind, sowie ein Erleben von unbedingter Zugehörigkeit statthaben können. In welche Richtung sich die gruppenbezogene Arbeit entwickeln kann, soll durch zwei Beispiele angedeutet werden. Zum einen möchten wir BONSE-OLSEN (1994, 31) zitieren, die über »Sitzkreiserlebnisse« aus einer Klasse mit geistig schwer behinderten Schülern berichtet: »Erste bewußte Passivitäts- und Aktivitätsphasen waren sogenannte Sitzkreiserlebnisse. Die Kinder erlebten und spürten die Nähe eines Mitschülers oder eines Betreuers, sie berührten einander, faßten sich an, ließen sich anfassen – und dies alles begleitet von deutlicher, eindeutiger verbaler Unterstützung! ... Bei diesen Übungen stand das Bewußtwerden der eigenen Aktivität in der Wahrnehmung des Gegenübers in seiner Aktivität im Mittelpunkt«. Zum anderen zeigt ASSMANN (1997 a, b) Wege auf, wie ehemals hospitalisierte Menschen mit schwerer geistiger Behinderung zu einem »positiven Selbstbild«, zu mehr Autonomie und zu einer »Selbstbestimmungsgruppe« angeregt und hingeführt werden können. Zunächst sollen ästhetische Aktivitäten »Selbsterfahrungsprozesse« ermöglichen. »Begonnen wurde mit lebensgroßen Körperbildern, in denen sich die betreffenden Personen wiedererkannten. Diese Bilder galt es, mit subjektiv bedeutsamen Inhalten zu füllen. Sodann wurde über Bildkarten kommuniziert. Fragen wie ›Was esse ich gern? Was mache ich gern? Was kann ich gut?‹ standen dabei im Mittelpunkt, um auf der Basis individueller Interessen einen Einstieg in die Kommunikation und Interaktion zu finden. Zugleich sollten dadurch auch Entscheidungen provoziert werden.

Diese Aktivitäten fanden ihre Fortsetzung in gemeinsamen positiven Erlebnissen (Cafébesuche) sowie in der Nutzung von Medien (Computer; Fotoapparat). Ziel sollte es sein, Wünsche entwickeln zu helfen und zu artikulieren. Regelmäßige Treffen schufen eine zeitliche Orientierung und haben inzwischen eine gewisse ›Gruppenidentität‹ entstehen lassen. Eine Erfahrung für uns Mitarbeiter ist, daß wir nicht von einer uneingeschränkten Kontinuität ausgehen dürfen, sondern die Befindlichkeit der Personen mit schwerer geistiger Behinderung erfordert stets ein hohes Maß an Einfühlungsvermögen, Variabilität, flexibles Vorgehen, Methoden- und Ideenreichtum (Kreativität)« (ebd. 1997 b).

Inwieweit es gelingt, auf Gruppenebene selbstbestimmte, kooperative und demokratische Entscheidungs- und Handlungsprozesse anzubahnen und zu stärken, hängt jeweils von der individuellen Lernbasis und psychosozialen Problemlage ab. Auf jeden Fall verschreiben wir uns mit dem hier skizzierten Ansatz einer Vielzahl autonomiefördernder und -unterstützender Gestaltungsmomente und Aufgaben (hierzu SPECK 1985; SEIFERT 1994; 1996; THEUNISSEN, PLAUTE 1995; WACKER 1996), die es stets kontext- und situationsbezogen, zum Beispiel im familialen Milieu der Wohngruppe, bei der Erwachsenenbildung, im Freizeitbereich oder in der Tagesstätte zu realisieren gilt. »Eine Videoaufzeichnung, Beobachtungen während des Unterrichts (im Gruppenalltag, G. T.) oder bei einer häuslichen Aktivität können zeigen, wieviele solcher Gelegenheiten tatsächlich angeboten worden sind. Eltern und Lehrer können dann ihre Aufzeichnungen vergleichen, Erfahrungen und Anregungen austauschen« (MITTLER 1996, 278). Für die Arbeit mit Menschen, die als geistig schwer- und mehrfach behindert bezeichnet werden, halten wir dabei folgende Leitgedanken für besonders wichtig:

- ❍ Sicherung von Grundbedürfnissen nach Kommunikation, Achtung und Vertrauen;
- ❍ Bedürfnis- und Interessenorientierung; Respektierung individueller Wünsche, z. B. in bezug auf Speisen, Kleidung, Möbel, Raumgestaltung, Hygiene, Kosmetik, Freudschaften, Freizeitgestaltung;
- ❍ Freisetzung und Unterstützung von Eigenaktivität und eines Sich-selbst-sein-Dürfens, z. B. durch Verzicht auf übermäßige Förderung; durch Akzeptanz des Eigensinns und des Soseins; durch ein stimulierendes, entwicklungsförderndes Milieu; durch Situationsbezug, offene Lernprozesse und »ganzheitliches« Lernen; durch genügend Gelegenheiten, die Lebenswelt aktiv und selbstbestimmt zu erkunden; durch Schaffung von Freiräumen oder Nischen zur freien Bewegung, zum Bespiel im Garten, Hof oder Flur;
- ❍ Wahlmöglichkeiten anbieten und Wahlfreiheit unterstützen, z. B. bei der Auswahl von Speisen, Brotbelag, Getränken, Kleidung, Badezusätzen, Parfüm, Aktivitätsangeboten, Ausflugszielen, Lokalen ... ; den einzelnen und die Gruppe wählen lassen, ob er/sie fernsehen, Radio oder eine Kassette hören, spazieren gehen, etwas vorgelesen haben möchte ... ;
- ❍ Größtmögliche Beteiligung am Alltagsleben, vor allem bei hauswirtschaftlichen Tätigkeiten; bei der Planung und Vorbereitung von Aktivitäten, Festen; bei der Ausstattung von Räumen, insbesondere bei der Gestaltung des Individualbereichs, beispielsweise durch gemeinsames Aussuchen von Tapeten, durch Anbringen selbstgemalter Bilder, durch Aufstellen privater Schätze oder Basteleien;
- ❍ Sicherung des Privatbereichs und der Intimsphäre, z. B. privates Bewohnerzimmer; private Kleidung und Bettwäsche; persönliches Eigentum, über das der einzelne frei verfügen kann; Akzeptanz eines Sexualverhaltens auch in Form von Masturbation unter Wahrung der Intimität; Achtung des Schamgefühls; Wahrung einer Diskretion;
- ❍ Sicherung der Rechte-Perspektive, z. B. Schutz vor Diskriminierung, psychischer, physischer, sexueller und institutioneller Gewalt; Gleichbehandlung; Religions- und Meinungsfreiheit; Schutz vor menschenunwürdigen, rechtswidrigen Zuständen, die eine Lebensautonomie blockieren; Einhaltung des Datenschutzes, des Postgeheimnisses; Teilnahme am kulturellen Leben und Nutzung öffentlicher Ressourcen.

Bei aller Wertschätzung dieses auf Lebensautonomie hin angelegten Empowerment-Konzepts sollte jedoch nicht übersehen werden, daß es auch immer Momente gibt, die Anpassungsleistungen an Rahmenbedingungen notwendig machen. Dabei denken wir zum Beispiel an Systemzwänge, die sich aus organisatorischen, konzeptionellen und zeitlichen Gründen ergeben (Sollen beispielsweise morgens um acht Uhr alle Bewohner einer Gruppe in eine Tages- oder Arbeitsstätte überwechseln, so bleibt in der Regel wenig Zeit, sich ausgiebig auf Autonomiebestrebungen einzulassen; vielmehr ist ein gewisses Maß an sozialer Anpassung, hier an die Zeitstruktur, erforderlich. Ebenso gibt es immer wieder Einschränkungen bei personellen Engpässen). Dies bedeutet, daß für jeden Bewohner einer Gruppe ein individualisiertes Empowerment-Konzept im Sinne gemeinsam erschlossener Ziele und Aufgaben für die Lebenszukunft entwickelt werden sollte, das es mit der Rahmenkonzeption einer Gruppe abzustimmen gilt. So kann das Allgemeine für das Individuelle »passend« sein (z. B. ausgiebige Badezeiten mit Snoezelen- und Entspannungscharakter am Spätnachmittag; Nutzung »augenblickhafter Begegnungen« [Buber] und Situationen zum Anstiften autonomer Prozesse; partielle morgendliche Unterstützung).

Darüber hinaus gibt es im Alltag immer wieder Situationen einer Gesundheits-, Selbst- und Fremdgefährdung, die assistierende Interventionen notwendig machen (z. B. beim Trinken von Lösungsmitteln, Verschlucken kleiner Gegenstände; bei Neigung zu einem desorientierten Weglaufen mit Verkehrsgefährdung ...). Insofern wäre es verantwortungslos, etwa in Laisser-faire-Manier dem Freiheits- oder Selbstbestimmungsstreben geistig schwer- oder mehrfachbehinderter Menschen blindlings zu vertrauen. Unter assistierenden Interventionen verstehen wir pädagogische Handlungen, die über ein bloßes »Eingreifen« oder »Dazwischentreten« hinausgehen, insofern sie sich am Autonomiebedürfnis des Betroffenen orientieren und das Vertrauensverhältnis, welches eine Assistenz fühlbar durchdringt, nicht leichtfertig aufs Spiel setzen.

Ein weiteres Problem ist die Ermittlung von Bedürfnissen – und dies vor allem bei Personen, die eine lange Verwahrpsychiatrie oder -pflege hinter sich haben und deren Kompetenzen, Wünsche oder Interessen nach Autonomie kaum gefragt waren. Hier haben wir es sehr häufig mit einer erlernten Bedürfnislosigkeit zu tun, die als eine apathisch geprägte Selbstdarstellung in Erscheinung tritt. Hinzu kommt eine erlernte Hilflosigkeit und Überforderung, den eigenen Willen kundzutun, Bedürfnisse auf verständliche Weise zu äußern und Entscheidungen zu treffen. Oft können wir uns nur auf Vermutungen stützen, und nicht selten wissen wir erst im nachhinein, ob wir die Betroffenen verstanden und erreicht haben. Neben einer einfühlsamen, teilnehmenden Beziehungsgestaltung gehören Formen einer pädagogischen Aufforderung unter Einbeziehung stimulierender Angebote sowie eine systematisch aufbereitete Hilfe zur individuellen Entscheidungsfindung zur vordringlichen Aufgabe im Rahmen eines assistierenden Unterstützungsmanagements.

Ebenso denkbar sind aber auch Versuche, Interessen oder Bedürfnisse auf aggressive (feindselige), hemmungslos ausagierende Weise durchzusetzen. Derlei Verhaltensweisen sind nur oberflächlich betrachtet Ausdruck einer Selbstbestimmung, tatsächlich handelt es sich um eine stark eingeschränkte Autonomie, insofern durch totale Betreuung, Versorgung und Isolation das Selbst-Konzept schwer beschädigt, ja auf den Kopf gestellt wurde. Dies gilt ebenso für Stereotypien,

Zwangsrituale oder Formen einer Selbstverletzung, die lebensgeschichtlich wie auch aus der Situation betrachtet zwar als ein logisches, zweckmäßiges Problemlöseverhalten (z. B. als Reaktion auf Freiheitsentzug und übermäßige Fremdbestimmung) erscheinen, nicht aber der Person zu einer flexiblen Weiterentwicklung in einer »balancierten« Identität und Selbstverwirklichung verhelfen. Die betreffende Person mit diesem eingeschränkten autonomen Verhaltensrepertoire alleinzulassen, wäre ebenso inhuman und verantwortungslos, wie der heilpädagogische oder therapeutische Versuch, die Verhaltensprobleme durch eine ausschließlich symptomzentrierte oder abweisende Behandlung zu beseitigen. Nur Konzepte, die auf ein kommunikatives Vertrauensverhältnis, ein bedingungsloses Vertrauen in die individuellen Ressourcen, Stärken und Kompetenzen sowie auf eine subjektiv bedeutsame Aktivierung setzen, können aus einer derartigen häufig hospitalisationsbedingten Sackgasse führen. Ein solcher Ansatz schließt im Einzelfall pädagogische Absprachen, z. B. in Form eines Aushandelns von Toleranzgrenzen oder Freiheitsräumen, nicht aus (SEIFERT 1994, 247 f.).

An dieser Stelle merken wir, welch hohe Verantwortung der Assistenz obliegt und daß ohne fachliche und selbstkritische Reflexion der Interventionen keine qualifizierte pädagogische Arbeit stattfinden kann. Überhaupt hängt eine am Empowerment-Konzept orientierte behindertenpädagogische Arbeit von der Persönlichkeit, der moralischen Einstellung und der Bereitschaft der professionellen Helfer ab, Selbstbestimmungs- und Mitbestimmungsprozesse zuzulassen und zu unterstützen. Eine Reform kann nicht besser sein als die Reformer selbst; und sie ist noch kein Garant für eine dauerhafte erfolgreiche Praxis. In diesem Zusammenhang sollte man auch nicht vergessen, daß selbstbestimmtes Verhalten, vor allem Übernahme von Verantwortung durch geistig (schwer) behinderte Menschen, nicht selten Konkurrenz zwischen Betroffenen, ihren Eltern und professionellen Helfern auslöst, die es durch vertrauensbildende Maßnahmen und Gespräche, zum Bespiel durch einen »Kooperationsdiskurs« (Theunissen), aufzulösen gilt.

Beachtenswerte Anregungen für eine am Selbstbestimmungsparadigma orientierte Aus- und Fortbildung für Mitarbeiter/-innen finden wir bei HAHN (1992). Eine reflexive Praxis ist auch wichtig, wenn wir uns auf seine These (1983) einlassen, daß Menschen mit schwerer geistiger Behinderung angesichts eines eingeschränkten Verhaltensrepertoires ihr Autonomiebedürfnis häufig durch ein Verhalten zum Ausdruck bringen (z. B. Bewegungsdrang, sich anderen Personen entziehen oder eigenwillige Steuerung der Ausscheidungsfunktionen; ebd. 136 f.), das wir als auffällig oder normabweichend betrachten. Diese These unterstreicht noch einmal die positive Menschensicht und erteilt Versuchen, das auffällige Verhalten als wesensbedingt oder pathologisch zu interpretieren, eine klare Absage. Zugleich fordert sie uns heraus, von einem Menschen mit schwerer geistiger Behinderung aus, mit ihm und für ihn ein Konzept zu entwickeln, das zu mehr Lebensautonomie anstiften kann.

Literatur

Aßmann, M.: Von der Verwahrung zum Wohnen. Ästhetik als Lebenshilfe für Menschen mit schwerer geistiger Behinderung – eine Galerie von Ein- und Ausdrücken, in: Theunissen, G. (Hrsg.): Kunst, ästhetische Praxis und geistige Behinderung, Bad Heilbrunn 1997(a).

dies.: Notizen zum Aufbau einer »Selbstbestimmungsgruppe« mit hospitalisierten geistig schwer behinderten Menschen, unv. Arbeitsprotokoll, Halle 1997(b).

Bonse-Olsen, K.: Passivität – Aktivität – Selbstbestimmung, in: Zusammen, Heft 6/1994, 30 f.

Brennecke, A.; Klein, F.: Die verstehende Haltung als Grundorientierung einer ökologisch fundierten Frühförderung, in: Frühförderung interdisziplinär, Heft 1/1992.

Bundesvereinigung Lebenshilfe für geistig Behinderte (Hrsg.): Wohnen heißt zu Hause sein. Ein Handbuch, Marburg 1995.

Bundesvereinigung Lebenshilfe für geistig Behinderte (Hrsg.): Selbstbestimmung, Kongreßbeiträge. Marburg 1996.

Gaedt, Ch.: Autonomie und Partizipation von Menschen in Großeinrichtungen, in: Lebenshilfe (Hrsg.) a. a. O.

Goll, H.: Vom Defizitkatalog zum Kompetenzinventar, in: Hofmann, Th.; Klingmüller, B. (Hrsg.): Abhängigkeit und Autonomie. Neue Wege in der Geistigbehindertenpädagogik, Berlin 1994.

Hahn, M.: Behinderung als soziale Abhängigkeit, München 1981.

ders.: Von der Freiheit schwerbehinderter Menschen, in: Hartmann, N. (Hrsg.): Beiträge zur Pädagogik der Schwerstbehinderten, Heidelberg 1983.

ders.: Selbstbestimmung bei Menschen mit Schwerst- und Mehrfachbehinderungen? in: Bundesverband für spastisch Gelähmte und andere Körperbehinderte (Hrsg.): Pädagogische Förderung schwerstbehinderter Kinder und Jugendlicher, Düsseldorf 1987.

Klein-Jäger, W.: Fröbel-Materialien. Werkheft der heilpädagogischen Übungsbehandlung, Ravensburg 1978.

Lingg, A.; Theunissen, G.: Psychische Störungen bei Geistigbehinderten, Freiburg 1997.

Maslach, Ch.: Das Problem des »Ausbrennens« bei professionellen Helfern, in: Wacker, E.; Neumann, J. (Hrsg.): Geistige Behinderung und soziales Leben, Frankfurt 1985.

Mittler, P.: Zusammenarbeit von Fachleuten und Familien als Fundament für Selbstbestimmung, in: Lebenshilfe (Hrsg.) a. a. O. (1996).

Oy, v. C.; Sagi, A.: Lehrbuch der heilpädagogischen Übungsbehandlung, Heidelberg 1995 (10. Aufl.).

Portmann, A. Entläßt die Natur den Menschen? Olten 1970.

ders.: Biologie und Geist, Frankfurt 1973.

Schmidbauer, W.: Die hilflosen Helfer, Reinbek 1977.

Seifert, M.: Person oder Nicht-Person – das ist nicht die Frage. Vom Zusammenleben mit einem schwerstbehinderten Kind, in: Geistige Behinderung 4/1990, 261–268.

dies.: Autonomie als Prüfstein für Lebensqualität von Menschen mit schwerer geistiger Behinderung in Wohneinrichtungen, in: Hofmann, Th.; Klingmüller, B. (Hrsg.): Abhängigkeit und Autonomie. Neue Wege in der Geistigbehindertenpädagogik, Berlin 1994.

dies.: Schwere geistige Behinderung und Autonomie – ein Widerspruch? in: Bundesvereinigung Lebenshilfe (Hrsg.) a. a. O.

Speck, O.: Leben, Lernen, Arbeiten in der Gemeinschaft, in: Vereinigung für Integrationsförderung (Hrsg.) a. a. O.

ders.: Mehr Autonomie für Erwachsene mit schwerer geistiger Behinderung, in: Geistige Behinderung 3/1985, 162–170.

ders.: Menschen mit geistiger Behinderung und deren Erziehung, München 1993.

Theunissen, G.: Wege aus der Hospitalisierung. Förderung und Integration schwerstbehinderter Menschen, Bonn 1994.

ders.: Wider die Psychiatrisierung geistiger Behinderung, in: Geistige Behinderung, Heft 4/1996, 307–319.

ders.: Empowerment – Paradigmenwechsel in der Behindertenhilfe, in: Behinderte, Heft 1/1997(a), 55–62.

ders.: Basale Anthropologie und ästhetische Erziehung. Eine ethische Orientierungshilfe zum gemeinsamen Leben und Lernen mit behinderten Menschen, Bad Heilbrunn 1997(b).

ders.: Kooperationsdiskurs – ein methodisches Instrument des Empowerment-Konzepts in der Behindertenarbeit, in: Goll, H.; Goll, I. (Hrsg.): Selbstbestimmung und Integration als Lebensziel, Hammersbach 1997 (c).

Theunissen, G.; Garlipp, B.: Eltern als Experten der Frühförderung (Teile I u. II), in: Jugendwohl, Heft 4/1996, 152–160 u. Heft 5/1996, 200–210.

Theunissen, G.; Plaute, W.: Empowerment und Heilpädagogik. Ein Lehrbuch, Freiburg 1995.

Vereinigung Integrationsförderung e. V. (VIF), München (Hrsg.): Behindernde Hilfe oder Selbstbestimmung der Behinderten, München 1982.

Voss, R.; Werning, R.: Systemische Konsultation von Familien mit sozial auffälligen Kindern und Jugendlichen, in: Hohmeier, J.; Mair, H. (Hrsg.): Eltern- und Familienarbeit, Familien zwischen Selbsthilfe und professioneller Hilfe, Freiburg 1989.

Wacker, E.: Die Qualitätsfrage als Muß, Mode oder Möglichkeit zur Verbesserung von Hilfen, in: Behindertenpädagogik 3/1996, 301–311.

Wohlhüter, H.: Wege zu mehr Selbstbestimmung im Heim, in: Bundesvereinigung Lebenshilfe (Hrsg.) a. a. O.

Wolfensberger, W.: Common assets of mentally retarded people that are commonly not acknowledged, in: Mental Retardation Vol. 26 1988, 63–70.

Über einen Betreuer:

»Ja , bei ihm ist es halt so eine Sache. Er macht auch Spaß, aber er hat auch manchmal eine Art an sich, wo doppelsinnig gemeint ist – zweideutige Aussagen, wo man dann nicht genau weiß, was er dann genau meint, ob auf der spaßigen oder auf der ernsthaften Seite.« *(P.)*

Aus den Interviews der Autoren mit behinderten Menschen zu der Frage: »Wie stellen wir uns unsere Begleiter vor?«

Exemplarische Handlungsansätze

Anregung zum Gespräch
zwischen Fachleuten und Menschen mit Behinderung

Wie wir Fachleute in Zukunft arbeiten wollen, um mehr Selbstbestimmung zu ermöglichen.

Eine Selbstverpflichtung

Wir Fachleute glauben oft, besser zu wissen, was gut ist für erwachsene Menschen, die als geistig behindert bezeichnet werden, als sie selbst. Diese Einstellung bekommen wir auch in der Ausbildung vermittelt.

Wir Fachleute meinen es zwar gut, wenn wir für behinderte Menschen handeln, aber wir vergessen dabei allzu oft zu fragen, was sie eigentlich wollen. Auf Fragen kann man nicht nur mit Sprache antworten, sondern zum Beispiel auch durch Verhalten oder Gesichtsausdruck.

Wir Fachleute erkennen das Recht auf Selbstbestimmung der Menschen an, die als geistig behindert bezeichnet werden.

Das heißt für uns Fachleute: nicht vorschnell handeln. Wir wollen in Zukunft vermehrt mit behinderten Menschen sprechen, weniger über sie, und mit viel Geduld herausbekommen, was sie in ihrem Leben und für seine Gestaltung wirklich wollen.

All unseren Tätigkeiten und Bemühungen muß Achtung gegenüber Menschen mit Behinderung zugrunde liegen. Wir wollen uns zurücknehmen, zuhören, verstehenlernen. Wir wollen begleiten, unterstützen, beraten, assistieren, stärken.

Wenn Menschen, die als geistig behindert bezeichnet werden, etwas lernen wollen (zum Beispiel selbständig essen, sich im Verkehr zurechtfinden, lesen und schreiben, Umgang mit Geld; Wie setze ich mich durch?), so bieten wir ihnen unsere Hilfe an. Jeder Mensch kann durch Erwachsenenbildung dazulernen.

Einstimmig verabschiedet von den 34 Teilnehmerinnen und Teilnehmern der Veranstaltung »Von der Förderung zur Assistenz« am 14. und 15. Februar 1996 in Marburg.

gez. Ulrich Niehoff, Bundesvereinigung Lebenshilfe, Marburg

Ulrich Hähner, Lebenshilfe Pforzheim

Brauchst du eigentlich einen Betreuer?

W.: »Ich gehe alleine ins Bett. Zwischen neun und zehn. Wenn man müde ist, geht man halt ins Bett. *Dann brauchst du ja keinen Betreuer, der dich ins Bett schickt?* An und für sich nicht. Außer ich habe einen Rausch. *Und wenn du mal nicht mehr zuhause wohnen würdest, bräuchtest du dann einen Betreuer?* Ja, ab und zu. Zum Kochen.« **Ch.**, seine Freundin: »Aber dazu bin ich ja da, oder?« *Dann würdet ihr also, wenn ihr zusammenwohnen würdet, ohne Betreuer auskommen können?* »Müßten wir eigentlich. Außer fürs Finanzielle. Aber man müßte sich schon an einen Betreuer wenden können, bei Schwierigkeiten zum Beispiel oder wenn etwas ist.«

Aus den Interviews der Autoren mit behinderten Menschen zu der Frage: »Wie stellen wir uns unsere Begleiter vor?«

Einführende Überlegungen zum Handeln der Begleiter

Ulrich Niehoff

An dieser Stelle sei verwiesen auf das auf Seite 169 abgedruckte Ergebnis einer Tagung der Bundesvereinigung Lebenshilfe zum Thema »Von der Förderung zur Assistenz«. Die Teilnehmer des Seminars hatten einstimmig eine Art »Pädagogische Selbstverpflichtung« erarbeitet, wie sie in Zukunft arbeiten wollen. Der Text ist in einfacher Sprache verfaßt, er soll als Medium dienen, um mit geistig behinderten Menschen ins Gespräch zu kommen. Sicherlich ist der Text nicht »selbstverständlich«, er ist gleichsam ein Thesenpapier zur Diskussion mit Nutzern von Hilfeleistungen. Er ist ein Schritt in Richtung Nutzer-Kunden-Orientierung. Nachfolgend geht es darum, wie sich die Nutzer Begleitung wünschen.

Achtung und Respekt

Wahrscheinlich entscheidend für das Verhältnis zwischen Professionellen und Menschen mit Behinderungen ist, ob es uns Fachleuten gelingt, Beziehungen auf Achtung, Respekt und Akzeptanz aufzubauen. Eine zugewandte Attitüde, die behinderte Menschen niedlich, originell, »zum Knuddeln« findet, wird nicht zu einer wirklichen Ich-Du-Beziehung führen.

Menschen mit geistiger Behinderung zu akzeptieren, sie als gleichberechtigte Partner oder möglicherweise gar als unsere Arbeitgeber zu sehen, zu denen wir uns in einem Abhängigkeitsverhältnis befinden, ist eine sehr neue und schwierig zu bewerkstelligende Sichtweise. Körperbehinderte Menschen setzen ihre mitunter verletzende Radikalität und Militanz ein, um Pädagogen, Therapeuten, Medizinern usw. deutlich zu machen, daß sie selbstbestimmte Persönlichkeiten sind. Die gewaltige Kraft, die nötig ist, um das Paradigma der Förderung zu überwinden, ist (heute) Menschen, die wir als geistig behindert bezeichnen, noch nicht verfügbar. Wie steht es dabei mit dem oft kolportierten Satz der Frauenbewegung, am schlimmsten seien die wohlwollenden Männer? Sind wir Autoren dieses Buches wohlwollend? Zumindest entspricht dies unserem Selbstverständnis. Liegt nicht eine Gefahr darin, wenn die Lebenshilfe, die mit dem Leitbild der Förderung angetreten ist, sich heute des emanzipatorischen Themas »Selbstbestimmung« annimmt, um unter ihrem Dach diese Ideen zu profilieren? Wie groß ist dabei die Gefahr, daß der Begriff Selbstbestimmung nur als Etikett benutzt wird? Und doch sollte es Menschen geben, die innerhalb des großen Verbandes dieses Thema ins Auge fassen und es voranbringen.

Entpädagogisierung des Alltags und Erwachsenenbildung

Professionellen in der Arbeit mit erwachsenen geistig behinderten Menschen muß es gelingen, Hilfen im Alltag zu entpädagogisieren, d. h. Menschen mit Behinderung durch fachliche Hilfen nicht zu bevormunden. Pädagogik und Andragogik sind zielgerichtet auf Veränderungen in Richtung Persönlichkeitsentwicklung, behinderte Menschen sollen kompetenter und selbständiger werden. Dieser fachliche Anspruch wird vermittelt und kann bei behinderten Menschen nur zu einer Nichtakzeptanz ihrer momentanen Identität führen. Der Anspruch, zum Beispiel seinen Lebenspartner verändern zu wollen, ist ein wichtiges Indiz für eine konfliktbeladene Beziehung. Ehen oder ähnliche Lebensgemeinschaften können über längere Zeit nur funktionieren, wenn sich die Partner so akzeptieren können, wie sie sind. Dies kann in ähnlicher Weise auch auf Beziehungen von Fachleuten zu Menschen mit Behinderung übertragen werden. Mit Empathie ist leicht nachvollziehbar, was es für behinderte Menschen bedeuten muß, wenn ihnen jahrelang, manchmal mit nicht enden wollender fachlicher Penetranz, vorgeschrieben wird, was sie zu tun oder besser nicht zu tun haben, wie man etwas richtig oder besser macht, daß man erst bestimmte Zwischenziele erreichen muß, bevor man etwas Gewolltes tun kann usw. Um einmal am eigenen Leibe erfahren zu können, wie permanente pädagogische Förderung empfunden wird, ist Professionellen zu empfehlen, im Rollenspiel z. B. in die Rolle von Bewohnern eines Wohnheimes zu schlüpfen und entsprechende Gespräche mit Betreuern, Leitern, Eltern, gesetzlichen Betreuern zu führen bezüglich des Wunsches, in eine eigene Wohnung umziehen zu wollen.

Wenn von einer Entpädagogisierung des Alltags gesprochen wird, bedeutet dies nicht, daß Pädagogen im Leben behinderter Menschen keine Aufgaben mehr hätten. Die moderne Leistungsgesellschaft stellt an alle Menschen die Anforderung, sich (durch Erwachsenenbildung) ständig den rasant verändernden Lebensbedingungen anzupassen und somit »auf dem Laufenden« zu bleiben. Dieser Anspruch betrifft auch Menschen mit Behinderungen, nur kann es eben keine zwangsläufigen Bildungsmaßnahmen geben. Erwachsenenbildung beruht auf Freiwilligkeit, auf einem annähernd egalitären Verhältnis zwischen Tutor und Kursteilnehmern und auf einem Kontrakt bezüglich Inhalt des Lehrstoffes und Zeitdauer des Kurses (Arbeitsbündnis). Wenn z. B. ein Bewohner lernen möchte, mit Besteck umzugehen, so ist durchaus vorstellbar, diesen Wunsch durch einen Kurs in Erwachsenenbildung zu realisieren. Die Inhalte von Bildungswünschen können die ganze Bandbreite der bekannten Erwachsenenbildung umfassen. Hier sind zum Beispiel Pädagogen gefordert; sie finden eine anspruchsvolle Aufgabe.

Je deutlicher die Trennung zwischen einer Entpädagogisierung des Alltags und Kursen in Erwachsenenbildung gelingt, desto weniger werden Beziehungen zwischen Professionellen und behinderten Menschen durch unklare, latent vorhandene Ansprüche belastet, ein Part(ner) hätte sich nach den Vorstellungen des anderen zu verändern.

Verhandeln statt Behandeln

An anderer Stelle dieses Buches ist auf die Budgetierung der sozialen Hilfen auch für geistig behinderte Menschen in (vor allem) englischsprachigen Ländern hingewiesen worden (siehe Beitrag »Zukunftsplanungen«). Wenn dies in Deutschland zum Tragen kommen sollte, werden überhaupt nur noch Dienstleistungen nachgefragt werden, die den Interessen der »Kunden« entsprechen. Hilfen beim Wohnen mit dominantem, pädagogisierendem Anspruch werden voraussichtlich durch eine »Abstimmung mit den Füßen« zumindest dann obsolet, wenn Pädagogik ihre »Kunden« in einen Objektstatus versetzt. Diese Art »Pädagogik« hatten wahrscheinlich Psychiatrie-Erfahrene im Blick, als sie den Gründungskongreß ihres Selbsthilfeverbandes unter das Motto stellten »Verhandeln statt Behandeln«. In diesem Motto kommt deutlich zum Ausdruck, worum es geht. Zu oft sind Menschen mit Behinderung gutgemeint »be-handelt« und verobjektiviert worden. Verhandeln im Alltag bedeutet, daß sich Betreuer/Begleiter nicht jeglicher Einflußnahme enthalten müssen, daß sie ihre Persönlichkeit in die Beziehung einbringen müssen mit Ideen, Initiativen, Vorschlägen usw. Nur dürfen diese Impulse nicht als unveränderbar und als der Weisheit letzter Schluß verordnet werden. Sie müssen Angebote sein, die auch Alternativen bieten. Diese Art Begleitung ist eine ständige von Empathie getragene Herausforderung an die Fachkräfte und fordert ihre ganze pädagogische Phantasie und Improvisation, erfordert immer wieder ein Gleichgewicht zwischen Nähe und Distanz.

Wenn professionelle Arbeit mit geistig behinderten Menschen sich der Machtansprüche enthält, zu denen sie leicht führen kann, fällt allerdings möglicherweise ein viele Fachleute motivierender Bestandteil der Arbeit weg: Die Macht, die man über andere Menschen gewinnen kann und die damit einhergehende narzistische Verstärkung, das meint die Bestätigung der eigenen Macht und Rolle. Ein Berufsbild eines Begleiters ist noch nicht entwickelt und erprobt worden. Möglicherweise ist es auf Dauer wenig attraktiv, sich in seinem Berufsalltag z. B. in der Begleitung körperbehinderter Menschen jeglicher Einflußnahme zu enthalten und schlicht als ausführendes Organ eines beeinträchtigten Menschen zu fungieren. Die Aufgaben von Erwachsenenbildnern, Beratern, Begleitern und Unterstützern sind vielseitig und anspruchsvoll, muß doch immer die Gratwanderung zwischen einem Zuviel und einem Zuwenig an Hilfestellung ausgehalten werden.

Wer hat das Sagen?

Die »Krüppelbewegung« hat aufgrund persönlicher Erfahrungen umfassender Fremdbestimmung Kompetenzen formuliert, die sie für sich in Anspruch nimmt. Dies sind:

- Finanzkompetenz (Verfügen über finanzielle Mittel);
- Personalkompetenz (Arbeitgeberfunktion);

- Anleitungskompetenz (Artikulieren von Bedürfnissen);
- Fähigkeit, Helfern gezielt die benötigten Informationen geben zu können;
- Raumkompetenz (Wo, wie, mit wem leben wollen);
- Sozialkompetenz (Möglichkeit und Fähigkeit, die eigene Teilnahme am gesellschaftlichen Leben zu gestalten, z. B. Kontakte zu Freunden selbst zu bestimmen und aufrechtzuerhalten);
- Schulung der *Betroffenen* statt der *Helfer*.

Leicht ist nachvollziehbar, daß die Macht-Waagschalen, die in der Vergangenheit sich eindeutig zur Seite der Fachleute neigten, nun bei den Betroffenen ihren Schwerpunkt haben. Das Arbeitgebermodell drückt dies aus. Die Inanspruchnahme der Finanzkompetenz verdeutlicht, wie die Machtverhältnisse verteilt sind. Nun kann dieses Modell auf die Arbeit mit geistig behinderten Menschen nicht ohne weiteres übertragen werden. Nur in seltenen Fällen sind Professionelle hier »nur ausführende« Assistenten (z. B. Begleitung in öffentlichen Nahverkehrsmitteln zum Besuch eines Kinos). Ein partnerschaftliches Verhältnis, eine Ich-Du-Beziehung, die Verabredung gemeinsamer Perspektiven durch »Verhandlungen« kann aber nicht bedeuten, daß Professionelle und behinderte Menschen sich gegenüberstehen wie eine vollkommen ausbalancierte Waage. Wenn Begleiter für ihre Arbeit bezahlt werden, dann muß der Schwerpunkt der Waage immer bei den Nutzern von Diensten liegen, wenn auch nicht ständig, aber das Bestreben muß immer dahin gehen.

Zur Bedeutung von Ausbildungscurricula

In Seminaren, in denen die Rolle von Professionellen im Zusammenhang mit Selbstbestimmt-leben- Fragen diskutiert wird, ergibt sich immer wieder der Hinweis auf die Inhalte der Ausbildungscurricula von Behindertenpädagogen/Andragogen. Hieran läßt sich nachweisen, daß die Gefahr der Pädagogisierung des Alltags und der Verobjektivierung behinderter Menschen sich fast folgerichtig aus Ausbildungsgängen ergibt. An der Ausbildung zum Heilerziehungspfleger läßt sich beispielhaft nachweisen, wie der Alltag auch erwachsener Menschen mit Behinderung pädagogisierend und therapeutisierend bestimmt wird. Angebote wie Spazierengehen, Lesen, Musik hören, Tanzen, Sport werden nicht einfach als Muße gesehen, sondern immer unter pädagogisch-therapeutischem Blickwinkel. Mit Empathie betrachtet, stellt sich schnell ein Unbehagen ein, das behinderte Menschen wahrscheinlich auch empfinden. In der Ausbildung wird auf die Wichtigkeit von Teamarbeit hingewiesen. Die Forderung, persönliche Curricula für behinderte Menschen hinsichtlich ihrer individuellen Lebensstilplanungen in Zusammenarbeit mit den Betroffenen gemeinsam zu entwickeln, fehlt fast vollständig (Niedersächsisches Kultusministerium 1992).

Solche und vergleichbare Ausbildungsgänge führen zu der in diesem Kapitel kritisierten Praxis. Ausbildungsinstitutionen müssen ihre Curricula im vorgenannten Sinne reflektieren, wie dies z. B. auf dem Jahrestreffen der Heilerziehungspflegeschulen in Fulda 1995 geschehen ist.

Anerkennung erfährt ein berufstätiger Mensch heute vor allem durch spezielles Fachwissen, durch Fähigkeiten, die nicht alle Menschen besitzen. Für die Alltagsbegleitung behinderter Menschen – so scheint es – ist offensichtlich jeder geeignet. Sie ist mit wenig Prestige verbunden und wird gesellschaftlich wenig honoriert. Zufriedenheit auf seiten der Nutzer als Ergebnisqualität professioneller Arbeit ist wenig meß- und überprüfbar. Anders sieht es aus mit therapeutischen/pädagogischen Programmen. Wenn ein behinderter Mensch dadurch in seiner Entwicklung weitergekommen ist, passiert es, daß Begleiter sich damit brüsten, was sie »aus diesen Menschen herausgeholt haben«. Damit wird dem behinderten Menschen die Chance genommen, selbst auf seine Biographie stolz sein zu können, weil er aus diesem Blickwinkel nur eine Marionette der Betreuer sein kann. Zu einem durch die Ausbildung vermittelten pädagogischen Selbstverständnis, das sich vorrangig an meßbaren Erfolgen orientiert, gesellt sich durch die aktuellen sozialpolitischen Kosten-Nutzen- und Qualitätsdiskussionen ein Erfolgsdruck von seiten des Arbeitgebers und der Einrichtung bzw. des Kostenträgers. Dies leistet der »Verobjektivierung« behinderter Menschen zusätzlich Vorschub. Orientierungshilfe kann hierbei die Haltung von Psychotherapeuten sein, die sich im Prozeß der Therapie persönlich vollständig zurücknehmen und den ratsuchenden Menschen einzig die berufliche Kompetenz zur Verfügung stellen. Psychotherapeuten wissen, daß sie ihre Klienten nicht »be«-raten können. Sie können sie nur darin unterstützen, individuelle Problemlösungswege zu finden. Psychotherapeuten können überhaupt nur dann erfolgreich sein, wenn ihnen diese Distanzierung gelingt. Von dieser Einstellung können Pädagogen, die sich als Begleiter verstehen, lernen.

Hilfreich ist in dem sensiblen Feld der Neudefinition der professionellen Rolle (kollegiale) *Supervision*. Immer wieder droht bei der Gratwanderung »Begleiten« das Abrutschen entweder in überwundengeglaubte Bevormundung oder in Vorenthaltung der benötigten Hilfestellung. Zum gegenwärtigen Zeitpunkt in der Konturierung des neuen Paradigmas »Selbstbestimmt leben« gibt es noch keine professionellen »Sicherheiten«. Noch sind viele Suchbewegungen notwendig. Es geht immer noch um Reflexion der »Fürsprecherrolle«, um Innehalten- und Abwartenkönnen, Vertrauen in die Ressourcen behinderter Menschen. Menschen, die wir als geistig behindert bezeichnen, machen heute noch wenig deutlich, wie sie sich Begleiter wünschen. Dies wird sich um so stärker entwickeln, je mehr wir Hilfen geben, nicht nur zur verbalen Artikulation, sondern indem wir uns stärker bemühen, Meinungen abzufragen.

Literatur

Niedersächsisches Kultusministerium: Rahmenrichtlinien für die Fachschule Heilerziehungspflege, Hannover 1992.

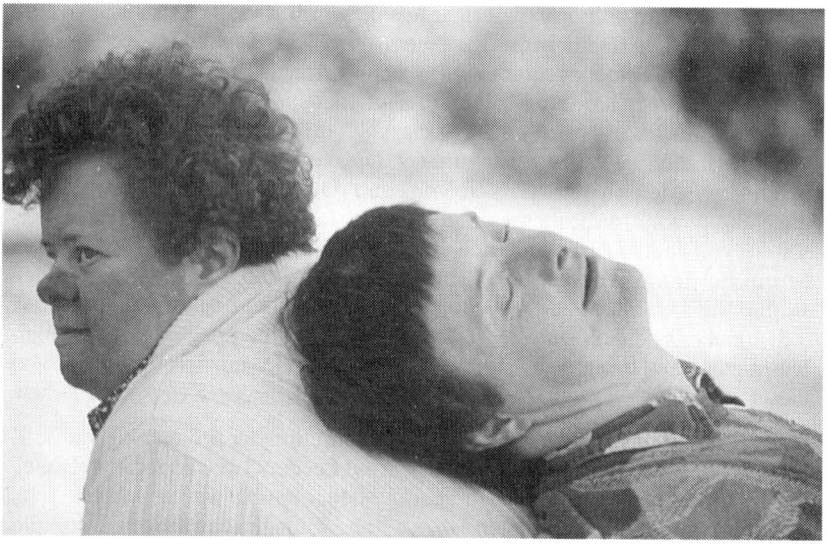

Von Pflege- und Behandlungsplänen zu individuellen Zukunftsplanungen

Ulrich Niehoff

Bevor wir Pflege- und Behandlungspläne als Förderungsinstrumente einer kritischen Würdigung unterziehen, ist zunächst darauf zu verweisen, daß sie in vielen medizinisch orientierten Großeinrichtungen und psychiatrischen Krankenhäusern einen Fortschritt gegenüber der Verwahrung (geistig) behinderter Menschen darstellten. Bis in die 70er Jahre hinein galten »Insassen« von Großinstitutionen oftmals als bildungsunfähig. Sie wurden in vollstationären Heimen versorgt und gepflegt, ein (pädagogisches) Konzept für die Einrichtung existierte kaum, geschweige denn ein Konzept für die Bewohner. Die Bezeichnung individueller Curricula als »Pflege- und Behandlungspläne« konnte helfen, die Planung individueller Pflege, Förderung und Therapie bei den oftmals medizinisch ausgebildeten Mitarbeitern akzeptabel zu machen. Mit Hilfe von förderdiagnostischen Instrumentarien (PAC nach Günzburg, Frühförderprogramme u. ä.) wurde in verschiedenen Lebensbereichen der Entwicklungsstand festgehalten und, darauf aufbauend, wurden Entwicklungsziele formuliert, Methoden und Wege benannt. Durch die Fokussierung auf einen individuellen Behandlungsplan konnte der Verwahrung und Entindividualisierung von Menschen, die zum Teil mit 20 bis 40 Personen auf Stationen mit homogener »Belegung« leben mußten, entgegengewirkt werden. Waren Defizite, z. B. beim selbständigen Essen, festgestellt, so wurde ein Eßtrainingsprogramm entwickelt, welches die umfassende Tätigkeit in kleinste Schritte zerlegte, und entsprechende Hilfestellungen vorschrieb. Die regelmäßig stattfindende Förderung wurde drei- bis viermal täglich detailliert protokolliert. Gegenüber der Verwahrung in medizinischen Großeinrichtungen mit ihrem »biologistisch-nihilistischen Menschenbild« (THEUNISSEN 1985) stellten die Pläne einen Fortschritt dar. Mit der deutlichen Pädagogen-/Therapeutenzentrierung der Pläne war jedoch oftmals die Gefahr der Verobjektivierung behinderter Menschen gegeben. Dies kam z. B. auch darin zum Ausdruck, daß die Pläne Instrumente der Pädagogen und Therapeuten waren und aus diesem Grund behinderten Menschen in der Regel nicht zugänglich. Ziele wurden entsprechend gesellschaftlicher (z. B. Tischmanieren) und/oder individueller Normen gesetzt, oftmals ohne entsprechend zu reflektieren, ob diese Ziele auch für den betreffenden Menschen relevant seien. Eine Entwicklung der Pläne gemeinsam *mit* behinderten Menschen war nicht vorgesehen, oftmals tauchte nicht einmal der Gedanke daran auf. Im Curriculum für die Ausbildung zum Heilerziehungspfleger des Niedersächsischem Kultusministeriums zum Beispiel wird zwar auf die Wichtigkeit des Austauschs des Heilerziehungspflegers mit »Mitarbeitern, Vertretern von Fachdiensten und sonstigen Bezugspersonen« sowie »Eltern und Angehörigen« hingewiesen (Niedersächsisches Kultusministerium, 1992, S. 16–17). An keiner Stelle ist allerdings vorgesehen, daß pädagogische/andragogische Planungen mit behinderten Menschen selbst zu besprechen seien, geschweige denn von ihnen bzw. mit ihnen zu entwickeln seien.

Wenn nun die Arbeit mit Trainingsprogrammen aus Praktikabilitätsüberlegungen heraus zwar einsichtig, aber aus Sicht des menschlichen Umgangs miteinander doch nicht angemessen ist, und so dem heutigen Stand der Konzeptionsentwicklung nicht mehr entspricht, welche Folgerungen sind dann zu ziehen, welche Veränderungen sind dann von Nöten? Hier scheinen die Begriffe Begleitung und Assistenz hilfreich. Nicht der Ausgleich von Defiziten sollte im Vordergrund des Lebensalltags behinderter Menschen stehen, sondern unterstützende Begleitung und Hilfen bei der Verwirklichung der von ihnen selbstgesetzten Ziele.

Rückblickend könnte die Konzeptionsentwicklung folgendermaßen skizziert werden: von der Verwahrung zur Förderung; von der Förderung zur Begleitung.

Zum Begriff Pflege- und Behandlungsplan

Der Begriff an sich ist problematisch. Es besteht immer die Gefahr, daß Pflege als weniger aufwendig, weniger wertig als Pädagogik oder Therapie angesehen wird. Dies wird z. B. im Begriff »Heil- und Pflegeanstalt« der 30er und 40er Jahre dieses Jahrhunderts deutlich. Es wurde unterschieden zwischen Patienten, die zu heilen, zu therapieren und zu entlassen waren, und solchen, die sich »therapieresistent« zeigten und damit in den Langzeit- oder Pflegebereich »verlegt« wurden. Auch während des Faschismus gab es durchaus sozialpsychiatrische Ansätze und Therapieangebote für psychisch kranke Menschen (DÖRNER, 1988, S. 55–58). Nur, wenn diese nicht zum Erfolg führten, wenn chronische Krankheiten entstanden, dann bestand die Gefahr für die davon betroffenen Menschen, als »nutzlose Esser und Parasiten« (BINDING/HOCHE, 1920) angesehen zu werden, die der »Euthanasie« zuzuführen seien. Heute besteht in der fachwissenschaftlichen Diskussion Konsens darüber, daß es keinen Grund gibt, im Bezug auf die Entwicklungsmöglichkeiten von Menschen eine resignative Einstellung zu haben. Solange ein Mensch lebt, steht er in einem kommunikativen Austausch mit seiner Umwelt. Dieser kann von den betreffenden Menschen selbst und mit der Unterstützung von Begleitern bzw. Assistenten gestaltet werden. Eine wenigerwertige Betreuung für eine bestimmte Personengruppe mit hohem Hilfebedarf kann fachlich nicht begründet werden. Pflege wird oftmals immer noch mit Grundversorgung gleichgesetzt. So sehen z. B. die §§ 68, 69 (Hilfe zur Pflege) im Bundessozialhilfegesetz (BSHG) wesentlich weniger (Integrations-)Hilfen vor als die §§ 39, 40 (Eingliederungshilfe). Bedeutet die Abkehr von §§ 39, 40, daß im Einzelfall die Eingliederung nicht mehr angestrebt wird? Die aktuelle Umwandlung ganzer Einrichtungen der Eingliederungshilfe in Heime, in denen Hilfe zur Pflege gewährt wird (z. B. die Heilpädagogischen Einrichtungen in Hessen) bzw. die Einrichtung der »Westfälischen Pflege- und Förderzentren« des Landschaftsverbands Westfalen-Lippe, die zum Teil durch Pflegeversicherungsgesetz und zum Teil durch BSHG finanziert sind, ist höchst alarmierend!

Auch der Begriff Behandlung ist zu problematisieren. Eine Handlung ist ein Akt, ein Vollzug, wobei der Handelnde als Subjekt der Handlung vom Handlungsziel bzw. von den verschiedenen Objekten der Handlung zu unterscheiden ist. Beim Wort Behandlung wird die Unterscheidung zwischen handelndem Subjekt und behandeltem Objekt sehr deutlich. Denn bei Behandlung geht es nicht um eine Handlung zweier oder mehrerer Menschen an einem gemeinsamen Gegenstand. Die Vorsilbe »Be« ist besitzergreifend, bevormundend, anmaßend, drückt Ungleichwertigkeit und Hierarchie aus, wie die Beispiele verdeutlichen: *Be*strafung, *Be*vormundung, *be*trügen, *be*herrschen, *Be*gnadigung, *Be*lohnung. Aber immer bestraft der Herr den Untergebenen, beherrscht der Mächtige den Schwachen, begnadigt der Herrscher den Untertan, behandelt der Therapeut den Patienten, den Klienten, den Behinderten oder den Bewohner. Immer drückt das *Be*handeln ein hierarchisches Verhältnis zwischen handelndem Subjekt und behandeltem Objekt aus.

Persönliche Budgets und Nutzerorientierung

In mehreren Ländern (z. B. Holland, Dänemark, Schweden, Kanada) gelten schon Gesetze, die es Menschen mit (geistiger) Behinderung bzw. ihren gesetzlichen Betreuern freistellen, gemäß ihren Bedürfnissen Gelder direkt vom Sozialhilfeträger zu beziehen, und sich für diese Gelder ihre Hilfe selbst einzukaufen. Von den jeweiligen Sozialpolitikern sind unterschiedliche – positive sowie negative – Aussagen zu hören (DE JONG, 1996), so daß eine endgültige Einschätzung über die positive Wirkung der Idee persönlicher Budgets zur Zeit noch nicht vorgenommen werden kann, zumal diese Möglichkeiten erst kurze Zeit bestehen. Wenn Menschen mit Behinderung selbst über Geldmittel verfügen, würde ihnen vielleicht das entscheidende Machtmittel zur Durchsetzung der eigenen Interessen an die Hand gegeben. »Im besonderen wurde direkte Bezahlung als die beste Möglichkeit angesehen, Nutzern (von Dienstleistungen, U. N.) Machtmittel in die Hand zu geben, indem sie ein ökonomisches Druckmittel haben: die Möglichkeit, von ihnen gewählte Assistenten einzustellen oder zu entlassen« (SUTCLIFFE; SIMONS, 1993 S. 53, Übersetzung von U. N.). In den genannten Ländern ist auch für Menschen mit geistiger Behinderung das Arbeitgebermodell eingerichtet, d. h., der behinderte Mensch bezieht selbst die staatlichen Finanzhilfen und kauft hierfür Dienstleistungen ein, wie es in Deutschland vor Inkrafttreten der Pflegeversicherung vor allem von körperbehinderten Menschen in Anspruch genommen wurde.

Ob sich persönliche Budgets im Ausland auch für Menschen mit geistiger Behinderung als System durchsetzen werden und ob diese Möglichkeiten auch in Zukunft in Deutschland gegeben sein werden, sei dahingestellt. Es lohnt sich jedoch, diesen Gedanken einmal durchzuspielen, würde er doch das System der sozialen Hilfen für behinderte Menschen revolutionieren. Im BSHG ist der einzelne Mensch anspruchsberechtigt bzgl. der dort genannten Hilfen. Es würde der Logik des BSHG also durchaus entsprechen, Gelder direkt an die Betroffenen auszuzahlen bzw. ihrem gesetzlichen Betreuer. Stattdessen bekommen heute Institutionen (z. B. Werk- und Wohnstätten) Gelder für die zu Betreuenden ausbezahlt. Sie stellen dafür Sachleistung (Arbeits- bzw. Wohnplatz mit Betreuung) zur Verfügung. Faktisch führt dies zu einer Abhängigkeit des behinderten Menschen von den Einrichtungen. Die Macht liegt einseitig bei der Einrichtungsleitung, sie erarbeitet in der Regel den Arbeits- und Heimvertrag bzw. die Heimordnung. Es lohnt sich, Heimordnungen einmal unter diesem Blickwinkel zu betrachten. Dabei wird überdeutlich, wer das Sagen hat. Würden Menschen mit (geistiger) Behinderung bzw. deren gesetzliche Vertreter über die Gelder selbst verfügen können und müßten Einrichtungen ihre Dienstleistungen auf dem Markt aufgrund von Konkurrenzsituationen preiswert und gut anbieten, würde sich eine Nutzer- oder Kundenorientierung von selbst ergeben. Dann stünden tatsächlich die Bedürfnisse behinderter Menschen im Zentrum. Der Leser stelle sich eine ihm bekannte Einrichtung einmal vor: Wie würde sie sich verändern, wenn sie ihre Dienstleistung in einer Konkurrenzsituation verkaufen müßte? Wie würden dann Heimordnung und Heimverträge lauten?

Sind heute noch viele Menschen mit Behinderungen gleichsam gezwungen, oben beschriebene »Trainingsprogramme« über sich ergehen zu lassen, so würden diese sehr schnell deutlich korrigiert – zugunsten von Lebensstilplanungen, die, von und mit behinderten Menschen erarbeitet, wirklich von ihren individuellen Bedürfnissen, Interessen und Entwicklungsperspektiven ausgehen. Behinderte Menschen selbst würden entscheiden, ob sie zum Feierabend an Lesestunden und Gesprächsgruppen teilnehmen möchten, um das Bilden von Sätzen zu üben, oder lieber mit den Arbeitskollegen Kicken wollen; ob sie ein Trainingsprogramm in bezug auf Tischmanieren absolvieren wollen oder auch in Zukunft damit leben, daß sie beim Essen schlabbern, die Tischdecke bekleckern und manches Stück vom Teller mit den Fingern essen. Auch ohne persönliche Budgets wird sich im Rahmen der Qualitätsdiskussion das System der Hilfen vermehrt an den Bedürfnissen der Nutzer orientieren müssen, eben weil dies ein nicht wegzudiskutierendes Qualitätsmerkmal ist. Es ist leicht nachvollziehbar, daß ein Mehr an Gestaltungsmöglichkeiten des eigenen Lebens ein Mehr an Lebensqualität mit sich bringt, sind doch Gestaltungsmöglichkeiten ganz allgemein ein wesentlicher Motor für menschliches Handeln und für Motivation. In der sozialwissenschaftlichen Diskussion hat der Begriff des »Empowerment« (vgl. auch S. 56, 129, 153 ff.) in den letzten Jahren zunehmend an Bedeutung gewonnen. Er besagt, daß nicht mehr Experten *für* stigmatisierte und machtlose Menschen handeln, sondern sie mehr und mehr »ermächtigen«, (wieder) selbst in ihrem Leben Regie zu führen. Empowerment vertraut in die oft verschütteten Ressourcen behinderter Menschen, setzt an ihren Kompetenzen an und nicht bei den Defiziten. Unterstützer (enabler) respektieren dabei individuelle Entscheidungen und Lebensentwürfe, die nicht immer normgebunden sind.

Dazu ein *Beispiel*: Vorschnell – und zunächst verständlicherweise – wurde bei einem Bewohner, der im Monat 300,– DM für das Telefonieren ausgibt, geschlossen, daß dies in seinem eigenen Interesse nicht gehe, da er nur Einkünfte von ca. 400,– DM habe und damit seinen gesamten Bedarf (Hygieneartikel, Kleidung, Hobbys, Ausflüge, Reisen) abdecken müsse. Nachdem einsetzende Restriktionen deshalb zu Auseinandersetzungen mit ihm und zu Aggressionen seinerseits führten, wurde die Absprache getroffen, sein individuelles Bedürfnis Telefonieren zu akzeptieren und z. B. seinen Bedarf an Kleidung durch Spenden abzudecken. Unterstützer müssen individuelle »Umwege« genauso akzeptieren, wie die Langsamkeit persönlicher Entwicklung. Dies entwickelt sich nicht gradlinig, meist gibt es Rückschläge, Verzögerungen und Rückfälle, die die Geduld von Begleitern oft auf eine harte Probe stellen. Das Bestreben, im Rahmen von »Ergebnisqualität« Erfolge im Sinne von erfolgter (Re-)Integration statistisch zu erfassen, erscheint hier eher kontraproduktiv, weil es Ungeduld impliziert. Zudem gibt es wahrscheinlich in der Biographie eines jeden Menschen »Umwege« oder (vermeintliche) Rückschläge, die sich rückblickend als hilfreich und vorwärtsweisend erwiesen haben.

Das Ergebnis überbehütenden Verhaltens von Eltern und Fachleuten ist oft eine »erlernte Hilflosigkeit«. Wenn es Begleitern im Prozeß des Empowerments gelingt, nicht mehr für behinderte Menschen zu handeln, sondern ihnen, entsprechend gemeinsamer Absprachen, mehr und mehr Verantwortung zurückzugeben, wenn aufgrund kleiner Erfolge ein neues Selbstbewußtsein entstehen kann, dann kann ein Teufelskreis von Scheitern, Enttäuschung, Fremdbestimmung und Mißerfolgserwartung zu einer Spirale mit positiver Richtung werden. Die Entwicklung persönlicher Zukunftsplanungen kann als individueller Prozeß des Empowerments angesehen werden.

Als ein Beispiel für Empowerment seien hier die Entwicklungssprünge von fünf Menschen benannt, die wir als geistig behindert bezeichnen. Sie waren Mitglieder des sechsköpfigen Vorbereitungskomitees für den Kongreß der Bundesvereinigung Lebenshilfe zum Thema »Ich weiß doch selbst, was ich will! Menschen mit geistiger Behinderung auf dem Weg zu mehr Selbstbestimmung« im Herbst 1994 in Duisburg. Zwei Jahre nach diesem Kongreß wurde das Komitee zur Vorbereitung einer weiteren Veranstaltung wieder zusammengerufen. Es stand die Frage im Raum: Was hat sich für mich persönlich in den zwei Jahren nach dem Kongreß verändert? Es waren folgende positiven Entwicklungen festzustellen:

- Ein weibliches Mitglied hat im August 1996 ihren langjährigen Freund geheiratet. Sie wohnen zusammen in einer Wohnung.
- Ein weibliches Mitglied hat Kontakt aufgebaut zum Zentrum für selbstbestimmtes Leben in ihrem Wohnort.
- Ein weibliches Mitglied hat zusammen mit anderen eine Selbsthilfegruppe für Menschen mit »geistiger Behinderung« aufgebaut.

- Ein männliches Mitglied hat zwischenzeitlich einen Arbeitsplatz außerhalb der WfB gefunden.
- Ein männliches Mitglied wohnt nicht mehr bei seiner Mutter, sondern mit Betreuung in seiner eigenen Wohnung.

Nun kann sicherlich nicht davon ausgegangen werden, daß die persönlichen gradlinigen Veränderungen ausschließlich der Arbeit im Programmkomitee geschuldet seien. Andererseits kann man aber sicher feststellen, daß sie nicht unabhängig von den dort gemachten Erfahrungen zu sehen sind. Ich persönlich gehe davon aus, daß die Arbeit im Vorbereitungskomitee einen Prozeß des Empowerments darstellte, und die Mitglieder aus diesem Grund gestärkt ihr Leben gestalten konnten.

Individuelle Zukunftsplanung – alter Wein in neuen Schläuchen?

Was ist kundenorientierte Zukunftsplanung? Hier ist kritisch zu reflektieren, inwieweit bei der Planung Menschen mit Behinderung doch wieder zu fördernden Objekten gemacht werden, weil Pädagogen- und Therapeutenzentrierung sich bei der Planung durchsetzt. Zukunftsplanungen können eine vertragsähnliche Basis haben, wobei Nutzer von Dienstleistungen sagen, in welchem Feld ihres Lebens sie Veränderungen wünschen. Pädagogen wären gefordert, didaktisch aufbereitete Anleitungen zum Kompetenzerwerb in einem umrissenen Lebensbereich zu geben, damit gesetzte Ziele erreicht werden können. Danebengegriffen wäre es sicherlich, alle Förder- und Behandlungspläne aus den Hängeordnern für die Bewohner der Wohnstätte XY herauszunehmen und dafür »Zukunftspläne« einzulegen. Das wäre ein formalistisches und technokratisches Vorgehen.

Berichte aus England (SUTCLIFF, SIMONS, 1994, S. 47) verweisen auf positive Erfahrungen damit, daß Entwicklungspläne nicht von betroffenen, weil durch die Institution angestellten, Betreuern erarbeitet werden, sondern mit unabhängigen Eltern, Freunden, gesetzlichen Betreuern. »Einer der Kritikpunkte in der Vergangenheit war, daß Planungen für Menschen gemacht wurden unter dem Gesichtspunkt ihrer ›Anpassungsfähigkeit‹ für eine bestimmte Institution, und nicht so sehr in bezug auf ihre Bedürfnisse. Einige Kritiker argumentierten, dies sei dann eine logische Konsequenz, wenn Dienstleister selbst die Planungen erarbeiten und wenn es keine klare Trennung gäbe zwischen Personen, die behinderte Menschen bei der Planung helfen und Dienstleistern« (übersetzt von U. N.). Sollte dies nicht praktikabel sein, so ist zumindest sicherzustellen, daß Kunden sich ihre unmittelbaren Bezugsbetreuer, die ihnen sympatisch sind und denen sie vertrauen, selbst wählen können.

Lebensstilplanungen führen systematische Überlegungen zu einem Curriculum nicht neu ein. Neu sind sie in der ausgesprochenen Subjektzentrierung und im veränderten Menschenbild. Zur Abklärung der aktuellen Lebenslage wird nicht mehr nach zu kompensierenden Defiziten gesucht, sondern nach »Spuren von Stärke« (HERRIGER, 1996, S. 157). Individuelle Entwicklungsplanung konkretisiert den Weg hin zu einer wünschenswerten persönlichen Zukunft. Sie baut auf vorhandenen Stärken auf und befragt den Klienten, welche Kompetenzen er entwickeln möchte, um ein bestimmtes Ziel zu erreichen. Hier sind Pädagogen/Andragogen gefordert, Hilfestellungen zu geben, z. B. wenn ein Bewohner lernen möchte, selbständig mit dem Bus zu fahren. Selbst wenn explizite und differenzierte Absprachen mit behinderten Menschen möglich sind, ist einzig und allein *ihr* Interesse an Zukunftsplanung ausschlaggebend dafür, ob eine solche erarbeitet werden soll. In der Regel kann man davon ausgehen, daß die betreffenden Personen interessiert sind, kann ihnen eine Zukunftsplanung doch das Gefühl vermitteln, daß es um sie persönlich geht, um ihr Leben und ihre Zukunft und daß ihre Meinung gefragt ist. Sollte, aus welchen Gründen auch immer, die Planung nicht gewollt sein, trotz wohlwollender Erläuterungen von Bezugspersonen, so ist dies in jedem Fall zu akzeptieren, denn die geplanten Unterstützungsmaßnahmen können keine Zwangsfunktion haben.

Individuelle Zukunftsplanungen verstanden als »Anstiftung zur (Wieder-)Aneignung von Selbstbestimmung und Autonomie« (HERRIGER, 1996, S. 190) können zu einem wichtigen Instrument des persönlichen Empowerments werden, wobei biographische Reflexionen hierfür oft einen Ausgangspunkt darstellen. Die Reflexion der (eigenen) Lebensgeschichte ist wichtig, um die Entwicklungslogik der (eigenen) Biographie verstehen zu können. So gesehen, können Bemühungen zur Re-Historisierung eines Lebenslaufs zukunftorientierend sein und für die Entwicklung von bedeutsamen Zielen im Rahmen der Zukunftsplanung wichtige Impulse geben. Es geht nicht darum, anders als bei einem diagnostischen Prozeß, eine Expertise mit vielen Fachbegriffen zu erarbeiten, die eine künstliche Kategorisierung individuellen Lebens bedeutet und oftmals mit der beschränkten Zuweisung von Lebenschancen verbunden ist. Zukunft ergibt sich aus der Vergangenheit. Menschen mit Behinderungen in der Aufarbeitung ihrer Biographie zur Seite zu stehen (Besuch von ehemals wichtigen Orten und Plätzen der Weichenstellung im Leben; Briefe schreiben an Angehörige und Freunde, zu denen kein oder wenig Kontakt (mehr) besteht; Sammeln alter Fotos und Anlegen von Alben) kann sie stärken, ihnen Bausteine für ihre Identitätsfindung zur Verfügung stellen und anderen zeigen, daß Menschen mit Behinderungen keine ahistorischen Wesen sind. Im Sinne von Empowerment ist es wichtig, vor allem auch jene Zeiten und Gelegenheiten aufzuspüren, in denen die Betroffenen Erfolg hatten und ihr Leben befriedigend verlief. Wie war dies damals möglich, welche Bedingungen waren gegeben und was kann dies für heute bedeuten?

Ob im Rahmen von Rehistorisierung oder allgemein in der Erarbeitung von Wünschen von Menschen, die wir als geistig behindert bezeichnen, bzw. im Umgang mit ihnen ist die Phantasie der sie begleitenden Personen gefragt. Neben der uns vertrauten verbalen Ebene mit dem Austausch rationaler Gesprächsinhalte ist es im Kontext mit »geistig behinderten« Menschen von existentieller Bedeutung, alle ihre Mitteilungen aufzunehmen, seien sie nun über Gestik, Mimik oder Verhalten (aggressives, regressives oder angepaßtes Verhalten usw.) gegeben. Da es in der Erarbeitung individueller Zukunftsplanung nicht an erster Stelle um Förderung oder Verhaltensveränderung geht, sondern um Erhöhung der Lebensqualität, sind geistig behinderte Menschen in jeder nur denkbaren Form aufzufordern, sich zu »ver-äußern«, auch z. B. in künstlerischer Form (Musik, Darstellende Kunst, Malen, Tanz, Theater usw.). Hieraus sind begründete, ggf. zu revidierende Schlüsse über den vermuteten Aussagegehalt zu ziehen. Beeindruckend ist zu sehen, in welcher Form früher für sprachlos gehaltene »Autisten« sich über gestützte Kommunikation äußern, und wie befreiend sie diese Möglichkeiten empfinden: »Ich konnte es gar nicht fassen ich der immer nur zu liegen brauchte und der immer in seinen Stereotypien lebte ich wurde auf einmal ernst genommen und ich wurde zu verschiedensten alltäglichen themen wie zum beispiel kleidung und geschmack nach meiner meinung gefragt.ich weiß, daß viele eltern glauben ihre kinder zu kennen ich weiß auch daß viele betreuer glauben ihre betreuten zu kennen, aber das stimmt überhaupt nicht. ich glaube daß viele betreute falsch verstanden werden und das so mancher betreuer sich irrt, wenn er meint er könne einen menschen ohne stimme ohne worte richtig verstehen. ich weiß wie ich meistens falsch verstanden wurde und wie ich mich frustriert fühlte. ich weiß wie auch dieser frust widerum falsch ausgelegt wurde es war ein teufelskreis aus dem zu entrinnen mir nicht gelang. ich weiß daß auch die anderen nichts dafür konnten und daß sie mich nicht verstehen konnten« (Martin G., 1996, S. 6).

Individuelle Entwicklungsplanung – das Wiener Modell

Im Rahmen der Literaturrecherche zum Thema schien es zunächst so, als gäbe es im deutschsprachigen Raum kaum Literatur und praktisch keine Modelle für eine emanzipatorische individuelle Entwicklungsplanung (Ausnahme: DOOSE 1996). Die Wiener Materialien zur individuellen Entwicklungsplanung sind in Deutschland nach meiner Kenntnis erstaunlicherweise nicht aufgenommen worden. Dabei stellen sie ein wichtiges Instrumentarium dar (Die Lebenshilfe Wien, 1995, S. 1–19).

»Individuelle Entwicklungsplanung« (IEP) ist ein Prozeß, der auf Erhöhung der Lebensqualität abzielt, und zwar durch kontinuierliche Weiterentwicklung der sozialen Dienste und Hilfen sowie durch Mobilisierung möglichst vieler Ressourcen. Ausgehend von den Wünschen und Bedürfnissen der Klienten, werden individuelle Ziele ausgemacht und in der Folge gemeinsam konsequent angestrebt. Entsprechende Planung und Überprüfung soll sicherstellen, daß Energien für ein effektives Hinarbeiten auf die vereinbarten Ziele gebündelt und konzentriert werden. »Der IEP-Prozeß kann auch definiert werden als eine an Werten orientierte Strategie, die die konkreten Lebensbedingungen eines Klienten kontinuierlich weiterentwickeln will, damit er/sie in seinem/ihrem Leben zunehmend Lebensqualität erleben und erfahren kann.« (S. 4).

Die IEP faßt drei Bereiche ins Auge:

- *Die Weiterentwicklung der Klienten*
  (Erschließen neuer Lebensperspektiven, Eröffnen neuer Möglichkeiten, also Erhöhung der Lebensqualität, auch durch den Erwerb neuer Kenntnisse und das Erlernen neuer Fertigkeiten);
- *Die Weiterentwicklung der Begleitung und Hilfe*
  (Optimierung des Einsatzes von materiellen und personellen Ressourcen, Mobilisierung zusätzlicher Ressourcen usw.);
- *Die Weiterentwicklung der Einrichtung bzw. des Dienstes*
  hinsichtlich zunehmender Klientenorientierung und Individualisierung.

Zur gemeinsamen Ableitung von Zukunftsplanungen ist es angezeigt, sich die Biographie des betreffenden Menschen zu vergegenwärtigen und den Ist-Stand des Lebensalltags zu skizzieren. Dabei sei die Gefahr »groß, daß bei der Ist-Erhebung zu großes Gewicht auf die Frage nach den Kenntnissen und Fertigkeiten eines Klienten gelegt wird oder daß zu viele Energien auf Defizite, auf das Nichtkönnen verwendet werden. Stattdessen ist von den Bedürfnissen und Wünschen des betreffenden Menschen sowie von aktuellen Erfordernissen auszugehen. Dabei geht es primär um die ganz normalen, allgemeinen menschlichen Grundbedürfnisse, wie z. B. nach Akzeptanz und Anerkennung, nach Beziehungen, nach Wahl- und Entscheidungsmöglichkeiten, erst in zweiter Linie geht es um spezielle Bedürfnisse, die im Zusammenhang mit der Behinderung stehen.« (S. 5) » ... Das Anliegen der IEP ist die Erhöhung der Lebensqualität. Sie zielt damit nicht nur auf Weiterentwicklung von Klienten und ihren Fähigkeiten, sondern auch ganz besonders auf die Weiterentwicklung von allen Bedingungen, unter denen der behinderte Mensch sein Leben gestaltet.« (S. 7).

Insgesamt sollen von den betroffenen Menschen (ggf. von ihren »Lobbyisten«) etwa zwei bis fünf konkrete Ziele in einem individuellen Zielplan unter Benennung anzuwendender Methoden je nach persönlichen Präferenzen aufgestellt werden. Der Plan kann bei einer »Zielbesprechung« unter Beteiligung des Klienten, des Bezugsbetreuers, der Eltern sowie anderer/weiterer Familienangehöriger, Leitungspersonen und weiterer vom Klienten genannter Personen (Freunde, Kollegen) vorgestellt und verabschiedet werden.

Weiter heißt es im Bezug auf die Konkretisierung der wichtigsten Ziele: » ... das Ziel, das im Zuge der Ist-Erhebung als das für den Klienten wichtigste deutlich geworden ist, wird erläutert. Was meinen die anderen Anwesenden zu diesem Zielvorschlag? Falls alle einverstanden sind: das Ziel gilt als vereinbart und es wird sofort alles weitere für dieses erste Ziel besprochen.« (Seite 11). Dazu ist kritisch anzumerken: Mit Empathie oder aufgrund von »Selbsterfahrung« im Rollenspiel ist relativ leicht »erfühlbar«, was es bedeutet, die Anwesenden praktisch erst von der Gewichtigkeit des Ziels »Selbständiges Wohnen« oder »Besuchsrecht der Freundin/des Freundes im eigenen Zimmer«, überzeugen zu müssen, bevor es konsensfähig ist und als Ziel akzeptiert wird.

Muß nicht viel mehr parteiisch mit Menschenrechten argumentiert werden? Dies würde bedeuten, die formulierten Ziele nicht zu hinterfragen, sondern sie als begründet (solange sie nicht dissozial sind) hinzunehmen und mit behinderten Menschen gemeinsam sich für ihre Realisierung einzusetzen.

Einen solchen Weg ist z. B. in Marburg der Verein zur Förderung der Integration Behinderter (fib) gegangen. Er stellt in einem Beispiel nicht die Bedingung der relativen Selbständigkeit, um in der eigenen Wohnung zu wohnen und ambulant betreut zu werden, sondern realisiert dies mit einem Mann, der als »geistig schwerbehindert« bezeichnet wird (vgl. HAMANN, 1995). Die zu begleitende Person würde alle Kriterien für ambulant betreutes Wohnen (Betreuungsschlüssel 1:6) nicht erfüllen. Würde man ihr ihren Wunsch als unrealistisch spiegeln, so würde ein sozialpolitisches und sozialadministratives Problem (Nichtbewilligung individuell benötigter zeitintensiver Hilfen aus Kostengründen) quasi »in den Menschen hineinverlegt«. In bezug auf den anderen geäußerten Wunsch (des Besuchsrechts der Partnerin/des Partners im eigenen Zimmer) ist zu fragen, wie weit wir Menschen, die wir als geistig behindert bezeichnen, das Recht absprechen, eine nach unserer Einschätzung möglicherweise problematische (sexuelle) Beziehung zu leben? Müssen erst »alle einverstanden sein«, bevor das Ziel verwirklicht wird, oder muß dies nicht solange selbstverständliches Recht sein, bis es begründete Annahmen zu der Vermutung von Gefährdung oder Selbstgefährdung behinderter Menschen gibt. Hier sind Begleiter aufgerufen, eine »verantwortbare Risikobereitschaft« zu entwikkeln. Eindeutig kann nicht festgelegt werden, was damit gemeint ist, denn es ist in jedem Fall erneut individuell genau zu begründen, wann Restriktionen Platz greifen müssen und warum. Diese Verantwortung gleicht einer Gratwanderung. Maximales Geschehenlassen ist angesichts realer sexueller Ausbeutung geistig behinderter Menschen nicht angezeigt. Andererseits ist es aber auch nicht hinnehmbar, daß die Möglichkeit des Lebens auch sexueller Beziehungen an die Akzeptanz durch Betreuer gebunden ist. »Unsere Betreuer sind eigentlich ganz gut. Wenn ich einen Freund habe, bringe ich ihn mit in die Wohnstätte. Wenn die den nett finden, können wir auch mal auf mein Zimmer gehen« – so eine Teilnehmerin sinngemäß während eines Seminars zum Thema »Bekanntschaft, Freundschaft, Liebe«.

Bei einem Bewohner mit dem Wunsch nach größerem individuellem Entscheidungsraum bezüglich Nahrung wird im Rahmen der IEP auf folgende Maßnahmen und Aktivitäten verwiesen:

»1. *Gelegenheiten schaffen*
Ziel: Individueller Speiseplan.
Maßnahmen: Eigene Kochgelegenheit in der Wohnstätte.

2. *Kompetenz fördern*
Ziel: Individueller Speiseplan.
Maßnahmen: Kochenlernen im Rahmen von Erwachsenenbildungskursen.

3. *Realisieren*
   Ziel: Individueller Speiseplan.
   Maßnahmen: Sofort wird verabredet, daß der Mann selbst ein Gasthaus aufsucht und dort ißt. Parallel dazu obige Maßnahmen.«

Selbst bei intensiven Vermittlungsbemühungen von Kompetenzen zum unabhängigen Leben werden Monate vergehen, und manche Ziele (z. B. selbständig mit öffentlichen Verkehrsmitteln fahren) werden nicht zu verwirklichen sein. Dann sollten andere Ziele aber nicht aufgegeben werden (z. B. Theaterbesuch), sondern man sollte dann andere Mittel zur Verfügung stellen (Taxifahren, Fahrdienste o. ä.), um mehr Lebensqualität zu ermöglichen. »Weiterentwicklung in diesem Sinne geht weit über das traditionelle Verständnis von Förderung hinaus: sie zielt auch dort auf neue Lebensperspektiven und erhöhte Lebensqualität für den behinderten Menschen ab, wo weitere Selbständigkeit noch nicht erzielbar ist. Formelhaft gesagt: nichtvorhandene Kenntnisse und Fertigkeiten werden durch Außenhilfe kompensiert. Natürlich gibt es Lebensbereiche und Aktivitäten, die ohne bestimmte Fertigkeiten, bei noch so vieler Außenhilfe, kaum oder nur sehr schwer zugänglich sind. Die Forderung ›Realisieren‹ kann daher die Forderung ›Kompetenzen vermitteln‹ nicht einfach ersetzen. Beide haben Gültigkeit, sie stehen in einem engen Wechselbezug, werden jedoch bei unterschiedlichen Klienten in unterschiedliche Ausprägungen zu handhaben sein.«

Die Wiener IEP schließt ab mit einer persönlichen Evaluation nach etwa eineinhalb Jahren. Gemachte Erfahrungen werden zum Ausgangspunkt weiterer Planungen, sowohl Erfolge als auch Mißerfolge bei der Verbesserung der weiteren Schritte berücksichtigt.

Read my lips - ein Beispiel aus den USA

Der Minnesota Governor's Planning Council on Developmental Disabilities hat 1989 Arbeitshilfen herausgegeben, u. a. für individuelle Entwicklungsplanungen. Er fokussiert die Veränderung von Hilfen und individuelle Planungen für Arbeitsassistenz und Dienstleistungsevaluation durch behinderte Menschen selbst, weit weniger jedoch persönliche Veränderungen.

Beispielhaft seien hier Auszüge aus dem »Home-Interview« (Seiten 8 bis 20) wiedergegeben. Nach der Erhebung der persönlichen Daten (Name, Alter, wie lange schon wohnhaft, soziale Kontakte, medizinische Daten) werden Fragen gestellt z. B. bezüglich der

- ❍ Vorlieben und Abneigungen (Essen, Aktivitäten, besondere Probleme);
- ❍ Einbindung der Wohneinrichtung in das Gemeinwesen;
- ❍ Stärken und Entwicklungswünsche (soziales Gemeinwesen, Freizeit, Hausarbeit)

Nachdem so die Lebensbedingungen skizziert sind, kann gemeinsam abgeklärt werden, wo Wünsche nach Aktivitäten liegen und in welchen Bereichen der Wunsch nach Kompetenzerweiterung besteht. Hier sind nun Pädagogen/Andragogen mit ihrem didaktischen Know-how gefragt. Als Beispiel wird das Ergebnis eines »Home-Interview« skizziert:

»John ist 28 Jahre alt und lebt mit drei weiteren Personen in einer Wohngemeinschaft. Mit der Durchführung eines ›Home-Interviews‹ haben wir als wichtigste Dinge herausgefunden, daß er:

- an einer vielbefahrenen Straße mit Verkehrszeichen und Ampeln wohnt;
- einen Freund besucht, der einige hundert Meter weiter wohnt, wenn er jemanden findet, der ihn dort hinfährt;
- ungefähr einmal wöchentlich ins Einkaufszentrum, ins Kino, in ein Schnellrestaurant und in die Bücherei geht;
- gerne ißt, Musik hört, Karten spielt, Sport treibt und Gartenarbeit macht;
- mit seinen Mitbewohnern gut zurechtkommt;
- keine Probleme hat beim Autofahren, beim Essen im Restaurant oder bei Spaziergängen in der Stadt;
- leichte Hausarbeiten gut erledigt und auf seine persönlichen Bedürfnisse achtet;
- Hilfe braucht, wenn er über die Straße geht, sich anderen vorstellt oder in einem Restaurant Essen bestellt.

John erarbeitete nun mit seinen Begleitern einen Plan mit drei wesentlichen Zielen:

- John wird sich anderen persönlich vorstellen können;
- John wird in einem Restaurant das gewünschte Essen bestellen können;
- John wird in einer Gartengruppe arbeiten.« (Seiten 8–9)

Kritische Einwände zur Zukunftsplanung

In ihrem Buch »Self Advocacy« (Sutcliff, Simons, 1993, S. 40–41) führen die Autoren einige kritische Punkte auf, die behinderte Menschen hinsichtlich ihrer Erfahrungen mit dem »Individual Program Planning« äußerten:

- »Es ändert sich nicht wirklich etwas;
- Man hört nicht zu;
- Das Negative wird zu sehr hervorgehoben;
- Der Entwicklungsplanungsprozeß kann wenig kontrolliert werden;
- Es gibt zuviel Druck, sich entscheiden zu müssen, bei zu wenig Information über verschiedene Möglichkeiten;
- Es entsteht das Gefühl einer Prüfungssituation.«

Mitarbeiter sagen aus, daß angestrebte Veränderungen der Institution oder des Hilfesystems nur schwer zu bewerkstelligen sind. Die Personalausstattung sei so gering, daß keine Zeit bleibe für intensive Beziehungspflege und Planungsarbeiten. »Sicherlich liegt die Unflexibilität vieler Dienste an den verschiedensten strukturellen Zwängen. Aber sie ist auch Ausdruck dafür, daß es keine Visionen gibt. Es scheint eine unvereinbare Tendenz zu herrschen, wonach Bedürfnisse weitgehend defensiv nach der Maßgabe ausgelegt werden, was eine Institution sowieso schon anbietet; alternative Möglichkeiten werden nicht einmal in Betracht gezogen oder als zu unrealistisch abgetan. Um Stillstand oder eine Arroganz der Macht zu verhindern, müssen reale Veränderungen angestrebt werden« (Seite 40–41; Übersetzung durch U. N.).

Eine weitere Gefahr ist sicherlich darin zu sehen, daß Zukunftsplanung nur formal betrieben wird, um z. B. einer Auflage des Kostenträgers zu entsprechen. Die Planungen erfordern viel Zeit, Energie und Empathie. Sie in einer traditionellen WfB zu erarbeiten, sei »so, als wolle man bei McDonalds eine orientalische Tee-Zeremonie inszenieren« (SUTCLIFF; SIMONS, S. 54). In Anbetracht der Bedeutung von Hilfestellungen zur Zukunftsplanung kann es andererseits aber auch nicht hingenommen werden, daß keine schriftliche Dokumentation der pädagogischen/andragogischen Arbeit mit behinderten Menschen erfolgt. Dieser Zustand wird in Zukunft auch im Rahmen von Qualitätsdiskussionen nicht mehr haltbar sein. Wenn Mitarbeiter von Wohneinrichtungen mit z. B. ein bis maximal drei Bewohnern Absprachen über Bezugsbetreuung treffen, scheint es keine Überforderung, Planungen in einem bestimmten Zeitraum für bis zu drei Bewohner gemeinsam mit ihnen zu erarbeiten. Gerade die gemeinsame Zielbesprechung eignet sich hervorragend dafür, festzulegen, daß nicht allein der Bezugsbetreuer handelt, sondern daß auch andere Personen gefordert und andere Ressourcen abrufbar sind.

Es ist dafür zu sorgen, daß die Planungen nicht etwa zum Bemühen verführen, lediglich das Verhalten von Menschen mit Behinderungen zu verändern. »Manchmal scheint es, als ob Mitarbeiter Ziele der IEP vor allem darin sehen, die betreute Person zu verändern, anstatt die Dienste den spezifischen Bedürfnissen der Person anzupassen« (S. 41). Verhaltensmodifikation darf nicht im Vordergrund stehen und dadurch andere entscheidende Bereiche für Lebensqualität verdrängen, z. B. Beziehungspflege zu Freunden und Verwandten. Fachleute, die behinderte Menschen in ihrem Lebensalltag begleiten – sei es in einer Werkstatt, beim Wohnen oder in der Freizeit –, benötigen für die zeitintensive Entwicklung von Zukunftsplanung gemeinsam mit den betreffenden Menschen angemessene Rahmenbedingungen ihrer Arbeit. Hilfreich sind hier eine ausreichende Personalausstattung, Teambesprechungen, Supervisionen und Möglichkeiten zur Fort- und Weiterbildung. Wenn nicht zumindest einige dieser Bedingungen gegeben sind, wird die Bereitschaft sinken, das neue Instrumentarium der Zukunftsplanung einzurichten und umzusetzen. Bezugspersonen benötigen zudem Hilfestellungen, z. B. eines begleitenden pädagogischen/andragogischen Dienstes, um die Instrumentarien sachgerecht handhaben zu können.

Zusammenfassung

»Individuelle Entwicklungsplanung verhilft behinderten Menschen zu Perspektiven, zu lohnenden Zielen, zur Zukunft. Es gibt letztlich nichts, was für ihre Lebensqualität entscheidender sein könnte, als die Freude auf das Morgen, auf Perspektiven, auf neue Erfahrungen und Lebensbereiche, auf neue Horizonte.« (Die Lebenshilfe Wien, 1995, S. 16).

IEP umfaßt neben relativ kurzfristig zu erreichenden Zielen auch Fragen langfristiger Lebensperspektiven. Wenn die Interessen, Wünsche und Bedürfnisse der Menschen mit Behinderung im Vordergrund stehen und nicht Entwicklungsdefizite, so werden immer wieder institutionelle Zwänge deutlich, die eine Verwirklichung erschweren oder gar verhindern. Auch wenn nicht jedes Mal die Institution verändert werden kann, so sind doch individuelle Zukunftsplanungen ein virulentes Instrument, um die nötige Flexibilität einzufordern.

IEP stellt sicher, daß die Bedürfnisse und Wünsche behinderter Menschen im Mittelpunkt stehen und Dienste sich an den Bedürfnissen der Nutzer orientieren und nicht umgekehrt – wie oft in der Vergangenheit geschehen. Dies entspricht voll der Logik des Bundessozialhilfegesetzes. »IEP wird in allen Phasen so durchgeführt, daß der Klient soweit als möglich gestaltend und bestimmend aktiv ist.«

Literatur

Binding, K., Hoche, H. (1920): Die Freigabe der Vernichtung lebensunwerten Lebens. Ihr Maß und ihre Form. Leipzig.

De Jong, Martin-Jan (1996): Wer zahlt, schafft an. Das ›Kundenmodell‹ in den Niederlanden. In: Selbstbestimmung (1996). Hrsg.: Bundesvereinigung Lebenshilfe für geistig behinderte Menschen e. V. Marburg.

Die Wiener Lebenshilfe (1995): Individuelle Entwicklungsplanung, in: Mitarbeiterhandbuch, S. 1–19.

Dörner, Klaus (1988): Tödliches Mitleid, Zur Frage der Unerträglichkeit des Lebens. Gütersloh, Jakob van Hoddis.

Doose, Stefan (1996): I want my dream; Persönliche Zukunftsplanung. Eigenverlag, Hamburg. (Zu beziehen über Stefan Doose, Oswaldstraße 8, 22111 Hamburg).

G., Martin (1996): Welchen Weg öffnet mir, einem Menschen ohne Stimme, die gestützte Kommunikation? in »Bunter Vogel«, Zeitschrift für gestützte Kommunikation, 3. Ausgabe, Mai 1996, Berlin. (Zu beziehen über Annemarie Selin, Hugo-Vogel-Str. 45 B, 14109 Berlin).

Governor's Planning Council on Developmental Disabilities (Hrsg.) (1989): Read my lips – it's my choice. (Zu beziehen über: Governor's Planning Council on Developmental Disabilities State Planning Agency, 300 Centennial Office Building, 658 Cedar Street, St. Paul, MN 55155, USA).

Hamann, Erik (1995): Zeitintensive Hilfen für Menschen mit geistigen Beeinträchtigungen im ambulanten Bereich – das Projekt »Gemeinsam Leben« in: fib e.V. (Hrsg.): Leben auf eigene Gefahr AG SPAK-Bücher, München.

Herriger, Norbert (1996): Kompetenzdialog – Empowerment in der sozialen Einzelhilfe in: Soziale Arbeit, Heft 6, S. 157.

Sutcliffe, J.; Simons, K. (1993): Self Advocacy and Adults with Learning Difficulties; First published in 1993 by the National Institute of Adult Continuing Education (England and Wales), l9B De Montfort Street, Leicester LE1 7GE.

Theunissen, G. (1985): Abgeschoben, isoliert, vergessen – schwerstgeistig Behinderte und mehrfachbehinderte Erwachsene in Anstalten. Frankfurt: Fischer

P.: »Für das Finanzielle bräuchte ich auch einen Betreuer. Zum Beispiel, wenn was mit Steuern ist oder Krankenkasse, oder Rechnungen. Es ist wichtig, daß man zu jemand gehen kann, daß jemand da ist, wenn was ist.«

Willst du, daß der Betreuer zu dir heim kommt oder würdest du zu ihm hingehen? »Er sollte vielleicht ein-, zweimal die Woche vorbeikommen und fragen, ob was anliegt. Er soll einem aber auch die Telefonnummer geben für Notfälle.«

Aus den Interviews der Autoren mit behinderten Menschen zu der Frage: »Wie stellen wir uns unsere Begleiter vor?«

Emanzipierende Hilfen beim Wohnen

Rudi Sack

In der Mitte aller Ferne steht dies Haus,
drum hab es gerne.
(Hausinschrift nach Hermann Broch)

Das Wohnen in seiner besonderen Bedeutung für das Menschsein

Das Wohnen stellt eine besondere Dimension des Menschseins dar. Es ist – so BOLLNOW (1963, S. 125) »... eine Grundverfassung des menschlichen Lebens, die erst langsam in ihrer vollen Bedeutung erkannt wird.« »Das Wohnen ist ... nicht ... eine beliebige Tätigkeit neben manchen anderen, sondern ist eine Wesensbestimmung des Menschen« (S. 126). »Wohnen heißt also: eine feste Stelle im Raum haben, an diese Stelle hingehören und in ihr verwurzelt sein« (S. 128). Bollnow führt weiter aus, daß das Leben ein ständiger Wechsel aus Fortgehen und Zurückkehren sei. Um den Halt nicht zu verlieren, brauche der Mensch einen festen Bezugspunkt, von dem alle seine Wege ausgingen und zu dem sie zurückkehrten. Da eine objektive Mitte der Welt nicht existiere, liege für den einzelnen der Bezugspunkt an dem Ort, an dem er wohnt.

Wohnen hat auch etwas mit Geborgenheit zu tun. Der Mensch grenzt mit seinen Hausmauern die Innen- von der Außenwelt ab. Nur wenn er im Innenraum Geborgenheit in dem Sinne erlebt, daß er sich zurückziehen und entspannen und die ständige Aufmerksamkeit gegenüber Gefahren aufgeben kann, ist er auch in der Lage, sich in der Außenwelt zu erhalten und dort seine Aufgaben zu erfüllen (a. a. O., S. 130/136). Diese Geborgenheit setzt neben dem Schutz nach außen auch eine Wohnlichkeit nach innen voraus, vom Bewohner gestaltet nach seinen eigenen individuellen Vorstellungen.

Wenn die Wohnung eine derart zentrale Bedeutung hat, dann liegt es auf der Hand, daß die Möglichkeit, über diesen Ort, seine Gestaltung, das darin stattfindende Leben und die darin ein- und ausgehenden Personen selbst bestimmen zu können, ein besonders elementares menschliches Bedürfnis darstellt. Dies wird mir noch einmal besonders deutlich, als ich in der »ZEIT« ein Interview mit Bettlern aus der Hamburger Innenstadt lese. Beim Thema »Obdachlosigkeit« angelangt, fragt der Reporter einen der Bettler, ob er nicht manchmal daran denke, in ein Wohnheim für Obdachlose zu gehen. Dieser verneint und stellt fest, daß er das Schlafen in einer Unterführung vorziehe. Er bleibt auch dann noch bei dieser Ansicht, als einer der anderen ihn darauf aufmerksam macht, daß er dies in der Kälte des nahenden Winters vielleicht anders sehen könnte. Mich hat diese Haltung erschüttert. Ist nicht die Obdachlosigkeit, der Zwang, auch bei bitterer Kälte im Freien schlafen zu müssen, das Schlimmste, was wir uns im Bereich des Wohnens überhaupt vorstellen können? Für diesen Bettler gab es offenbar eine noch abschreckendere Vorstellung: das vielleicht warme und weiche Bett in einem Raum, der nicht der seine ist und in dem er nichts zu sagen hat.

Die Wohnung gilt allgemein als »geheiligter Bezirk« und ihre Unverletzlichkeit als besonders zu schützendes Gut. Auf das Delikt des Hausfriedensbruchs stehen unverhältnismäßig hohe Strafen. Selbst dann, wenn ich eine Wohnung nur miete, hat der Eigentümer dieser Wohnung nicht einmal das Recht, sie

1. ***Wohnung als Raum für Geborgenheit, Schutz und Sicherheit***
   - Haben die Bewohner Einzelzimmer? Besteht ein Zwang, sich im Tagesraum aufzuhalten?
   - Wird das Zimmer als Ort respektiert, über den der Bewohner selbst bestimmen kann?
   - Hat er einen eigenen Schlüssel, wird an seiner Tür angeklopft?
   - Kann er den Raum selbst gestalten (einrichten usw.)?
2. ***Wohnung als Raum für Beständigkeit und Vertrautheit***
   - Welcher persönliche Besitz ist möglich?
   - Welche Sachen wurden aus früherem Lebensbereich mitgebracht?
   - Wie lange kann die Gruppe zusammenbleiben, wie häufig wechseln die Bewohner die Gruppe und wie häufig wechseln die Betreuer? (Konstanz der Beziehungen)
   - Läßt die Gruppengröße Vertrautheit zu oder fördert sie Anonymität?
3. ***Wohnung als Raum für Selbstverwirklichung und Selbstverfügung***
   - Können die Bewohner die Gestaltung der Wohnung verändern?
   - Haben die Bewohner Einfluß auf die Auswahl von Möbeln usw.?
   - Sind die Normen des Zusammenlebens ausgerichtet am Prinzip der Individualisierung oder der Uniformität?
   - Welche Entscheidungen können die Bewohner treffen?
   - Besteht die Möglichkeit, selbst zu kochen?
   - Fragen nach der Möglichkeit eines Lebens der eigenen Sexualität
   - Fragen nach Mitbestimmung und Mitwirkung
4. ***Wohnung als Raum für Kommunikation und Zusammenleben***
   - Können die Bewohner unkontrolliert Besuche empfangen? Gibt es einen Platz für persönliche Gespräche?
   - Wird die Kommunikation durch die Gruppengröße gefördert oder gehemmt?
   - Welche Kontakte zur Mitwelt und Umwelt sind möglich und werden realisiert?
   - Welche Kommunikationsformen werden gepflegt?
   - Wie bekommen die Bewohner Informationen über die Außenwelt?
5. ***Wohnung als Raum für Selbstdarstellung und Demonstration von sozialem Status***
   - Ist die Wohngemeinschaft von außen als Institution erkennbar?
   - Wirkt der Innenbereich privat oder institutionell?
   - Vermitteln die Dinge in der Wohnung den Eindruck von »Unverwechselbarkeit« und »typisch Persönlichem«?
   - Welche Wohnleit- und somit Menschenbilder spiegeln sich in der Wohnkultur?

Abb.: Die fünf Hauptfunktionen der Wohnung

ohne meine Erlaubnis zu betreten, geschweige denn, daß er mir Vorschriften darüber machen könnte, wie ich sie einrichte. Im günstigen Fall ist die Wohnung »als Ort maximaler individueller Souveränität neben dem Arbeitsplatz wohl der wichtigste Ort personaler Individuation« (CRÄMER 1990, S. 170). Aber können wir in der Realität des Wohnens geistig behinderter Menschen von einem so positiven Bild ausgehen? Bollnow leitet aus seinen oben zitierten Überlegungen unter anderem folgende konkreten Forderungen für die Gestaltung des Wohnraums ab (a. a. O., S. 149 ff.):

- Er muß liebevoll gepflegt werden, es darf aber auch keine übertriebene Ordnung herrschen, weil man sonst ständig fürchtet, diese zu brechen.
- Die Wohnung als Ausdruck eines Menschen und Spiegel seiner Geschichte darf nicht von Anfang an perfekt und unveränderbar sein, sie muß mit ihren Bewohnern wachsen.

Wie steht es mit der Erfüllung solcher Forderungen in Wohnheimen, die bereits vor Einzug ihrer Bewohner annähernd vollständig eingerichtet werden, und deren Wohnzimmerregale häufig noch nach Jahren so gut wie leer sind (wie um der Hauswirtschaft damit die Arbeit zu erleichtern)?

Mit einer in vielen Punkten erstaunlichen Affinität zu der Definition des Wohnens durch BOLLNOW schreibt THESING (1990, S. 31 ff.) der Wohnung fünf Hauptfunktionen zu und leitet daraus Fragen an die Qualität von Wohneinrichtungen für Menschen mit Behinderungen ab (siehe nebenstehende Abb.).

Eine ehrliche Beantwortung der von THESING zusammengetragenen Fragen würde wohl leider in vielen Wohnangeboten für Menschen mit geistiger Behinderung zu dem Schluß führen, daß diese nicht imstande sind, die für den Menschen elementaren Funktionen des Wohnens zu erfüllen. Das gilt nach meiner Einschätzung vor allem für all jene Fragen, welche das Selbstbestimmungsrecht berühren. Im folgenden sollen nun Überlegungen darüber angestellt werden, wie emanzipierende Hilfen im Wohnbereich aussehen könnten, die Fremdbestimmung in diesem für die Selbstverwirklichung des Individuums zentralen Lebensbereich auf ein Mindestmaß zurückführen.

Das Wohnzimmer als Förderraum? Über die spezielle Dialektik von Wohnen und Erziehung

Alle Wohnangebote für Menschen mit geistiger Behinderung in Deutschland berufen sich heute auf das Normalisierungsprinzip, verfolgen also das zentrale Ziel, den Nutzern dieser Angebote »ein Leben so normal wie möglich« (Grundsatzprogramm der Lebenshilfe) zu eröffnen. Auf der anderen Seite gilt es auch heute noch vielerorts als Selbstverständlichkeit, den Wohnort erwachsener Menschen mit Behinderungen konsequent unter *erzieherischen Gesichtspunkten* zu strukturieren. Besteht darin nicht ein Widerspruch?

Daß jeder erwachsene Mensch – mit oder ohne Behinderung – täglich Neues lernt, dazulernen muß, und daß, so gesehen, praktisch alle Lebenssituationen pädagogisch relevant sind, soll hier nicht bestritten werden. Aber würden *wir* es gestatten, daß andere in den intimsten unserer Lebensräume, die Wohnung, zielgerichtet (intentional), gemäß erzieherischer Überlegungen, eingreifen?

In Arbeitshilfen für die Praxis der Wohnstättenarbeit wird die konsequente Durchführung von Trainingsprogrammen im Wohnalltag vorgeschlagen. In einer Empfehlung der Bundesvereinigung Lebenshilfe über Selbständigkeitstraining in Wohnstätten werden die Erfolge eines solchen Trainings als um so größer eingeschätzt, »je bewußter und zielstrebiger« die Mitarbeiter vorgingen. Die »Programmschritte« könnten so ablaufen, daß sie den normalen Alltag der Wohnstätten nicht störten und »für den Bewohner unbemerkt« blieben (S. 2). Didaktisch wird eine systematische, wiederholbare und überschaubare Vorgehensweise, die Verwendung standardisierter Trainingsprogramme und eine Beachtung heilpädagogischer Prinzipien vorgeschlagen (S. 3). Als Ablauf wird empfohlen:

- Beobachtung und Diagnose,
- Trainingsansatz,
- Programm,
- Training (S. 4).

Dabei nennt die Broschüre als wesentliche Ziele dieser Bemühungen, den Bewohnern ein Höchstmaß an Selbstverwirklichung und persönlicher Freiheit und das Führen eines immer normaleren Lebens zu ermöglichen (S. 3).

Der Ansatz bedarf einer kritischen Würdigung in dreierlei Hinsicht:

1. Bewohner werden zunächst von den Mitarbeitern beobachtet und bezüglich ihrer Fähigkeiten und Defizite diagnostiziert. Sodann wird – und zwar ohne Beteiligung der Bewohner – vom Team ein Plan aufgestellt, an welchen Stellen und auf welche Weise die Defizite abgebaut werden könnten. Als Maßstab für Diagnose und Förderplanung dienen die Mitarbeiter selbst und *ihre* Lebensweise. Somit liegt diesem Ansatz die traditionelle pädagogische Grundhaltung des »Ich helfe dir, ein bißchen so zu werden wie ich« zugrunde.

2. Dabei wird Selbstbestimmung mit Selbständigkeit verwechselt, und zur Erreichung eines »Höchstmaßes an Selbstverwirklichung und persönlicher Freiheit« ein funktionsorientiertes Selbständigkeitstraining vorgeschlagen.

3. Indem Lernschritte und -ziele nicht mit dem Lernenden abgesprochen sind, sondern für diesen sogar unbemerkt bleiben sollen, werden wesentliche Prinzipien der Erwachsenenbildung verletzt.

Menschen mit Behinderungen werden durch die lebenslängliche Strukturierung ihrer Privatsphäre als Ort zielgerichteter Förderbemühungen mit von

Dritten festgelegten Zielsetzungen in ihrer persönlichen Freiheit eingeschränkt. Die vielleicht wichtigste Voraussetzung auf dem Weg zu einem selbstbestimmten Leben, nämlich das Vermögen, sich selbst zu lieben und ein Vertrauen in die eigene Person zu entwickeln, wird aufs Spiel gesetzt durch den immer wieder neuen Anspruch nicht enden wollender Förderprogramme, noch »besser« werden zu müssen.

Verbietet sich somit eine pädagogische Legitimation des Begleitens von Menschen mit Behinderungen im Wohnbereich ganz generell? Ich meine nein. Zum einen macht es auch im Wohnbereich Sinn, strukturierte *Angebote* des Lernens im Sinne von Erwachsenenbildung zu gestalten. Dabei müssen die folgenden Prinzipien beachtet werden:

- ❍ Freiwilligkeit der Teilnahme,
- ❍ Auswahl der Themen und Bestimmung der Ziele durch die Lernenden,
- ❍ klare Identifikation von Zeitpunkt und Ort des Lernens.

In einer Beschreibung von Erfahrungen sogenannter »Wohnschulen« in der Schweiz (Pro Infirmis 1991) wird hinsichtlich der pädagogischen Intentionen eine Klassifizierung von Wohnangeboten in zwei Gruppen vorgeschlagen (S. 11). »Wohngemeinschaften« richteten ihr Augenmerk auf die Wohnqualität im Hier und Jetzt und seien als Zuhause für unbegrenzte Zeit gemeint. In »Lerngemeinschaften« würde im Hier und Jetzt geübt, was später an einem anderen Ort nützen soll, sie definierten sich als Gemeinschaften auf Zeit. Ich halte diese Klassifizierung für sehr hilfreich. Wenn alle Wohnangebote für Menschen mit geistiger Behinderung sich eindeutig einer dieser beiden Kategorien zuordnen ließen, könnte dies vielleicht zur Verhinderung einer *lebenslangen* Erziehung erwachsener Menschen beitragen.

Zum anderen kann eine pädagogische Legitimation professionellen Handelns im Wohnbereich durch eine Besinnung auf die von SPECK (1989) formulierte »ökologische Pädagogik« aufrechterhalten werden, die den Menschen im Prozeß der Erziehung als »*Akteur* seiner Entwicklung« sieht (S. 167). Entwicklung ist danach weder reflexgesteuerte Reifung, noch von außen determiniert (die zwei klassischen Positionen der Erziehungstheorie), sondern »Prozeß der Ontogenese eines *autonomen* Systems« (FRAGNER 1988, S. 6). Die Orientierung an einer solchen »ökologischen Pädagogik« hat zur Folge, daß:

1. pädagogisches Helfen als Anregung, Unterstützung und Begleitung gemeint ist, aber nicht im Sinne von »Interventionen, die den Zweck verfolgen, das andere System zu verändern« (Hilfe zur Selbsthilfe!);
2. die organische Schädigung von Menschen mit Behinderungen zwar auch berücksichtigt wird, aber nicht maßgebend für die pädagogische Arbeit ist; in den Vordergrund rückt das »ökologische System«, also die Gestaltung des konkreten Lebensraumes (SPECK 1989, S. 167; FRAGNER 1988, S. 6).

Auf diesen Aspekt will ich im folgenden näher eingehen.

Emanzipierende Hilfen durch Gestaltung des Lebensraums

> *»Ein Mensch entwickelt sich nicht zum Menschen, indem ihm ein ›Mehr‹ hinzugefügt wird, sondern indem er als Mensch in seiner Entwicklung fortschreitet.«*
> (BALGO/VOSS 1996, S. 21)

Ich möchte diese Aussage in das Zentrum meiner Überlegungen zu den Chancen einer emanzipierenden Begleitung von Menschen mit Behinderungen beim Wohnen stellen. Die bisherige Orientierung fachlich-pädagogischen Handelns im Sinne eines Verfolgens individueller Förderpläne geht von der Vorstellung aus, daß dem Menschen zu seiner Entwicklung ein »Mehr« hinzugefügt werden müsse. Dabei wird die Frage, was denn dem Menschen noch fehle, wohin er sich entwickeln solle, von außen beantwortet.

Professionelles Handeln, welches an der Zielsetzung ausgerichtet ist, daß der Mensch *sich selbst* weiterentwickelt, wird sich dagegen bemühen, in diese Entwicklung so wenig wie möglich einzugreifen, sondern vielmehr dafür sorgen, daß das Fortschreiten des Individuums nicht durch äußere Hindernisse erschwert oder gar verhindert wird. Eine solche Zielorientierung stellt wesentlich die Frage nach der Gestaltung des Lebensraumes. Entwicklung findet statt, wenn der Mensch im konkreten Lebensraum Handlungsmöglichkeiten hat und sich somit seine Umwelt »aneignen« kann (JANTZEN 1980, S. 71 ff.).

Wie muß ein Lebensraum gestaltet sein, der Entwicklung und selbstbestimmtes Handeln ermöglicht?

In einer vergleichenden Studie von KIEF (1995) werden Plätze in einem 40er-Wohnheim auf der einen und in Außenwohngruppen und betreuten Apartments auf der anderen Seite untersucht. Der Autor prüft darin die Hypothese, daß die Bewohner/-innen in den mehr normalisierten Wohnformen Außenwohngruppe und Apartment *aufgrund der dortigen Lebensbedingungen* über einen höheren Grad an Selbständigkeit verfügen. KIEF hat dazu 18 Bewohner/-innen dieser Wohnformen verglichen mit 17 Bewohner(inne)n des Wohnheims, welche hinsichtlich ihres Behinderungsgrades mit den Personen der ersten Stichprobe vergleichbar waren. Die Vergleichbarkeit der geistigen Potentiale wurde mit Hilfe der CMM (Columbia Mental Maturity Scale) belegt. Bei diesem Intelligenztest erreichten die Bewohner/-innen des Wohnheims einen Mittelwert von 52,3, diejenigen der Vergleichsgruppe einen Mittelwert von 53,3. Zur Erfassung der Selbständigkeit wurde die Version 2 des PAC (Pädagogische Analyse und Curriculum nach Günzburg) verwendet. Der mit diesem Test erhobene Grad der Selbständigkeit war in den zwei Vergleichsgruppen trotz der statistisch fast identischen Intelligenzergebnisse signifikant unterschiedlich (51,4 % im Wohnheim; 66,9 % in den Außenwohngruppen und Apartments). Die Ergebnisse legen die Vermutung nahe, daß der Lebensraum Außenwohngruppe bzw. Apartment eher dazu geeignet ist, den Bewohnern eine Weiterentwicklung ihrer Alltagsautonomie zu ermöglichen. Dabei sind diese Orte ja keineswegs durch eine bessere Ausstattung mit »förderndem« Personal gekennzeichnet. Im Gegenteil: die Bewohner sind dort über weite Strecken auf sich selbst gestellt. Vielleicht tragen gerade dieser Umstand und die Nähe und Übersichtlichkeit der Alltagsabläufe dazu bei, daß sie sich ihre Umwelt besser »aneignen« können.

Ich möchte an dieser Stelle einen längeren Bericht zitieren. Jürgen HOCH (1995), der von sich selbst erzählt »In der Schule für Praktisch Bildbare, da bin ich beübt worden!«, erklärt darin, wie er das Waschen gelernt hat:

»Ich kann mich noch gut daran erinnern, ich habe das erste mal gewaschen, ach Gott, ich sag's euch. Da bin ich runtergegangen mit meiner Wäsche, hab' mir die Waschmaschine angeguckt, daß das keine Überschwemmung gibt, hab' Wasserhahn aufgedreht, dann hab' ich mal Wäsche reingetan: Hose, Pullover, Strümpfe, Unterhemd. Naja gut, und dann oben geguckt und dann habe ich festgestellt, da kommt ja nochwas rein. Und dann habe ich zufällig in der Zeitung: stand drauf – ein Glück, daß ich lesen kann – Waschpulver. Bin ich losgegangen, ins Geschäft und habe Waschpulver geholt. Habe ich Waschpulver aufgemacht, habe festgestellt ..., nee, ich hab' so gar nichts festgestellt, ich hab' Waschpulver da oben reingemacht. Und dann bin ich wieder runtergegangen, die Wäsche war fertig. Da hab' ich sie rausgeholt und plötzlich war sie bunt. Ja, und da habe ich mich gefragt: ‹Warum ist die Wäsche bunt?‹ Dann habe ich geguckt und habe festgestellt, daß das Waschpulver blau war. Ja, und dann habe ich mich geärgert, da war ich vielleicht stinkig. So ein Waschpulver kostet 6 Mark nochwas. Dann bin ich wieder zurückgegangen und hab' die Verkäuferin angemacht. Und die Verkäuferin, die konnte überhaupt nix verstehen. Die hat gesagt: ›Sie müssen auch richtig waschen!‹ und ich habe gesagt: ›Ich habe richtig gewaschen.‹ Und dann habe ich mir ein anderes Waschpulver geholt. Irgendwie hatte ich das immer noch nicht richtig gerafft, und das Waschpulver war weiß. Aber dann habe ich wieder Wäsche reingesteckt, beim zweiten Mal, aber das war immer noch bunt. Also bin ich zu den Nachbarn rübergegangen und habe gesagt: ›Also hier, meine Wäsche wird immer bunt. Und ich kaufe immer falsches Waschpulver ein. Das eine Waschpulver ist blau und das andere weiß.‹ Und da sagt die Nachbarin zu mir: ›Haben Sie denn überhaupt schon mal Wäsche gewaschen?‹ Sage ich: ›Nee.‹ ›Sie müssen die Wäsche sortieren.‹ ›Wie denn sortieren?‹ ›Nach Farben!‹ ›Nach Farben?‹ ›Ja! Buntwäsche zu Buntwäsche, Weißwäsche zu Weißwäsche.‹ Und da habe ich nochmal gewaschen und da hat es geklappt. Aber ich war fertig. Ich war fix und fertig. Das ist ganz schön stressig, hier, zweimal in die Stadt zu gehen. Waschpulver zu holen, und ... Ich würde den Leuten, die in so Einrichtungen sind, drei Sachen empfehlen: Erstmal, wenn jemand kochen will, einfach kochen lassen. Ist egal, wie, und wenn das so ein kleines Chaos ist. Nummer zwei wäre dann waschen. Leute einfach waschen lassen. Ich finde, da kann man wirklich mal viel Geld ausgeben, und wenn es 100 Mark wären, das ist wirklich egal, aber ich finde, dann kann man immer noch eingreifen, wenn man merkt, das hat überhaupt keinen Zweck. Und dann, wenn der Behinderte merkt, das klappt nicht, nur dann eingreifen, wenn er das will. Nie so eingreifen und hingehen und sagen: ›Also, ich zeige dir jetzt mal, wie das geht!‹ Das rate ich euch erstmal alles ab. Ja. Selbstbestimmung ist sehr wichtig für die Leute, sind das Körperbehinderte oder sind das geistig Behinderte. Ich hab' mal 'nem Blinden geholfen und der war verdammt sauer. Und seitdem tu' ich keinen Blinden mehr führen.«

Bei der Gestaltung des Lebensraumes im Sinne eines Milieus, welches eine ungestörte Entwicklung des Individuums ermöglicht, sind die folgenden Kriterien von entscheidender Bedeutung:

Der Lebensraum im engeren Sinne muß klein und überschaubar sein

Große Institutionen mit ihren Eigengesetzlichkeiten, Hausordnungen und geregelten Abläufen verhindern Entwicklung. Ich bin davon überzeugt, daß wir im Sinne eines selbstbestimmten Lebens von Menschen mit geistiger Behinderung an einem radikalen Abbau größerer Einrichtungsformen gerade im Wohnbereich nicht vorbeikommen. In Schweden wird dieser Abbau seit den 70er Jahren konsequent vollzogen, der Großteil behinderter Menschen lebt heute in »Heimen« mit vier Plätzen. Die Forderung, auch in Deutschland die Wohnangebote für Menschen mit geistiger Behinderung in dieser Richtung weiter zu entwickeln, wird (ganz abgesehen von der Behauptung, daß diese sich doch dort am wohlsten fühlten, wo sie zu möglichst vielen unter einem Dach lebten) als utopisch und nicht finanzierbar abgetan. Interessant ist aber, daß die Schweden mit ihrer Tradition des Ernstnehmens, der Erwachsenenbildung und des gemeindeintegrierten Lebens von Menschen mit geistiger Behinderung inzwischen offenbar die Erfahrung gemacht haben, daß die Kleinsteinrichtungen am Ende zumindest nicht teurer sind als große Institutionen: »Es gibt ein klares Bekenntnis zu kleinen und kleinsten Wohnformen … und nicht nur, weil das billiger ist …« (MIZELLI/FERRARES 1996, S. 9).

Zugang zu einem lebendigen und kontaktreichen weiteren Umfeld

So wie es eine Zwangsvergemeinschaftung und Daueröffentlichkeit im intimen Lebensfeld Wohnung zu vermeiden gilt, muß doch die Möglichkeit der Kontaktaufnahme zu einem lebendigen Umfeld der Wohnung mit einer echten Auswahl an Begegnungs-, Kontakt-, Einkaufs- und Freizeitmöglichkeiten gegeben sein.

Zugang zu allen Abläufen des täglichen Lebens

Entwicklung im Sinne eines selbstbestimmten und von Eigenmotivation getriebenen Lernens setzt voraus, Zugang zu allen Abläufen bei der Bewältigung des Alltags zu haben. Der Erzfeind dieses Ansatzes heißt: zentrale hauswirtschaftliche Versorgung (SACK 1996, S. 13). Wissen (und Können) ist Macht, Unwissen ist Ohnmacht. Der Vorgang, daß die Wäsche nur in den Korb geworfen wird und dann nach zwei Tagen gebügelt im Schrank liegt, erhält das Unwissen und somit die Ohnmacht. Auch Tätigkeiten, die (vor allem für Menschen mit schwereren Behinderungen) stellvertretend ausgeführt werden müssen, dürfen nicht in ihrer Abwesenheit erledigt werden, sie müssen die Abläufe miterleben können.

Der Ansatz der hauswirtschaftlichen Selbstversorgung in den Wohngruppen wird von pädagogischen Mitarbeitern häufig mit dem Argument abgelehnt, daß sie dadurch von ihren »*eigentlichen pädagogischen Aufgaben*« abgehalten würden. Doch es drängt sich die Frage auf: Worin bestehen diese »eigentlichen« Aufgaben denn eigentlich? Wenn wir uns am Leitbild des »Begleitens« orientieren und nicht an jenem des »Erziehens«, lassen sich schwer solche Aufgaben legitimieren, die sich jenseits der Unterstützung bei der Bewältigung des Alltags befinden.

Möglichkeit zur Entscheidung, was man lernen und selbst tun will und was nicht

Kein Mensch lernt und kann alles. Erwachsene setzen (vor allem im Privaten) selbst die Schwerpunkte, in welchen Bereichen sie ihre Fähigkeiten weiterentwickeln wollen. Andere Bereiche vernachlässigen sie oder versuchen, sie zu delegieren. Wir tun auch nicht alles selbst, was wir im Grunde selbst tun könnten.

Beispielsweise schaffen wir uns eine Spülmaschine an oder wir leisten es uns, die Bügelwäsche in die Mangelei zu geben. Ein anderer erledigt das Bügeln selbst, überläßt dafür aber das Unkrautjäten dem Gärtner oder muß sich Hilfe holen, um ein Regalbrett anzubringen.

Zugang zu den Freiheiten, die aus erlernten Fähigkeiten erwachsen

Die Motivation, etwas neues zu lernen, entsteht immer wesentlich aus der Erwartung, mit den dadurch erworbenen Fähigkeiten einen höheren Grad an Freiheit oder Unabhängigkeit zu gewinnen. Ich lerne das Kochen, um mir das zubereiten zu können, was mir selbst besonders schmeckt. Wenn ich aber an den Kühlschrank gar nicht alleine heran darf und in der Küche nur auf »Schnippeldienste« verwiesen werde, entsteht keine Motivation, das Kochen zu lernen. Ein besonderer Ansporn zur Entwicklung von Selbständigkeit besteht bei vielen Menschen in der Aussicht, eine eigene Wohnung beziehen zu können.

Anforderungen an die Begleiter im Wohnbereich

In einigen provokativen Thesen soll schlaglichtartig darauf eingegangen werden, wie Selbstbestimmung in der Wohnung durch das Rollenverständnis und die Sichtweise der Begleiter eingeengt werden kann, bzw. wie sich die Haltung der Begleiter im Sinne emanzipierender Hilfen beim Wohnen wandeln sollte.

Das Dogma von der Kontinuität der Bezugspersonen

Alle Ansätze der Qualitätssicherung im Wohnbereich beziehen sich auf die Frage der Kontinuität der Begleitpersonen. Dabei wird grundsätzlich davon ausgegangen, daß Lebensqualität und Kontinuität der Begleitpersonen sich in hohem Maße positiv gegenseitig bedingen. Ich stelle das in dieser Absolutheit in Frage.

Natürlich kann es nicht erstrebenswert sein, daß Menschen, die auch in intimen Fragen eine Begleitung und Unterstützung benötigen, sich mit *permanent* wechselnden Bezugspersonen auseinandersetzen müssen. Aber stimmt die Gegengleichung? Von Eltern sagt man, daß sie meist nicht in der Lage seien, ihr Kind erwachsen werden zu lassen, gerade *weil* sie es aus den vielen Jahren so gut kennen und ihm keine wesentliche Entwicklung oder Veränderung mehr zutrauen. Warum sollte für professionelle Helfer, die sich über sehr viele Jahre oder gar Jahrzehnte an ein und derselben Stelle um die dort lebenden Menschen kümmern, grundsätzlich etwas anderes gelten?

HAHN (1995, S. 11) spricht davon, daß der »jahraus, jahrein gleichbleibende rigide Kreis von Kontaktpersonen … vergleichsweise wenig Anlässe für Selbstbestimmung« biete. Ich möchte dem hinzufügen: Wenn die Begleiter »ihre Pappenheimer schon kennen« mit all ihren Eigenarten und Schwächen, dann finden persönliche Weiterentwicklung und Emanzipation schon im Sinne einer »self fullfilling prophecy« häufig nicht (mehr) statt.

Dazu ein Beispiel: in einer kleinen Wohngemeinschaft kümmerte sich eine junge, engagierte Mitarbeiterin seit Jahren besonders um eine schwer mehrfach behinderte, nicht sprechende Frau. Die Mitarbeiterin sah bei Besuchen der Eltern deren anhaltend fürsorgliches Verhalten sehr kritisch. Als man auf Vorschlag der Mutter mit der behinderten Frau einen Einstieg in die Anwendung der »gestützten Kommunikation« versuchte und dabei auch erste Erfolge eintraten, stieß die Geschichte im gesamten Team der Wohngemeinschaft auf Ablehnung. Unsere junge Mitarbeiterin brachte es mit der Bemerkung auf den Punkt: »Warum soll Gudrun *(Name geändert)* das überhaupt lernen? Wir verstehen doch auch so, was sie will!« Ich möchte, um Mißverständnissen vorzubeugen, aber deutlich betonen, daß das »Dogma von der Kontinuität« natürlich auch nicht durch ein »Dogma des Wechsels« der Bezugspersonen abgelöst werden soll.

»Sie sind doch schon so müde, wenn sie von der Werkstatt kommen«

Mit dieser Phrase wird eine klassische Haltung von Mitarbeitern im Wohnbereich karikiert, die dazu angetan ist, Unmündigkeit zu erhalten: das liebevolle und lieb gemeinte Schonen derjenigen, »die es ja im Leben eh schon so schwer haben«. Wer wünscht sich das nicht: man kommt nach Hause und alles Unbequeme wird einem aus dem Weg geräumt, alle Lasten abgenommen, der Kaffee ist bereits gekocht, die Einkäufe erledigt. Man muß sich nur noch absetzen. Allerdings, wenn dies ein Dauerzustand ist, dann werden die Glieder wirklich schwer, jegliche Motivation, etwas in Angriff zu nehmen, schwindet. Was bleibt übrig, als sich der Apathie hinzugeben, sich im Sessel zurückzulehnen und zu seufzen. »Gell«, bekommt man dann zu hören, »war's dir heut' alles wieder zuviel! Nur gut, daß du mich hast!«

Abschied vom »Aufsichtspflicht-und-Haftung-Denken«

Wenn Mitarbeiter bei jeder Handlung und Entscheidung darüber nachdenken, daß sie immer »mit einem Bein im Gefängnis stehen«, dann bezeichne ich dies als das »Aufsichtspflicht-und-Haftung-Denken«. Die permanent drängende Frage, ob man nicht seine Aufsichtspflicht verletze, führt letztlich immer zu einer maximalen Risikovermeidung und somit zur vielfältigen Einschränkung der »Betreuten«.

Ich habe den Eindruck, daß das »Aufsichtspflicht-und-Haftung-Denken« zu hohen Teilen ein spezifisch deutsches Phänomen ist. Jedenfalls fällt es mir beim Besuch von Einrichtungen in anderen europäischen Ländern immer wieder auf, daß dort eine wesentlich höhere Risikobereitschaft zu bestehen scheint. Als Deutsche legen wir wohl besonderen Wert darauf, im Einklang mit den Gesetzen zu handeln. Allerdings fehlt dabei meistens das Wissen darüber, daß mit »Sicherheitsentscheidungen« (zum Beispiel wird das Wohnheim ab einer gewissen Zeit zugesperrt, ohne daß die Bewohner einen Schlüssel hätten) oft ein wesentlich eklatanterer Rechtsbruch begangen wird, als das eine Verletzung der Aufsichtspflicht jemals sein könnte: freiheitseinschränkende Maßnahmen verletzen dort, wo sie nicht geboten sind, die Grundrechte der Betroffenen. Und sie verhindern eine Emanzipation des einzelnen, weil es Autonomie ohne Restrisiko einfach nicht gibt. »*Wer sich nicht in Gefahr begibt, kommt darin um!*« (Bertolt Brecht)

Das Chaos ertragen

Wohl jeder junge Mensch, der aus seinem Elternhaus auszieht, durchläuft zunächst eine »Phase des relativen Chaos«. Die Haushaltsführung ist dabei nur ein Aspekt. Die neugewonnene Freiheit muß ausprobiert, das eigenständige Tragen von Verantwortung erlernt werden. Ich habe oft das Gefühl, daß wir nicht die Geduld haben, dieses zwangsläufige Chaos bei Menschen mit geistiger Behinderung zu ertragen. Viele Lernprozesse, die auch Menschen ohne Behinderung durchlaufen müssen, können dann gar nicht stattfinden, weil wir vorsichtshalber intervenieren (SACK 1993, S. 8). Wenn beispielsweise ein Bewohner sich nicht wäscht, weil seine Mutter nicht mehr da ist, die jeden Morgen sagt »Wasch dich!«, dann werden wir den Part der Mutter übernehmen, weil wir ja verhindern müssen, daß er anfängt, zu stinken. Ansonsten sähen wir uns schnell dem Vorwurf ausgesetzt, ihn verwahrlosen zu lassen. Der Mensch wird sich also, wie bisher, jeden Morgen auf unsere Aufforderung hin waschen. Aber er wird keine eigene Motivation dafür entwickeln, er wird es nicht lernen, welche *Bedeutung* es hat, gewaschen zu sein, angenehm zu riechen und von den anderen nicht gemieden zu werden.

»Du kannst es!«

Menschen lernen dort, eigene und neue Schritte zu gehen, wo ihnen gesagt wird: »Du kannst es!«. Im Sinne emanzipierender Hilfen im Wohnbereich muß eine Grundhaltung der Begleiter darin bestehen, daß sie Menschen mit Behinderungen ein absolutes Vertrauen in ihre Fähigkeiten entgegenbringen. Dieses Vertrauen läßt sich jedoch nur vermitteln, wenn man es tatsächlich hat. Ich möchte hier dafür plädieren, daß wir Menschen mit geistiger Behinderung zunächst einmal grundsätzlich alles zutrauen, selbst auf die Gefahr hin, daß wir den einzelnen dabei gelegentlich überschätzen. Die Konsequenzen sind wesentlich gravierender, wenn Menschen unterschätzt werden. Über Generationen wurden Kinder mit geistiger Behinderung von schulischem Lernen ausgeschlossen, weil man ihnen nicht zugetraut hatte, daß sie überhaupt etwas lernen können. Es ist nicht auszudenken, wo wir heute mit der Bildung dieser Kinder stünden, wenn niemand das Risiko eingegangen wäre, sie zu überschätzen.

Und wenn sie einen ganz anderen Lebensstil entwickeln?

Emanzipierende Hilfen im Wohnbereich sind darauf ausgerichtet, dem einzelnen dabei zu helfen, daß er seinen eigenen Lebensstil beim Wohnen entwikkelt. Die Schwierigkeit für den Begleiter besteht darin, daß er es akzeptieren muß, wenn dabei ein Lebensstil entsteht, der den eigenen Vorstellungen überhaupt nicht entspricht. Das kann manchmal sehr schwierig sein. Es fällt noch verhältnismäßig leicht, als Freund der »Klassik« zu ertragen, daß der andere lieber Volksmusik hört. Doch wenn er sich Abend für Abend Gewaltvideos ansieht, sein Zimmer schwarz streicht oder sein ganzes Geld für »Schundhefte« ausgibt? Natürlich kann oder soll man sagen, was man davon hält, aber es kommt darauf an, in welcher Weise und mit welchem Ziel das geschieht. Will ich wirklich nur etwas von *meiner* Einstellung mitteilen, oder will ich direkt Einfluß nehmen auf diejenige des anderen?

Ich spreche vielleicht auch einen Freund darauf an, wenn ich der Meinung bin, daß er sich absolut ungesund ernährt. Aber ich weiß auch, daß mir diejenigen Freunde auf die Nerven gehen, die mich andauernd von ihrem »besseren« Lebensstil überzeugen wollen. Und daß ich es trotz aller Belehrungen noch immer nicht geschafft habe, das Rauchen aufzugeben.

Wohnheimalltag:

Beim Frühstück. Kann der Betreuer bestimmen, daß es grundsätzlich nur Erdbeermarmelade und Margarine gibt? **P.**: »Das ist schon krass. Man sollte schon die Möglichkeit haben, was anderes zu essen.« *Darf ein Betreuer sagen, wieviel Brote jeder essen darf?* **S.**: »Das kannst du nicht machen. Es muß sich jeder rausholen können, wieviel er will.« **N.**: »Ich sag dir nur eins. Ich mach mir morgens Cornflakes und Milch. Das mache ich immer täglich.« *Und wenn einer schon ziemlich dick ist und viel zuviel ißt?* **P.**: »Dann sollte man versuchen, einen Kompromiß zu machen. Nicht radikal. Sondern mit demjenigen sprechen und versuchen zu erklären.«

Heute ist schönes Wetter ... und Zimmerputztag: **P.**: »Putzen muß schon sein, aber man kann ja auch einen Kompromiß finden und zum Beispiel zuerst fortgehen und danach putzen.«

Aus den Interviews der Autoren mit behinderten Menschen zu der Frage: »Wie stellen wir uns unsere Begleiter vor?«

Literatur

Balgo, R., Voss, R.: Wenn das Lernen der Kinder zum Problem gemacht wird. Einladung zu einem systemisch-konstruktivistischen Sichtwechsel. In: Behinderte in Familie, Schule und Gesellschaft. 19 (1996) Heft 2, S. 15–24.

Bollnow, O.: Mensch und Raum. Stuttgart 1963.

Bundesvereinigung Lebenshilfe: Selbständigkeitstraining in Wohnstätten für geistig Behinderte. Marburg (Lahn) 1984.

Crämer, S.: Das Wohnen geistig behinderter Erwachsener. Konzeption der Lebenshilfe für geistig Behinderte e.V. Bad Dürkheim. In: Geistige Behinderung. 29 (1990) Heft 3, S. 167–181.

Fragner, J.: Integrative selbstbestimmte Lebenssysteme. In: Behinderte in Familie, Schule und Gesellschaft. 11. (1988) Heft 3, S. 5–12.

Hahn, M., Th.: Selbstbestimmung im Leben, auch für Menschen mit geistiger Behinderung. In: Bundesvereinigung Lebenshilfe: Mehr Selbstbestimmung, wie geht es weiter nach dem Duisburg-Kongreß? Marburg (Lahn) 1995. S. 5–13.

Hoch, J.: Ein Weg aus dem Heim. In: (fib) Verein zur Förderung der Integration Behinderter e.V., Marburg (Hrsg.): Leben auf eigene Gefahr?! Geistigbehinderte auf dem Weg in ein selbstbestimmtes Leben. AG SPAK-Bücher München 1995, S. 16–29.

Jantzen, W.: Geistig behinderte Menschen und gesellschaftliche Integration. Bern 1980.

Kief, M.: Normalisierte Wohnformen für Menschen mit geistiger Behinderung. In: Bundesvereinigung Lebenshilfe: Wohnen heißt zu Hause sein. Handbuch für die Praxis gemeindenahen Wohnens von Menschen mit geistiger Behinderung. Marburg (Lahn) 1995. S. 47–56.

Mizelli, W., Ferrares, H.: Was haben die Schweden, was wir nicht haben? In: Magazin Behinderte. 19 (1996) Heft 2, S. 8–9.

Pro Infirmis: Auf eigenen Füßen – Erwachsene mit einer geistigen Behinderung lernen, selbständiger zu leben. Zürich 1991.

Sack, R.: Eine WG wie jede andere!? Geistig behinderte und nichtbehinderte Erwachsene leben zusammen. In: Theologia Practica, 28 (1993), S. 4–8.

ders.: Humanes Wohnen für Menschen mit geistiger Behinderung. Das Menschenbild im Grundsatzprogramm der Lebenshilfe und seine Auswirkungen auf die Gestaltung der Angebote im Wohnbereich. In: Lebenshilfe Baden-Württemberg: Finanzierung kleiner gemeindenaher Wohnstätten. Dokumentation der Fachtagung vom 18. 01. 96 in Stuttgart-Birkach. Stuttgart 1996. S. 7–16.

Speck, O.: Ökologische Aspekte der Heilpädagogik. In: Geistige Behinderung. 28 (1989) Heft 3, S. 158–169.

Thesing, Th.: Betreute Wohngruppen und Wohngemeinschaften für Menschen mit einer geistigen Behinderung. Freiburg 1990.

Begleiten von Paaren

Ulrich Hähner

Der überwiegende Teil der Menschen über 25 Jahre lebt in festen Beziehungen. Nur ein Bruchteil der behinderten Menschen der gleichen Altersstufe leben mit einem Partner zusammen. Verheiratete Paare gibt es überaus selten, obwohl die Behinderung einer Heirat nicht von vornherein im Weg steht. Liegt das nun daran, daß Menschen mit geistiger Behinderung anders sind, d. h., wenig Interesse an einer solchen Partnerschaft haben oder ist es die Umwelt? Sind es die Bedingungen, unter denen Menschen mit Behinderung aufwachsen und leben, die eine solche auf Partnerschaft ausgerichtete Orientierung nicht zulassen?

Beschäftigt man sich mit Paaren mit Behinderungen, stößt man immer wieder auf Erzählungen und Berichte, die deutlich machen, auf wieviele Barrieren und Hindernisse Menschen mit geistiger Behinderung treffen, wenn sie sich verlieben, wenn sie miteinander leben wollen und wenn ihnen der Raum für Intimität nicht zugestanden oder gar genommen wird. Es ist ein Faktum, daß ihre Zimmer immer noch ohne anzuklopfen betreten werden, daß dem Wunsch nach einem gemeinsamen Lebensraum nicht stattgegeben wird und daß Betreuer oder Eltern für sich in Anspruch nehmen, zu wissen, was für den Menschen mit Behinderung richtig und wichtig ist. Unter diesem Vorwand wird das Recht auf Liebe und Sexualität unzulässig eingeschränkt oder bestritten.

Einen eigenen Lebensraum für die Beziehung und das Erleben und Leben einer befriedigenden Sexualität einzufordern, ist für Menschen mit geistiger Behinderung ungleich schwerer als für einen nichtbehinderten jungen Erwachsenen. Daß das so ist, hat nicht nur etwas damit zu tun, daß Eltern die Bedürfnisse der Frau oder des Mannes mit Behinderung nicht wahrnehmen, oder daß Wohnheime noch wenig flexibel mit sexuellen Bedürfnislagen von Bewohnern umgehen. Der Hintergrund für den oft schwierigen Weg zum eigenständigen, beziehungsfähigen und selbstbewußten Menschen mit einer geistigen Behinderung ist in den besonderen Entwicklungsbedingungen zu sehen. In der emanzipatorischen Arbeit mit Menschen mit geistiger Behinderung steht weiter im Vordergrund, Bedingungen zu schaffen, die es ihnen ermöglichen, ein Leben nach ihren Bedürfnissen zu führen, und es gilt unter Berücksichtigung und Kenntnis dieser besonderen Entwicklungsbedingungen, sie darin zu unterstützen und zu ermutigen, ihre Bedürfnisse ernstzunehmen.

Begleiten von Paaren bedarf einer grundlegenden Auseinandersetzung mit der Thematik der psychosexuellen Entwicklung. Diese verläuft bei Menschen mit geistiger Entwicklung anders, alleine schon aufgrund der Reaktionen der Umwelt. »Und da ohne selbstreflektive Auseinandersetzung mit der eigenen Sexualbiographie keine sexualpädagogische Kompetenz erworben werden kann« (Walter 1992, S. 196), geht es gerade in diesem Bereich darum, persönliches

Erleben und eigene Einstellungen zu überprüfen. Ohne Offenheit und Toleranz wird eine Begleitung auf diesem Gebiet nicht möglich sein. Walter (1995, S. 197) weist nach, »daß Sexualität und Sexualverhalten … von Menschen mit geistiger Behinderung … abhängig sind von der Toleranzbreite sexueller Normhandhabung und moralischer Einstellung ihrer Betreuer«.

Sexuelle Entwicklung

Sexualität in allen Ausformungen begleitet uns lebenslang und erfährt dauernde Veränderungen. Die sexuellen Bedürfnisse des Kindes sind andere als die des jungen Erwachsenen und diese unterscheiden sich wiederum von denen des älteren Menschen. Es gibt individuelle Unterschiede – Herr A lebt und erlebt seine Sexualität anders als Herr B – und Geschlechtsunterschiede – was Frau C sich wünscht, hat mit dem, was Herrn D erfreut, möglicherweise sehr wenig zu tun. Frau E findet Männer attraktiv, Herr F schaut den Frauen hinterher, Herr G ist schwul und Frau H lebt in einer festen Beziehung mit einer Frau, Herr I hat sich nach dem Scheitern seiner Beziehung ganz auf sich zurückgezogen und ist damit zufrieden, und, und, und … .

Allen gemeinsam ist, daß sie sich in einer langen, meist andauernden Auseinandersetzung mit sich selbst und ihren sexuellen Bedürfnissen befinden und daß sie einen, vielleicht vorläufigen, Standpunkt bezogen haben. Sie haben sich informiert, sich Literatur besorgt, Filme angesehen, vielleicht schon früh mit der Lektüre von »Bravo« begonnen, später alle Artikel in der »Neuen Revue« gelesen, sich die Wartezeit beim Arzt oder Friseur mit »Cosmopolitan« vertrieben, und überall sind sie auf Spielarten von Sexualität getroffen, haben sich mit Fragen von Moral und Normalität und anderen auseinandergesetzt. Und selbst, wenn die Auseinandersetzung nur in dieser trivialen Form geführt wurde, haben sich darüber Einstellungen verändert, vielleicht ist die Scheu vor diesem Thema, die Schüchternheit geschwunden, vielleicht ist einiges unverkrampfter geworden, hat Genuß zunehmend Leistung und Norm ersetzt und Sexualität hat ein Selbstverständnis im Leben bekommen.

Wir leben in einer sexualisierten Welt. Die Medien vermitteln uns täglich diesen Stoff frei Haus. Die Werbung bedient sich erotischer und sexueller Reize, um Produkte vom Auto bis zum Parfüm attraktiv erscheinen zu lassen. Sexualität ist das große Lebensthema, das alle Menschen berührt. Das heißt nicht, daß unser Umgang mit Sexualität unverkrampfter geworden wäre. Die Vermarktung von Sexualität hat u. a. ihren Grund darin, daß Sexualität nach wie vor tabuisiert wird.

Menschen mit einer Behinderung treffen auf die gleichen Situationen. Auch sie werden mit dem Thema konfrontiert. Wie lernen sie, mit Sexualität zu leben, und wo liegen die Unterschiede? Darüber lassen sich lediglich Vermutungen anstellen, die sich aus ihrem Verhalten ableiten lassen und die aus ihren Berichten geschlossen werden können. Zunächst können wir davon ausgehen, daß die psychosexuelle Entwicklung eines Kindes und Jugendlichen mit einer geistigen Behinderung aufgrund der Reaktionen der Umwelt von der eines nichtbehinderten Kindes abweicht.

Welche Eltern eines Jugendlichen mit geistiger Behinderung betrachten sein wachsendes Interesse an Sexualität und am anderen Geschlecht mit Wohlwollen und der Aufmerksamkeit und Zuversicht, wie sie es bei nichtbehinderten Jugendlichen täten. Diesen stellt man vorsichtige Fragen, da forschen Vater und Mutter, mit wem Sohn und Tochter sich für die Disko verabredet haben. Da berichten die kleinen und großen Geschwister ungefragt, was sie an eigenen Beobachtungen gemacht haben. Allenfalls kommen Ermahnungen der Eltern, nicht zu lange auszubleiben, auf die Verhütung zu achten oder sich nicht zu früh zu binden. Was die sexuelle Entwicklung betrifft, wird die pubertäre Phase meist ohne große Beachtung und mit Zuversicht verfolgt, die nachpubertäre Entwicklung sehr selbstverständlich als Phase der Vorbereitung auf Partnerschaft und Familiengründung gesehen. Eltern beziehen ihr Selbstverständnis im Umgang mit diesem Lebensabschnitt aus ihrer Erkenntnis heraus, daß die eigene Jugendzeit z. B. durch elterliche Einschränkungen belastet und tabuisiert war. Ansonsten findet ja eine intensive Interaktion zwischen den Jugendlichen und den Eltern statt. Elterliche Normen werden in Frage gestellt, Freiräume werden erstritten, die Eltern werden mit der jeweiligen Jugendkultur konfrontiert und erleben in diesem Prozeß der Auseinandersetzung im günstigsten Fall so manche Änderung ihrer eigenen Einstellung.

Menschen mit geistiger Behinderung ist eine solche oder annähernd solche Entwicklung versagt. Das Erwachen sexueller Bedürfnisse ihrer Kinder weckt bei vielen Eltern eher Ängste oder birgt erneute Unsicherheiten in sich. Wie reagiert die Umwelt, was ist zu tun, wie werden wir damit fertig? Pubertät und Jugendzeit werden bei Menschen mit geistiger Behinderung nicht mit der gespannten Erwartung und mit der Zuversicht begleitet, die nichtbehinderte Jugendliche erfahren. Ein begleitetes Hineinwachsen in erste Beziehungen und das Selbstverständnis, bezogen auf Sexualität und Partnerschaft, bleibt ihnen verwehrt.

Ein pubertierender geistig behinderter Jugendlicher selbst kann »keine Erklärung jener Vorgänge finden, die sich bei ihm abspielen. Er empfindet die Veränderungen, mag sie aber nicht zu deuten, so daß sie zunächst als ›unnatürlich‹ empfunden werden« (RETT 1981). Er selbst hat, werden die Veränderungen nicht umsichtig begleitet, keine Möglichkeiten, aus diesem Dilemma herauszufinden. Vorhandene Medien können von ihm nicht oder nur bedingt genutzt werden, Bücher für Menschen mit geistiger Behinderung, die sich mit dem Thema Sexualität für ihn verständlich auseinandersetzen, sind kaum vorhanden. Aufklärungsunterricht gibt es auch in Schulen für Geistigbehinderte, nur, begleitet dieser, wenn er stattfindet, nicht den Menschen bei seiner gesamten Entwicklung. Das Thema Sexualität wird hier zeitlich begrenzt auf einige Unterrichtseinheiten, deren Zusammenfallen mit den wirklichen Informationsbedürfnissen des Jugendlichen eher zufällig ist.

Und dennoch sind die Gefühle da, das Interesse am anderen Menschen, das Bedürfnis nach Nähe und Zärtlichkeit, das Bewußtsein, daß die Genitalien auf ganz bestimmte Reize und in bestimmten Situationen reagieren. Erfahrungen und vorsichtige Experimente wollen gemacht werden. Doch wenn der kontinuierliche Dialog um diese Thematik ausbleibt, oder wenn der Jugendliche die Zwiespältigkeit elterlicher Gefühle wahrnimmt, woraus soll dann das Selbstbewußtsein wachsen, daß dieser Teil des Erlebens selbstverständlich dazugehört. »Aufgrund der fehlenden Freiräume und mangelnden Möglichkeiten zur Einübung zunehmender Selbständigkeit entsteht für den geistig behinderten Menschen eine sekundäre Behinderung, die oft wesentlich mehr das Wohlbefinden des einzelnen Jugendlichen tangiert, als es die primäre Behinderung tut« (WALTER 1985, S. 34).

Monika HALLSTEIN (1996, S. 251 f.) beschreibt, wie die repressive Erziehung behinderter Menschen, bezogen auf die Sexualität dazu führt, daß der eigene Körper als »fremd, als ein von außen manipuliertes Ding erfahren« wird. Eine Körperidentität entwickelt sich nicht.

Zudem läßt sich ein Informationsdefizit feststellen. Fehlende und unzureichende Sexualerziehung versetzt ... den geistig behinderten Menschen in einen Zustand der Selbstunsicherheit, Unbeholfenheit und Hilflosigkeit« (HOYLER-HERRMANN 1992, S. 213). Das belastet sowohl Frauen wie auch Männer massiv und läßt eine fröhliche, lustvolle Sexualität gar nicht erst aufkommen. Unwissenheit über Verhütungsmittel, über die Sicherheit der Pille oder den Gebrauch von Kondomen führt häufig dazu, daß Paare nicht sexuell miteinander verkehren.

Wenn die Fachliteratur davon ausgeht, daß nur etwa ein Drittel aller Paare miteinander schlafen, so wäre es eine weitere Untersuchung wert, wieviele darauf verzichten, weil sich Ängste entwickeln aufgrund fehlender oder unzureichender Aufklärung. Aufklärung ist ein Prozeß, der sich kontinuierlich durch das Leben von Menschen mit geistiger Behinderung zu ziehen hat und an der jeweiligen Lebenssituation anknüpfen muß. Dieser fortlaufende Austausch über Sexualität kann sich dann positiv auswirken, wenn er bejahend geschieht. Selbstbestimmung bedeutet, etwas über sich selbst zu wissen, über seine Bedürfnisse, seine Wünsche und über ihre Realisierbarkeit. Sexuelle Selbstbestimmung setzt zudem voraus, über dieses Wissen mit dem Partner in Austausch zu treten. Dazu bedarf es auch der Kenntnis der menschlichen sexuellen Funktionen. Es ist die Aufgabe des Begleiters, dieses Wissen zu vermitteln.

Reaktionen auf Pubertät und sexuelle Äußerungen

Auf sexuelle Bedürfnisse von Menschen mit geistiger Behinderung wird von Angehörigen wie von Fachleuten sehr unterschiedlich reagiert. Neben pädagogischen Interventionen, die augenscheinlich den Sinn haben, sexuelles Verlangen erst gar nicht zum Ausdruck kommen zu lassen, finden sich Reaktionen, die darauf hindeuten, man gehe davon aus, daß sie solche Bedürfnisse nicht haben.

Neben diesem Negieren und Verdrängen stehen oft irreale Ängste.

> *Einer ausländischen Mutter eines jungen Mannes war aufgefallen, daß ihr Sohn sich für Mädchen interessierte. In der Schule war er bereits durch eindeutige sexuelle Handlungen aufgefallen. In ihrer Angst wandte sie sich sofort an eine Neurologin. Diese verunsicherte Mutter habe ich bei ihrem zweiten Besuch dorthin begleitet. Die Ärztin bedeutete ihr, der Sohn solle weiterhin Androcur[12] nehmen. Und wenn das nicht wirke, müsse man eine Kastration (!) erwägen. Es ist leider ein Faktum, daß unsichere Eltern häufig noch auf solch unqualifizierte Beratung treffen* (vgl. dazu auch Krebs 1992, S. 48 f.).

Die Katastrophenphantasien, die das Thema Sexualität begleiten, haben selten einen realen Hintergrund. Sexuelle Abweichungen, wie Fetischismus, Exhibitionismus usw. sind, auch wenn es darüber keine gesicherten statistischen Daten gibt, sicher nicht häufiger als bei der nichtbehinderten Bevölkerung. Auch Formen von Gewalt gegen die sexuelle Selbstbestimmung von Menschen mit Behinderung untereinander sind sicher nicht häufiger als bei nichtbehinderten Menschen. Da jedoch das Netz der Beobachtung so eng ist, wird jede sexuelle Abweichung von der Norm sofort registriert und als Bedrohung empfunden. Die Frage, ob dieses andere Verhalten nicht auch etwas mit den besonderen Bedingungen zu tun hat, unter denen Menschen mit Behinderung nicht nur ihre sexuelle Entwicklung erleben, wird dabei selten gestellt, häufiger wird es der Kategorie »krank« zugeordnet, weil damit eine Entlastung einhergeht: man muß sich nicht mit den Hintergründen dieses Verhaltens und mit den eigenen Ängsten auseinandersetzen.

»Bei denen ist doch alles anders.« Mit dieser Aussage, die ich einmal von einem Fachmann zu hören bekam, beschrieb er mehr die eigenen sexuellen Phantasien als die Realität des behinderten Menschen, auf den sich diese Aussage bezog. Menschen mit Behinderung werden also oft zur Projektionsfläche eigener Phantasien, Ängste und Einstellungen. Und die moralischen Wertungen werden sofort mitgeliefert.

Besonders bei Frauen werden diese Ängste und Vorurteile deutlich.

> *Michaela lebt mit Jochen seit Jahren in einer festen Beziehung. Sie verträgt die »Pille« nicht. Die Betreuer haben Michaela geraten, sich sterilisieren zu lassen. Obwohl der Eingriff bei Männern einfacher ist, kam wohl niemand darauf, Jochen zu einer Sterilisation zu raten (wobei hier zudem unklar ist, ob andere Formen der Verhütung hinreichend in Erwägung gezogen und ausprobiert wurden).*

Hinter einem solchen Verhalten verbirgt sich ein Zweifel an der Ernsthaftigkeit der Beziehung. Da kann man an Phantasien wie Untreue gegenüber dem

---

12) Androcur ist ein triebhemmendes Medikament mit erheblichen Nebenwirkungen

Partner denken, und daß sich darin Ängste der Betreuer widerspiegeln, für eine mögliche Schwangerschaft in dieser Beziehung verantwortlich gemacht zu werden.

Alle diesen Beispielen innewohnende, auf die Sexualität von Menschen mit geistiger Behinderung bezogenen Vorurteile, lassen sich nach Walter (1992, S. 32 f.) auf drei Grundmuster reduzieren:

- *Leugnung und Verdrängung der Sexualität geistigbehinderter Menschen*
  Von einem geistig behinderten Menschen wird erwartet, daß er das »naive, unverdorbene und geschlechtslose ›große Kind‹« bleibt«;
- *Dramatisierung und Überbetonung der Sexualität geistigbehinderter Menschen*
  aufgrund seiner geistigen Behinderung kann ein Mensch, so das Stereotyp, die Sexualität nicht in die eigene Person integrieren, sie lenken oder kompensieren. Die Erwartung ist dann, daß ein behinderter Mensch seine Sexualität hemmungslos auslebt;
- *Fehldeutung nichtsprachlicher Kommunikation geistig behinderter Menschen*
  indem sie für die fehlende verbale Kommunikation andere Formen des Ausdrucks finden und sich anschmiegen oder zu streicheln suchen, werden sie fehlinterpretiert als »distanzlos«, »unbeherrscht« oder gar »triebhaft«.

Die Entwicklung von Partnerschaften

Sich zu verlieben, sich seinen eigenen Gefühlen auszuliefern, ihnen zu vertrauen und dann danach zu handeln, ist bei Menschen mit Behinderung ungleich schwerer, als das bei den meisten nichtbehinderten Jugendlichen und jungen Erwachsenen zu sein scheint.

Orte unvoreingenommener Begegnung reduzieren sich in unserer Gesellschaft für Menschen mit geistiger Behinderung meist auf Schule und WfB. Ansonsten leben sie isoliert und oft unter ständiger Beaufsichtigung von Eltern, Betreuern oder Gruppenleitern. Beziehungen entwickeln sich vorwiegend bei Begegnungen in den Institutionen. Ein Zusammensein ist für viele nur dort möglich. Es gibt Paare, die sich morgens an der Bushaltestelle oder im Bus treffen, gemeinsam zur Arbeit fahren, um dann in die Arbeitsgruppen zu gehen. Die Pausen verbringen sie miteinander, erzählen und tauschen kurze Zärtlichkeiten aus. Nach Feierabend fahren sie zurück, und jeder geht nach Hause. Und das geschieht oft über viele Jahre hinweg im alltäglichen Trott.

> *Ein Paar, beide leben bei ihren Eltern, hat sich über lange Zeit hinweg in der Werkstatt treffen können und jede freie Minute miteinander verbracht. Als eine Zweigwerkstatt eröffnet wird, muß der Mann aufgrund der regionalen Aufteilung in diese Werkstatt gehen. Das Paar ist getrennt. Sie versuchen noch einige Zeit telefonisch miteinander in Kontakt zu bleiben. Von den Eltern wird diese Beziehung nicht unterstützt. Die Partnerschaft endet.*

An solchen Beispielen wird deutlich, wie sehr behinderte Paare von ihrem Umfeld abhängig sind. Eigentlich ist das ein Skandal und beschreibt, wie die Persönlichkeit eines behinderten Menschen reduziert wird auf die ihm von der Gesellschaft zugestandenen Bedürfnisse wie Wohnen und Arbeiten, immer nach Menü, nicht à la carte.

Immer wieder erlebt man, daß Beziehungen entstehen, daß über eine bestimmte Zeit hinweg dieses Paar unzertrennlich zu sein scheint. Und dann wieder geht eine solche Beziehung auseinander, ohne daß nachvollziehbar ist, was der Grund für eine solche Trennung ist. Wir können oft nur vermuten, daß Personen sich dort in irgendeiner Weise eingemischt haben, vielleicht mit nur einem beiläufigen Kommentar, der aber genügt, um einen der Partner annehmen zu lassen, daß diese Beziehung nicht erwünscht ist. Häufig stellt sich nach dem Scheitern einer Beziehung Resignation ein, oder es wird der Partnerwunsch an eine unerreichbare Person gebunden.

Im Gespräch mit Menschen mit geistiger Behinderung über das Thema, wen würde ich mir als Partner wünschen, wird häufig geäußert, der Partner solle nicht behindert sein, zumindest solle er das leisten können, was man bei sich selbst als nicht möglich wahrnimmt (vgl. dazu: Niehoff, Das zerstörte Selbstbild, S. 70 ff.). Beim Versuch, das umzusetzen, werden von Männern zum Teil erhebliche Energien verwendet, die Wunschpartnerin aus den Anzeigen in den Tageszeitungen auszusuchen. Die Enttäuschung ist dann groß, wenn deutlich wird, daß es sich dabei um Prostituierte handelt.

Die Trauben in unerreichbarer Höhe zu suchen, schafft zwar ständig Enttäuschungen, hat jedoch auch eine andere Seite. Man partizipiert am allgemeinen Glück, indem man sich Luftschlösser baut und muß sich nicht mit der harten Realität auseinandersetzen. Die unerfüllte, unerreichbare Liebe ist Stoff so manchen Kitschromans. Und darin liegt die Tragik einiger Menschen mit geistiger Behinderung, die aufgrund ihrer Selbstunsicherheit hinsichtlich der eigenen Gefühle und durch die immer wieder erlebte Korrektur durch Eltern und andere nichtbehinderte Menschen den Weg in eine befriedigende Partnerschaft nicht finden und in Phantasien steckenbleiben.

Die Bedeutung von Partnerschaft für Menschen mit geistiger Behinderung

Geborgenheit, Sicherheit, Selbstverwirklichung, Sexualität und Fortpflanzung sind die primären Motive für überdauernde Partnerschaften. Worin sollten sich Partnerschaften von Menschen mit Behinderung von denen nichtbehinderter Menschen unterscheiden?

WALTER (1995, S. 198) schreibt: »im allgemeinen kann davon ausgegangen werden, daß sich das partnerschaftliche Interesse geistig behinderter Menschen nicht primär auf den Geschlechtsverkehr bezieht. Mit Freund oder Freundin wird eher jemand gesucht, der ganz zu ihnen gehört.«

Partnerschaft bedeutet, daß sich der Alltag einfacher bewältigen läßt, wenn man einen Menschen hat, der verläßlich für den anderen da ist, und dieser Mensch bietet möglicherweise eine wunderbare Ergänzung zu dem, was dem anderen fehlt.

Sigrid ist ängstlich, traut sich wenig zu, kann aber lesen und reden. Rolf ist der mutige starke Mann an Sigrids Seite, der sich auch in die Stadt traut. So können Sigrid und Rolf zusammen leben und den Alltag bewältigen. Wenn es einmal Streit gegeben hat, kauft Rolf großherzig einen Strauß Blumen für 100.– DM, was für den Rest des Monats dazu führt, daß beide sich überwiegend nur von Brot ernähren müssen. So lernen beide den Alltag zu bewältigen, begleitet von Höhen und Tiefen und manchen Schwierigkeiten, die es mit Hilfen von außen zu überwinden gilt.

Diese Ergänzungen nach dem Motto »ich kann etwas, was Du nicht kannst, und das ist für unsere Partnerschaft besonders wichtig« findet sich wohl in allen funktionierenden Beziehungen und ist sehr bedeutsam, solange der eine Partner durch den anderen nicht ausgebeutet wird. Bei Menschen mit geistiger Behinderung ist diese Ergänzung häufig besonders augenfällig und für das gemeinsame Überleben von besonderer Wichtigkeit.

Die Legalisierung der Beziehung

Man kann immer wieder beobachten, daß Menschen mit geistiger Behinderung darauf aufmerksam machen möchten, daß sie zusammengehören. Den Freundschaftsring findet man bei vielen Paaren, vergleichbar dem Ehering. Die Heirat selbst wird selten angestrebt, teilweise finden wir eine erhebliche Desinformation über die Möglichkeit der Eheschließung. Eine Behinderung steht einer Ehe zunächst nicht im Weg. »Nach dem bürgerlichen Gesetzbuch ist die Eheschließung ein Rechtsgeschäft. Diese setzt also die Geschäftsfähigkeit des Ehepartners voraus (JACOBI 1992, S. 107). »Geschäftsunfähig ist, ... wer aufgrund einer geistigen Behinderung seine Erklärungen und Entscheidungen nicht von vernünftigen Überlegungen abhängig machen kann (a. a. O., S. 102). Es sind weniger die Standesbeamten, die eine Ehe verhindern, sondern viel häufiger Angehörige und Betreuer, die aus irgendwelchen Erwägungen die Unterstützung verweigern. Auch hier scheint es wichtig zu sein, daß sich behinderte Menschen von den nichtbehinderten Menschen unterscheiden. Ein anderer nachvollziehbarer logischer Grund für diese nicht vorhandene Unterstützung fällt uns nicht ein. WALTER (1992, S. 297 f.) weist auf eine in den Heimen der »Evangelischen Stiftung Alsterdorf« praktizierte Form interner Legalisierung von Partnerschaften hin, dem »Treuegelöbnis«.

Das Bedürfnis nach einer Eheschließung und nach der damit verbundenen gesellschaftlichen Anerkennung der Beziehung ist bei vielen Paaren vorhanden, verbunden mit der Angst, vor den übermächtigen Hürden der Bürokratie zu scheitern. Hier tut Aufklärung und intensive Begleitung geistig behinderter

Menschen Not. Verheiratete Paare sind deshalb so besonders stolz auf diese Tatsache. Durch die Hochzeit machen sie Eltern, Angehörigen und Bekannten deutlich, daß ihre Beziehung Bestand hat und sich in nichts unterscheidet von anderen Ehen. Nur selten jedoch findet man Paare, die mit einer solchen Energie dieses Ziel verfolgen, und häufig genug winken Betreuer oder Eltern im Vorfeld ab oder machen auf die angeblich vielfältigen Hindernisse aufmerksam.

Fachliche Herausforderungen in der Begleitung von Paaren

Es gibt Themenbereiche, die bei Menschen mit Behinderungen eine besondere Sensibilität haben und mit denen man sich als Begleiter, insbesondere im Dialog mit Paaren beschäftigen und auseinandersetzen muß. Es ist wichtig, dazu eine eigene Haltung zu entwickeln.

Sterilisation

Sterilisation, die sicherste aller Verhütungsmethoden, ist in der Vergangenheit bei vielen Frauen (und Männern, wenn auch in weitaus geringerer Zahl) mit geistiger Behinderung angewandt worden. Nach unseren Erfahrungen wurden viele Frauen nur unzureichend oder gar nicht über die Auswirkungen dieses meist unumkehrbaren Eingriffs informiert. Einer Frau wurde zum Beispiel gesagt, der Eingriff sei reparabel, da nur die Tuben abgeklemmt würden, und man brauche diese Klammern nur zu entfernen, wenn sie vielleicht doch einmal ein Kind wolle.

Diese Form der Fürsorglichkeit wird überwiegend damit begründet, daß Menschen mit geistiger Behinderung keine Verantwortung für den möglichen Nachwuchs übernehmen könnten, und man führt dabei die »armen Kinder« behinderter Eltern ins Feld. Nicht selten entsprang die Entscheidung für eine Sterilisation wohl auch der Befürchtung, daß Menschen mit einer Behinderung eine ungezügelte, unkontrollierte Sexualität entwickeln und praktizieren könnten.

Nach dem jetzt geltenden Betreuungsgesetz ist diese Form der Verhütung als Form »fürsorglicher Gewalt« gegenüber Menschen mit geistiger Behinderung – zumindest nach dem Gesetz – nicht mehr möglich.

»So eine wie Dich soll es nicht noch einmal geben!«, das ist meist die einer Sterilisation zugrunde liegende Aussage, wenn man sich mit sterilisierten Frauen auseinandergesetzt, die dazu überredet wurden oder bei denen man den Eingriff vorgenommen hat, ohne deren Wissen. Dabei wird deutlich, wie tief die erlittene Verletzung sitzt, und es wird klar, daß auch »fürsorgliche Gewalt« zunächst einmal Gewalt bedeutet. Die Wut, und die Enttäuschung über die erlittene Gewalt kann häufig nicht artikuliert werden, weil diese Gewalt eben aus Fürsorge geschah, also »zum Besten« eines Menschen. Oft waren die Frauen zum Zeitpunkt der Sterilisation sehr jung, und ihnen war die Bedeutung des Eingriffs nicht bewußt. Eine Auseinandersetzung mit der Tatsache der Sterilität findet häufig erst statt, wenn der Bruder, die Schwester oder jemand in der unmittelbaren Umgebung ein Kind erwartet oder wenn die erste andauernde Beziehung zu einem Mann entsteht. Nur allzu deutlich rückt dieser Akt der Sterilisierung die Behinderung in den Vordergrund: darin wird der Unterschied zu anderen Frauen überdeutlich.

Sexueller Mißbrauch

In der Auseinandersetzung mit der Thematik »behinderte Paare und Sexualität« stößt man immer wieder auf das Thema sexuellen Mißbrauchs. Behinderung scheint Mädchen und Frauen noch wehrloser zu machen und die Täter in noch größerer Sicherheit zu wiegen. Auch bei Frauen mit geistiger Behinderung waren es nach unseren Erfahrungen überwiegend Väter und Stiefväter, die sich an ihren Töchtern vergangen haben, oft über Jahre hinweg, und in einigen Fällen sogar mit dem Wissen der Mutter und der Geschwister. Nach diesen Kenntnissen – sie decken sich mit anderen Berichten und Veröffentlichungen – ist die Rate sexuellen Mißbrauchs bei Frauen und Männern mit geistiger Behinderung deutlich höher anzusetzen, als in der übrigen Bevölkerung. Es ist anzunehmen, daß die Unsicherheit im Umgang mit Sexualität bei Menschen mit geistiger Behinderung diesen Umstand begünstigt. Wo nicht offen über dieses Thema gesprochen wird, wo Sexualität negiert oder verdrängt wird, kann Mißbrauch entsprechend einfacher entstehen, ohne die Angst, daß das Opfer doch einmal den Mut hat, sich dagegen zu wehren oder sich Hilfe zu holen.

Nach STEININGER (1997, S. 60) resultiert aus der Mißbrauchsdynamik, die mit Ohnmachtsgefühlen, Hilflosigkeit und Schuldzuweisungen verbunden sein kann, ein starker Selbstwertverlust. Auch bei erwachsenen Frauen trifft man auf Symptome wie Einnässen, manifeste Ängste, selbstverletzendes Verhalten oder psychogene Anfälle. Eine Partnerschaft kann durch solche Erlebnisse erheblich beeinträchtigt sein. Das Angebot therapeutischer Unterstützung für mißbrauchte Frauen muß in solchen Situationen ebenso selbstverständlich sein wie die Beratung der Begleiter*innen* durch Fach*frauen* mit Erfahrungen in diesem Bereich.

Kinderwunsch

Zu einer überdauernden Partnerschaft gehört auch das Thema Kinder. Wir haben kein Paar kennengelernt, daß sich nicht in irgendeiner Form über dieses Thema Gedanken gemacht hätte.

Schwanger zu werden stellt für viele Paare, ebenso wie für Eltern und Betreuer, eine schreckliche Vision dar. Verdeutlicht wird diese Einstellung, wenn eine Frau zu einem Seminar ein »Pillenbuch« mitbringt, auf dem das Bild eines Säuglings aufgeklebt ist. Nach dem Motto »Das passiert Dir, wenn Du die Pille vergißt«. Das Paar wirkte, was ihre Sexualität betraf, äußerst verängstigt. Er berichtete, er wolle nicht mit seiner Partnerin schlafen, weil sie dann ein Kind bekäme und das dürfte nicht sein. Mangelnde Information und eine tiefsitzende Angst verhindern jede genitale sexuelle Annäherung.

Vorbehalte und Ängste von Eltern und Betreuern werden oft übernommen und bestimmen unverrückbar einengend das eigene Leben. Mario zum Beispiel spricht vom Geld, das nötig wäre, um Kinder zu haben, von einer größeren Wohnung und berichtet, daß er selbst im Heim aufgewachsen sei und soviel Leid wolle er keinem Kind zumuten. Oft klingen solche Sätze, als kämen sie aus einem anderen Mund.

Kinder stellen ein sichtbares Zeichen fraulicher und elterlicher Fähigkeiten dar und würden wesentlicher Inhalt der gemeinsamen Beziehung, andererseits mangelt es an Selbstvertrauen, und so können Warnungen von Eltern, Betreuern und anderen, sowie das von der Umwelt vermittelte Gefühl, für ein Kind nicht ausreichend Kompetenz und Energie zu haben, leicht durchschlagen.

Elternschaft geistig behinderter Menschen ist nicht so selten. BARGFREDE, BLANKEN und PIXA-KETTNER (1995) fanden für eine größere Studie mehr als 1000 Elternschaften mit mehr als 1350 Kindern. In einem Viertel der Fälle leben die Kinder bei ihren Eltern.

Für das Fachpersonal stellen Schwangerschaft und Elternschaft eine besondere Herausforderung dar. »... die Konfrontation mit der kategorischen Ablehnung von Schwangerschaften bei Menschen mit geistiger Behinderung durch Kollegen und von außen erscheint ... als große Belastung« (BARGFREDE u. a. 1996, S. 230). Auch die erfahrene Fachfrau oder der Fachmann wird sich mit grundlegenden ethischen Fragen befassen, z. B. ob diese Eltern zu verantwortungsbewußter Elternschaft fähig sind: Sind Erbschäden zu erwarten, soll eine humangenetische Beratungsstelle eingeschaltet werden? Was löst diese Elternschaft bei den Kolleginnen oder Mitbewohnerinnen aus? Welche Hilfen müssen organisiert werden, um dem Kind eine weitgehend »normale« Entwicklung zu ermöglichen? Viele dieser Frage deuten, betrachtet man sie näher, auf das eigene Bild von Behinderung hin und implizieren eigene Vorurteile und Urteile über Behinderung, unter anderen auch die, ob man einem Kind behinderte Eltern zumuten kann.

Es wird immer wieder Menschen mit geistiger Behinderung geben, die sich für ein eigenes Kind entscheiden. Als begleitende Fachkraft muß man auch diese Entscheidung akzeptieren.

Das Thema »Kind« wird noch eine erhebliche Rolle in der weiteren Normalisierungs- und Selbstbestimmungsdebatte spielen. An diesem Thema wird sich erweisen, wie ernst wir diese Paradigmen nehmen. Wenn Behinderung Normalität mit anderer Ausprägung ist, muß auch der Gedanke von Partnerschaft mit Kind als normal gesehen werden, eben nur mit anderer Ausprägung, das heißt, Begleitung für Kind und Familie. Diese Entscheidung würde auch den §§1666 und 1666a, Bürgerliches Gesetzbuch (BGB), gerecht werden. Diese verdeutlichen, daß die Personensorge nur dann entzogen werden kann, wenn andere Maßnahmen erfolglos geblieben sind und der Gefahr für das »körperliche, geistige und seelische Wohl des Kindes« »nicht auf andere Weise, auch nicht durch öffentliche Hilfen, begegnet werden kann«.

Geschlechterrollen

Typisch Mann – typisch Frau

Dem starken, sexuell aktiven, mutigen, nach außen orientierten Mann, dem Macho, der noch anderen Frauen nachpfeift, während er die Freundin an der Hand hält, begegnet man genauso wie dem eher ängstlichen Mann, der die aktivere Rolle seiner Verlobten abtritt und der im Hintergrund bleibt.

> *Zum Beispiel der starke Jürgen und die aus dem Hintergrund lenkende Susanne. Er, laut, unbeherrscht, zum Alkoholgenuß neigend, läuft immer, wenn beide irgendwo auftauchen, einige Meter vor ihr her. Jürgen setzt sich dann irgendwo hin, nie darauf achtend, ob für Susanne noch ein Platz frei ist. Bei allem Imponiergehabe, das Jürgen zeigt, wirkt er doch immer wie ein kleiner Junge. Konflikte werden bei ihm laut gelöst. Als Susanne sich wegen des übermäßigen Alkoholkonsums sorgt, fühlt Jürgen sich bedroht, befürchtet, man wolle ihm die Flasche(n) Bier verbieten. Lautstark macht Jürgen auf sich aufmerksam, droht mit allem, was ihm einfällt und schimpft herum, während Susanne ruhig bleibt und nur, wenig beeindruckt, meint: »Das gibt sich wieder«.*

So, wie Jürgen Konflikte löst, so hat er es zuhause mitbekommen. Wie das der Vater gemacht hat, und der Bruder auch, kann es wohl doch nicht falsch sein. Jürgen und Susanne führen eine Partnerschaft, die auf den ersten Blick untypisch ist, von Liebe, so wie sie sich bei anderen Paaren durch körperliche Nähe ausdrückt, sieht man nichts. Es scheint eine auf gegenseitiger Akzeptanz und Zuneigung beruhende Zweckbindung zu sein, von der beide profitieren. Susanne hat bei Jürgens Eltern eine Wohnung gefunden, die beide sich nach ihren Bedürfnissen eingerichtet haben, und sie übernimmt dafür ein wenig die Sorge um Jürgen. Beiden ermöglicht dieses Arrangement, ein annähernd bürgerliches, unauffälliges Leben zu führen. Jürgen spielt die Rolle des Mannes und Susanne die der umsichtigen, sorgenden Frau. Beide bleiben damit in den Geschlechterrollen, so wie sie sie erlebt haben.

Typisch Frau – die eher abwartende, dem Mann das Feld überlassende, sanfte Gefährtin, auch sie gibt es häufig genug. Seltener jene, die das Heft in die Hand nimmt und sagt, wo es in der Partnerschaft langgeht. Was im Umgang mit Paaren mit Behinderungen immer wieder überrascht, ist die Offenheit der Frauen, mit der sie sich über ihren Partner, ihre Beziehung und ihre Liebe mitteilen und wie sie sich deutlich leichter darin tun als die Männer.

Wie Mann Mann ist und Frau Frau, hängt sehr stark von der Tatsache ab, wie Männer ihre Väter erlebt haben und Frauen ihre Mütter. Diese Rollen werden übernommen und in die eigene Partnerschaft übertragen. In der Beobachtung von Paaren wird oft überdeutlich, welche Familiengeschichten dort weitergelebt werden.

Wenn Gewalt im Spiel ist, kommt sogleich die Forderung, da müsse man eingreifen. Diese Fürsorglichkeit gegenüber dem Opfer bedeutet gleichzeitig seine Entmündigung, vor allem, wenn diese Fürsorglichkeit ungefragt geschieht. In solchen Fällen ist wohl der bessere Weg, die Frau zu unterstützen und zu ermutigen, für sich selbst eine Entscheidung zu treffen, sich aber auch bewußt zu werden, was sie bei diesem Mann hält. Die Qualität des Betreuers liegt hier zunächst darin, auszuhalten, daß Menschen eine Form des Umgangs miteinander pflegen, die so eigentlich nicht akzeptiert werden kann. In der Auseinandersetzung mit dem Täter, dem Mann, wird meist schnell deutlich, wieviel Unsicherheit hinter dieser Gewalttätigkeit steckt, wie gering Frustrationstoleranz und Fähigkeit zur Konfliktbewältigung sind, aber auch ein verschobenes Rechtsbewußtsein. Fast immer haben Männer, die so handeln, selbst in ihrer Kindheit Gewalt erfahren.

Auch bei anderen Paaren, die nicht dem bürgerlichen Klischee einer guten Partnerschaft entsprechen, kann man die Tendenz wahrnehmen, helfend, strukturierend oder verbietend einzugreifen. »Da muß man doch etwas tun, die kann man doch nicht einfach so ...« sind die Reaktionen vieler Betreuer, Eltern oder Angehöriger, die sich einem der Partner verpflichtet fühlen. Dann wird nach Eingriffen gerufen, Veränderungen werden angestrebt, und es genügt dann nur die kleine Mißfallensgeste (der Frau), um diesen Eingriff zu rechtfertigen. So hagelt es auch heute noch Verbote, sich zu sehen, die Zeit miteinander zu verbringen oder ähnliches.

Viele Partnerschaften brechen auseinander, häufig mit viel Trauer und/oder heftigen Kränkungen. Für einen der Partner ist das oft nicht nachzuvollziehen, er fühlt sich in seinem Selbstwert gekränkt, kann nicht einordnen, woran das liegt, daß die Beziehung zu Ende sein soll.

So untersagt z. B. die Mutter von Sandra ihr den Kontakt zu Gernot. »Der sitzt doch bloß vor dem Fernseher, und meine Tochter ist doch zu jung, um immer nur in der Wohnung zu sitzen. Und wissen sie, die Eltern von Gernot, die ...«. – In solchen Situationen wird der Unterschied deutlich zwischen behinderten und nichtbehinderten Menschen sowie die Hilflosigkeit der Betroffenen. Sandra hatte das alles nicht gestört (zumindest nicht so sehr wie die Mutter). Gernot hatte keine Chance, sich zu verändern und das Paar keine Möglichkeit, einen eigenen Weg zu finden.

Eingriffe in Partnerschaften sind wenig geeignet, Änderungen zu bewirken. Ein solches Handeln gibt eher Aufschluß über den Menschen, der Einfluß nimmt. Es erzählt oft die Geschichte der eigenen Sehnsüchte und unerfüllten Wünsche: Meine Tochter soll es besser haben, die soll nicht an so einen Mann geraten wie ich. Die eigenen Bedürfnisse nach Harmonie und Geborgenheit werden in die Beziehungen der Kinder projiziert, nicht sehend, daß solche Beziehungen Entwicklungsmöglichkeiten brauchen, die auch Streit und Auseinandersetzung bedeuten können. Das mag auch bei nichtbehinderten erwachsenen Kindern passieren, doch die wissen sich in der Regel gegen Einmischungen der Eltern zu wehren.

Paarbeziehungen im Heim

In einem Heim sammelt sich eine Vielzahl von Meinungen und Einstellungen, vertreten durch die verschiedenen Menschen, die in dieser Einrichtung arbeiten. Ebenso vielfältig wie die Personen sind die Einstellungen zur Sexualität. Eine klare und für den einzelnen Mitarbeiter identifizierbare Haltung und die Entwicklung eines professionellen Selbstverständnisses, das möglicherweise auch einheitlich gegenüber den Eltern zu vertreten ist, sowie die Bereitschaft, Partnerschaften vorurteilsfrei zur Seite zu stehen, sind daher für die Begleitung von Paaren besonders wichtig.

Das birgt auch Konflikte in sich. Denn zunächst delegieren die Eltern bei dem Entschluß, ihr erwachsenes, behindertes Kind im Heim unterzubringen, die weitere Fürsorge um das Kind an die im Heim tätigen Menschen. Die Hoffnung dabei ist, daß Versorgung und Pflege so fortgesetzt werden, wie sie es selbst gemacht haben. Grundlage ihres Denkens ist auch, daß das Verhalten und seine Eigenheiten genauso betrachtet und bewertet werden, wie sie es selbst taten. Stillschweigend wird von einem gemeinsamen Konsens darüber ausgegangen, was »diesen« Menschen erlaubt oder vorenthalten werden muß oder was für »diese« Menschen normal ist. Partnerschaft und Sexualität gehören auch bei Eltern oft nur begrenzt zum Leben. Auch Eltern sind vor Klischees über die eigenen behinderten Kinder nicht gefeit. Triebhaftigkeit und vielleicht auch Promiskuität wird als »ihnen« eigen betrachtet, der verantwortungsvolle Umgang mit Partnerschaft wird »ihnen« weniger zugetraut.

Das alles bildet die Grundlage von mehr oder weniger deutlichen Koalitionen »für den Behinderten«. Vielfach kann man beobachten, daß Menschen mit geistiger Behinderung die Gemeinsamkeit von Heimleiter, Betreuer und Eltern als übermächtig und bedrohlich erleben.

> *Barbara berichtet, daß ihre seltenen Besuche bei René durch die gemeinsamen Absprachen von Vater (einer der wenigen, der sich verantwortlich zeigt) und Heimleiter zu erklären sind. Beide scheinen in Barbaras Augen einig darüber zu sein, daß ein zu enges Verhältnis zu René nicht zu unterstützen sei. Also wird die Häufigkeit der Besuche geregelt. Bei solchen Absprachen, so scheint uns, vergessen Fachkräfte wohl häufig das eigene auf Professionalität gründende Selbstverständnis. Die vereinigte »Vernunft« von Eltern und professionell Tätigen richtet sich gegen die Gefühle und Empfindungen behinderter Menschen unter dem Motto »Ich weiß besser als Du, was für Dich gut ist«.*

Darüber hinaus gibt es eine Reihe festgefaßter Vorstellungen über die Aufgabe eines Heimes und über die Art, wie Pädagogik zu betreiben ist, und diese Haltungen haben einen großen Einfluß auf Partnerschaften.

Die *Gruppe* wurde seit jeher als Element in der Behindertenpädagogik gesehen: Man lebt in der Gruppe, durch sie erhält der behinderte Mensch Korrekturen, aus ihr lebt er. Was passiert, wenn bei zwei Verliebten die Tendenz besteht, sich aus der Gruppe zurückziehen zu wollen, da das Gefühl nach Zweisamkeit trachtet und die Gruppe darüber für die beiden ziemlich gleichgültig wird, wird am Beispiel von Eva und Ewald deutlich.

> *Beide wohnen im gleichen Wohnheim. Eva in Gruppe eins im Parterre, Ewald in Gruppe zwei im ersten Stock. Beide wollen möglichst viel Zeit miteinander verbringen, aber da ist noch die Gruppe. Also wurde folgender Kompromiß gefunden: In geraden Kalenderwochen besucht Ewald Eva, und zwar an einem Tag in seinem Zimmer und am nächsten in den Gruppenräumen, sonntags steht ihnen die Wahl zwischen Zimmer und öffentlichen Räumen frei. In den ungeraden Kalenderwochen besucht Eva Ewald unter den gleichen Bedingungen. Abschließen darf man das Zimmer nicht. Wenn das passiert, muß man den Schlüssel 14 Tage abgeben, berichtet Ewald.*

In einem anderen Fall wird in einer Außenwohngruppe festgelegt, daß Barbara nur alle 14 Tage zum Freund darf, um den Kontakt zur Gruppe nicht zu verlieren. Im nächsten Fall wiederum muß der Freund um 21.00 Uhr die Außenwohngruppe verlassen haben.

Alle Regelungen sind durch den oft verzweifelten Versuch geprägt, die traditionelle Heimstruktur und das Bewußtsein darum, daß Partnerschaft und Sexualität zu den menschlichen Grundrechten gehören, unter einen Hut zu bringen. Dieser Eiertanz führt zu den berichteten und auch noch zu anderen Eigentümlichkeiten.

Jede Organisationform ist träge und widersteht verändernden Neuerungen in hohem Maße. Getragen werden diese institutionellen Eigenschaften durch die Angst vieler Verantwortlicher und Betreuer vor dem »Chaos«. »Wenn wir das einem Paar gestatten, müssen wir das allen erlauben, und dann bricht das Chaos aus«, so zitiert ein behinderter Mensch seinen Heimleiter. Dieses von vielen so befürchtete Chaos basiert auf der fälschlichen Annahme des Verlustes der Steuerungs- oder Überlebensfähigkeit des Heimes oder der Gruppe, wenn man Menschen mit geistiger Behinderung erlaubt, sich an ihren eigenen Bedürfnissen zu orientieren. Die von außen vorgegebene Regelhaftigkeit des Alltags und die Ordnung stehen häufig immer noch vor der Persönlichkeitsentwicklung und -entfaltung.

Wenn man in Einrichtungen keinen generellen Konsens darüber herbeiführt, wie man sich gegenüber Partnerschaften verhalten soll, dann kann das zu belastenden Spaltungen führen. Es gibt Mitarbeiter, die sich eindeutig partnerschaftsunterstützend verhalten und solche, die eher traditionellen Meinungen verhaftet sind. Fast jedes Paar kann über einen »guten Geist« berichten, der Unterstützung gewährte. Unklare Haltungen sorgen gerade bei einem so emotional besetzten Thema dafür, daß der Kampf um die »richtige« Einstellung unterschwellig fortgeführt wird und das Miteinanderleben aller unnötig erschwert.

Welchen Einfluß Betreuer auf Menschen mit geistiger Behinderung haben können, mag folgendes Beispiel verdeutlichen:

> *Ingo berichtet, Erika habe ihn, nachdem er sie kennengelernt habe, gefragt, ob er mit ihr gehe. Darauf habe er das mit seinen Betreuern besprochen und die hätten ihm gesagt, sie fänden das gut. Erst dann hat er Erika mitgeteilt, daß er ihr Freund sein wolle.*

Solchen Berichten, die ein fast bedingungsloses Vertrauen in den Betreuer erkennen lassen, begegnet man nicht selten. Darin steckt eine große Verantwortung. Wieviel Selbstdisziplin, wieviel Selbstkenntnis gehört dazu, in solchen Situationen nicht die Rolle des Richters oder des Besser-Wissenden zu übernehmen, sondern mit dem verunsicherten behinderten Menschen nach Lösungen seines Problems zu suchen, ohne ihn zu manipulieren. Und wo kann der Betreuer wiederum sich selbst überprüfen oder wo bekommt er dazu die Hilfe, daß er eben nicht nur ausschließlich in seinem eigenen Sinne berät, oder der herrschenden Meinung zum Problem Partnerschaft nur deshalb folgt, weil er sich z. B. Ärger mit Kollegen oder Vorgesetzten ersparen will? Institutionen sind voller Fallstricke, und nur allzu oft werden Entscheidungen gefällt und Ratschläge erteilt, die sich mehr an dem orientieren, was opportun ist, als an dem, was der Entwicklung und Persönlichkeitsentfaltung von Menschen mit Behinderung dient.

Paare mit einer Behinderung brauchen Unterstützung und Begleitung

In das Zeitalter von Normalisierung und Selbstbestimmung gehört Raum für Paare und ihre Sexualität. Da das noch nicht selbstverständlich zu sein scheint, brauchen Paare besondere Aufmerksamkeit und Unterstützung.

Menschen mit geistiger Behinderung haben meist nicht lernen können, den Blick auf sich selbst zu richten und sich dabei liebevoll zu betrachten. Sie haben erfahren, daß vorwiegend auf ihre diagnostizierten Defekte geschaut wurde, und diese wurden zum Zentrum allen Bemühens gemacht. Damit wurde aber auch immer wieder zu verstehen gegeben: »Du bist so, wie du bist, nicht in Ordnung«. Die von nichtbehinderten Menschen festgestellten Mängel bewirken einen Mangel an Selbstbewußtsein und die Angst, nicht zu genügen. Aus dieser Position heraus wird intensiv auf das geschaut, was von anderen erwartet wird, oder es wird versucht, vorwegzunehmen, was erwartet werden könnte. Das Sensorium ist viel stärker auf Eltern, Lehrer, Betreuer gerichtet als auf die eigene Person. Der Blick geht nach außen und nicht nach innen (vgl. dazu NIEDECKEN 1989).

Das Vertrauen in die eigenen Gefühle und Empfindungen schwindet zunehmend mehr, wenn Menschen mit geistiger Behinderung nicht erfahren, daß auch sie ein Recht auf Wahrnehmung ihrer Persönlichkeit haben und ein Recht darauf, eine Beziehung zu einem anderen Menschen zu genießen und zu gestalten.

Die bei vielen Menschen mit Behinderungen anzutreffende Ergebenheit in das Schicksal, bis hin zur bedingungslosen Anpassung, wird häufig als das Liebenswerte gesehen. Sie ist das eigentlich Unnatürliche. Das Vertrauen in die eigenen Gefühle wiederzugewinnen, sie zunächst einmal wahrzunehmen, ihre Realität anzuerkennen, sie nicht zu verdrängen oder sie gar als unwert zu betrachten, ist eine vordringliche Aufgabe auf dem Weg zur weiteren Entwicklung der eigenen Persönlichkeit. Und dazu bedarf es der geduldigen unterstützenden Begleitung.

In kleinen Schritten und immer begleitet von Fragen wie: »Was willst Du selbst, was empfindest, was fühlst Du?« und mit »einfühlendem Verstehen« (BADELT 1984) als Methode gilt es, Wege zur Wahrnehmung der eigenen Befindlichkeit zu bahnen und das Vertrauen dafür zu wecken, daß die entdeckten Gefühle ernstgenommen werden dürfen. Im Grunde ist das eine allmähliche und behutsam begleitete Änderung der Wahrnehmungsrichtung. Während die stark ausgebildete Wahrnehmung nach außen vermindert wird, wird die auf die inneren Zustände gerichtete sensibilisiert. Energien, die darauf gerichtet sind, frühzeitig zu erkennen, was die Umwelt will, sollen für die Introspektion nutzbar gemacht werden.

Als Paar eine eigene Identität zu entwickeln, wird letztlich nur möglich sein, wenn Raum dafür gegeben wird, wenn diese beiden Menschen in ihrem Lebensumfeld akzeptiert und unterstützt werden.

Darüber hinaus müssen Partnerschaft und Sexualität als ein Prozeß angesehen werden. Eine Partnerschaft verläuft in Phasen. Nach der ersten Verliebtheit kommen Zeiten, in denen es z. B. darum geht, sich über das weitere Zusammenleben Gedanken zu machen, eine gemeinsame Zukunft zu planen. Daß es dabei zu Meinungsverschiedenheiten kommt, ist selbstverständlich. Dabei hat der Begleiter nicht die Funktion eines Schiedsrichters. Begleiten bedeutet, die Situation und Auffassung des einzelnen zu verstehen versuchen, ohne sie zu bewerten, aber auch die Zuversicht zu vermitteln, daß solch eine Auseinandersetzung fruchtbar sein kann und meist auch bewältigt wird. Auch die Sexualität unterliegt Entwicklungen. Hier ist es zunächst wichtig, die Wissenslücken zu füllen. Sexualpädagogische Materialien (es gibt in jeder besser sortierten Buchhandlung gut bebilderte Aufklärungsliteratur; Gutes Material enthält: Bundesvereinigung Lebenshilfe: Sexualpädagogische Materialien für die Arbeit mit geistig behinderten Menschen, Beltz 1995.) gehören selbstverständlich in jede Wohngruppe und in den sozialen Dienst jeder Werkstatt. Eine Atmosphäre, die es erleichtert, Fragen zu stellen, kann jedoch nur der Begleiter schaffen, der selbst ein positives Verhältnis zur Sexualität entwickelt hat. Dabei sollte die Grundeinstellung sein: erlaubt ist, was beiden Partnern Spaß macht und andere nicht stört.

Zu hoffen bleibt, daß die liberalisierte Einstellung gegenüber der Sexualität auch bei Menschen mit einer geistigen Behinderung Auswirkungen zeigt, sie so zunehmend in einem bejahenden Klima aufwachsen und so gelebte Sexualität als Teil eines selbstbestimmten Lebens selbstverständlicher wird.

Literatur

Badelt, Isolde: Selbsterfahrungsgruppen geistig behinderter Erwachsener. In: Geistige Behinderung 4/84.

Bargfrede, S.; Blanken, J.; Pixa-Kettner, U. (1995): Wie weit geht die Selbstbestimmung beim Wunsch nach einem eigenen Kind. In: Bundesvereinigung Lebenshilfe: Selbstbestimmung. Marburg 1996.

Hallstein, Monika: Sexueller Mißbrauch – mehr als ein Übergriff. In: Bundesvereinigung Lebenshilfe: Selbstbestimmung. Marburg 1996.

Hoyler-Herrmann, A.: Überlegungen zur Sexualpädagogik bei geistigbehinderten Erwachsenen. In: Walter, J.: Sexualität und geistige Behinderung. Heidelberg 1992.

Jacobi, Volker: Juristische Aspekte der Sexualität Geistigbehinderter. in: Walter, J.: Sexualität und geistige Behinderung. Heidelberg 1992.

Krebs, Heinz: Medizinische Aspekte zur Sexualität geistigbehinderter Menschen. Aufgaben – Möglichkeiten – Grenzen. In: Walter, J.: Sexualität und geistige Behinderung. Heidelberg 1992.

Niedecken, Dietmut: Namenlos. München 1989.

Rett, Andreas: Die Pubertät bei Geistig Behinderten. In: Lempp, R.: Adoleszenz. Bern 1981.

Steininger, Ch.: Sexueller Mißbrauch – Möglichkeiten und Grenzen der Diagnostik bei Kindern und Jugendlichen mit einer geistigen Behinderung. In: Geistige Behinderung 1/97.

Walter, J.: Pubertätsprobleme bei Jugendlichen mit geistiger Behinderung. In: Geistige Behinderung 1/1985.

Walter, J.: Grundrecht auf Sexualität? Einführende Überlegungen zum Thema »Sexualität und geistige Behinderung«. In: Walter, J.: Sexualität und geistige Behinderung. Heidelberg 1992.

Walter, J.: Partnerschaft, Sexualität und Ehen in Wohnstätten. In: Wohnen heißt zu Hause sein. Handbuch für die Praxis gemeindenahen Wohnens von Menschen mit geistiger Behinderung. Marburg 1995.

Von der Freizeitpädagogik zum Reisebüro für Menschen mit Behinderungen

Helmut Walther

Einmal so richtig Urlaub machen:
allein, wohin ich will, wie lange ich will –
ach, das könnte schön sein!
(aus: Kurt Wildner, Wohin in den großen Ferien?)

Der Titel ist zugegebenermaßen nicht ganz glücklich, denn hier werden Äpfel mit Birnen verglichen. Während Freizeitpädagogik ein Teilgebiet der Pädagogik – also ein Theoriegebilde – darstellt, ist Reisebüro eine Institution, in der man sich Dienstleistungen rund um das Reisen einkauft. Dennoch, der Titel drückt einen Wandel pointiert aus. Gegenübergestellt werden sollen zwei verschiedene Sichtweisen von ein und derselben Sache, nämlich dem Reisen. Während die eine Sichtweise die Sache aus dem Blickwinkel der pädagogischen Einrichtung (die sich dabei freizeitpädagogische Gedanken macht,) betrachtet, tut dies die andere aus der Perspektive eines Dienstleisters (der sein Produkt Reise verkaufen will und Rücksicht nehmen muß auf die Wünsche seiner Kunden).

Die folgenden Ausführungen sind unter dem Gesichtspunkt verfaßt, daß das Thema Reisen für Menschen mit geistiger Behinderung noch ein gutes Stück Entwicklung nötig hat, insbesondere, wenn man die Angebote des Reisemarkts für Menschen mit Behinderungen mit dem für Menschen ohne Behinderungen vergleicht. Der Blick über den Tellerrand des Ist-Zustands zur kommerziellen Reisebranche für nichtbehinderte Urlauber kann einige Anregungen geben.

Freizeitpädagogik als Freizeitförderung

Unter Behindertenpädagogen findet sich immer noch die verbreitete Neigung, freie Zeit von Menschen mit Behinderungen mit Maßnahmen und Zielen zu überfrachten. Udo Wilken schreibt: »Es sind also Urlaubsstrukturen wichtig, die es ermöglichen, neue, verschüttete oder brachliegende Verhaltensdimensionen zu entdecken«. Oder an anderer Stelle: »Urlaub, Ferien und Reisen zugleich auch als ein spezifisches Mittel zum Zweck interdependenter Regeneration, Rekreation und Rehabilitation erscheinen zu lassen« (WILKEN 1990, 106 f.). Und schließlich schenkt er der Leserschaft noch ein ganz besonders eindrückliches Wortspiel: »… ist … eine Balance zu suchen zwischen gesundheitsbezogener *animativer Rehabilitation* und erlebnisbezogener *rehabilitativer Animation*« (a. a. O., Hervorhebung H. W.).

Zwar verliert sich »der erhobene Zeigefinger« in der freizeitpädagogischen Literatur immer mehr (vgl. SCHWARTE, OBERSTE-UFER 1996, 177), doch wird unter Erwachsenenbildung für Menschen mit geistiger Behinderung immer noch Freizeitförderung verstanden (a. a. O., 181). Selbst in dem – ansonsten brauchbaren – Handbuch für Leiter und Mitarbeiter von Freizeiten des Evangelischen Jugendferienwerks Rheinland-Westfalen wird in Ausgabe 1990 noch kräftig mit Erziehungszielen hantiert. Dies ist zwar verständlich, denn Professionalität und Fachlichkeit in der Pädagogik definieren sich vom Anwenden bestimmter Methoden am Objekt Mensch auf bestimmte Ziele hin, hier eben Freizeit. Es bestehen ausgeprägte Vorstellungen über die richtige und beste Freizeitbetätigung, Angebote werden vom Pädagogen aus initiativ und direktiv verwirklicht.

Mit der Freizeit, speziell von Menschen mit geistigen Behinderungen, so umzugehen, wird durch den Umstand verstärkt, daß insbesondere sie oft unerfahren wirken bei der Gestaltung ihrer freien Zeit und wenig von der Initiative und Spontanität erkennen lassen, wie man gemeinhin unterstellt, daß nichtbehinderte Menschen sie hätten. Dahinter verbirgt sich eine defizitorientierte Sichtweise, auf die mit Förderung geantwortet wird: Freizeitpädagogik wird zur Freizeitförderung. Zur Freizeitgestaltung will man *befähigen*. Folgende Aspekte sind typisch für diese Sichtweise:

- Freizeittätigkeiten werden unter *Rehabilitations*aspekten gesehen;
- Freizeittätigkeiten sollen *sinnvoll* sein, Fernsehen beispielsweise wird in der Regel nicht als sinnvolle Freizeitbeschäftigung angesehen;
- *Aktivität* soll gefördert werden, Faulsein und Rumhängen gilt nicht;
- Es sollen *soziale Regeln* des Zusammenlebens gelernt und geübt werden;
- Freizeit ist Ausgleich zur Arbeit und soll mit *kompensatorischen Tätigkeiten* ausgefüllt sein;
- Freizeit ist *Lernfeld für Selbstbeschäftigung* und Eigentätigkeit, und hierzu soll dort auch angeregt werden;
- Freizeit soll genutzt werden für kreatives Tun, Erhaltung und Weiterentwicklung von Fähigkeiten und Fertigkeiten, also *Bildung* im weitesten Sinne;
- Weil sich die Lebensfelder Wohnen und Arbeiten damit schwertun, soll besonders in der Freizeit *Integration* verstärkt verwirklicht werden.

Strukturelle Aspekte von Ferienfreizeiten

Das Reisen von Menschen mit geistiger Behinderung findet derzeit in der Hauptsache in der Form von Ferienfreizeiten statt – wenn es denn überhaupt stattfindet. Für eine Ferienfreizeit sind folgende Aspekte typisch:

- Ferienfreizeiten für Menschen mit geistiger Behinderung werden in der Regel veranstaltet von Wohnheimen und Werkstätten. Mitarbeiter dieser Einrichtungen führen die Freizeiten selbst durch. Darüber hinaus gibt es mehr oder weniger lose Zusammenschlüsse von Eltern und Ehrenamtlichen, die sich auf diesem Feld engagieren. Ohne dieses Engagement abwerten zu wollen, bleibt insgesamt doch das Bild der Ferienfreizeit als eines *Anhängsels* der eigentlichen Aufgaben von Wohnheim und WfB.

- Finanzierungsprobleme, Personalbindung (an Wohnheim- und Werkstattaufgaben) und manchmal auch die Geringschätzung der Wichtigkeit von Freizeit und Urlaub, im Vergleich zum Wohnen und Arbeiten, bedingen eine *Seltenheit* und einen Status der »besonderen Ausnahme«. Eine anregende Auswahl an Reisemöglichkeiten und Reiseterminen ist selten.
- Standard-Sozialform einer Ferienfreizeit ist ebenfalls die *Gruppe*. Reisen für Menschen mit geistigen Behinderungen ist in aller Regel nur in einer solchen – meist großen – möglich. Die Gruppenzusammenstellung folgt pragmatischen Kriterien: Gruppenmitglieder sind aus der eigenen Einrichtung, womöglich der gleichen Wohnheim- oder Werkstattgruppe rekrutiert. Interessengleichheit und andere Reisemotive können selten berücksichtigt werden. Reisen in der Gruppe bedeutet meist auch, während eines Ferienaufenthalts nur an Gruppenaktivitäten teilnehmen zu können. Auch die Unterkunft und damit die Reiseziele werden durch das Gruppenarrangement geprägt: Feriendörfer und Gruppenhäuser. Eine Wahlmöglichkeit zwischen Einzel-, Doppel- und Mehrbettzimmern ist selten. Die Zimmereinteilung wird häufig von den Betreuern vorbestimmt.
- Die *Teilnahme an einer Ferienfreizeit* ist für Menschen mit Behinderungen in besonderem Maße von Bedingungen abhängig, die sie selbst kaum beeinflussen können. Viele Einrichtungen bieten Ferienfreizeiten oft nur in einem zweijährigen Turnus an, in dem auch Zuschüsse vom Sozialhilfeträger abrufbar sind. Eltern, Angehörige und Betreuer entscheiden schon im Vorfeld, ob und welche Freizeit für den Reisenden geeignet sei.

Erwartungen und Bedürfnisse an Freizeit und Urlaub

Die Einstellungen und Erwartungen an Freizeit und Urlaub haben sich in den letzten Jahrzehnten rapide gewandelt. Während man Freizeit noch in den 50er Jahren vor dem Hintergrund der traditionellen Berufsethik von der Arbeit her definierte – nämlich als Erholungspause von der geleisteten Arbeit (OPASCHOWSKI 1996, 138) –, dürfte heute die Arbeit in ihrer Bedeutung für die Person von der Freizeit überholt worden sein. Opaschowski schreibt: »Arbeit ist für viele ein notwendiges Übel. Freizeit hingegen ist mehr durch Anregungsreichtum, Geselligkeit und persönliches Vergnügen gekennzeichnet. Die Erlebnisweise der Freizeit weist viele Übereinstimmungen mit der *Wunschvorstellung vom idealen Leben* (Hervorhebung H. W.) auf. Den Berufstätigen ist bewußt, daß die Freizeit das halbe Leben ist, ja, daß das eigentliche Leben erst nach der Arbeit beginnt. Die Distanzierung von Arbeit nimmt im gleichen Maße zu, wie die Identifizierung mit der Freizeit wächst (a. a. O., 138 f.)«. Insbesondere der jüngeren Generation ist »Leben, die Findung und Aneignung eines eigenen Lebensstils neben und außerhalb von notwendiger Erwerbsarbeit« (a. a. O., 140) wichtiger.

Dem Bereich Freizeit für Menschen mit geistiger Behinderung wird erst seit den 70er Jahren als Raum für Begegnung und kulturelle Teilhabe Aufmerksamkeit entgegengebracht (vgl. SCHWARTE, OBERSTE-UFER 1996, 178). Es entstanden Clubs, Treffs und Vereine. Mit der Nutzung dieser neuen Freizeittreffs »wurde deutlich, daß Erwachsene mit geistiger Behinderung grundsätzlich keine anderen Freizeitinteressen haben als Nichtbehinderte.« (a. a. O.).

Insofern die Ausgestaltung der arbeitsfreien Zeit eine derart zentrale Bedingung für die Lebensqualität einnimmt, müssen diese *Freizeitbedürfnisse* für Professionelle von Interesse sein. Eine Klassifizierung und Darstellung von Freizeitbedürfnissen hat Opaschowski (1996, erstmals 1976) vorgelegt. Aufgrund seiner empirischen Studien erkennt er acht Freizeitbedürfnisse, die heu-

Freizeitbedürfnisse

- **Erholung, Gesundheit und Wohlbefinden** (Rekreation): Kräfte sammeln (Auftanken), gesundheitsbetonte Erholung, Intensivierung des Körpergefühls, sexuelle Bedürfnisse, Entspannung, Ausruhen und Schlafen, … .
- **Ausgleich, Zerstreuung und Vergnügen** (Kompensation): Ausgleich von Mängeln; Abschalten von Belastungen: Nichtstun, Faulenzen, Gammeln; Entlastung von Anordnungen, Regeln, Vorschriften …; Wunsch nach Zwanglosigkeit, Unbeschwertheit, Sorglosigkeit, Freizügigkeit; Bedürfnis nach Abwechslung (»Tapetenwechsel«), Zerstreuung, Spaß, Vergügen; bewußter Lebensgenuß, … .
- **Kennenlernen, Lernanregung und Weiterlernen** (Bildung, Edukation): Neues kennenlernen und erleben wollen; Probehandeln; Auf sich selbst gestellt sein, Sich bewähren können, Ich-Stärke entwickeln, Persönlichkeitsveränderung, … .
- **Ruhe, Muße und Selbstbesinnung** (Kontemplation): Zeit für sich haben, Sich auf sich selbst besinnen, Selbstreflexion; Sich selbst kennen und verstehen lernen, Selbstwertgefühl; Abstand von sich selbst gewinnen; Selbstbefreiung von Streß und Belastung; eigene Individualität erleben; Identität, … .
- **Mitteilung, Kontakt und Geselligkeit** (Kommunikation): Sich mitteilen, Gespräch, Unterhaltung; Nicht allein sein wollen; Vielfältige soziale Beziehungen; Erlebnisintensivierung durch Zusammensein, Geselligkeit; Liebe, Zärtlichkeit, Erotik, … .
- **Zuammensein, Gemeinschaftsbezug und Gruppenbildung** (Integration): Suche nach sozialer Geborgenheit; Familienbezug; Gemeinschaftsbewußtsein, … .
- **Beteiligung, Engagement und soziale Selbstdarstellung** (Partizipation): Teilhabe und Mitwirkung am Geschehen; Gemeinsame Vorhaben durchführen; Mitsprache und Mitbestimmung, … .
- **Kreative Entfaltung, produktive Betätigung und Teilnahme am kulturellen Leben** (Enkulturation): Freie Entfaltung persönlicher Fähigkeiten; Durchsetzung eigener Ideen; eigenschöpferische Betätigung; eigenmotiviertes und selbstbestimmtes Leistungserlebnis; kulturelle Aktivität und Teilhabe, … .

(vgl. Opaschowski 1996, 90 ff. Auswahl der Aufzählungen zu den einzelnen Kategorien von H. W.)

Abb. 1: Eine Auswahl von Freizeitbedürfnissen

te beim einzelnen in einer je eigenen Gewichtung und Akzentuierung erkennbar seien (siehe Abb. 1).

Vor diesem Hintergrund wird auch der Boom der »Freizeitindustrie« verstehbar, die sich sowohl mit immer neuen als auch (auf ein verändertes Erlebnis hin) erneuerten Produkten (Mountainbike, Inlineskaters) Märkte eröffnet. Gleiches gilt für den Dienstleistungssektor. Obwohl beispielsweise traditionelle Turnvereine über Mitgliederschwund klagen, erfreuen sich Fitneßstudios einer steigenden Nachfrage. Zwar bieten sowohl Verein als auch Studio Sport an, jedoch scheint das Angebot des Fitneßstudios bestimmten Bedürfnissen besser zu entsprechen.

Eine beliebte Freizeittätigkeit im Meer der Möglichkeiten ist *das Reisen*. Das Reisen, insbesondere die Urlaubsreise, ist, wie Essen und Kleidung, zu einem Grundbedürfnis geworden (*Opaschowski* 1993, 149). Als »populärste Form von Glück« oder »Die schönsten Wochen des Jahres« betitelt, gehört die Urlaubsreise zum Leben wie das Arbeiten (a. a. O.). Zwar gerät die Urlaubsreise zunehmend in den Sog der »Erlebniswelt Freizeit« und bekommt »ernsthafte Konkurrenz vom Freizeitalltag, der immer erlebnisreicher wird« (a. a. O., 150). Jedoch ist andererseits eine »Zunahme der Formen zu beobachten« (DGF 1996, 54). Insbesondere zeigt sich ein Trend zu Kurzurlaubsreisen. Während der längere Urlaub eher der Erholung dient, steht beim Kurzurlaub das Erlebnis im Vordergrund (a. a. O., 53).

Worauf es bei der Haupturlaubsreise ankommt

❍ **Entspannung, Erholung, Besinnung, Gesundheit**: Abschalten, ausspannen, Kraft sammeln, Zeit haben, sich verwöhnen lassen, genießen, nichts tun, ruhen, braun werden

❍ **Abwechslung, Erlebnis, Geselligkeit**: »Tapetenwechsel«, raus aus dem Alltag, gu essen, Geselligkeit, viel erleben, sich vergnügen, sich amüsieren, Bekanntschaften Freunde wiedertreffen, Flirt.

❍ **Eindrücke, Entdeckung, Bildung**: Neue Eindrücke gewinnen, etwas anderes kennenlernen, viel herumfahren, unterwegs sein, Horizont erweitern, etwas für Kultu und Bildung tun, Erinnerungen an einen Ort auffrischen, etwas Außergewöhnlichem begegnen.

❍ **Selbständigkeit, Besinnung, Hobbys**: Tun können, was man will; frei sein, sic Interessen widmen, Zeit zum Nachdenken haben, Hobbys, Liebhabereien.

❍ **Natur erleben, Umweltbewußtsein, Wetter**: Landschaften erleben, reinere Luft sauberes Wasser, in die Sonne und Wärme kommen, schlechtem Wetter entfliehen

❍ **Bewegung, Sport**: Sich Bewegung verschaffen, leichte sportliche Aktivitäten, aktiv sein, trimmen.

(Roth/Schrand 1995, 81. Die Aufzählung beruht auf einer Reiseanalyse des »Studienkreis für Tourismus« über Urlaubsreisen im Jahr 1990. Auswahl H. W.)

Abb. 2: Eine Analyse von Urlaubsreisen: Reisemotive und Urlaubserwartungen

Weil Reisen zu den Freizeittätigkeiten zählt, dürfte die Befriedigung der erwähnten Freizeitbedürfnisse (siehe Abb. 1) großenteils auch vom Reisen erwartet werden. Spezielle Motive für das Reisen weist eine Erhebung des Studienkreises für Tourismus aus dem Jahr 1991 aus (siehe Abb. 2).

Weil davon auszugehen ist, daß bei den erwähnten Erhebungen hauptsächlich Menschen ohne Behinderungen befragt wurden, ist eine Übertragung der Freizeit- oder Reisebedürfnisse auf *Menschen mit Behinderungen* nach empirischen Kriterien nicht ohne weiteres möglich. Gleichwohl darf aber angenommen werden, daß sich diese hiervon nicht grundlegend unterscheiden (siehe hierzu auch SCHWARTE, OBERSTE-UFER 1996, 178). Insbesondere unter Kriterien von Normalisierung und Gleichstellung dürfte es angebracht sein, vom Vorhandensein einer derartigen Bedürfnisvielfalt auszugehen (zu speziellen Freizeitbedürfnissen von Menschen mit geistiger Behinderung, siehe Seite 236 f.).

Eine besondere Bedeutung kommt der *Anerkennung einer derartigen Bedürfnisvielfalt* vor dem Hintergrund des Selbstbestimmungsgedankens zu. Während die traditionelle freizeitpädagogische Herangehensweise ihre pädagogischen Ziele überträgt und Reise und Urlaub hierfür instrumentalisiert, würde sich eine Dienstleistung »Reisen und Urlaub für Menschen mit einer geistigen Behinderung« für die vielfältigen Bedürfnisse rund um das Reisen interessieren und eine angemessene Palette an Reise- und Urlaubsangeboten bereitstellen müssen.

Aspekte der Arbeit eines Reisebüros

Im folgenden habe ich einige Aspekte des kommerziellen Reisebüro-Marketings herausgegriffen, verbunden mit der Hoffnung, damit der Dienstleistung »Reisen für Menschen mit Behinderungen« I mpulse geben zu können. Diese könnten insbesondere darin bestehen, die Dienstleistung Reise in diesem Bereich aus ihrem eher kümmerlich anmutenden Ferienfreizeit-Charakter herauszulösen und eine Differenzierung in vielfältigere Reiseformen anzuregen. Da die Reisenden dann als normale Kunden anzusehen wären (und nicht als »pädagogisch« zu betreuende Behinderte), mit konkreten Reisewünschen und Leistungsansprüchen, sollten Reiseanbieter dazukommen können, ihre Produkte und Leistungen zielgruppengerechter zu planen, darzustellen und abzuwickeln. Für den Reisenden selbst – und aus dem Wertehorizont des Selbstbestimmungsgedankens heraus – ist es ein Unterschied, ob er auf eine Freizeit geschickt wird, von der er nur weiß, daß sie in einem Feriendorf im Schwäbischen stattfindet, oder ob er zwischen einer Städtereise mit Konzertbesuchen und Stadtbesichtigungen, einem Urlaub am Meer zum Faulenzen und Baden oder einer Fitneß-Reise mit täglichen Sportangeboten auswählen kann.

Kundenorientierung

Wer Reisen verkaufen will, muß – wie in den meisten Branchen – *auf potentielle Kunden aktiv zugehen und mit ihnen kommunizieren.* Dabei muß der

Kunde erfahren können, daß er mit dem Kauf der Reise seine Wünsche erfüllen kann und verschiedene Vorteile davon hat. Diese Vorgehensweise ruft oftmals natürlich erst die Wünsche hervor. Zwar kann man daran Kritik üben, doch es muß auch gesehen werden, daß viele Kunden unentschlossen sind oder nur den diffusen Wunsch haben, wieder einmal »raus« zu müssen. Die bunte Vielfalt der Angebote überfordert und verlangt nach Hilfestellung bei der Auswahl. Diese Kunden wollen informiert und animiert werden. Für sie gehört es zum Service des Reisebüros, daß ihr Problem der Unentschlossenheit gelöst und ihre Reiselust geweckt und gelenkt wird.

Ein Reisebüro verkauft zwar Reisen, in erster Linie aber befriedigt es Bedürfnisse. Daher ist eine ausführliche *Kenntnis der vielfältigen Kundenwünsche* wesentliches Merkmal jeder Kundenorientierung (vgl. ROTH, SCHRAND 1995, 353). Die Wünsche kann man aus verschiedenen Quellen in Erfahrung bringen: aus der Kommunikation mit dem Kunden (schriftliche, mündliche, telefonische Befragung), aus der Beobachtung der Konkurrenzanbieter, aus Buchungsstatistiken (Was wird nachgefragt?), aus Beschwerden, aus Selbsttests (Das eigene Angebot selbst ausprobieren), usw. (a. a. O., 314 f.).

Darüber hinaus läßt sich Kundenorientierung im Reisebüro als zeitliche Abfolge in *fünf Phasen* gliedern:

1. *Kundennähe*: Erfüllung von Informations- und Reisewünschen durch emphatische und individuelle Angebots-, Service- und Beratungsleistungen.

2. *Kundenpflege*: Kontinuierliche Kommunikation, auch nach der Reise.

3. *Kundenzufriedenheit*: Als zentrales Ziel der Kundenorientierung und weitgehend resultierend aus Kundennähe und Kundenpflege.

4. *Kundenbindung*: Einer hohen Kundenzufriedenheit folgt in der Regel eine hohe Kundenbindung.

5. *Kundenweiterempfehlung*: Nur zufriedene Kunden empfehlen den Anbieter weiter über Mund-zu-Mund-Propaganda, oder Wiederholungskunden werben Erstkunden (vgl. ROTH, SCHRAND 1995, 354).

Wer die Kundenkommunikation zur Zufriedenheit gestaltet, kann beispielsweise auch eine Akzeptanz für höhere Preise erreichen (»Lieber zahle ich ein bißchen mehr, werde dafür aber gut beraten und weiß genau, was ich für mein Geld bekomme.«). Eine gute Kundenkommunikation muß darüber hinaus *aktives Beschwerdemanagment* (DEHR, BIERMANN 1996, 161 ff.) betreiben. Denn nur maximal 10 bis 17 % der unzufriedenen Kunden äußern ihren Unmut (a. a. O., 162) auch. Die anderen kommen einfach nicht wieder oder wandern zur Konkurrenz ab. Ein unzufriedener Kunde hält andere potentielle Kunden ab. Aktives Beschwerdemanagement bedeutet Aktivität statt Abwehr, Ursachenanalyse statt Schuldzuweisungen sowie großzügige Wiedergutmachung (a. a. O., 161 f.).

Produktpalette

Die Dienstleistungen der Reisebüros lassen sich in drei große Produkt- und Leistungsbereiche einteilen. Das Kernstück ist die Vermittlung, aber auch die Eigenveranstaltung von Reisen. Dabei ist Reise nicht gleich Reise. Eine Wochenendfahrt nach München beispielsweise kann eine Städtereise, eine Studienfahrt oder ein Kulturtrip sein. Das Produkt »Wochenende in München«

Vermittlung und Eigenveranstaltung von Reisen

❍ *Nach Sozialform*: Einzel-, Gruppenreisen, … .
❍ *Nach Zielgruppe*: Luxus/Exklusiv-, Sport-, Kurz-, Club-, Single-, Jugend-, Senioren-, Behinderten-, Frauen-, Homosexuellen-, Fitness-, Abenteuer-, Sprach-, Geschäfts-, Vereins-, Kreativ-, Aktiv-, Bildungs-, Studienreisen, … .
❍ *Nach Ereignis*: – Kulturevent: Festspiel-, Musical-, Konzert-, Ausstellungs-, … .
– Sportevent: Olympische Spiele, Welt-, Europa-, Deutsche Meisterschaften, … .
– Businessevent: Seminar, Tagung, Kongreß, Messe, Produktpräsentation, … .
❍ *Nach Gegenstand*: Länder, Regionen, Landschaften, Städte, historische Stadtkerne, Museen, Ethnien, Denkmäler, Bauten, … .

Service

❍ *Beratung*: Termin-, Haus-, Sonntags-, … .
❍ *Information*: Infomaterial, Video, Bilder, … .
❍ *Vorteilsservice*: Kundenkarte, Reiseclub, Reise-Pakete, … .
❍ *Vermittlungsservice*: Reisepartner, Housekeeper, … .
❍ *Schreibservice*: Weiterleitung von Informations-/Sonderwünschen an Leistungsträger, … .
❍ *Zahlungsservice*: Akzeptanz von Kreditkarten, E-Cash, »Urlaub auf Kredit«, »Erst Reisen - dann bezahlen«, … .
❍ *Geschenkservice*: Reisegutscheine mit Reisevorschlägen, … .
❍ *Reklamations- und Schadenservice*: Weiterleitung von Reklamationen an Leistungsträger, Weiterleitung von Schadensfällen an Versicherer, … .
❍ *Service nach der Reise*: Befragung zur Reisezufriedenheit, … .
❍ *Kontaktservice*: Wiedersehenstreffen, Foto-/Videoabend, … .

Komplementärangebote

❍ *Versicherungen*: Rücktrittskosten-, Reisegepäck-, Reisekranken-, Reiseunfall-, Reisehaftpflicht-, sonstige Versicherungspakete.
❍ *Reservierungen*: Hotelzimmer, Mietwagen (Mietwagenschecks), »Drive & Fly«, »Rail & Road«, Schiffahrten, … .
❍ *Vorverkauf von Eintrittskarten*: Festspiele, Musicals, Konzerte, Theater, Sportereignisse, Messen, … .
❍ *Verkauf von Reiseartikeln*: Reisegepäck, Strandartikel, »Medical Set«, Reisespiele, … .
❍ *Verkauf von Reiseliteratur*: Reiseführer, Karten, Sprachführer, Zeitschriften, Videos, … .

(vgl. Roth/Schrand 1995, 337, 355, 359. Auswahl und Zusammenstellung H. W.)

Abb. 3: Produkte und Dienstleistungen von Reisebüros

kann in verschiedenen Varianten interessant gemacht und vermarktet werden. Neben der Vermittlung von Reisen bieten Reisebüros aber noch Service und Komplementärangebote (ROTH, SCHRAND 1995, 358 ff.). Eine beispielhafte Übersicht über Reisebüro-Produkte zeigt die, sicher unvollständige, Darstellung in Abbildung drei.

Ein Reisebüro für Menschen mit Behinderungen?

»Nur etwa 15 bis 20 Prozent aller deutschen Reisebüros verfügen über einige wenige Informationen über Reisemöglichkeiten für Behinderte.« (ESCALES 1995, 15). Wolters-Reisen, Hetzel, DER und TUI bieten (nach dem Stand von 1995) als einzige konventionelle Reiseveranstalter Listen von rollstuhlgerechten Hotels und Ferienhäusern (a. a. O, 15 f.). Grabowski-Tours, Zellmer-Reisen und Holtappels-Reisen sind Spezialreiseveranstalter mit der größten Angebotsvielfalt für behinderte Menschen, »wobei die Spezialisierung ... vor allem bei Reisen für Körperbehinderte und Rollstuhlfahrer liegt« (a. a. O., 16 f.). Bei Zellmer findet sich im Katalog 1997 zwar eine Kategorie »Geistige Behinderung«, jedoch bleibt letztlich nur *eine* Gruppenreise buchbar, bei der volle Begleitung gewährleistet ist. Bei den anderen Angeboten weist die Kategorie eher daraufhin, daß Menschen mit geistiger Behinderung »willkommen« sind.

Der Reisemarkt für Behinderte ist im wesentlichen also ein Markt mit Angeboten zur Überwindung von Hindernissen (in Verkehrsmitteln und Unterküften): Rampen, Aufzüge, Hebebühnen und niedrigere Einstiege. Zwar ist es ein zu begrüßender Fortschritt, wenn immer mehr Verkehrsmittel und Unterkünfte auch von Rollstuhlfahrern und Gehbehinderten benutzt werden können, das Reisen für Menschen mit einer geistigen Behinderung erfordert aber viel umfassendere Dienstleistungen, insbesondere in der Begleitung. Für den Markt »Reisen für geistig Behinderte« findet Escales lediglich einen überregional anbietenden Veranstalter, den Landesverband der Lebenshilfe Nordrhein-Westfalen, jedoch keinen einzigen kommerziellen Anbieter (a. a. O., 17). Woran liegt das? Mit welchen Problemen sehen sich die kommerziellen Anbieter beim Reisen für behinderte Menschen konfrontiert?

- In der Planungsphase müssen umfangreichere Informationen über Unterkunft, Transfer und Hilfsmittelbedarf eingeholt werden. Eine individuelle Behandlung wird als notwendig erachtet. Insgesamt sind die dafür erforderlichen Abwicklungskosten deutlich höher als bei anderen Angeboten und werden von den üblichen Provisionen nicht gedeckt.
- Das Abschätzen von potentiellen Problemen beim Transfer und am Urlaubsort sowie deren vorausschauende Verhinderung ist schwieriger als beim durchschnittlich aufgeklärten und reiseerfahrenen Bürger.
- Akzeptanzprobleme tauchen auf bei Unterkunftsanbietern und nichtbehinderten Kunden gleichermaßen. Reklamationen und Umsatzeinbußen werden erwartet. Auf spezielle Kennzeichnungen wird meist verzichtet, weil sich dies negativ auf nichtbehinderte Kunden auswirkt.

Wohin in den großen Ferien? Ein schöner Traum ...

Ich bin behindert, aber ich verstehe Euch sehr gut. Ich meine, was Ihr sagt, versteh ich. Mein Paps hat einen Witz gemacht. »Wenn wir in Urlaub fahren«, sagte er, »wo stellen wir dann Opa ab?« Mein großer Bruder sagte: »Es muß aber kostengünstig sein!«. Ich konnte nicht darüber lachen. Ich fragte mich nur im stillen: Wohin mit mir? Denn ich bin ja behindert.

Den Dreck in der Werkstatt bin ich leid und auch die Gesichter, die ich da jeden Tag sehe. Die doofe Arbeit wird schlecht bezahlt. Immerhin habe ich eine Woche Zusatzurlaub, weil ich ja schwerbehindert bin. Hundert Prozent. Ich möchte mal so richtig Urlaub machen, wie jeder sonst. Aber wie?

Da tät' ich mich schick anziehen. Auf der Kasse habe ich Geld, das holte ich mir, bevor es mir genommen wird: Weil ich leider kein Auto habe und nicht fahren kann, würde ich mich gern in den Zug setzen. Oder in ein Flugzeug. Mein Ziel wäre irgend ein schönes. Mit Sonne. Mit Meer. Mit Fröhlichkeit an einem Strand und in Bistros und Discos. Ja, das könnte schön sein. Das wär' doch normal; echt ein schöner Urlaub ganz allein für mich. Ohne Eltern. Ohne Arbeitskollegen. Ohne Gruppenleiter. Die Inge, die könnte mitkommen. Das wäre vielleicht schön.

Mir scheint, ich träume. So geht das doch nicht. Es hindert mich eine ganze Menge daran, allein oder sogar mit Inge in Urlaub zu fahren. Also muß ich mich nach der Werkstatt richten, nach dem Wohnheim und nach den Eltern. Wie geht das?

Das ist sehr kompliziert. Daß meine Werkstattgruppe wieder in die Berge fährt, wo wir immer hinfahren, das haben sie schon Ende letzten Jahres beschlossen. Das mußten sie ganz genau so einteilen, wie die Kollegen Gruppenleiter selber konnten oder mit ihren Familien Urlaub machen wollten. Da muß man viel Rücksicht nehmen. Klar. Und wenn die Werkstatt schließt? Im Wohnheim ist es genauso und noch schwerer, weil noch weniger Leute da sind. Während die Werkstatt zumacht, hat das Wohnheim Hochbetrieb. Das Personal ist knapp, immer wieder muß man Überstunden durch Freizeit ausgleichen, nie kann man Urlaub in einem Jahr ganz nehmen, muß ihn im nächsten Jahr nachholen. Aber im September fahren wir an die Küste. Das steht fest! Wir müssen ja auch unseren Urlaub von der Werkstatt abfeiern, damit kein Rest bleibt. Und mein Zusatzurlaub, eine Woche? Das geht nicht mit der Werkstatt und mit dem Wohnheim auch nicht. Ob ich da was mit den Eltern machen muß? Daheim bleiben? Eigentlich finde ich das keinen richtigen Urlaub, höchstens den Eltern zuliebe. Na ja. Aber vielleicht verreisen sie ja mit mir? Freilich, bezahlt krieg ich den Zusatzurlaub nicht, bin ja kein richtiger Arbeitnehmer, arbeite nur so für Billiglohn. Aber mit Sozialbeitrag! Wohin mit mir?

Einmal so richtig Urlaub machen: allein, wohin ich will, wie lange ich will – ach, das könnte schön sein!

Aus dem Blickwinkel eines behinderten Menschen schrieb Kurt Wildner – Vater eines behinderten Sohnes – diese Gedanken zu den Urlaubswünschen und Urlaubsmöglichkeiten für Behinderte. Zuerst veröffentlicht in der Lebenshilfe-Zeitung, Nr. 4 vom August 1990, Seite 5.

- Es besteht ein besonderes Mißverhältnis zwischen der zu erbringenden Leistung und dem von der Zielgruppe akzeptierbaren Preis.
- Die für ein Alleinreisen von Menschen mit geistigen Behinderungen nötigen Begleitungs- und Assistenzdienste sind bisher unüblich, werden nicht nachgefragt und sind daher nicht im Angebot. Wenn sie angeboten würden, müßten sie mit erheblichen Preisaufschlägen erkauft werden. Darüber hinaus entsteht ein Vertrauensproblem in puncto unbekannte Begleitperson, und zwar seitens des Reisenden selbst, aber auch seitens der Eltern oder des Wohnheimpersonals.
- Es wird die Gefahr von Minderungs- und Schadensersatzklagen durch nichtbehinderte Miturlauber gesehen, was ja auch durch Gerichte bestätigt wurde (Flensburger Urteil, Frankfurter Urteil).

Angesichts dieser Schwierigkeiten erscheint es geradezu utopisch und unmöglich, Reisen für Menschen mit geistiger Behinderung im kommerziellen Reisebürobereich etablieren zu können. Vielleicht noch denkbar wären überregional tätige Spezialanbieter, wobei aber das besondere Mißverhältnis zwischen zu erbringender Leistung und dem für den Kunden noch akzeptablen Preis sicher das größte Hindernis darstellte. Könnte man am Reisen für Behinderte gutes Geld verdienen, hätte sich mein Bericht in diesem Buch vielleicht schon erübrigt.

Reisen für geistig behinderte Menschen wird also zwangsläufig immer noch *im nichtkommerziellen Bereich* – also bei den Einrichtungen der Wohlfahrtsverbände – angesiedelt werden müssen. Als ungünstig dürfte sich dabei jedoch die Anbindung an die (teil-)stationären Einrichtungen erweisen, insofern dort »Reisen und Urlaub« meist ein Schattendasein neben der eigentlichen Hauptaufgabe führen. Ein vielfältiges Reiseangebot wird durch Strukturen begünstigt, deren Hauptaufgabe eben das Reisen ist. Eine *Angliederung an die »Offenen Hilfen«-Dienste* und Freizeitclubs scheint dabei bis heute am passendsten zu sein.

Die wesentlichen Impulse aber, die das professionelle Reisebüro-Marketing dem Reisen für Menschen mit geistiger Behinderung geben kann, sind ein *verändertes Verständnis* von Freizeit und Reisen, eine *bessere Kundenorientierung* und ein *deutlich breiteres und interessanteres Angebot* an Reise-, Service- und Komplementärprodukten.

- *Verständnis von Freizeit:* Ein Fortschritt kann in der Hinwendung zu einem eher unternehmerischen Denken (Was will der Kunde? Wie kann ich seine Wünsche erfüllen?) gesehen werden, also weg von der pädagogischen Überfrachtung von Freizeit und weg vom Fördergedanken (SCHWARTE, OBERSTE-UFER 1997, 179). Diesen Wandel spricht auch Horst Opaschowski im Grunde an, wenn er für eine moderne Freizeitpädagogik fordert, daß neben die traditionelle Angebotsdidaktik eine neue *Nachfragedidaktik* tritt (OPASCHOWSKI 1996, 202). Hilfreich hierbei ist, Behinderung nicht als Personmerkmal, sondern als Dienstleistungsbedarf anzusehen.

- *Kundenorientierung:* Anbieter von »Reisen für geistig behinderte Menschen« müssen mit zwei Kunden kommunizieren, mit dem Reisekunden selbst und mit dessen regelmäßigen Begleitern (Eltern, Angehörige, Wohnheimbetreuer, gesetzliche Betreuer, ...). Gegenüber dem Reisekunden muß man das Reiseangebot verständlich machen, das Auswählen muß eventuell begleitet werden. Kommunikationsmedien werden eher Gespräche, Videos oder auch Veranstaltungen (Dia-Abend, »Italienischer Abend«) sein. Printmedien sollten bildorientierte Darstellungen bevorzugen. Reiseverträge oder Buchungsbestätigungen könnten in angemessener Form abgeschlossen werden, um Reiseleistungen, Begleitungsstil und andere Kontrakte zu vereinbaren. Den Angehörigen und Betreuern gegenüber muß zusätzlich zu den Reiseinformationen die Qualität der Begleitung deutlich werden, um mögliche Ängste auszuräumen.
- *Produkte:* Eine Reise sollte unter verschiedenen Möglichkeiten auszuwählen sein und Angebote für Gruppen, aber auch für Einzelpersonen oder für Paare ermöglichen. Die Angebote sollten die verschiedenen Blöcke von Bedürfnissen abdecken, wie z. B. Erholung, Bildung, Geselligkeit, Sport, Hobby und Erlebnis, und es sollten für die existierenden Zielgruppen des Einzugsbereichs spezielle Angebote wählbar sein.

Anbieter müssen nicht alles selbst tun. Reisebüros veranstalten die Reisen in den wenigsten Fällen selbst. Für das Reisen von Menschen mit einer geistigen Behinderung wäre es schon eine Bereicherung ihrer Reisemöglichkeiten, wenn sich vielleicht mehrere Träger der Region zusammentun und ihre Freizeiten in einem gemeinsamen Programm bündeln würden, um auf diese Weise Auswahl und Vielseitigkeit vorzuhalten. Auch Angebote der konventionellen Reisebüros und Veranstalter können genutzt werden, und man brauchte selbst nur noch die Begleitung bereitzustellen. Transfer, Unterkunft, Verpflegung und Freizeitprogramm würden dann eingekauft.

Aus meiner Arbeit beim Club 82

Freizeit- und Reisebedürfnisse unserer Teilnehmer

Seit nunmehr 1982 bietet der »Club 82 – Freizeitclub mit behinderten Menschen e.V.« Reisen und Freizeiten für Menschen mit geistiger Behinderung an. Über die Jahre wurde deutlich, daß ein hoher Bedarf an Reisen besteht. Interessant ist die Beobachtung, daß die immer wieder teilnehmenden Reisenden mit der Zeit reisesouveräner werden, daß sich Reisewünsche entwickeln, differenzieren und verändern. Aus Gesprächen und Rückmeldungen von Reiseteilnehmern lassen sich folgende Erwartungen und Wünsche an das Reisen geistig behinderter Menschen erkennen:

- Menschen mit geistiger Behinderung wollen *die* Möglichkeiten haben, die auch *nichtbehinderten Menschen zugänglich* sind.
- Sie wollen *Auswahl*möglichkeiten haben zwischen verschiedenen Reisezielen, Reiseterminen und Reisearten.

- Sie wollen *frei sein von Kontrolle und Reglementierung*. Mit dem Reisen (das gilt auch für Freizeit überhaupt) verbinden sie insbesondere die Erfüllung des Wunsches nach Freiheit von Kontrolle und Reglementierung. Hierfür stehen Äußerungen wie: Ins Bett gehen können, wann man will; ausschlafen können; tun und lassen, was man will.
- Sie wollen *Dinge tun, die sie sonst nicht tun können*. Da der (Freizeit-)Alltag geistig behinderter Menschen längst nicht das Maß an Freizeitmöglichkeiten bietet, das nichtbehinderten Menschen offensteht, werden diese Erwartungen auf Reise und Urlaub verlagert. Hierfür stehen Äußerungen wie: Etwas erleben, mehr erleben als zuhause, ins Kaufhaus gehen, in einen Erlebnispark gehen, ein Grillfest machen, in die Disco/Kneipe gehen, Kassetten/CDs kaufen, mit seiner Freundin/seinem Freund zusammensein, zusammen ein eigenes Zimmer haben (Paare), Sex haben, eine Freundin/einen Freund finden, Ausflüge machen, Stadtbummel/Einkaufsbummel machen, auf Heimatabende gehen, ins Kino gehen, »einen drauf machen«, Spiele machen, mit Freunden zusammen sein.
- Weitere Wünsche sind: Andere Länder und Städte sehen, Spaß haben, gut essen, sich von der Werkstatt erholen, es sich gemütlich machen, sich erholen, schönes Wetter haben.

Insbesondere festzuhalten bleibt, daß Menschen mit geistiger Behinderung noch weitaus weniger hochgesteckte Erwartungen an Freizeit und Urlaub haben als nichtbehinderte Konsumenten. Was für nichtbehinderte Menschen an der Tagesordnung ist (eigene Wohnung, auch wochentags verschiedene Freizeitangebote nutzen), ist für geistig behinderte Menschen noch längst keine Alltäglichkeit. Daher muß die Bereitstellung eines Reiseangebots *überhaupt*, aber auch mit ausreichenden *Auswahlmöglichkeiten*, an erster Stelle stehen. Wichtig erscheint darüber hinaus, *Reisen für viele* zu ermöglichen, anstatt die ausgefallene, publikumswirksame Wüstensafari für einige wenige Auserwählte anzubieten.

Reiseangebote beim Club 82

- *Gruppenfreizeiten* als *Sommerurlaub*: Italien, Allgäu, Nordsee, Spanien, Eifel, Schwarzwald.
- *Gruppenfreizeiten* für *spezielle Zielgruppen*: Kinder, Senioren, Frauen/Männer, Menschen mit vergleichbarem Hilfebedarf.
- *Gruppenfreizeiten* in *Kooperation* mit anderen Trägern.
- *Gruppenfreizeiten mit besonderem Erlebnischarakter*: Bootfahren, Segeln, Hausbootfahrten, Klettern.
- *Kurzfreizeiten an Wochenenden.*
- *Tagestouren.*
- *Städtereisen.*
- Einmietung von Einzelpersonen/Paaren in *Pensionen*, ort- und zeitgleich mit Gruppenfreizeiten.
- Buchung konventioneller *Pauschalreisen* mit Bereitstellung von *Begleitung*.

Zusammenarbeit mit anderen Trägern

Um aus der Situation herauszukommen, daß Menschen, die zusammen arbeiten und womöglich zusammen wohnen, auch noch zusammen verreisen müssen, wurde die Idee der kooperativen Freizeiten geboren. Darunter verstehen wir Reisen, bei denen Reiseteilnehmer verschiedener Träger aus verschiedenen Regionen teilnehmen. Die Zusammenarbeit verfolgt das Ziel, den Reisenden *mehr Kontaktmöglichkeiten* anzubieten, also neue Gesichter sehen zu können. Kooperationen gehen wir derzeit in zwei Modellen ein:

- *Das Austauschmodell:* Verschiedene Träger von Ferienfreizeiten tauschen Teilgruppen aus und zwar im Rahmen von Freizeiten, die sie auch ohne diesen Austausch durchführen würden. Dies erfordert *keinen zusätzlichen Organisationsaufwand*, weil das Haus schon gebucht ist, Hin- und Rückfahrt geklärt sind und der persönliche Hilfebedarf der Reiseteilnehmer mit schon erfahrenen Begleitern abgedeckt wird. Ein Problem ist dabei der Reisetermin. Wenn im Vorfeld nicht gemeinsam geplant wird, bleibt es dem Zufall überlassen, ob die Termine zusammenpassen. Eine *gemeinsame Planung*, die mit sehr geringem Aufwand vonstatten gehen kann, wäre ein nächstes Ziel. Dies könnte eine »Planungszentrale« bei einem der Träger oder einem übergeordneten Verband oder ein »Planungstreff« im Rahmen bestehender Konferenzen sein. Eine lose, informelle Absprache zwischen befreundeten Trägern ist wenigstens ein Anfang.
- *Das Besuchsmodell:* Beim Besuchsmodell veranstaltet ein Träger eine Freizeit. Bei der Hausreservierung plant er von Anfang an Plätze für Mitreisende eines oder mehrerer anderer Träger ein.

Was sich einfach anhört, ist manchmal in der Praxis sehr kompliziert. Nach unseren Erfahrungen können Probleme auftreten, weil die sich gegenseitig unbekannten Betreuer und Begleiter der verschiedenen Träger manchmal sehr voneinander abweichende Vorstellungen über ihre Begleitungsarbeit haben. Streitpunkte können der Tagesablauf (Wecken, ins Bett schicken), Essen und Essenszeiten (Bio, warmes Essen mittags oder abends), Umgangsstil mit den Reiseteilnehmern (erzieherisch-motivierend-vorschreibend oder selbstbestimmt), pädagogische Vorstellungen, Auswahl der Angebote (Techno-Disco), der Tagesrhythmus sein. Es empfiehlt sich unbedingt, die verschiedenen Vorstellungen in der Planungsphase gut abzusprechen. Bewährte Kooperationen können sich zu funktionierenden dauerhaften Partnerschaften mausern.

Ferienfreizeit. Was haltet ihr davon, daß die Zimmereinteilung vom Freizeitleiter gemacht wird? **J.**: »Man soll sich raussuchen können, beim wem man schläft. Das ist meine Meinung. Wir sind erwachsen genug.« **N.**: »Das finde ich auch. Man soll absprechen, mit wem man ins Zimmer geht.« **Ch.**: »Die Betreuer, die mitgehen, will ich vorher kennenlernen. Das möchte ich schon.« *Würde es reichen, deren Namen zu nennen oder ein Foto zu verschicken?* »Nein. Ich will sie sehen.«

Aus den Interviews der Autoren mit behinderten Menschen zu der Frage: »Wie stellen wir uns unsere Begleiter vor?«

Literatur

Dehr, Gunter und Biermann, Thomas (1996): Kurswechsel Richtung Kunde. Frankfurt.

DGF, Deutsche Gesellschaft für Freizeit (1996): Freizeit in Deutschland. Erkrath.

Escales, Yvo (1995): Reisen für Behinderte. Bonn.

Ev. Jugendferienwerk Rheinland-Westfalen (Hrsg.) (1990): Handbuch für Leiter und Mitarbeiter von Freizeiten. Düsseldorf.

Opaschowski, Horst (1993): Freizeitökonomie. Marketing von Erlebniswelten. Opladen.

Opaschowski, Horst (1996): Pädagogik der freien Lebenszeit. Opladen.

Roth, Peter und Schrand, Axel (Hrsg.) (1995): Touristik-Marketing. München.

Schwarte, Norbert und Oberste-Ufer, Ralf (1996): LEWO. Lebensqualität in Wohnstätten für erwachsene Menschen mit geistiger Behinderung. Ein Instrument zur Qualitätsentwicklung. (unveröffentlichter Entwurf, als Buch im Lebenshilfe-Verlag Marburg, Juli 1997 erschienen).

Wilken, Udo (1990): Touristik und Feriengestaltung mit geistig behinderten Menschen. In: Zielniok, W. und Schmidt-Thimme, D. (1990): Gestaltete Freizeit für Menschen mit geistiger Behinderung. Heidelberg

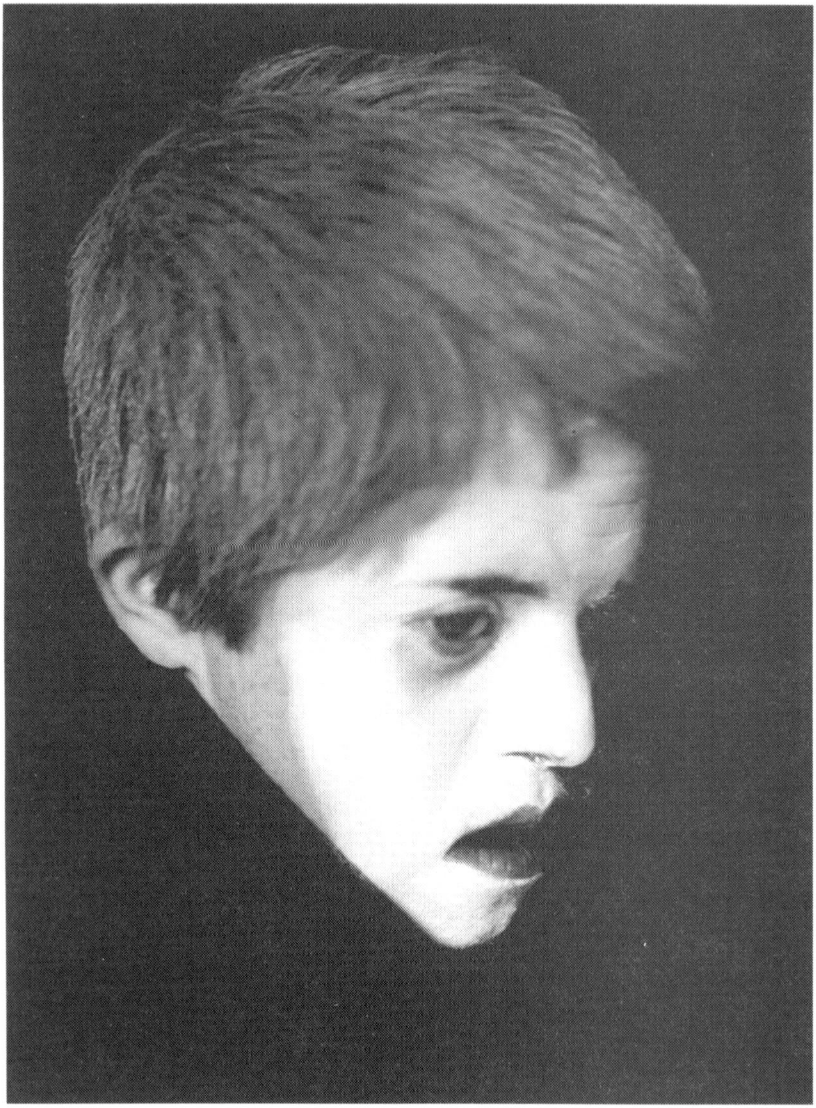

»Spiel dich frei !« – Empowerment durch Theaterarbeit

Rudi Sack

Warum ein Kapitel über Theaterarbeit in diesem Buch zum Thema Selbstbestimmung ? Nun, die Frage ist nicht ganz einfach zu beantworten. Zum einen sicherlich, um exemplarisch aufzuzeigen, daß sich ein methodisches Vorgehen als Pädagoge unter dem Paradigma der »Selbstbestimmung« keineswegs grundsätzlich verbietet. Zum anderen, weil einen guten Spielleiter im Sinne der Theaterpädagogik, wie sie hier vertreten wird, genau das auszeichnet, was auch einen »Begleiter« charakterisieren sollte: Er fungiert nicht als Regisseur im klassischen Sinne, der den Spielern bis ins kleinste Detail vermittelt, wie sie seine Vorstellungen umzusetzen haben, sondern ist vielmehr Katalysator, der die Potentiale der Spieler freisetzt, sie dabei unterstützt, ihre eigenen Bilder zu entdecken und auszugestalten. Ein guter Spielleiter bringt die Energie der Spieler zum Vorschein, anstatt selbst der Motor des Spielprozesses sein zu wollen.

Die Entdeckung der Kunst als Medium

Künstlerische oder kreative Methoden haben Konjunktur in der Arbeit mit geistig behinderten Menschen. Ihre Bilder werden in Kalendern abgedruckt oder in Vernissagen vorgestellt, eine Ausstellung der Künstlergruppe der Diakonie Stetten wurde gar in St. Petersburg präsentiert, Theater- und Musikfestivals unter Beteiligung von Menschen mit geistiger Behinderung sind an der Tagesordnung. Neben diesen eher produktionsorientierten Herangehensweisen existiert eine Vielzahl von therapeutischen und/oder pädagogischen Ansätzen, in welchen künstlerische Medien eine vorrangige Rolle spielen. Wie kommt es zu diesem Trend? Ist das, wie mein Politikdozent an der Fachhochschule uns Studenten vorzuwerfen pflegte, die wir den Studienschwerpunkt »Therapeutische und pädagogische Hilfen mit künstlerischen Mitteln« belegt hatten, die »bürgerliche Flucht vor der Sozialarbeit« ? Oder einfach ein moderner methodischer »Schnickschnack«? Ich glaube nicht, daß man es darauf reduzieren kann. Wenn wir während der letzten Jahre in der Behindertenhilfe (wie in anderen Bereichen der Sozialarbeit auch) die Kunst[13] als wichtiges Medium erkannt haben, so steht dies m. E. in engem Zusammenhang mit der

13) Wenn hier und im folgenden von »Kunst« die Rede ist, so wird darunter jeweils nicht nur die bildende Kunst verstanden, sondern alle Möglichkeiten künstlerischer Gestaltung, also z. B. auch Tanz, musikalische Ausdrucksformen oder eben das Theaterspiel.

Hinwendung zu einer Pädagogik (bzw. Andragogik), welche individuelle Freiheit, Selbstbestimmung und Empowerment zu ihren Leitbildern macht. Künstlerisches Tun ist freies Tun, und der Künstler gilt gemeinhin als besonders freier und von gesellschaftlichen Zwängen unabhängiger Mensch.

Stellenwert der Kunst und Kunstbegriff haben sich im Laufe des 20. Jahrhunderts erheblich verändert. Zum einen erfährt der Künstler heutzutage trotz seiner Unangepaßtheit und Provokation des sozialen Normengefüges durchaus eine hohe gesellschaftliche Anerkennung. Zum anderen gilt inzwischen nicht mehr die perfekte Reproduktion der Wirklichkeit, sondern ihre kreative und originelle Entstellung als hochwertig im künstlerischen Sinne. »Kunst gibt nicht das Sichtbare wieder, Kunst macht sichtbar« (Paul Klee).

Beide Entwicklungen sind wichtig für die Brauchbarkeit künstlerischer Methoden in der Arbeit mit geistig behinderten Menschen. Denn erstens können diese, wenn nicht mehr die technischen Reproduktionsfähigkeiten im Vordergrund stehen, sondern die Kreativität und künstlerische Ausdruckskraft, in vielen Fällen erstaunliche und bestaunte Resultate erzielen. Und zweitens erfahren sie, wenn sie als »Künstler« gesehen werden, eine deutliche gesellschaftliche Aufwertung. Was aber die künstlerische Arbeit für die Pädagogik/Andragogik so überaus wertvoll macht, das ist ihre Herangehensweise des Experimentellen, Zweckfreien, Spielerischen. Genau darauf basiert ihre besondere Chance für die Freilegung der persönlichen Entwicklung des einzelnen.

Menschen mit »geistiger Behinderung« und Theaterarbeit

Theaterarbeit mit geistig behinderten Menschen ist wahrlich nichts Neues. Dennoch kann man in letzter Zeit wohl von einem gewissen Boom sprechen. Vor allem gelingt es ihr an manchen Stellen, sich ein Stück weit aus der Ecke der artig beklatschten Randgruppen-Selbstdarstellung zu befreien. So sieht sich der Kritiker der »Frankfurter Rundschau« nach einer Premiere des Berliner Theaters »Thikwà«, in dem Menschen mit geistiger und psychischer Behinderung gemeinsam mit Schauspielern aus der Profiszene auftreten, beim Verfassen seiner Rezension »glücklich einer Art Bonus des guten Willens enthoben«.

Dabei sah es lange nicht so aus, als ob Menschen mit geistiger Behinderung die Chance bekommen sollten, ihre nicht selten anzutreffende schauspielerische Ausdruckskraft zeigen zu können. Denn häufig beschränkte sich das Repertoire von »Geistig-Behinderten-Theatergruppen« auf zwei Variationen:

- Ein Betreuer sitzt am vorderen Bühnenrand im Sessel und liest eine Geschichte vor. Dabei handelt es sich, unabhängig vom Alter der Spieler, mit an Sicherheit grenzender Wahrscheinlichkeit um ein Märchen, zu dem sich die Akteure »pantomimisch« über die Bühne bewegen, z. B. als Bäume, indem sie die Arme ausbreitend auf- und abschwingen.
- Die Spieler bekommen einen festgelegten Text, den sich der Spielleiter ausgedacht hat. Da sie aber aufgrund ihrer Behinderung mit dem Auswendig-

lernen große Schwierigkeiten haben, stehen sie ziemlich hilflos auf der Bühne und schauen mit flehendem Blick zur Bühnenseite, wo sich hinter einem Vorhang der Spielleiter befindet und – für den Zuschauer unüberhörbar – jeden einzelnen Satz vorflüstert.

Wen wundert's angesichts dieser »Methodenvielfalt«, daß die sonderpädagogische Fachliteratur lange Zeit voll war von Behauptungen wie derjenigen, daß Menschen mit geistiger Behinderung keine Kreativität besäßen und daß sie zum Rollenspiel nicht wirklich in der Lage wären (z. B. MÜHL 1979, S. 175; SPECK 1984, S. 68).

Doch Spaß beiseite: worauf ist es zurückzuführen, wenn inzwischen – z. B. in den Inszenierungen des Bremer »Blaumeier Ateliers« oder in dem belgischen Kinofilm »Am achten Tag« – Menschen mit geistiger Behinderung schauspielerische Leistungen erbringen, die von einer breiten Öffentlichkeit beachtet werden? Es scheint hier wie in vielen anderen Bereichen erst sehr spät ein Weg gefunden worden sein, die Entfaltung angelegter Begabungen wirksam zu fördern bzw. wenigstens nicht zu behindern. Dieser Weg, der über die befreiende Wirkung des improvisierten Spiels führt, soll hier nun in Ansätzen skizziert werden.

Im Mittelpunkt steht das Spiel

Bei Kindern gehen wir selbstverständlich davon aus, aber es gilt für den Menschen schlechthin: wir spielen gerne. Was reizt uns am Spiel? Da wäre zum einen die Tatsache, daß Barrieren, Ängste und Verbote, die uns im alltäglichen Leben einschränken, beim Spielen ausgesetzt sind. Es bietet einen Schonraum, in dem wir angstfrei experimentieren und ungestraft Grenzen überschreiten, unsere geheimen Träume ausagieren können. Ich spreche wohlgemerkt vom (zweck)freien Spiel. Didaktisch ausgeklügelte Lern-»Spiele« sind ebensowenig gemeint wie leistungsorientierte Wettkämpfe oder hochkomplizierte Regelspiele (Wer kennt nicht diese modernen »Spiel-des-Jahres«-Knüller, bei denen der Spaß – wenn überhaupt – erst dann beginnt, wenn man drei bis vier Stunden über der Spielanleitung gegrübelt hat!).

Beim wirklichen Spielen besteht der Reiz darin, daß nicht nur der Ausgang ungewiß bleibt, sondern bereits der ganze Verlauf ein unbekanntes Abenteuer zu werden verspricht. Die Rede ist von der Improvisation.

Das Traumschiff

»Ihr befindet euch auf der MS Traumschiff. Es ist 20.00 Uhr und Kapitän Petersen lädt euch an diesem ersten Abend eurer Kreuzfahrt durch die Ägäis zum Kapitänsball.« Außer dieser Vorgabe erhält jeder Spieler ein paar Worte zu seiner Rolle auf einem Zettelchen (bzw. ins Ohr geflüstert) und alle gemeinsam die strikte Anweisung, während der vereinbarten Spielzeit den Spielraum nur in ihrer Rolle und als Ballsaal des Traumschiffs zu betreten.

Es ist nicht immer ganz einfach, das durchzuhalten. So wirkt Michael am Ende turbulenter 90 Minuten reichlich erschöpft. »Sexfilmproduzent auf der Suche nach Hauptdarstellerinnen – Machotyp« hatte auf seinem Rollenzettelchen gestanden. »Es ist ganz schön stressig, ein Macho zu sein!«, bekennt Michael nun. Dabei hatte er die Offerte einer nymphomanen Reisenden, mit in ihre Kabine zu kommen, dankend abgelehnt, seine berufliche Aufgabe dafür aber umso ernster genommen: als Ergebnis des Abends kann er sage und schreibe vier unterzeichnete Schauspielerinnen-Verträge vorweisen. Wie er das Spiel gefunden hat? »Einfach spitze eben!«

Es war ja auch sonst noch eine Menge passiert: Ein amerikanischer Geheimagent wird auf frischer Tat ertappt, wie er einen Koffer mit einer Million Dollar entwenden will. Ein tangotanzender Hollywood-Schauspieler schmeißt den Damen Rosen vor die Füße und gerät dadurch in handgreifliche Auseinandersetzungen mit anderen Männern. Eine jugendliche Ausreißerin lernt den Mann fürs Leben kennen und bringt noch am selben Abend ihr erstes Kind zur Welt ...

Ich selbst hatte mich als Bordphotograph getarnt, um so – gewissermaßen als legitimierter Voyeur – möglichst wenig zu verpassen. Immer wieder mußte ich mir selbst in Erinnerung bringen, daß all die Ideen zu diesen Verrücktheiten und spannenden Aktionen erst in der Situation entstanden und daß der größte Teil der Spieler Menschen mit einer sogenannten »geistigen Behinderung« waren.

Innere Bilder entdecken

Wenn wir als (Schau-)Spieler in eine fremde Rolle schlüpfen, dann tun wir das auch deswegen gerne, weil wir innerhalb des Schonraumes, den das Spiel uns bietet, aus den rigiden Grenzen der persönlichen Alltagsrollen ausbrechen können. Dabei ist zu beachten, daß die Rollen, in welche wir uns dabei begeben, im richtigen Spiel niemals ausschließlich fremd sind. Echte, den Zuschauer bewegende, Schauspielkunst entsteht nicht, wenn ich die Rolle als etwas vollkommen außerhalb meiner Person Liegendes »spiele«, sondern erst dann, wenn ich sie mit eigenen Bildern, Erinnerungen, Erfahrungen, Gefühlen und Sehnsüchten belebe. Weil der Schauspieler, Regisseur und Theaterpädagoge Konstantin S. STANISLAWSKI das zu Beginn dieses Jahrhunderts erkannte, hat er die »Arbeit des Schauspielers an der Rolle« (1993) revolutioniert.

Ob der Prozeß des Entdeckens eigener Bilder beim Darsteller gelingt, hängt wesentlich von der Arbeitsweise des Spielleiters ab. Dieser muß der Versuchung widerstehen, die Rolle von außen zu gestalten, indem er dem Spieler die eigenen Bilder aufoktroyiert. Er verstärkt lediglich die Bemühungen des Spielers auf dessen Suche im Inneren. Die Methode, derer sich der Spielleiter hierbei bedienen muß, ist die Improvisation. Denn bei der Improvisation hat der

Spieler keine Zeit, sich die Gestaltung einer Rolle im Kopf auszumalen. Er muß sich vielmehr mit »leerem« Kopf in den Moment des Spiels stürzen und auf die spontanen Impulse verlassen. Und genau durch dieses Vertrauen in den Augenblick werden die inneren Bilder freigesetzt.

Bei der Anwendung der Improvisationsmethode in verschiedenen Gruppen habe ich eine erstaunliche Erfahrung gemacht. Spieler, für die diese Arbeitsweise neu ist, haben zunächst große Hemmungen, sich darauf einzulassen. Das verwundert noch wenig. Dahinter steht die Angst, etwas »Falsches« zu sagen oder zu tun und sich damit zu blamieren. Man will doch unbedingt »witzig« sein und versucht somit, sich gute Gags im Kopf zurechtzulegen. Gerade dadurch aber wird Improvisation gähnend langweilig. Meine überraschende Entdeckung bestand nun darin, daß Menschen mit geistiger Behinderung sich häufig mit sehr viel weniger Hemmungen auf die Improvisation einlassen. Vielleicht, weil sie sich beim Spielen weniger an Leistungsnormen orientieren, sind sie weniger eingeschränkt (behindert!) durch die Angst vor einem Mißerfolg. Sie nehmen sich die Freiheit, etwas Verrücktes zu tun, »voll daneben« zu sein. Möglicherweise besteht die bei vielen integrativen Kunstprojekten festgestellte innere Nähe zwischen Künstlern und Menschen mit geistiger Behinderung genau in dieser – beiden Gruppen gemeinsamen – Freiheit.

Ich habe bereits erwähnt, daß durch die Methode der Improvisation auch Sehnsüchte der Spieler freigesetzt werden. So hatte beispielsweise während eines integrativen Theaterworkshops eine Teilnehmerin mit geistiger Behinderung bei verschiedenen Improvisationen immer wieder eine schwangere Frau gespielt, die sich auf ihr Kind freut. Es ist sicherlich möglich, solche durch das Spiel ans Licht gekommenen Themen z. B. in einem gesprächstherapeutischen Zusammenhang aufzugreifen bzw. im Sinne der »Kultur des Begleitens« zu einem besseren Verstehen des behinderten Menschen zu nutzen. Ebenso können sie aber auch im Spiel bleiben. Allerdings trägt der Spielleiter eine gewisse Mitverantwortung dafür, daß beim Spieler durch das Freisetzen von Innerem keine schmerzhaften Prozesse ausgelöst werden, die in dem jeweiligen Gruppenzusammenhang nicht aufgefangen werden können. Deshalb muß der Spieler vom Spielleiter darüber aufgeklärt sein, daß er zu jedem Zeitpunkt aus dem Spiel aussteigen kann.

Empowerment

Die Überschrift zu diesem Artikel enthält die Behauptung, daß durch Theaterarbeit Empowerment (zur Definition des Begriffs: siehe S. 56, 129, 153) stattfinden könne. Diese soll nun im folgenden begründet werden.

Empowerment durch die befreiende Wirkung des Theaterspiels

Empowerment kann zum einen durch das im letzten Abschnitt beschriebene Erlebnis von Freisein im Spiel stattfinden. Dieses Erlebnis hat für Menschen mit geistiger Behinderung insofern eine besondere Bedeutung, als es meist in krassem Gegensatz zu den Erfahrungen ihres Alltags steht. Dort sind nämlich nicht Originalität und Echtheit von ihnen gefragt, sondern objektive und meßbare Leistung. Und weil sie diesen Kriterien häufig nicht genügen, haben Menschen mit geistiger Behinderung im Alltagshandeln ganz besondere Versagensängste. Das seit früher Kindheit immer wiederkehrende Erlebnis, Erwartungen nicht erfüllen zu können, hat sie »klein« gemacht. Die entgegengesetzte Erfahrung im befreiten Spiel kann bei den Spielern die Wirkung entfalten, sich von inneren Spannungen zu befreien.

Empowerment durch das Erleben von Einfluß auf die Mitspieler

Neben das Erleben von Freisein tritt bei der Improvisation die Erfahrung mit dem Einfluß auf andere (nämlich die Mitspieler). Eine Grundregel der Improvisation lautet: »Stelle Behauptungen auf (und wenn sie noch so verrückt sind), schaffe durch dein Reden und Handeln möglichst schnell eindeutige Tatsachen und bringe deine Mitspieler dabei ruhig auch mal in Schwierigkeiten!« Der Mitspieler muß meine Angebote im Spiel annehmen. So kann ich beispielsweise gleich zu Beginn einer Improvisation, deren Inhalt noch vollkommen offen ist, auf eine Mitspielerin zustürmen und sagen: »Nun komm schon Schatz, die ganze Hochzeitsgesellschaft wartet auf uns!« Die Angesprochene kann aber durchaus den Spieß umdrehen und mich in »Schwierigkeiten« bringen, indem sie jetzt antwortet: »Aber Herr Pfarrer, ich hab' doch mein Ministrantengewand noch gar nicht an ...«. Eine einmal aufgestellte Behauptung kann von den Mitspielern grundsätzlich nicht außer Kraft gesetzt werden. Insofern stellt eine szenische Improvisation immer auch eine Selbsterfahrung in Einflußnahme und im Tragen von Verantwortung dar, ein Training in selbstbewußtem Auftreten.

Empowerment durch die Reaktion des Publikums

Nicht zuletzt findet Empowerment beim Theaterspiel natürlich auch durch die Rückmeldung der Zuschauer statt. Dabei muß es sich ja nicht gleich um die tosenden Ovationen beim Auftritt in einer Theaterhalle handeln. Der spontane Applaus der Gruppe nach einer gelungenen Improvisation während eines Workshops ist oft mindestens ebenso wohltuend.

Empowerment durch öffentliche Theaterauftritte wird indirekt auch über die Wirkung auf die Zuschauer ausgelöst, indem Menschen mit geistiger Behinderung hier einmal nicht als bemitleidenswerte Hilfeempfänger wahrgenommen werden, sondern als selbstbewußt auftretende Künstler. Dies setzt jedoch eine Arbeitsweise voraus, in der sie sich wirklich mit ihren ganzen Möglichkeiten entfalten können und nicht wieder nur – wie in den Beispielen weiter oben dargestellt – als »Dummerle« verkauft werden.

Empowerment durch gezielte theaterpädagogische Übungen

Empowerment kann auch stattfinden durch das gezielte Einsetzen von Übungen aus dem theaterpädagogischen Bereich, und dies keineswegs nur in Theatergruppen, sondern auch bei Seminaren, auf Tagungen usw.

Übungen zu selbstbewußtem Auftreten

Das Beispiel »Vorstellung und Echo«

Bei »Vorstellung und Echo« handelt es sich um eine Übung für die Kennenlernphase in einer nicht zu großen Gruppe. Die Spieler sitzen oder stehen im Kreis. Ein Spieler stellt sich der Gruppe vor, indem er in die Mitte tritt, seinen Namen nennt (z. B. »Ich bin der Peter«) und dazu eine Geste oder Bewegung macht. Der Spieler setzt sich wieder und erhält nun in folgender Weise ein Echo von der Gruppe: Alle anderen Spieler stehen auf und sagen »Hallo Peter!«, indem sie ihn sowohl in der Bewegung als auch im Tonfall nachahmen.

Also Vorsicht: wer sich z. B. allzu schüchtern vorstellt, bekommt dies von der Gruppe gnadenlos »im Spiegel« gezeigt. Auf diese Weise stellt sich ein Spieler nach dem anderen vor.

Mit den Rückmeldungen anderer umgehen

Das Beispiel »Ovationen«

Bei »Ovationen« handelt es sich um eine Variation von »Vorstellung und Echo«. Die Gruppe steht im Kreis. Ein Spieler stellt sich vor wie oben. Die anderen spenden ihm einen artigen Applaus (wie im klassischen Konzert). Der Spieler stellt sich ein zweites Mal in gleicher Weise vor. Jetzt quittiert dies die Gruppe mit Buh-Rufen und Pfiffen. Bei einer dritten Vorstellung erhält er nichtendenwollende Ovationen.

Es ist wichtig, daß der Spielleiter dazu auffordert, die verschiedenen Reaktionen bis zum Ende auszuhalten bzw. auszukosten, also jeweils solange in der Mitte stehen zu bleiben. Wenn alle sich vorgestellt haben, fragt der Spielleiter in einer kurzen »Blitzlicht«-Runde ab, wie die Spieler sich bei den verschiedenen Reaktionen gefühlt haben.

Statusspiele

Die Statusspiele sind ursprünglich für das Improvisationstraining entwickelt und greifen für die Bühne etwas auf, was auch im »wirklichen Leben« eine große Rolle spielt. Wenn zwei oder mehrere Menschen miteinander kommunizieren, dann ist es dabei von entscheidender Bedeutung, welchen Status die einzelnen jeweils im Vergleich zu den anderen haben. »Hochstatus« bedeutet: jemand fühlt sich erhaben, überlegen, ist dominant, benimmt sich arrogant; »Tiefstatus«: jemand ist schüchtern, unterwürfig, macht sich klein usw.

Beim Schauspieltraining erfüllen die Statusspiele eine wichtige Funktion, weil es für die Spannung einer Szene entscheidend ist, daß der Zuschauer erkennen kann, in welchem (Macht-)Verhältnis die Rollen zueinanderstehen. Unter der Zielsetzung von Empowerment können sie spielerisch einen wichtigen Beitrag zum Training von Selbstbewußtsein leisten.

Beispiele für Statusspiele

Guten Tag
Die Spieler gehen kreuz und quer durch den Raum. Wenn sie einem anderen Spieler begegnen, sagen sie »Guten Tag«. Der Spielleiter teilt die Gruppe nun in zwei Hälften auf. Beide Gruppen bewegen sich wieder durcheinander im Raum. Die Spieler der Gruppe A sagen nach wie vor »Guten Tag«, wenn sie jemandem begegnen, die Spieler der Gruppe B dürfen nicht »Guten Tag« sagen.

Status-Standbild
Die Spieler der Gruppe A werden nun aufgefordert, jeder für sich in einem Standbild den Status »Hoch« darzustellen. Die Spieler der Gruppe B bewerten sodann, wer am höchsten ist. Daraufhin bekommen diese die Aufgabe, im Standbild möglichst »tief« zu sein. Diesmal nehmen die Spieler der Gruppe A die Bewertung vor.

Graf und Diener
Ein Freiwilliger bekommt die Rolle eines Grafen, der einen Diener sucht. Die anderen Spieler stellen sich nacheinander vor und bewerben sich um die Dienerstelle. Der Graf erhält dabei den Auftrag, möglichst »hoch« zu sein und alle Bewerber abzulehnen. Die Bewerber wiederum sollen sich so »tief« wie möglich verhalten.

Spiel gegen die Erwartung
In einer zu improvisierenden Szene erhalten zwei Spieler eine Status-Verteilung, die der Erwartung widerspricht (z. B. Banküberfall mit einem »tiefen« Ganoven und einem »hohen« Bankangestellten).

Statuskampf
In einer Improvisation müssen zwei oder auch mehrere Spieler versuchen, sich gegenseitig an »Höhe« bzw. »Tiefe« zu überbieten (z. B. Ehestreit; Beichte usw.).

Statuswechsel
In einer Szenenimprovisation bekommen zwei Spieler für den Anfang eine Hoch-Tief-Verteilung und den Auftrag, im Verlauf der Szene den Status zu wechseln. Beispiel: ein Lehrer teilt einem Schüler mit, daß er in der Mathematikarbeit eine Sechs geschrieben hat. Am Anfang ist der Lehrer hoch und der Schüler tief. Am Ende der Szene soll es sich genau umgekehrt verhalten.

Anmerkung zu den Statusspielen

Natürlich bietet es sich an, bei einem Einsatz der Statusspiele im Sinne von Empowerment auch zu Szenenkonstallationen bzw. Rollenspielen zu kommen, in denen Situationen angegangen werden, für welche die Teilnehmer ihr Selbstbewußtsein trainieren wollen (z. B. dem Gruppenleiter in der WfB eine

Beschwerde vortragen; sich wehren, wenn sie in der Straßenbahn angepöbelt werden usw.). Dies sollte nur keinesfalls gleich zu Anfang geschehen. Es ist wichtig, daß die Spieler zunächst mit einem spielerischen Zugang Erfahrungen in ganz unverfänglichen Situationen machen können.

Schließlich kann Empowerment spielerisch einfach dadurch geschehen, daß die Gruppe den einzelnen anfeuert:

Gehen mit Anmut und Energie
Diese Übung ist überall dort geeignet, wo sich Menschen (vor allem in großen Gruppen) gegenseitig ermutigen wollen – z. B. am Ende von Tagungen. Die Gruppe bildet ein nicht zu breites Spalier, das die Spieler nacheinander – einzeln oder auch als Paare – mit »Grazie und Energie« (»Walking with grace and power«) durchschreiten, also in etwa so wie ein Hollywoodstar anläßlich einer großen Premiere hereinrauscht. Begleitet werden sie dabei von animierender Musik und dem tobenden Applaus der Mitspieler im Spalier. Es ist durchaus erlaubt, sich das Bad in der Menge mehrmals zu gönnen. »Walking with grace and power« will schließlich geübt sein!

Ehrenrunde
»Ehrenrunde« ist eine Variation von »Schreiten mit Grazie und Energie« für die kleinere Gruppe. Die Spieler stellen sich im Kreis auf. Dann dreht ein Spieler eine Ehrenrunde im Inneren des Kreises. Die restlichen Spieler feuern ihn an, auch indem sie laut seinen Namen skandieren. Danach dreht der nächste Spieler seine Ehrenrunde usw., bis alle Spieler an der Reihe waren.

Der Spielleiter als Archäologe

Ich möchte unter diesem Stichwort noch einmal darauf eingehen, was einen guten Spielleiter in der Theaterarbeit auszeichnet und was, im übertragenen Sinn, auch einen Begleiter von Menschen mit geistiger Behinderung auszeichnen sollte, der sich an dem Paradigma der Selbstbestimmung orientiert:

- Er versteht sich nicht als Bildhauer, der den Spieler bzw. seine Rolle nach den eigenen Vorstellungen formt.
- Er sieht seine Aufgabe vielmehr darin, das Material des Spielenden zu Tage zu befördern und zu bestärken.
- Wie ein Archäologe geht er bei seiner »Ausgrabungsarbeit« behutsam vor, denn er weiß um die Zerbrechlichkeit und den einzigartigen Wert der Fundstücke im Inneren des Spielers.
- Dabei bedient er sich der Methode der Improvisation, bei welcher der Spieler keine Angst haben muß, etwas »Falsches« zu tun. Dieser spürt vielmehr, daß das Experimentieren, das Ausprobieren von Neuem und Unbekanntem, nicht nur erlaubt, sondern geradezu erwünscht ist.

- Er gibt keine Regieanweisungen, macht aber durchaus Vorschläge und bietet Möglichkeiten an.
- Er fördert die Kreativität der Spieler, indem er Atmosphäre schafft.
- Er entmutigt die Spieler nicht mit negativen Rückmeldungen.
- Er erspürt Spannungen beim einzelnen bzw. in der Gruppe und spricht sie an oder zeigt Möglichkeiten auf, diese im Spiel auszuagieren.

Theaterarbeit ist Bildungsarbeit

Der geneigte Leser mag sich bei der Lektüre dieses Beitrags über theaterpädagogisches Arbeiten gefragt haben, ob sich der hier vertretene methodenorientierte Ansatz überhaupt mit dem Konzept »Begleiten statt Betreuen« in Einklang bringen läßt: ›Nun glaubte ich, beim bisherigen Lesen dieses Buches verstanden zu haben, daß die Autoren mir als Pädagoge Zurückhaltung auferlegen wollen, mag er sich denken, und auf einmal kommen die selbst wieder mit didaktischen Konzepten und methodischen Spielchen daher!‹

Bleibt durch die Hintertür der »Methodenkiste« – sei sie nun theaterpädagogisch, gesprächstherapeutisch, erlebnispädagogisch oder was auch immer – doch alles beim alten im Hinblick auf die Allmacht oder zumindest die Dominanz des Fachmanns, der Fachfrau, und zwar einfach durch seinen/ihren Vorsprung in methodischem Know-how?

Dieser mögliche Widerspruch bedarf sicherlich einer intensiven kritischen Auseinandersetzung. Persönlich bin ich allerdings davon überzeugt, daß ein methodisch ausgerichtetes Arbeiten und ein Orientieren am Paradigma der Selbstbestimmung sich nicht grundsätzlich ausschließen. Es geht bei einer solchen Orientierung zwar um die Entpädagogisierung des Alltags, gleichzeitig haben aber Angebote der Erwachsenenbildung eine entscheidende Bedeutung, zumal dann, wenn die Prinzipien des Erwachsenenbildung dabei eingehalten werden (Freiwilligkeit der Teilnahme, Selbstbestimmung über Lernziele usw.).

Und was die Theaterpädagogik in der ansatzweise beschriebenen Ausrichtung betrifft, so sehe ich deren besonderen Wert darin, daß sie Bildungsarbeit im positivsten Sinne des Wortes ist: indem sie häufig einen wesentlichen Beitrag dazu leistet, daß der einzelne sich selbst nach seinem eigenen Plan entfalten und weiterentwickeln kann.

Literatur

Mühl, Heinz: Spielförderung. In: Handbuch der Sonderpädagogik Bd. 5, Pädagogik der Geistigbehinderten. Berlin 1979. S. 174–179.

Speck, Otto: Geistige Behinderung und Erziehung. 5. Auflage München 1984.

Stanislawski, Konstantin Sergejewitsch: Die Arbeit des Schauspielers an der Rolle. Berlin 1993.

Anstelle weiterer Literaturangaben seien an dieser Stelle meine Lehrer Klaus Frommer, Oliver Hockl und Michael Weitzel genannt, von denen ich die in diesem Artikel erwähnten Methoden der Theaterpädagogik erlernt habe.

Wie wünschst Du Dir einen Betreuer?

»Einer, wo direkt ist. Und daß man viel miteinander unternimmt, ist auch wichtig. Daß er immer für die Probleme von demjenigen da ist.«

Aus den Interviews der Autoren mit behinderten Menschen zu der Frage: »Wie stellen wir uns unsere Begleiter vor?«

Die Autoren

Ulrich Hähner
Diplompsychologe; Lebenshilfe für behinderte Menschen, Ortsvereinigung Pforzheim Enzkreis e. V., Gablonzer Straße 6, 75181 Pforzheim

Ulrich Niehoff
Diplompädagoge; Fachgebiet Freizeit und Sport, Koordination »Selbstbestimmt Leben«; Bundesvereinigung Lebenshilfe für Menschen mit geistiger Behinderung e. V., Raiffeisenstraße 18, 35043 Marburg

Rudi Sack
Sonderpädagoge M. A.; Geschäftsführer des Landesverbandes Baden-Württemberg, Lebenshilfe für Menschen mit geistiger Behinderung e. V., Birkenwaldstraße 42 B, 70191 Stuttgart

Georg Theunissen
Universitätsprofessor, Dr. päd.; Institut für Rehabilitationspädagogik, Fachbereich Erziehungswissenschaften, Martin-Luther-Universität Halle-Wittenberg, Selkestraße 9, 06099 Halle

Helmut Walther
Diplompädagoge; Club 82, Freizeitclub mit behinderten Menschen e. V., Sandhaasstraße 2, 77716 Haslach

Norbert Schwarte • Ralf Oberste-Ufer

LEWO

Lebensqualität in **Wo**hnstätten für erwachsene Menschen mit geistiger Behinderung – Ein Instrument zur Qualitätsentwicklung
Ein Handbuch der Bundesvereinigung Lebenshilfe

LEWO ist ein Schlüssel zur systematischen Qualitätsentwicklung und zur Sicherung der Wohn- und Lebensqualität von Menschen mit geistiger Behinderung.

LEWO beschreibt auf der Grundlage des aktuellen fachlichen Wissensstandes und der anerkannten sozialpolitischen Leitlinien für die Rehabilitation behinderter Menschen konkrete Qualitätsstandards der Arbeit in Wohnstätten.

LEWO bietet zuverlässige Indikatoren für die Beurteilung der Qualität wohnbezogener Dienste. An der Erarbeitung dieser Indikatoren waren Praktiker, Wissenschaftler, Angehörige behinderter Menschen und Nutzer wohnbezogener Dienste beteiligt.

LEWO erlaubt wohnbezogenen Diensten eine verläßliche Einschätzung des erreichten Entwicklungsstandards und der anstehenden Entwicklungsaufgaben.

LEWO bietet fachliche Grundlagen für die arbeitsplatzbezogene Mitarbeiterfortbildung.

LEWO eröffnet Nutzern und ihren Angehörigen Möglichkeiten zur präzisen Einschätzung des Leistungsangebots wohnbezogener Dienste und bezieht sie in die Maßnahmen der Qualitätssicherung und -entwicklung als gleichberechtigte Partner ein.

Bundesvereinigung Lebenshilfe (Hrsg.)
1. Auflage 1997, Schweizer Broschur,
DIN-A4, 416 Seiten, ISBN 3-88617-400-X
59,00 DM; 437,00 öS; 53.50 sFr.